Direito Civil Brasileiro

Direito Civil Brasileiro

LEI DE INTRODUÇÃO, PESSOAS E BENS

2017

Rogério Andrade Cavalcanti Araujo

ALMEDINA

DIREITO CIVIL BRASILEIRO:
LEI DE INTRODUÇÃO, PESSOAS E BENS

AUTOR: Rogério Andrade Cavalcanti Araujo
DIAGRAMAÇÃO: Almedina
DESIGN DE CAPA: FBA
ISBN: 978-858-49-3230-6

Dados Internacionais de Catalogação na Publicação (CIP)
(Câmara Brasileira do Livro, SP, Brasil)

Araujo, Rogério Andrade Cavalcanti
Direito civil brasileiro : Lei de introdução,
pessoas de bens / Rogério Andrade Cavalcanti
Araujo. -- São Paulo : Almedina, 2017.
Bibliografia
ISBN: 978-85-8493-230-6
1. Direito civil 2. Direito civil - Brasil
3. Direito civil - Leis e legislação - Brasil I. Título.

17-04831 CDU-347(81)

Índices para catálogo sistemático:
1. Brasil : Direito civil 347(81)

Este livro segue as regras do novo Acordo Ortográfico da Língua Portuguesa (1990).

Julho, 2017

EDITORA: Almedina Brasil
Rua José Maria Lisboa, 860, Conj.131 e 132, CEP: 01423-001 São Paulo | Brasil
editora@almedina.com.br
www.almedina.com.br

À Milena, minha amada esposa, a minha maior incentivadora, ao lado de quem, com toda a sua sensibilidade, garra e inteligência, caminho junto, para que sempre possamos transformar nossos sonhos em realidade, dedico essa obra com verdadeiro amor.

Agradeço aos meus pais, pelo exemplo que sempre foram em minha vida e aos meus filhos, Thiago, Júlia e Letícia, verdadeiros presentes que o Criador me confiou, por me proverem com a inocência, alegria e inspiração que me impulsionam a trabalhar por um mundo melhor.

AGRADECIMENTOS

Agradeço aos meus alunos, especialmente do Uniceub. Lecionar é um desafio diário, uma lição de humildade, pois, dia após dia, somos expostos à realidade de que, por mais que nos esforcemos, sempre haverá algo a aprimorar. Não posso deixar de lembrar também daqueles que foram meus alunos de pós-graduação, no IDP/DF, no IMAG/DF ou na UnP de Natal.

Agradeço também a todos os meus amigos, pelas palavras de incentivo e por sempre acreditarem nessa obra. Lembro especialmente de Marlon Tomazette, não apenas pelo fato de ser um jovem e expoente autor de Direito Privado no Brasil, mas pelo exemplo de vida e de amor ao estudo que dá a todos que com ele convivem.

Por fim, agradeço a meus Professores da UnB. Foram tantos os que exerceram o magistério como sacerdócio. Obrigado aos Professores Moreira Alves, Ilmar Galvão, Fernando Mathias, Lucas Furtado, Carlos Frederico de Oliveira Pereira, Paulo Távora, Gilmar Mendes, Márcia Picarelli, Marcelo Lavenère, Ronaldo Poletti e tantos outros que me inspiraram a seguir caminho semelhante.

PREFÁCIO

Conheço Rogério há mais de 20 anos. Cursamos a faculdade juntos e trabalhamos juntos. Nossa amizade existe há muito tempo, mas independentemente dela, o trabalho ora apresentado – Direito civil Brasileiro - é digno de aplausos por sua profundidade e pela contribuição trazida para o estudo da parte geral do Direito Civil.

O Ministro Moreira Alves afirmou ainda sobre o projeto do Código Civil que "manteve-se a Parte Geral, a qual, das partes que o integram, é aquela que lhe dá unidade, inclusive filosófica, convicta a comissão de que essa Parte Geral era absolutamente imprescindível dentro da nossa tradição jurídica para dar unidade ao Código Civil" (Revista CEJ, V. 3 n. 9 set./dez. 1999). De fato, não há como negar a importância da parte geral do Código Civil, não só para dar unidade ao Código, mas realmente para trazer de modo uniforme conceitos gerais que serão utilizados em diversos outros ramos do Direito, pois, na verdade, estamos diante da parte geral de todo o direito privado, ou melhor, estamos diante da teoria geral do direito, com ampla aplicação nos mais diversos ramos jurídicos

É nesta seara que ganha importância o presente livro, que representa um tratamento sistemático e aprofundado da parte geral do Código Civil, na qual se enunciam os direitos e deveres gerais da pessoa humana como tal, e se estabelecem pressupostos gerais da vida civil (Reale).

O autor destaca-se no presente livro pelo tratamento sistemático do tema. Partindo da sua experiência de quase 20 anos no magistério superior, o autor traz os conceitos basilares que precisam ser previamente conhecidos para qualquer estudo das normas de direito privado.

Neste particular, ganha relevo o tratamento dado aos conceitos da Lei de Introdução às Normas do Direito Brasileiro, com ênfase no aspecto da aplicação das leis no tempo. Trata-se de tema fundamental, para a compreensão do direito na sociedade moderna, em que há alterações cada vez mais frequentes de legislação. E, no presente livro, não se faz apenas uma revisão dos dispositivos da citada legislação, mas sim uma análise aprofundada das principais teorias sobre o direito intertemporal, com o estudo dos autores clássicos sobre o tema, bem como com análise da jurisprudência pátria mais moderna.

O mesmo cuidado é visto no estudo dos demais temas do livro, seja no estudo das pessoas, seja no estudo dos bens. Especialmente em relação a pessoas, há grandes temas que ganharam muita importância e mereceram especial atenção no trabalho, como os direitos de personalidade e os temas correlatos a questões de capacidade civil, bem como às pessoas jurídicas.

A utilização de uma revisão profunda na doutrina, buscando os autores mais clássicos sobre o tema, é uma marca desse livro, que mostra a profundidade do estudo. O autor não se contentou com referências indiretas, pesquisando as fontes originais num estudo incansável, que resgatou as ideias dos autores mais clássicos sobre os temas estudados. Esse esforço não torna o livro uma compilação de ideias meramente históricas, pois tais autores clássicos foram confrontados com autores mais modernos e com visões mais recentes sobre toda a temática da parte geral, em especial com a visão principiológica dada ao Código Civil.

Atualmente, dentro da perspectiva filosófica do pós-positivismo, a Constituição passar a ser não apenas um sistema em si, mas também um modo de olhar e interpretar todos os demais ramos do Direito (BARROSO). A modernidade trouxe consigo um processo de transformação do Direito Privado que passou a ser profundamente influenciado por normas constitucionais, afastando ou ao menos mitigando a tradicional dicotomia Direito Público e Direito Privado. Atualmente, a Constituição Federal passou a tratar de um número muito maior de matérias, inclusive de aspectos tipicamente tratados pelo Direito Privado (COSTA), como as limitações ao direito de propriedade, acarretando um processo de constitucionalização do Direito Privado, como consequência inevitável da natureza do Estado Social, sem representar, porém qualquer diminuição à tradição do Direito Privado (BARROSO).

As normas de Direito Privado devem hoje ser interpretadas de modo a realizar os valores princípios e finalidades políticas, sociais e econômicas nos moldes preconizados pela Constituição Federal. A constitucionalização do direito privado também é objeto de análise pelo autor, que não nega a importância do fenômeno, mas o analisa de forma conjunta com a visão clássica do direito civil, que já era capaz de resolver muitos problemas.

Embora profundamente embasado na melhor doutrina nacional e internacional, o livre não se restringe a uma compilação de doutrina, pois reflete a opinião crítica do seu autor, cujas convicções pessoais são expostas de forma detalhada, com a apresentação dos seus argumentos, com exemplos extremamente criativos, mas de visualização concreta e real, que facilitam a compreensão dos temas expostos.

Há, pois, no presente livro um cotejo entre o clássico e o moderno, como uma análise crítica de cada tema. Trata-se de tema essencial, objeto de análise profunda e sistemática, com a visão crítica do autor. Independentemente da amizade pessoal, o autor fez um excelente trabalho, daqueles que poucas vezes são vistos. Sua leitura mostra-se fundamental para todos aqueles que querem entender a Parte Geral do Direito Civil de forma mais completa, numa combinação de profundidade, com análise crítica e visão sistemática da matéria. Essa é o primeiro volume de uma coleção que trará com certeza a visão mais completa sobre toda a matéria civil.

MARLON TOMAZETTE
Professor de Direito Comercial

SUMÁRIO

Capítulo 1
Conceito e Fontes do Direito

Aspectos introdutórios

O ser humano, desde a sua concepção, ostenta uma série de necessidades que devem ser satisfeitas para garantir a sua sobrevivência. Ideal seria se os bens da vida, ao suprirem tais demandas, fossem ilimitados. Desafortunadamente, não o são. Exsurge, de tão simples apontamento, a gênese da tormentosa questão que desafia a atenção de estudiosos das mais diversas áreas há séculos: como disciplinar a distribuição dos escassos bens da vida?

Sabe-se, por outro lado, ser o homem um ser gregário, verdade resumida na feliz expressão ***unus homo nullus homo***. Assim, na infindável rede de relações travadas no seio dos agrupamentos humanos, distintas podem ser as soluções encontradas para a distribuição dos bens existentes.

Nesse sentido, Aurelio Candian[1] adverte que a necessidade por um bem da vida pode ser satisfeita abusando-se do uso da força, ou pelo acerto das vontades, a exemplo do que ocorre na permuta de um objeto por outro. Prossegue ao nos lembrar que, na primeira hipótese, em regra, a reação ao uso da força se faz também com violência, desencadeando a esterilidade prática de todas as atividades individuais e coletivas, com a consagração da lei do mais forte.

A conservação dos grupos humanos, portanto, exige a disciplina da atuação de seus respectivos atores por meio de regras de conduta. Como adverte Demolombe[2], a religião, a moral, a filosofia e o direito têm como

[1] CANDIAN, Aurélio. Instituciones de derecho privado. México: UTEHA, 1961, p. 3.

[2] DEMOLOMBE, C. Cours de Code Napoleón I: traité de la publication, des effets et de l'application des lois en general. 2 ed. Paris: Imprimerie Générale, p. 3.

proposta o estabelecimento de regras de ação e conduta para os homens. Não raro, a última das ciências citadas se vale daquelas outras para disciplinar a conduta intersubjetiva. Todavia, a coincidência não é perfeita, o que tem levado os estudiosos a tentarem divisar a regra jurídica especialmente das regras morais.

Direito e moral

Especial relevo, nessa esteira, adquire a diferenciação entre direito e moral. Conforme asseverado, muitos são os pontos de contato entre os dois, não obstante a existência de vozes que dispensem a justificação do primeiro pela última[3].

Contudo, nossas atenções devem volver-se à invocada distinção, sintetizada, com rara precisão, pelos irmãos Mazeud[4]:

> *"A regra de moral é uma regra de conduta individual que se dirige à consciência do homem e, ao largo de toda coação, propõe, ao seu turno, um ideal de justiça e de caridade.*
>
> *A regra de direito é uma regra de conduta social que, sancionada pela coação, deve ter por fim fazer que reine a ordem ao procurar a segurança dentro da justiça".*

Esquematicamente, portanto, algumas principais diferenças devem ser lembradas entre moral e direito:

a) o âmbito da moral se volta ao campo da consciência individual (sendo, pois, unilateral), enquanto o direito deve voltar-se a viabilizar a vida em sociedade (é, portanto, bilateral), impondo limitações, ao mesmo tempo em que confere a exigibilidade de determinados procedimentos[5];

b) as regras morais são observadas voluntariamente, logo, as sanções por elas impostas são de índole interna, ao passo que as regras jurídi-

[3] Kelsen, Hans. Teoria pura do direito. São Paulo: Martins Fontes, 1997, p. 76, nesse sentido, é enfático ao afirmar que: *"a necessidade de distinguir o Direito da Moral e a ciência jurídica da Ética significa que, do ponto de vista de um conhecimento científico do Direito positivo, a legitimação deste por uma ordem moral distinta da ordem jurídica é irrelevante, pois a ciência jurídica não tem de aprovar ou desaprovar o seu objeto, mas apenas tem de o conhecer e descrever."*.

[4] Mazeud et Mazeud. Lecciones de derecho civil – parte primera – v. I. Buenos Aires: EJEA, 1959, p. 18/19.

[5] Pereira, Caio Mário da Silva. Instituições de Direito Civil, v. I. 20 ed. Rio de Janeiro: Forense, 2004, p. 13.

cas são de observância obrigatória e a sua violação, ordinariamente, sancionada pela coação estatal[6];

c) a moral tem como intento maior a prática do bem, enquanto o direito tende a evitar que se prejudique outrem[7];

d) a moral diz respeito à paz interior, ao contrário do direito que visa à paz exterior[8];

e) o campo da moral é mais amplo, sendo suas normas mais difusas, enquanto o direito é mais restrito e suas normas são mais definidas[9].

Apreciadas as questões suscitadas, resta, ainda, uma a ser dirimida. Qual seria, enfim, o conceito de direito?

O conceito de direito

A perplexidade acerca do conceito de direito revela-se com clareza nas plásticas palavras de Alberto Trabucchi. Segundo ele, existem "volumes e volumes de leis, bibliotecas de obras sobre *direito,* palácios para a administração da justiça, organizações escolásticas e universitárias para os estudos jurídicos; mas ainda hoje permanece difícil responder a essa simples pergunta: « o que é o direito? »"[10].

Em parte, a dificuldade para o tratamento exato do tema decorre da polissemia do vocábulo *direito,* que ora significa o conjunto de regras de conduta de determinado povo (Direito do Brasil, da Argentina, da Alemanha, entre outros), ora indica determinadas prerrogativas, asseguradas aos indivíduos, pelo ordenamento jurídico, em face dos demais (reclamar o pagamento da dívida é direito do credor), sem que se olvide de igualmente nobre significado – a ciência jurídica. [11].

[6] Ripert et Boulanger. Tratado de derecho civil segun el Tratado de Planiol –t. I – Parte General. Buenos Aires: La Ley, p. 36 e 37.

[7] Monteiro. Washington de Barros. Curso de direito civil, parte geral. 41 ed. São Paulo: Saraiva, 2007, p. 3.

[8] Serpa Lopes. Miguel Maria de. Curso de direito civil – introdução, parte geral e teoria dos negócios jurídicos. 8 ed. Rio de Janeiro: Freitas Bastos, 1996, p. 36.

[9] Monteiro. Washington de Barros. *Op. cit., p. 3.*

[10] Trabucchi. Alberto. Istituzioni di diritto civile. 37 ed. Milão: CEDAM, 1997, p.1.

[11] Ferraz Júnior, Tércio Sampaio. Introdução ao estudo do direito – técnica, decisão, dominação. São Paulo: Atlas, 1988, p. 39 é claro ao asseverar: "Direito é uma ciência que estuda o direito quer no sentido de direito objetivo – conjunto de normas – quer no de direito subjetivo – faculdades".

Tomando o Direito como um conjunto de regras de conduta, acepção que mais nos interessa, é que se colhe a memorável definição de Vicente Rào: *"é o direito um sistema de disciplina social fundado na natureza humana que, estabelecendo nas relações entre os homens uma proporção de reciprocidade nos poderes e deveres que lhes atribui, regula condições existenciais dos indivíduos e dos grupos sociais e, em conseqüência, da sociedade, mediante normas coercitivamente impostas pelo poder público"*[12].

Retomam-se aqui as reflexões introdutórias. O Direito não importa ao eremita. Indica, em realidade, os recíprocos limites a serem observados pelos homens no convívio social.

Não se imagine, porém, que as regras jurídicas ***somente*** sirvam para ***exortar*** os atores sociais a se respeitarem. Não – muito além disso – aquelas a eles se impõem, permitindo, assim, que a paz e a segurança sociais tomem lugar, como lastro mínimo para o bem estar dos homens.

Assim colocada a questão, vejamos algumas acepções da expressão *direito*.

Direito Objetivo e Direito Subjetivo

Corriqueiramente se emprega a expressão *direito* para a designação do conjunto de normas de condutas, editadas pelo Estado, sendo voltadas ao regramento da vida em sociedade, tratando-se, nessa acepção, de direito objetivo.

Não raro, o jurista vale-se da expressão *direito* para se referir a faculdades asseguradas a determinado sujeito, passando, portanto, a ser designada, em tal hipótese, de direito subjetivo. Nesse caso, às mencionadas faculdades, podem-se contrapor a existência de deveres, oriundos das normas jurídicas, ou de obrigações advindas, por exemplo, de contratos.

Algumas são as correntes que buscam explicar a essência dos direitos subjetivos. A primeira delas aponta o instituto como o poder da vontade[13]. Seus próceres são Savigny e Windscheid, sofrendo severas críticas, em especial, pela alegada inexistência de vontade juridicamente relevante que justifique a existência de direitos para os portadores de deficiências mentais ou para os infantes.

[12] Rào, Vicente. O direito e a vida dos direitos – v. I. 4 ed. São Paulo: RT, 1997, p. 51.

[13] Bandeira de Mello, Oswaldo Aranha. Princípios gerais de direito administrativo – v. I, introdução. Rio de Janeiro: Forense, 1969, p. 197/199.

A crítica à teoria do poder da vontade engendrou o surgimento de outra, a do interesse jurídico, por meio da qual dois princípios existiriam a presidir o direito subjetivo: o fim prático do direito (o interesse do titular que o caracteriza) e a sua necessária proteção, desprezando-se o papel da vontade para a caracterização do instituto. O seu maior expoente foi o alemão Ihering[14].

Duas tendências surgiram a partir das mencionadas escolas. Havia aqueles que refutavam as explicações das duas, bem como existiam os que vislumbravam o direito subjetivo como o somatório dos elementos invocados pelos adeptos da teoria da vontade e da teoria do interesse.

Recaséns Siches[15] está entre aqueles que repudiam as conclusões das escolas de Savigny e de Ihering. Pondera o jusfilósofo que o direito subjetivo não é um fenômeno da vontade pois é atribuído a pessoas despidas juridicamente dela. Por outro lado, entende que defini-lo como um interesse juridicamente protegido é equivocado, pois sua essência não recai na existência de um interesse, que sequer seria algo distinto da vontade (pois o agente só pode querer aquilo que é objeto de seus interesses), mas na proteção jurídica especial que demanda a mencionada categoria. Assinala, pois, que as críticas mencionadas não se apagam quando os requisitos das duas escolas são combinados, antes são potencializadas.

Convencido, portanto, do equívoco nas definições de direito subjetivo então existentes, propõe a sua própria, assim delineada: "Resulta, portanto, que direito subjetivo – em sua mais geral e ampla acepção – é a qualidade que a norma atribui a certas situações de algumas pessoas, consistente na possibilidade de determinar juridicamente (por imposição inexorável) o dever de uma especial conduta em outra ou outras pessoas". [16] O direito seria, pois, uma projeção, no mundo real, dos preceitos normativos. Três situações seriam, então, identificáveis como tal: *a)* o direito subjetivo como mero reverso material de um dever jurídico de terceiros, imposto pela norma independentemente da vontade de seu titular (como seriam os direitos de personalidade); *b)* o direito subjetivo como pretensão

[14] Bandeira de Mello, Oswaldo Aranha. Princípios gerais de direito administrativo – v. I, introdução. Rio de Janeiro: Forense, 1969, p. 197.

[15] Récasens Siches, Luis.Tratado general de filosofia Del derecho. 2 ed. México: Porrua, 1961, p. 232/237.

[16] Récasens Siches, Luis.Tratado general de filosofia Del derecho. 2 ed. México: Porrua, 1961, p. 234.

(possível nas hipóteses em que o titular do direito tivesse, à sua disposição, o aparato coercitivo do direito para exigir de terceiros o cumprimento de suas obrigações); e, *c)* o direito subjetivo como poder de formação jurídica (consistente na faculdade que a norma atribui a uma pessoa de determinar o nascimento, a modificação ou extinção de relações jurídicas, na hipótese de contratos de alienações de bens, de cessão de crédito, entre outros).

Enveredando por trilha absolutamente diversa, Arthur Kaufmann[17], jusfilósofo alemão, combinando elementos das teorias de Savigny e Ihering, de forma muito apropriada, definiu o direito subjetivo como "o poder da vontade concedido pelo direito objetivo para a realização autônoma dum interesse juridicamente protegido (bem jurídico)".

O sucesso da teoria mencionada decorre, em parte, do êxito em afastar as críticas feitas ao papel da vontade na formação do direito subjetivo. Assim, como esclarece Von Thur[18], a relevância da vontade na fixação do conceito de direito subjetivo não pode ser negada ao se invocar a existência de direitos subjetivos para crianças e enfermos mentais, pelo fato de não possuírem o discernimento necessário para o seu exercício. Afirma o renomado jurista que "(...) o senhorio da vontade existe também nas pessoas incapazes, ainda quando o sujeito não possa exercê-lo. Trata-se de circunstâncias que , ou são passageiras (infância), ou se concebem como tais (enfermidade mental)." Sobreleva, então, a figura do representante, substituindo-se, por sua vontade, a que falta ao representado ou que se lhe mostra incompleta.

Refutada, pois, a crítica ao império da vontade, cabe destacar um fundamental aspecto lembrado por Ihering no seu conceito de direito subjetivo: a proteção deferida ao instituto pelo ordenamento jurídico. Não haveria, contudo, perfeita identidade entre os direitos subjetivos e todos os interesses protegidos por lei.

A comparação torna-se facilitada por uma descrição mais plástica do fenômeno. Acaso se pudesse imaginar a maneira como os interesses (juridicamente protegidos) se colocam ao redor de um indivíduo, imaginando-se diversas esferas concêntricas, apenas quanto à mais estreita delas, é que se poderia apontar direitos subjetivos, e tal esfera indicaria justamente

[17] KAUFMANN, Arthur. Filosofia do directo. Lisboa: Fundação Calouste Gulenkian, 2004, p. 153/154.

[18] VON THUR, Andreas. Derecho civil – teoria general del derecho civil aleman – v. I. Buenos Aires: Depalma, 1946, p. 75/76.

aquela que engloba as situações em que se determina, por força da vontade, uma conduta a terceiros.

Dessa forma, consoante às lições de Oswaldo Aranha Bandeira de Mello[19], "conferem interesse legítimo aos administrados as normas de direito objetivo que regem a realização de interesse coletivo, mas, reflexamente, ao mesmo tempo, satisfazem os interesses de determinados indivíduos. Assim, tais particulares, a que as regras concretamente atingem, têm interesse especial na sua observância." Tomemos como exemplo uma invasão de área particular de proteção ambiental por madeireiros. Nós, mesmo não sendo donos da área, temos interesse legítimo em provocar o Ministério Público para que, em atenção às normas ambientais, promova o fim das derrubadas de árvores no terreno. Apenas o proprietário, porém, terá direito subjetivo para, em nome próprio, mover ação para que o invasor deixe de derrubar as árvores de seu terreno e saia do local.

Direito Público e Privado

O Direito tem por objeto assuntos que vão desde a regulação da vida privada até a mais relevante matéria atinente a assuntos de Estado. Alguns temas, portanto, são inseridos no que se convencionou chamar Direito Privado e tantos outros no Direito Público.

Gustav Radbruch[20] expõe a importância dos conceitos ora tratados, ressaltando que não são ideias que possam ou não deixar de ser utilizadas por qualquer ordem jurídica. Afirma, acertadamente, que antecedem, por força de inegável necessidade lógica, toda experiência das coisas do direito, condicionando-as, e sendo, portanto, conceitos jurídicos apriorísticos.

Há vozes que se negam a admitir a persistência da dicotomia ora estudada. Miguel Reale[21], todavia, não apenas engrossa o coro dos que entendem pertinente a divisão entabulada, como traça critérios sólidos para tal distinção. O primeiro deles diz respeito ao conteúdo da relação jurídica. Assim, quando se almeja imediata e prevalecentemente o interesse geral, o Direito é público. Será privado, todavia, se o interesse particular for o objetivo mais importante. O segundo critério aponta para a forma da relação.

[19] BANDEIRA DE MELLO, Oswaldo Aranha. Princípios gerais de direito administrativo – v. I, introdução. Rio de Janeiro: Forense, 1969, p. 203.

[20] RADBRUCH, Gustav. Filosofia do direito – v. II. Coimbra: Arénio Amado, 1961, p. 5.

[21] REALE, Miguel. Lições preliminares de direito. 6 ed. São Paulo: Saraiva, 2006, p. 340.

Nesse caso, se a relação jurídica for de coordenação, trata-se, em geral, de Direito Privado. Sendo, por outro lado, de subordinação, o Direito é Público.

Os critérios examinados, por óbvio, não são estanques. Admitem concessões recíprocas. Dessa forma, o Direito Privado vem dedicando maior espaço, principalmente após a edição do Código Civil de 2002, para ideias outrora quiméricas nessas sendas, como, por exemplo, a função social dos direitos, a eticidade e a solidariedade entre os atores jurídicos. Por outro lado, mesmo no Direito Público, em determinadas hipóteses, o império estatal é refreado, e a lógica da coordenação pode servir como regra a presidir as relações entre o Estado e os particulares (basta pensar no caso de um ente estatal locar bens, portando-se, em muitos aspectos, como um particular na gestão de bens dominiais).

O Direito Civil, cujo estudo ora encetamos, apresenta-se como ramo do Direito Privado. A crescente produção de normas de interesse público e os numerosos estudos sobre a sua constitucionalização, que oportunamente serão apreciados, não têm o condão de infirmar essa realidade.

Estabelecer a dicotomia entre Direito Público e Privado não conduz o intérprete do Direito a equívocos, desde que este tenha em mente que a mencionada classificação se opera por uma necessidade didática, de estabelecimento de postulados específicos para cada uma dessas áreas. Não se deve entender, portanto, que os dois ramos sejam estanques e que seus princípios não possam ser intercambiados, como será oportunamente explanado ao se tratar da festejada constitucionalização do Direito Privado.

Apreciados, pois, alguns aspectos básicos acerca da compreensão do significado do vocábulo direito, passemos ao estudo das fontes do direito, vale dizer, da origem das normas jurídicas.

Fontes do Direito – aspectos introdutórios

Fonte significa origem, ponto de onde brota um veio d'água. A aparente simplicidade do alcance do termo contrasta com os complexos problemas que enseja para o operador do Direito.

Sensível às dificuldades que o estudo oferece, Luis Legaz y Lacambra[22] adverte que, para a ciência jurídica, o termo fonte assume múltiplos significados, entre os quais se pode arrolar: *"a) fonte do conhecimento do que his-*

[22] Legaz y Lacambra, Luis. Filosofia del derecho. Barcelona: BOSCH, 1953, p. 509.

toricamente é ou tem sido o Direito (antigos documentos, coleções legislativas, etc.); b) força criadora do Direito como fato da vida social (a natureza humana, o sentimento jurídico, a economia, etc.); c) autoridade criadora do Direito histórica ou atualmente vigente (Estado, povo); d) ato concreto criador do Direito (legislação, costume, decisão judicial, etc.); e) fundamento de validez de uma norma concreta de Direito; f) forma de manifestar-se da norma jurídica (lei, decreto, regulamento, costume); g) fundamento de um direito subjetivo."

Arremata o jusfilósofo que os diversos significados conduzem a uma sistematização tripartite das fontes do Direito, pois, de um lado, haveria a sua identificação como fundamento do direito (Deus, razão, vontade, natureza, entre outros), de outro, os grupos sociais dos quais nasceriam as normas jurídicas (Estado, Igreja, comunidade, apenas para que se lembre de alguns) e, por fim, a alusão à origem da norma numa autoridade ou força social reconhecida pelo Direito Positivo que, por conta de determinado procedimento, confere à mencionada norma força concreta, a saber, a forma de lei, costume, entre outros.

Inúmeras, portanto, são as possibilidades de classificação das fontes jurídicas. A doutrina, com alguma frequência, subdivide as fontes do Direito em fontes formais e materiais[23]. Estas seriam os elementos que concorreriam para a determinação do conteúdo das normas jurídicas, ou seja, os fatos e problemas que emergem da sociedade, revestidos por componentes materiais, históricos, racionais e ideais[24], enquanto aquelas seriam os meios pelos quais se manifestam as normas jurídicas, independentemente de seus respectivos conteúdos[25], sendo comumente arroladas entre elas a lei, os costumes, e, eventualmente, a jurisprudência, a doutrina, bem como os princípios gerais do direito[26].

Outra usual classificação divide as fontes do direito entre fontes diretas ou imediatas e indiretas ou mediatas. Parte considerável da doutrina, entre os quais se pode citar Paulo Nader[27], Pascual Marín Pérez[28], bem

[23] MONTORO, André Franco. Introdução à ciência do direito. 25 ed. São Paulo: RT, 1999, p. 323.

[24] GAGLIANO, Pablo Stolze e PAMPLONA FILHO, Rodolfo. Novo curso de direito civil, v. I. 9 ed. São Paulo: Saraiva, 2007, p. 10.

[25] PÉREZ, Pascual Marín. Manual de introducción a la ciência del derecho. 2 ed. Barcelona: Bosch, 1968, p. 34/35.

[26] LEGAZ Y LACAMBRA, Luis. Filosofia del derecho. Barcelona: BOSCH, p. 518.

[27] NADER, Paulo. Introdução ao estudo do direito. 15 ed. Rio de Janeiro: Forense, 1997, p. 167.

[28] PÉREZ, Pascual Marín. ***Op. cit.*** p. 37.

como Pablo Stolze Gagliano e Rodolfo Pamplona[29], identifica as fontes diretas como formais, na medida em que criam, por si, normas jurídicas, ao contrário das indiretas que, em realidade, fornecem subsídios para a correta aplicação do direito.

Mais razoável parece-nos o entendimento de Oswaldo Aranha Bandeira de Mello[30], ao apontar as fontes diretas, as indiretas e as complementares, como espécies de fontes formais. As primeiras seriam aquelas que primeiro revelam o direito positivo, ou seja, a lei. Ocorre, todavia, que essa não esgota o direito em sua integralidade, fazendo com que surjam as chamadas fontes subsidiárias ou indiretas, entre as quais englobamos os costumes e o regulamento.

Por fim, tanto as fontes imediatas quanto as subsidiárias, acima tratadas, têm seus respectivos significados fixados de forma correta pelas fontes complementares, sendo seu maior exemplo os princípios gerais do direito.

Buscar, todavia, uniformidade quanto às incontáveis maneiras de se classificar as fontes do direito é tarefa que escapa aos estreitos propósitos da presente obra, sendo mais profícuo o estudo de cada uma das suas respectivas espécies, o que, doravante, será levado a cabo.

As fontes em espécie – a lei

Giorgio del Vecchio[31] define lei como *"o pensamento jurídico deliberado e consciente, expressado por órgãos adequados que representam a vontade preponderante de um grupo associado."* Não obstante a autoridade do conceito, não se lhe pode consagrar como a única, pois também a expressão "lei" é dotada de inúmeros significados. Anote-se, em primeiro lugar, sua acepção amplíssima, quando utilizada como sinônimo de qualquer norma jurídica coercitiva, escrita ou não; lata, qual seja, a de norma jurídica escrita, emanada de fonte estatal e outra estrita, aplicável tão somente às normas escritas, gerais e abstratas, provenientes dos órgãos com competência legiferante[32]. Ocupemo-nos da última delas, que define com precisão nosso objeto de estudo.

Qual seria, portanto, a pedra de toque para o correto dimensionamento da lei como fonte do direito? Duas são as principais teorias que buscam

[29] GAGLIANO, Pablo Stolze e PAMPLONA FILHO, Rodolfo. ***Op. cit.***, p. 10.

[30] BANDEIRA DE MELLO, Oswaldo Aranha. Princípios gerais de directo administrativo – v. I. Rio de Janeiro: Forense, p. 211/212.

[31] VECCHIO, Giorgio del. Filosofia del derecho – t. I. 3 ed. México: UTEHA, p. 253.

[32] MONTORO. André Franco. Introdução à ciência do direito. São Paulo: RT, p. 328

encontrar o eixo em torno do qual gravita o conceito de lei – a teoria da generalidade e a teoria da novidade[33].

A primeira das teorias, ou seja, a da generalidade, aponta como traço característico da lei o fato de ser uma regra coercitiva, impessoal, de observância geral. Vale dizer, como consectário lógico, que pouco importaria a roupagem da norma escrita – fosse ela destinada a um grupo indeterminado de pessoas, forçosamente estaríamos diante de uma lei. Ocorre, todavia, que atos normativos existem e que, embora genéricos, não poderiam ser equiparados à lei, como sói acontecer com os regulamentos.

A segunda teoria – da novidade – aponta como característica preponderante da lei o fato de que, seja para uma multidão ou para uma única pessoa, ela deve criar novo direito. A grande crítica a essa teoria, por outro lado, reside no fato de ser de difícil justificativa constitucional a edição de leis voltadas para pequenos e específicos grupos (leis casuísticas), que se revelariam inconstitucionais por violarem o princípio da isonomia.

Oswaldo Aranha Bandeira de Mello[34] entende possível a conciliação das duas teorias. Necessário observar-se que, ontologicamente, a lei pressupõe generalidade, pois, do contrário, casuística, acabaria por ferir o princípio da isonomia. Mas não basta: deve a lei inovar no mundo jurídico de forma primária, porquanto há outros atos que, embora inovadores, só o fazem de forma derivada, para fiel aplicação da norma que pretendem regulamentar.

Em síntese: *"Como regra coercitiva, tem a lei força estável e predominante, e comando superior. Como regra geral, aplica-se a todos que estão nas condições previstas pelo texto escrito. Como regra abstrata, é suscetível de aplicação a todos os casos iguais, que poderão apresentar-se no futuro. Como regra impessoal, tem concernência indistinta, indeterminada, sem prévia individualização em dada hipótese. Como regra originária inovadora, superpõe-se a todas as regras jurídicas anteriores, dentro do âmbito de sua força jurídica, respeitados os textos constitucionais."*[35]

Nesse sentido, o conceito de lei reveste-se de adornos muito mais materiais do que formais, não se compatibilizando sua classificação de fonte

[33] BANDEIRA DE MELLO, Oswaldo Aranha. Princípios gerais de directo administrativo – v. I. Rio de Janeiro: Forense, p. 215/221.

[34] BANDEIRA DE MELLO, Oswaldo Aranha. Princípios gerais de directo administrativo – v. I. Rio de Janeiro: Forense, p. 219.

[35] BANDEIRA DE MELLO, Oswaldo Aranha. Princípios gerais de direito administrativo – v. I. Rio de Janeiro: Forense, p. 221.

imediata do direito com a ideia de que seja um simples ato normativo editado pelo Poder Legislativo, qualquer que seja o seu conteúdo.

A lei, como exposto alhures, é a principal fonte formal do direito em nosso ordenamento. Convém, portanto, que seja analisada a importância do princípio da legalidade em nosso panorama jurídico.

O Princípio da Legalidade

O princípio da legalidade tem sede Constitucional, sendo objeto de menção pela Carta de 1988 em trechos distintos. No inciso II do artigo 5º, consagra-se a regra de quem *"ninguém será obrigado a fazer ou deixar de fazer alguma coisa senão em virtude de lei"*. No artigo 37, por outro lado, ressalta-se que a Administração Pública é regida pelos princípios da legalidade, impessoalidade, moralidade, publicidade e eficiência. Seria, portanto, a expressão legalidade, nos mencionados comandos constitucionais, empregada com o mesmo sentido?

A resposta evidente é ***não***! Em realidade, abraça o texto constitucional o emprego da legalidade em duas acepções: a preeminência da lei e o princípio da reserva de lei[36]. Quanto à primeira delas, também conhecida como legalidade em sentido amplo, sabe-se representar uma fórmula negativa, dirigida especialmente a todas as pessoas naturais ou coletivas sob o manto de nosso ordenamento. Cinge-se a uma regra de conformidade por meio da qual tudo que não for vedado por lei é válido, ou, em outras palavras, nossos atos concretos só estariam maculados por eventuais vícios na medida em que contrariassem uma lei determinada.

Esse emprego do princípio da legalidade, todavia, difere da segunda acepção, ou seja, da reserva legal, sendo ela caracterizada como regra de compatibilidade, fórmula positiva por meio da qual cada ato positivo de determinados Entes dependeria sempre de autorização específica. Enquanto a primeira utilização do princípio pode ser resumida pela fórmula de que "todo ato que não for contrário à lei pode ser praticado", a segunda restringe-se ao entendimento de que "só se pode praticar o ato que for determinado por lei". A última acepção circunscreve-se à Administração Pública, encontrando sede material no artigo 37 da Constituição, ao passo que a primeira é de ampla aplicação, voltada a todas as pessoas

[36] XAVIER, Alberto. Os princípios da legalidade e da tipicidade da tributação. São Paulo: Saraiva, 1978, p. 13/14.

naturais e coletivas, e insere-se no Capítulo dos Direitos e Garantias Fundamentais de nossa Constituição.

O mencionado princípio dirige a incidência das normas escritas em nosso ordenamento, que podem ser classificadas segundo os aspectos que doravante trataremos.

A classificação das leis

Diversos são os meios de classificar as leis. O primeiro deles diz respeito às leis constitucionais e infraconstitucionais. As primeiras, em seu sentido formal, integram o texto de nossa Carta Fundamental. Materialmente, nas constituições, costumam constar as regras atinentes à organização do poder, distribuição de competências, exercício da autoridade pública, forma de governo, direitos da pessoa humana, sejam individuais ou sociais, enfim, tudo que trate da composição e operação da ordem política[37]. Todas as demais são normas infraconstitucionais, cuja existência, validade e eficácia pressupõem sua conformidade lógica com as primeiras. Essa classificação será objeto de maiores reflexões em capítulo específico da presente obra, que abordará a interface entre as normas constitucionais e infraconstitucionais no âmbito do direito privado.

Outra importante classificação das leis também decorre da análise da Constituição Federal, que traçou regras de competência identificadoras das normas, quanto à sua origem, em: nacionais (de observância obrigatória por todos os Entes da Federação); federais (voltadas à União, como a lei 8.112/90, que dispõe sobre o estatuto do servidor público federal); estaduais e municipais. Na hipótese de conflitos entre elas, ao contrário do que se imagina, não existe propriamente uma questão de hierarquia para definir a proeminência de umas sobre as outras, mas de competência, vale dizer, a União, por exemplo, não pode se imiscuir em assuntos de competência exclusiva dos municípios, sob pena de ser declarada a inconstitucionalidade da norma federal que tente fazê-lo.

Classificam-se as leis ainda em substantivas e adjetivas[38]. As primeiras referem-se ao chamado direito material, são o fundo, enquanto as últimas ditam a forma, a maneira pela qual se devem deduzir aquelas em juízo.

[37] BONAVIDES, Paulo. Curso de direito constitucional. 22 ed. São Paulo: Malheiros, 2008, p. 80.

[38] MONTEIRO, Washington de Barros. Curso de direito civil – parte geral – v. I. 41 ed. São Paulo: Saraiva, p. 15.

Quanto à sua imperatividade ou sua relação com a vontade dos particulares[39], as normas são impositivas ou cogentes e dispositivas. As primeiras são aquelas de observância obrigatória, inafastável pela vontade dos interessados, ao passo que as últimas são aquelas que podem ser rechaçadas ou mitigadas por escolha das partes. Assim, são nulas as cláusulas contratuais que, em contratos de consumo, permitam ao fornecedor, direta ou indiretamente, variação do preço de maneira unilateral (art. 51, X do Código de Defesa do Consumidor). O mencionado dispositivo consumerista não pode, ao alvedrio das partes, ser afastado, representando, portanto, norma cogente. Esse não é o caso, todavia, do fiador, que livremente pode renunciar ao benefício de, uma vez demandado pelo pagamento da dívida, exigir, até a contestação da lide, que sejam primeiro executados os bens do devedor (art. 827 do Código Civil). Estamos, assim, diante de uma norma dispositiva.

As leis, quanto ao ponto de vista das sanções que delas decorrem, podem ser dispostas como perfeitas, mais do que perfeitas, menos do que perfeitas e imperfeitas[40]. Assim, são perfeitas as leis que tão somente impõem a sanção invalidade para os atos que as vulneram. A venda, por exemplo, realizada por ascendente a descendente sem anuência dos outros descendentes e do seu cônjuge (salvo se o regime matrimonial for o da separação obrigatória) são anuláveis por força do art. 496 do Código Civil, que representa, pois, um exemplo de norma perfeita.

As normas mais do que perfeitas são aquelas que não apenas invalidam os atos que as infringem, mas impõem outras sanções por força do seu descumprimento. Exemplo adequado seria o art. 12 do Código Civil. Esse determina que cessem todos os efeitos lesivos a direitos de personalidade, sem prejuízo de sanção pecuniária imposta ao infrator. Assim, um contrato que vulnere indevidamente um direito de personalidade não apenas será reconhecidamente nulo, como poderá ensejar sanção pecuniária.

São menos do que perfeitas as normas que ***não*** impõem invalidade por sua infração, embora determinem algum outro tipo de sanção. A transfe-

[39] Bolio, Francisco J. Peniche. Introduccion al estudio del derecho. 3 ed. México: Porrúa, 1977, p. 80.

[40] Bolio, Francisco J. Peniche. Introduccion al estudio del derecho. 3 ed. México: Porrúa, 1977, p. 75/78.

rência de veículos, em território nacional, impõe a comunicação da alienação ao órgão de trânsito local. A infração a tal dispositivo não determina a invalidade da transferência, embora acarrete multa ao adquirente e mantenha o alienante solidariamente responsável por multas e encargos tributários sobre o veículo até que se perfaça a necessária comunicação.

As normas, por derradeiro, cuja inobservância não impõe qualquer sanção são as leis imperfeitas. Exemplo delas é o art. 1º da Lei Uniforme de Genebra para a emissão de letras de câmbio e notas promissórias. Esse dispositivo indica que uma letra de câmbio deve conter a época do seu pagamento. O art. 2º da mesma norma ressalva, todavia, que a ausência da indicação do tempo de vencimento faz com que o título se considere vencido à vista. Não há, portanto, qualquer sanção pela ausência de indicação do tempo de vencimento da letra de câmbio, sendo essa norma, assim, uma lei imperfeita.

As leis também são classificadas quanto à sua duração. Quanto a esse critério dividem-se em leis permanentes e leis temporárias. As primeiras são aquelas de vigência indefinida, que perdurarão até que sejam expressa ou tacitamente revogadas por outra lei, como sói acontecer com a esmagadora maioria das leis nacionais. Leis temporárias são aquelas com vigência previamente definida, sendo relativamente comuns em direito tributário, em especial, para concessão de benefícios esporádicos para contribuintes inadimplentes (como parcelamentos de débitos para os contribuintes que quitarem suas dívidas até determinada data, seguidos de redução de sanções).

Segue-se, por fim, a classificação das leis segundo o seu alcance[41]. Podem, consoante o derradeiro critério, ser gerais, especiais, excepcionais ou singulares. As primeiras estabelecem regras universais, aplicáveis, em princípio, a todos os casos, como ocorre com o Código Civil. Situações peculiares, todavia, ensejam a edição de normas que, não obstante a existência, ao seu lado, de preceitos genéricos, demandam regramento próprio: são as chamadas leis especiais. Assim, o Código Civil seria uma norma que, entre diversos outros temas, versaria sobre a generalidade dos contratos firmados na esfera privada, ao passo que o Código de Defesa do Consumidor seria uma norma especial, a tratar apenas de contratos oriundos de relações jurídicas de consumo.

[41] GAGLIANO, Pablo Stolze e PAMPLONA FILHO, Rodolfo. Novo curso de direito civil, v. I. 9 ed. São Paulo: Saraiva, 2007, p. 14.

Importa frisar que normas especiais prevalecem sobre as gerais sem revogá-las. Assim, no aparente conflito entre ambas não há que se entender que as últimas perdem a vigência em razão da edição das primeiras. Voltando ao nosso exemplo, na eventual contradição entre o Código Civil e o Código de Defesa do Consumidor, se estivermos diante de uma relação de consumo, prevalecerão as regras do último, sem que se possa reconhecer a ocorrência do fenômeno da revogação.

Existem ainda as leis de exceção, que são as presentes em momentos de anormalidade do sistema, a ensejar a contrariedade às linhas mestras desse. Os atos institucionais editados durante o regime militar são um bom exemplo de tais normas. Restam, por fim, as leis singulares, que contemplam pessoas específicas, previamente apontadas no seu texto. São leis apenas no sentido formal, vez que as normas escritas primam por sua abrangência geral. Bom exemplo ocorreu no Distrito Federal. Certa feita, empregados de determinada empresa pública local, em greve, foram reprimidos violentamente durante uma manifestação. Alguns ficaram inválidos e outros morreram por conta da atuação repressiva do Estado. Não tardou edição de lei singular (Lei Distrital nº 2.502/99) que garantiu aos grevistas que ficaram inválidos e aos dependentes dos falecidos, nominalmente apontados, direito à reparação civil.

A analogia

Machado Neto[42], com a precisão que lhe é peculiar, afirma que, do ponto de vista lógico, não há que se conceber a existência de lacunas no ordenamento jurídico. Com efeito – como disposto alhures, o princípio da preeminência da lei aponta que "tudo o que não está proibido, está permitido", logo, não haveria nenhuma forma de relacionamento humano que não estivesse juridicamente regulado. É possível, todavia, que o dito regramento da conduta humana não se encontre imediatamente ***na lei***. Nesse contexto, surgiria uma ***lacuna da lei*** (e não do ***ordenamento jurídico),*** que deveria ser colmatada por um dos métodos de integração preconizados na Lei de Introdução ao Código Civil, a saber: a analogia, os costumes e os princípios gerais do direito.

O primeiro mecanismo de integração, também classificado como fonte do direito, é a analogia. Tem lugar quando, diante de um vazio da lei, aplica-se

[42] MACHADO NETO, Antônio Luís. Compêndio de introdução à ciencia do direito. 5 ed. São Paulo: Saraiva, p. 224.

hipótese prevista em lei semelhante. Washington de Barros Monteiro[43] sistematiza os três requisitos de sua incidência: *a)* o caso analisado não pode haver sido objeto de previsão legal específica; *b)* existência de norma que discipline hipótese que guarde pontos de contato com a situação lacunosa e; *c)* por fim, impõe-se que o ponto comum entre as hipóteses previstas e não previstas tenha sido o elemento determinante na implantação da regra concernente à questão apreciada pelo julgador.

Duas são as principais espécies de analogia: ***legis e iuris***. A primeira decorreria de um preceito legal específico, a reger hipótese semelhante à lacunosa. A última, por outro lado, extrai-se dos princípios orientadores do ordenamento jurídico como um todo, a fim de se colmatar lacuna de questão sem nenhum ponto de contato com qualquer norma especificamente vigente.

Apreciadas tais questões, importa abordar tema espinhoso, porém sem o necessário estudo pelos civilistas pátrios: quais os limites, na atuação do magistrado, ao invocar a analogia em seus julgamentos? Qualquer ausência de regramento legal ensejaria a indiscriminada aplicação de analogia, ou existem parâmetros para que ela seja invocada? E o juiz, quando se deparar com a ausência de lei a reger lide que se lhe é posta à apreciação, equipara-se ao legislador positivo ou a analogia não tem tamanha extensão?

Questões práticas borbulham em nossos tribunais todos os dias e a necessidade social de apresentação de respostas para as lides dificulta uma reflexão menos açodada sobre o tema. Vejamos: seria, a título de exemplo, possível o recurso à analogia para estender aos companheiros todos os regramentos do ordenamento pátrio relativos aos cônjuges? Seria, por outro lado, legítimo o recurso à analogia, a fim de se estender às uniões homoafetivas todas as benesses que o legislador garantiu aos casais heterossexuais? Enfrentemos o tema, mas antes, forçoso se faz recordar alguns aspectos básicos da Teoria Geral do Estado.

A Separação de Poderes e a atuação criativa do magistrado

Na Constituição do Brasil, tal qual na alemã, o princípio democrático seria diretivo na ordem do processo político. Essa é a inarredável conclusão a que podemos chegar ao cotejar o parágrafo único do Artigo 1º de nossa Carta com o Artigo 20, alínea 2, frase 1 de sua similar germânica.

43 Barros Monteiro, Washington de. Curso de directo civil – parte geral. 41 ed. São Paulo: Saraiva, p. 41.

Adverte, contudo, o Professor Konrad Hesse[44] não haver pretendido o texto alemão fixar um governo de identidade. Afirma ele:

> *"A compreensão da democracia como autogoverno do povo corresponde, sem dúvida, a uma determinação, difundida no continente europeu durante muito tempo, de sua natureza. Mas a tentativa de transformar em realidade* ***identidade de governantes com governados*** *sem mediação não pode dar certo; ela leva em si o perigo de converter-se em domínio total. Também a democracia direta, que mais se aproxima do autogoverno do povo, é domínio de homens sobre outros homens, e precisamente, da maioria sobre a minoria; mesmo no caso de unanimidade, ela ainda é domínio daqueles que participaram da votação, sobre os não-votantes, e a afirmação de identidade de governantes com governados é nada mais que uma identificação entre domínio da maioria e domínio do povo. Ainda menos corresponde a aceitação de uma tal identidade às verdadeiras relações de domínio da democracia indireta, predominantemente sob as condições da estatalidade moderna."*

Arremata, adiante, o Constitucionalista:

> *"A Lei fundamental não normatiza, com a decisão pela democracia, uma doutrina abstrata, desatada da sociedade real e momentânea indiferente de qual proveniência, senão de uma ordem concreta da realidade histórica. Esta não pode partir de uma vontade uniforme, como pressuposto de um autogoverno do povo, senão somente de seu pressuposto fundamental real: da diferença e divergência de opiniões, interesses, direções de vontade, aspirações e, com isso, da existência de conflitos dentro do povo. Daqui a norma, que todo poder estatal emana do povo, não simula uma unidade de vontade do povo, senão ela pressupõe aquela multiplicidade e divergência, que torna necessária sempre de novo a produção da unidade política como condição do nascimento e da atividade do poder estatal."*

Em outras palavras, o governo de identidade, de estrutura monolítica, mesmo travestido da forma democrática, não é amparado pelo ordenamento jurídico de nações como o Brasil ou Alemanha.

O constitucionalismo brasileiro não privilegia a vontade esmagadora das maiorias em detrimento das minorias. Afasta-se, portanto, do modelo jacobino, em que o Poder Legislativo é o intérprete maior da vontade geral.

[44] HESSE, Konrad. Elementos de Direito Constitucional da República Federal da Alemanha – trad. de Luís Afonso Heck – Sérgio Antônio Fabris Editor, 1998, p. 118/119

Os sistemas de inspiração americana, por outro lado, não concebem apenas o Poder Legislativo como o representante da soberania popular. Os demais (Executivo e Judiciário) são também palcos para os conflitos, ordenados pelo devido processo legal, para que não se reduza ao caos ou à imposição da vontade dos grupos mais poderosos, o diálogo político.

O Poder Legislativo, entretanto, seria a arena mais apropriada para os embates pluralísticos. Nele, percebe-se, não raro, um reflexo dos jogos de poder no substrato social do País. O pluripartidarismo exerce destacado papel na democracia, vez que confere opções distintas aos grupos sociais para a escolha de seus mandatários.

Concebe-se aí o primeiro espaço de livre atuação do povo na fixação de políticas públicas. Escolhendo seus representantes, presumidamente por conhecer-lhes as diretrizes de atuação política, optam por determinadas ideologias em detrimento de outras. Os representantes eleitos refletem, em princípio, a magnitude da participação de cada grupo dentro do universo populacional.

A atuação de tais representantes institucionalizará o debate, evitando o enfretamento direto de facções com pensamentos e interesses divergentes. Mas não só a isso se resume a participação dos grupos sociais no governo da nação. Assumem destacado papel na "formação preliminar da vontade política", que ocorre, segundo Hesse[45],

> *"(...) em um âmbito, no qual as decisões ainda não são pronunciadas, no qual elas, porém, são preparadas e por uma discussão pública das diferentes correntes, possibilitadas. Esse âmbito é o campo das 'forças intermediárias', dos interesses dos grupos organizados. Nele, estabelecimentos de objetivos são produzidos, formulados e, por colaboração organizada, defendidos."*

Tal atuação dos diversos grupos estaria muito ligada ao processo legislativo, envolvendo também o Poder Executivo quando ele participasse da elaboração das normas. Esse Poder, oportuno lembrar, também estaria sujeito ao jogo de forças dos diversos grupos nas disputas eleitorais. Clássico exemplo são as formações de coalizões, nas quais se partilha a formação do primeiro escalão do governo, consoante à contribuição de cada

[45] Hesse, Konrad. Elementos de Direito Constitucional da República Federal da Alemanha. Sérgio Antônio Fabris Editor, 1998, p. 131/132.

facção para a vitória política da chapa. Privilegia-se aqui, como na hipótese do Poder Legislativo, a vontade das maiorias.

E como as minorias seriam protegidas? Percebeu-se, desde Madison, o risco de subjugação de toda a sociedade por uma ou algumas facções. Trataram as Constituições de disciplinar as regras dos embates políticos para impedir o esfacelamento do sistema democrático, porquanto, governo de identidade, mesmo que fundado na maioria, é governo de dominação, não se coadunando com o espírito libertário que encerra a moderna concepção de democracia.

As minorias contribuem de forma inquestionável para o aprimoramento das estruturas sociais, constituindo-se em alternativa de poder, caso os grupos majoritários fracassem ao tentar guiar os destinos da Nação. Os grupos minoritários devem ser preservados, portanto, por se apresentarem como "maiorias potenciais", e as maiorias devem sempre buscar o melhor para toda a sociedade, devido ao seu caráter de "minorias em potencial", como muito bem explana Hesse[46].

A Carta Maior prima, portanto, por defender os grupos minoritários, assegurando a liberdade de associação e a igualdade de condições para a disputa pelo poder político. A garantia às minorias não se esgota nos órgãos fortemente sujeitos aos influxos dos grupos dominantes, ou, em outras palavras, aos Poderes Legislativo e Executivo. O Poder Judiciário assume papel de relevo na preservação dos grupos alijados da participação na maioria política.

Nessa trilha, o destacado papel dos juízes na democracia foi muito bem colocado por Carlos S. Nino[47]:

[46] Hesse, Konrad. **Elementos de Direito Constitucional da República Federal da Alemanha** – trad. de Luís Afonso Heck – Sérgio Antônio Fabris Editor, 1998, p. 133/136.

[47] Nino, Carlo S. Los Fundamentos del Contol Judicial de Constitucionalidad, In: CENTRO DE ESTUDIOS INSTITUCIONALES DE BUENOS AIRES. Fundamentos y Alcances del Control Judicial de Constitucionalidad. Madri: Centro de Estudios Constitucionales, 1991, p. 97 afirma que: *"1. La facultad de los jueces de revisar la constitucionalidad de las normas jurídicas – leyes, decretos, etc. – que dictan los órganos políticos es una de las características centrales de las democracias constitucionales o liberales. Ella es el principal mecanismo de protección de los derechos individuales frente a las decisiones de los poderes públicos que puedan afectarlos, aun cuando esas decisiones respondan directa o indirectamente a la voluntad popular. El control judicial de constitucionalidad materializa así el equilibrio entre la voluntad y el interés colectivo del pueblo y las decisiones e intereses básicos de un individuo que se encuentran atrincheradas por un derecho fundamental."*.

"A faculdade dos juízes de revisar a constitucionalidade das normas jurídicas – leis, decretos, etc. – ditadas pelos órgãos políticos, é uma das características centrais das democracias constitucionais ou liberais. Ela é o principal mecanismo de proteção dos direitos individuais frente às decisões dos poderes públicos que podem afetá-los, ainda quando essas decisões respondam direta ou indiretamente à vontade popular. O controle judicial de constitucionalidade materializa, assim, o equilibrio entre a vontade e o interesse coletivo do povo e as decisões e intereses básicos de um indivíduo que se encontram albergados por um direito fundamental."

Assim sendo, conclui-se que se deve garantir institucionalmente aos diversos grupos, ainda que minoritários, a possibilidade de participação ativa no processo de interpretação constitucional, principalmente nos órgãos públicos (e especialmente nas Cortes Constitucionais), porquanto não basta apenas, de maneira gélida e abstrata, assegurar a proteção aos direitos individuais ou de minorias; é necessário, em realidade, que se dê voz aos diversos grupos, não só no processo de elaboração das leis, mas também para que se valham do Judiciário como arena propícia à efetivação de suas aspirações.

Assentada, pois, a ideia de que o Judiciário também é um campo que acata a participação das minorias no jogo democrático, remanesce a pergunta: como deverá atuar o magistrado – como um mero legislador negativo? Haveria, em outras palavras, algum modelo decisório no qual o julgador poderia atuar positivamente? Qual seria ele?

Encetemos o debate tratando de tema de grande interesse para os constitucionalistas. Houve épocas em que o controle de constitucionalidade implicava o inarredável dogma de que o magistrado seria uma espécie de legislador negativo, apenas corrigindo, pela aplicação da sanção de nulidade, os desatinos praticados pelo Parlamento. No entanto, especialmente em solo europeu, rompeu-se esse paradigma, pois, com o advento das chamadas sentenças atípicas, as decisões judiciais deixaram de se limitar a declarar a validade ou nulidade da lei impugnada, introduzindo, assim, novas normas no ordenamento.

Nestor Pedro Sagüés[48] relaciona cinco modalidades de sentenças atípicas: *a)* sentenças manipulativas admissórias, que condenam a uma determi-

[48] SAGÜÉS, Nestor Pedro, Las sentencias constitucionales exhortativas. Disponível em http://redalyc.uaemex.mx/pdf/820/82040109.pdf, acesso em 12 de janeiro de 2012.

nada interpretação da lei sob exame, em conformidade com a Constituição, *b)* sentenças manipulativas desestimatórias, que reputam constitucional determinada interpretação do texto legal, abrindo-se a possibilidade de se entender inconstitucional outra exegese; *c)* sentenças manipulativas aditivas, que aditam algo ao texto legal, para torná-lo compatível com a Constituição, *d)* sentenças manipulativas substitutivas, que substituem determinado texto legal, tido por inconstitucional, por outra norma, porém em conformidade com a Carta Maior, sendo elaborada pela própria Corte, e, por fim, *e)* as sentenças exortativas, que, diante de uma inconstitucionalidade, clamam ao Poder Legislativo a elaboração de norma que a elimine.

As mencionadas modalidades de decisões judiciais, prolatadas em controle de constitucionalidade, não eram frequentes até a década de quarenta. O pós-guerra, entretanto, trouxe consigo o tempo de novas Cartas, ricas em aspectos programáticos e valorativos, a demandar atuação mais intensa dos Tribunais Constitucionais. Surgiram, assim, as sentenças atípicas, que, longe de vulnerarem o equilíbrio entre os Poderes, dotam de mais instrumentos de atuação as Cortes responsáveis pelo controle de constitucionalidade podendo elas, assim, protegerem eficientemente as minorias.

É fato que a discussão acima entabulada enaltece o papel das Cortes Constitucionais, mas não permite que se olvide a sua aplicabilidade até mesmo nos modelos difusos ou mistos de controle de constitucionalidade. O magistrado monocrático, portanto, deve estar atento ao vislumbrar um vazio legal. Necessário que reflita: o vazio detectado é uma omissão inconstitucional do legislador? Seria, por outro lado, uma simples lacuna da lei, sem que tal omissão representasse uma inconstitucionalidade? Como faria, pois, para identificar uma hipótese ou a outra?

Juliano Taveira Bernardes[49] leciona que as verdadeiras omissões constitucionais derivam da inobservância de preceitos que impõem concretamente, a certos órgãos, o dever de legiferar. Omissões abstratas, pois, não refletem qualquer inconstitucionalidade. Adverte, ainda, que não se mostra uma inconstitucional omissão aquilo que pode ser colmatado pelos tradicionais métodos de integração do ordenamento, como a analogia, os costumes e os princípios gerais do direito, desde que, é claro, a superação

[49] BERNARDES, Juliano Taveira. Novas perspectivas do controle da omissão inconstitucional no Direito brasileiro . **Jus Navigandi**, Teresina, ano 9, n. 539, 28 dez. 2004. Disponível em: <http://jus2.uol.com.br/doutrina/texto.asp?id=6126>. Acesso em 16 mar. 2009.

do vazio não demande a necessária intermediação de autoridade judiciária ou administrativa.

Pois bem – é justamente nesse ponto que reside o problema. A constatação de omissão inconstitucional a respaldar a utilização de sentenças atípicas é passo que se segue ao esgotamento dos tradicionais métodos de colmatação de lacunas, entre os quais, a analogia.

Assim, nos dizeres de Jan Schapp[50], a utilização da analogia ocorre em duas etapas: *a)* a análise que indique representar a lacuna uma deficiência sem intenção da lei e, *b)* a semelhança de suportes fáticos entre a hipótese regulada e a lacunosa, ou, como afirma Washington de Barros Monteiro[51], o ponto comum entre as hipóteses previstas e não previstas deve ser o elemento determinante na implantação da regra concernente à questão apreciada pelo julgador.

Analisemos, portanto, as duas etapas expostas. Em primeiro lugar, a lacuna representa uma deficiência sem intenção da lei. O que se busca aqui é demonstrar que a interpretação sistemática do ordenamento pode indicar que o vazio acerca de determinado tema indica uma deliberada intenção da lei em conferir proteção jurídica a determinada situação e não a outras.

É a hipótese dos artigos 1.514, 1565 e 1.723 do Código Civil, que determinam:

> *"Art. 1.514. O casamento se realiza no momento em que o homem e a mulher manifestam, perante o juiz, a sua vontade de estabelecer vínculo conjugal, e o juiz os declara casados."*
>
> *(...)*
>
> *"Art. 1.565. Pelo casamento, homem e mulher assumem mutuamente a condição de consortes, companheiros e responsáveis pelos encargos da família."*
>
> *(...)*
>
> *"Art. 1.723. É reconhecida como entidade familiar a união estável entre o homem e a mulher, configurada na convivência pública, contínua e duradoura e estabelecida com o objetivo de constituição de família."*

[50] SCHAPP, Jan. Introdução ao directo civil. Porto Alegre: Sérgio Antônio Fabris, 2006, p. 249.

[51] BARROS MONTEIRO, Washington de. Curso de directo civil – parte geral. 41 ed. São Paulo: Saraiva, p. 41.

Ora, em nenhum dos três artigos se trata da possibilidade de que dois homens ou duas mulheres se casem, reputem-se casados ou constituam uniões estáveis. Seria isso, dessarte, um caso de lacuna da lei a ser colmatado por analogia? A resposta só pode ser uma: essa não é uma lacuna não intencional da lei! O eloquente silêncio do texto legal quanto aos casais homoafetivos e a insistente menção a "homem e mulher" pelos artigos que tratam de matrimônio indicam, por uma sistemática interpretação, a impossibilidade, ao menos segundo a versão original do Código Civil do Brasil, de que duas pessoas do mesmo sexo se casem. Logo, nesse ponto, o silêncio intencional da lei não implica uma lacuna passível de preenchimento por método analógico. Na verdade, a omissão do texto quanto aos casamentos entre pessoas do mesmo sexo indica uma deliberada intenção do legislador de negar essa possibilidade de constituição de entidade familiar. Resta analisar, como fez a Suprema Corte do Brasil, o que se dará adiante, se essa deliberada intenção é ou não constitucional.

Hipótese diferente, ou seja, em que a aplicação da analogia se mostra possível, ocorre com o Artigo 7º do Código Civil. Este dispõe:

> *"Art. 7º Pode ser declarada a morte presumida, sem decretação de ausência:*
>
> *I – se for extremamente provável a morte de quem estava em perigo de vida;*
>
> *II – se alguém, desaparecido em campanha ou feito prisioneiro, não for encontrado até dois anos após o término da guerra.*
>
> *Parágrafo único. A declaração da morte presumida, nesses casos, somente poderá ser requerida depois de esgotadas as buscas e averiguações, devendo a sentença fixar a data provável do falecimento."*

Interessante questão se desenha na hipótese. E se a declaração de morte presumida de um determinado sujeito decorrer de um equívoco e aquele que se pensava falecido retornar? O que fazer com os seus bens? Seria essa uma lacuna não intencional da lei ou um silêncio eloqüente da norma a indicar eventual impossibilidade do sujeito outrora declarado morto retomar os seus bens? Apenas a interpretação sistemática do Código poderá fornecer uma resposta adequada, como ocorreu no caso da discussão sobre a possibilidade de casamentos homoafetivos – façamo-la, portanto!

A interpretação sistemática da lei nos remeteria a uma série de reflexões, a fim de se encontrar o seu real significado. Assim, há que se analisar: o Código Civil admite o enriquecimento sem causa? A resposta óbvia é

NÃO, como se pode depreender da leitura de seu artigo 884. Pois bem – se o silêncio da lei quanto ao caso daquele que equivocadamente se presumia morto admitisse a perda de seus bens para os herdeiros, tão somente porque a lei não indica o mecanismo da sua retomada por aquele que retornou, haveria uma contradição interna no Código: por um lado, ele não admite o enriquecimento sem causa, como demonstra o artigo 884; por outro, ao não disciplinar a retomada do bem pelo que se considerou falecido, mas voltou, a norma civil poderia estar consagrando um injustificado decréscimo patrimonial para o último e um inexplicável aumento para seus herdeiros. A que conclusão essa contradição nos remete? A uma só: o silêncio na hipótese não fora deliberado, mas acidental, criando uma lacuna a ser colmatada pelos mecanismos de integração.

Essa é a atividade mental que o intérprete deve fazer para encontrar uma verdadeira lacuna e não um deliberado silêncio, que pela interpretação sistemática implica uma negação de direitos.

Bem, prossigamos, pois, com a análise das duas etapas de incidência da analogia. A primeira (tentativa de identificar se o silêncio da lei fora deliberado ou não intencional) já foi esgotada. A segunda diz respeito à semelhança de suportes fáticos entre a hipótese regulada e a lacunosa. Volvamos novamente o nosso olhar para o artigo 7º, que trata do reconhecimento de morte presumida sem decretação de ausência. Semelhante a essa norma, existe o artigo 37 do Código Civil, que trata da hipótese de morte presumida com decretação de ausência. A semelhança entre os dois casos é enorme: são as duas consagradas possibilidades de admissão da morte presumida pela lei nacional.

Vejamos que, na morte presumida ***sem*** decretação de ausência (art. 7º), não regulada a hipótese de retorno do que se reputara morto. Na morte presumida ***com*** decretação de ausência, porém, o artigo 39 assim disciplina:

> *"Art. 39. Regressando o ausente nos dez anos seguintes à abertura da sucessão definitiva, ou algum de seus descendentes ou ascendentes, aquele ou estes haverão só os bens existentes no estado em que se acharem, os sub-rogados em seu lugar, ou o preço que os herdeiros e demais interessados houverem recebido pelos bens alienados depois daquele tempo.*
>
> *Parágrafo único. Se, nos dez anos a que se refere este artigo, o ausente não regressar, e nenhum interessado promover a sucessão definitiva, os bens arrecadados passarão ao domínio do Município ou do Distrito Federal, se localizados nas respectivas circunscrições, incorporando-se ao domínio da União, quando situados em território federal."*

Ora, diante da lacuna não intencional do artigo 7º, é possível que analogicamente se lhe aplique os mandamentos do artigo 39, caso aquele que se reputou morto retorne, devendo-se observar se ele voltou antes ou depois de completar um decênio da abertura da sucessão em razão do presumido óbito. Caso tenha retornado antes, receberá os bens no estado em que se encontrarem, os sub-rogados em seu lugar ou o preço que os herdeiros e demais interessados houverem recebido pelos bens alienados depois daquele tempo, tudo por aplicação analógica do artigo 39. O seu retorno ocorrendo, porém, após o decênio tratado, ele nada receberá, em contemplação ao princípio da segurança jurídica.

Avaliada, assim, foi a hipótese de identificação de lacuna colmatável por analogia. Mas e se não for esse o caso? Então, como visto, o silêncio eloquente poderá implicar uma negação aos direitos de determinadas pessoas ou grupos (como se deu no exemplo do casamento homoafetivo). Essa negação, ao seu turno, poderá ou não representar uma omissão inconstitucional. Analisemos emblemático caso posto à apreciação do Supremo Tribunal Federal e que implicou a adição de direitos à minoria outrora privada de tais prerrogativas.

O julgamento da Ação Direta de Inconstitucionalidade

Importante questão que se colocou à apreciação do Supremo Tribunal Federal foi sobre a possibilidade de reconhecimento de uniões estáveis entre pessoas do mesmo sexo. O texto legal, como já exposto, é, por demais restritivo. Vejamos:

> *"Art. 1.723. É reconhecida como entidade familiar a união estável entre o homem e a mulher, configurada na convivência pública, contínua e duradoura e estabelecida com o objetivo de constituição de família."*

Ora, uma intervenção judicial a autorizar tal união certamente implicaria uma postura de legislador positivo da Corte Constitucional do Brasil. O Ministro Gilmar Mendes, em seu voto, não se furtou ao enfrentamento da questão[52]:

> *"Portanto, é certo que o Supremo Tribunal Federal já está se livrando do vetusto dogma do legislador negativo, aliando-se,. assim, à mais progressiva linha jurispru-*

[52] BRASIL. Supremo Tribunal Federal. ADI 4277. Voto do Ministro Gilmar Mendes. Acórdão publicado no DJe de 14/10/2011.

dencial das decisões interpretativas, com eficácia aditiva, já adotada pelas principais Cortes Constitucionais do mundo. A assunção de uma atuação criativa pelo Tribunal pode ser determinante para a solução de antigos problemas relacionados à inconstitucionalidade por omissão, que muitas vezes causa entraves para a efetivação de direitos e garantias fundamentais assegurados pelo texto constitucional.

(...)

Assim, se é certo que, por um lado, a possibilidade da interpretação conforme que se convola numa verdadeira decisão manipulativa de efeitos aditivos, não mais constitui um fator de constrangimento ou de estímulo ao ***self restraint****; por parte do Supremo Tribunal Federal, por, outro lado, a interpretação conforme, nos moldes em que requerida pela Procuradoria-Geral da República, pode ter amplíssimas conseqüências em diversos sistemas normativos do ordenamento jurídico brasileiro, as quais devem ser minuciosamente consideradas pelo Tribunal.*

Desde o começo deste julgamento, eu fiquei preocupado com essa questão e cheguei até a comentar com o Ministro Relator Ayres Britto, tendo em vista, como amplamente confirmado, que o texto do Código Civil reproduz, em linhas, básicas, aquilo que consta, do, texto constitucional. E de alguma forma; a meu ver, eu cheguei a pensar que isso era um tipo de construto meramente intelectual-processual, que levava os autores a propor a ação, uma vez que o texto, em princípio, reproduzindo a Constituição, não comportaria esse modelo de interpretação conforme. Ele não se destinava a disciplinar outra instituição que não fosse a união estável entre homem e mulher, na linha do que estava no texto constitucional. Daí não ter polissemia, daí não ter outro entendimento que não aquele constante do texto constitucional.

Talvez o único argumento que pudesse justificar a tese da aplicação ao caso da técnica de interpretação conforme à Constituição seria a invocação daquela previsão normativa de união estável entre homem e mulher como óbice ao reconhecimento da união entre pessoas do mesmo sexo, como uma proibição decorrente daquele dispositivo.

E, de fato, é com base nesse argumento que entendo pertinente o pleito trazido nas ações diretas de inconstitucionalidade.

É preciso, portanto, que nós deixemos essa questão muito clara, porque ela terá implicações neste e em outros casos quanto à utilização e, eventualmente, à manipulação da interpretação conforme com muita peculiaridade, porque o texto é quase um decalque da norma constitucional e, portanto, não há nenhuma dúvida quanto àquilo que o legislador quis dizer, na linha daquilo que tinha positivado o constituinte.

E o texto, em si mesmo, nessa linha; não é excludente – pelo menos essa foi a minha primeira pré-compreensão – da possibilidade de se reconhecer a união estável entre pessoas do mesmo sexo, não com base no texto legal (art. 1.723 do Código Civil), nem na norma constitucional (art. 226, § 3º), mas com suporte em outros princípios constitucionais.

(...)

Não há dúvida de que aqui o Tribunal está assumindo um papel ativo, ainda que provisoriamente, pois se espera que o legislador autêntico venha a atuar. Mas é inequívoco que o Tribunal está dando uma resposta de caráter positivo.

Na verdade, essa afirmação – eu já tive oportunidade de destacar – tem de ser realmente relativizada diante de pretensões que envolvem a produção de norma ou a produção de um mecanismo de proteção. Deve haver aí uma resposta de caráter positivo. E se o sistema jurídico, de alguma forma, falha na composição desta resposta aos cidadãos, e se o Poder Judiciário é chamado, de alguma forma, a substituir o próprio sistema político nessa inação, óbvio que a resposta só poderá ser de caráter positivo.

É certo que essa própria afirmação já envolve certo engodo metodológico. Eu diria que até a fórmula puramente anulatória, quando se cassa uma norma por afirmá-la inconstitucional – na linha tradicional de Kelsen – já envolve também uma legislação positiva no sentido de se manter um ***status quo****, um modelo jurídico contrário à posição que estava anteriormente em vigor.*

Explicitada, portanto, a fundamentação sobre os limites e a possibilidade de interpretação conforme à Constituição no presente caso, passo a esclarecer os fundamentos que permitem concluir no sentido da legitimidade constitucional de reconhecimento da união entre pessoas do mesmo sexo."

Na mesma esteira, Inocêncio Mártires Coelho[53] ao tratar do chamado ativismo judicial faz a seguinte ponderação:

"Para não se chegar a tanto e, dessa forma, a pretexto de realizar a justiça em sentido material, acabar permitindo que o juiz invada o espaço nomogenético que o constituinte reservou ao legislador – o que caracterizaria o ***ativismo judicial*** *como conduta constitucionalmente indevida –, bastaria dizermos que na criação do direito, tarefa que lhes é comum, legisladores e juízes atuam em dois tempos e a quatro mãos, no âmbito de um acordo tácito – alguns chegam a falar em cumplicidade –, por força de cujas cláusulas, em obediência à natureza das coisas e ao princípio da separação dos poderes, o Parlamento continua com o monopólio da redação das leis, mas o Judiciário fica liberado para interpretá-las criativamente, de preferência se o fizer dizendo que as suas leituras não ultrapassam o sentido literal possível desses enunciados normativos.*

[53] COELHO, Inocêncio Mártires. Ativismo judicial ou criação judicial do direito? *In* FELLET, André Luiz Ferandes, PAULA, Daniel Giotti de; e NOVELINO, Marcelo. *As novas faces do ativismo judicial.* Salvador: Juspodium, 2011, p. 489/490.

É assim que se 'comportam' lei e função judicial na criação do direito, porque não é somente a lei, mas também a função judicial, que, juntas, proporcionam ao povo o seu direito."

Acreditamos, assim, que a palavra de ordem para a atuação inovadora do Poder Judiciário deva ser "prudência". Não nos posicionamos contrariamente ao fato de que, em hipóteses extremas, haja uma emblemática intervenção judicial como ocorreu no caso das uniões homoafetivas. Preocupante, porém, a postura demissionária do Poder Legislativo nacional, que se tem apequenado justamente no enfrentamento das discussões mais espinhosas. Talvez o faça por comodismo, afinal, quando um tema sensível é abstratamente regulado por magistrados vitalícios e que não se devem sujeitar, de tempos em tempos, ao crivo do sufrágio popular, o parlamentar não terá que prestar contas à sua base eleitoral pela adoção de posições necessárias, mas impopulares.

Poder-se-ia, contudo, obtemperar que a omissão é também uma postura muito reprovável e perceptível aos olhos do eleitor mais atento. Ocorre, porém, que a inação sempre é diluída entre todos os parlamentares, ao passo que a adoção de uma posição sobre um tema vincula diretamente o legislador às suas escolhas. Logo, o parlamentar mais astucioso, e, consequentemente, menos preocupado com o bom desempenho de seus misteres públicos, preferirá dividir a responsabilidade de sua omissão com todos os demais parlamentares a enfrentar as consequências políticas da adoção de posições menos populares. Nesse aspecto, o ativismo judicial cai como uma luva para os seus intentos.

Outro perigo que vivenciamos com uma postura desmesuradamente criativa do magistrado para o direito civil brasileiro é que, à guisa de se operacionalizarem preceitos constitucionais demasiadamente genéricos, exortem-se os magistrados a editarem sentenças aditivas e substitutivas em hipóteses em que não haveria uma verdadeira omissão. Será que as genéricas violações à Carta, por ausência de lei, ou por preceitos incompletos, que vulnerem, para alguns intérpretes, comandos genéricos como a dignidade da pessoa humana, o princípio da isonomia, a necessidade de proteção familiar pelo Estado, entre outros, seriam suficientes para sempre demandarem uma atuação positiva do magistrado? Entendemos que não – e esse é o equilíbrio que o magistrado será obrigado a perseguir: jamais deixar em desamparo o jurisdicionado que clama por sua intervenção, mas não se assoberbar ao ponto de rasgar o Código Civil, sob a escusa de estar dando azo à incidência de princípios genéricos que, para ele, devem ser aplicados de uma forma que nem sempre será mais prudente do que a preconizada pela lei civil.

Não nos furtando a apresentar um caminho a ser trilhado, entendemos que o papel primordial do Poder Judiciário, no atual cenário democrático, é a preservação das minorias, mormente nas hipóteses em que estivessem a ser sufocadas pelas instituições controladas preponderantemente por grupos majoritários (Legislativo e, em menor medida, Executivo). Assim, em respeito ao princípio democrático, quando minorias estiverem a ser esmagadas em seus direitos fundamentais (como ocorreu na hipótese das uniões homoafetivas), a atuação positiva do magistrado não apenas será bem vinda, como haverá de ser impositiva. Fora de tal permissivo, não cremos ser prudente, como já manifestado, o acréscimo de normas abstratas pelo juiz, lastreado tão somente em genéricas omissões legislativas, tidas por inconstitucionais (como sói acontecer quando se alega necessário o acréscimo, pelo julgador, de determinada norma, sob pena de restar aviltado o princípio da isonomia).

O costume

Giorgio del Vecchio[54] aponta os costumes como o modo originário de manifestação da vontade social, consubstanciado em regras não expressamente impostas, mas observadas quase que instintivamente por todos os componentes de um dado grupo. Os costumes, de fato, são a fonte do direito decorrente de práticas reiteradas no seio social a assumirem ares de obrigatoriedade. Qual seria, pois, sua importância quando confrontados com a lei?

Essa interessante indagação não escapou às investigações do jusfilósofo da Universidade de Roma[55]. Em arguto raciocínio, pondera que a lei e os costumes possuem, em princípio, a mesma autoridade, já que os dois expressam a vontade social e a consciência jurídica predominante. A lei, com efeito, não seria fruto de um arbítrio individual, mas se assentaria no necessário convencimento do povo ao qual se refere. Assim, não se vislumbram diferenças substanciais entre essas duas fontes do direito, porquanto

[54] VECCHIO, Giorgio del. Filosofia del derecho – t. I. 3 ed. México: UTEHA, p. 249.

[55] VECCHIO, Giorgio del. Filosofia del derecho – t. I. 3 ed. México: UTEHA, p. 262/263.

teriam um mesmo significado e uma mesma base real. É, todavia, possível que, diante da evolução histórica de determinado grupo, possa o costume ou lei prevalecerem um sobre o outro.

Assim, em épocas primitivas, o Direito era basicamente consuetudinário. Progressivamente, passou a se destacar, no seio social, um grupo que chamaria para si o mister de abstrair certas regras dos usos, dirimindo conflitos entre as pessoas. Sucessivamente iriam se formando os órgãos legislativos capazes de captar os costumes sociais e de criar normas próprias e autônomas para regular a vida social. Assim colocada a questão, cabe indagar – e, no direito hodierno, o que haveria de prevalecer: as leis ou os costumes?

No ordenamento brasileiro, essa resposta demanda a análise de dois comandos constantes da Lei de Introdução ao Código Civil. São eles:

> *"Art. 2º Não se destinando à vigência temporária, a lei terá vigor até que outra a modifique ou revogue.*
>
> *§ 1º A lei posterior revoga a anterior quando expressamente o declare, quando seja com ela incompatível ou quando regule inteiramente a matéria de que tratava a lei anterior.*
>
> *(...)*
>
> *Art. 4º Quando a lei for omissa, o juiz decidirá o caso de acordo com a analogia, os costumes e os princípios gerais de direito."*

O art. 2º da Lei de Introdução ao Código Civil consagra o princípio da continuidade, vale dizer, ***a lei apenas deixará de ter vigência quando revogada por outra lei***. A conclusão óbvia é a de que o costume não poderia se sobrepor à fonte escrita, sendo, como dispõe o art. 4º, apenas fonte supletiva do direito, a colmatar as lacunas não preenchidas pela norma escrita. Raciocínio semelhante traçam os autores italianos ao comentarem o artigo 15 das disposições preliminares do seu Código Civil[56]. Messineo[57], diante da citada regra, reforça que não são admissíveis usos contrários à lei. No

[56] O artigo 15 das disposições preliminares do *Codice Civile* tem a seguinte redação, que muito se assemelha ao texto do artigo 2º de nossa Lei de Introdução ao Código Civil: *"Le leggi non sono abrogate che da leggi posteriori per dichiarazione espressa del legislatore, o per incompatibilità tra le nuove disposizioni e le precedenti o perché la nuova legge regola l'intera materia già regolata dalla legge anteriore."*

[57] Messineo, Francesco. Manual de derecho civil y comercial – v. I. Buenos Aires: EJEA, 1954, p. 76.

entanto, em ousado entendimento com o qual concordo parcialmente, afirma que os costumes contrários à lei poderiam ser invocados nas hipóteses de leis dispositivas e nos casos de leis imperfeitas. Sua explicação é singela: se a vontade do indivíduo pode afastar a incidência de tais normas, igualmente um uso poderia fazê-lo sem vulnerar o princípio da continuidade da lei. Atente-se que o Professor de Milão não está defendendo a possibilidade de revogação de uma lei pelo costume, mas apenas a possibilidade de se afastar, em excepcionais casos, a sua incidência diante de um uso que lhe seja contrário e apenas para as leis dispositivas ou imperfeitas – jamais para as leis cogentes. Esse entendimento, todavia, não encontra muitos adeptos na doutrina pátria, que, passando ao largo da questão, simplesmente repudiam a validade aos costumes contrários às leis.

Concordamos parcialmente, conforme salientado nas linhas anteriores, com o pensamento exposto pelo jurista italiano. Ressalvamos, todavia, nossa discordância quanto ao fato de que o costume contrário à lei possa evitar a incidência de uma lei dispositiva. Estas leis, já explanamos, são aquelas cuja incidência pode ser afastada pela vontade das partes. No silêncio, todavia, haverá de prevalecer o comando contido na lei dispositiva, ainda que em desuso. Em outras palavras: pode até ser costumeiro que as partes afastem a incidência de uma lei dispositiva. No entanto, sempre que o fizerem, deverão agir expressamente. Assim, é falsa a ideia de que um costume contrário a uma lei dispositiva, automaticamente, sobre ela prevalecerá.

Exemplo interessante pode ilustrar essa tese. Explicamos, outrora, que o art. 827 do Código Civil admite ao fiador que livremente renuncie ao benefício de, uma vez demandado pelo pagamento da dívida, exigir, até a contestação da lide, que sejam primeiro executados os bens do devedor. Essa importante norma, na prática, é muito enfraquecida, pois raros são os contratos de locação em que não exista a dita renúncia. Seria possível mesmo afirmar que há um costume entre as imobiliárias de sempre inserir em seus contratos de adesão a malfadada renúncia ao benefício de ordem. Pois bem, para Messineo, constatando-se a existência desse costume, seria sempre presumível, no silêncio do contrato de locação, a renúncia ao benefício de ordem, mesmo que tal uso contrarie a letra do art. 827 do Código Civil. Entendemos diversamente! Ainda que exista, em determinadas praças, o costume de se afastar a incidência de tão importante regra; silenciando o contrato, eis o benefício de ordem a proteger o fiador, pois a norma escrita dispositiva só pode ser mitigada pela vontade concreta e expressa das partes, mas nunca por uso genérico. Quanto às normas imperfeitas, concordamos com o jurista italiano: elas, de fato, podem ser afastadas por costume contrário, porquanto não haveria sanção àqueles que descurassem de sua fiel aplicação.

Ressaltamos, todavia, que, como regra geral, ***não*** se tem tolerado a prevalência de costume sobre a lei, mormente quando com a última se mostrar conflitante. Impende, superada a polêmica exposta, abordar as modalidades de costume. São elas: costumes ***praeter legem,*** costumes ***secundum legem*** e costumes ***contra legem.*** Os primeiros, verdadeiras fontes de colmatação de lacunas legais, desenham-se no absoluto silêncio das leis, inovando primariamente no mundo jurídico. O mais clássico exemplo é o das filas. Não há norma disciplinando o exato funcionamento de uma fila, a indicar que a ordem de chegada a determinado lugar determinará a prioridade no atendimento daquele que se colocou ordenadamente atrás dos que o precederam – no entanto essa é uma regra de universal observância. Os costumes ***secundum legem*** são aqueles cuja incidência é invocada pela própria norma, como ocorre no art. 599 do Código Civil, ao dispor que, nos contratos de prestação de serviço, não havendo prazo estipulado, nem se podendo inferir da natureza do contrato, ou do ***costume*** do lugar, qualquer das partes, a seu arbítrio, mediante prévio aviso, pode resolver o contrato.

Os costumes ***contra legem,*** por fim, são aqueles contrários ao texto da lei e, como regra, não poderão prevalecer sobre aquela. Assim, suponhamos que, em determinada cidade, contrariando-se o Código de Trânsito do Brasil (Art. 70), não se pare antes da faixa de pedestres, a fim de que os últimos façam a travessia da pista. Admitamos ainda que os agentes de trânsito da malfadada cidade não punam os infratores da lei. A prática reiterada da infração fará nascer reprovável costume ***contra legem***, que não revogará, porém, a lei no hipotético município. Assim, se um agente de trânsito imbuído de boas intenções resolver começar a cumprir a lei, não será eficaz a defesa de que todos na cidade infringem a norma.

Os princípios gerais do direito e outras fontes

Princípios gerais seriam as linhas mestras que inspiram o ordenamento jurídico. Nos dizeres de Caio Mário da Silva Pereira[58], por meio deles, investiga-se o mais alto pensamento da cultura jurídica, a fim de se concretiza-lo.

[58] Pereira, Caio Mário da Silva. Instituições de directo civil – v. I. 19 ed. Rio de Janeiro: Forense, 1999, p. 49.

A tarefa de concretização dos princípios, ao seu turno, desafia o intérprete do Direito. Ricardo Luis Lorenzetti[59] afirma que os princípios jurídicos são normas jurídicas que recepcionam valores, mas não de aplicação objetiva, como sói acontecer com as leis e costumes e, portanto, não se confundem com regras jurídicas. A aplicação dos princípios aos casos concretos exigiria, portanto, um juízo de ponderação com outros princípios, identificando outros que lhes sejam contraditórios, complementares ou competitivos entre si.

Há, por fim, que se ressaltar as quatro funções dos princípios para o Direito[60]: função integradora (por meio da qual lacunas jurídicas por eles são colmatadas), função interpretativa (auxiliando o intérprete a alcançar o real significado da regra, por identificação das linhas mestras que lhe servem de fundamento), função delimitadora (pondo freios às atividades estatais e negociais no estabelecimento de novas regras de conduta) e função fundante (indicar os fundamentos do sistema, dando lugar às criações pretorianas).

Quanto às demais fontes usualmente apontadas, há que se destacar o papel da jurisprudência e da doutrina. Duas, consoante à doutrina de Serpa Lopes[61], seriam as grandes funções da jurisprudência: uma conservadora, consistente na manutenção de todos os mandamentos pretéritos que não estejam em conflito com novas disposições, e uma inovadora, indicando os defeitos decorrentes dos anacronismos das leis. Nega, todavia, o seu caráter de fonte formal do Direito, sendo enfático ao enunciar:

> *"Finalmente, o nosso sistema jurídico-constitucional não permite considerar-se a jurisprudência como elemento criador do Direito. No máximo, tudo quanto ao juiz se pode considerar lícito, consiste em poder ele escrever nos livres espaços da lei, como propôs Gêny*
>
> *Perigoso na verdade é conceder-se à magistratura competência para legislar. Com esta se construiria um plano inclinado para a ditadura judiciária, tão nociva quanto a de qualquer outro poder, embora isso não prive o juiz de se utilizar de uma interpretação sociológica, critério aplaudido por Bulhões Carvalho".*

[59] LORENZETTI, Ricardo Luis. Fundamentos do directo privado. São Paulo: RT, 1998, p. 317/319.

[60] LORENZETTI, Ricardo Luis. ***Op. cit.***, p. 319.

[61] SERPA LOPES, Miguel Maria de. Curso de directo civil – vol. I. Rio de Janeiro: Freitas Bastos, 1971, p. 102.

As contundentes conclusões acima transcritas não infirmam, todavia, a jurisprudência como fonte do Direito. O sistema de freios e contrapesos admite uma maior participação dos magistrados na criação do direito, sem que tal atitude descambe para a ditadura judicial. As súmulas vinculantes, a interpretação conforme a Constituição, a nova tendência para a elaboração de sentenças atípicas, o poder normativo de certas decisões trabalhistas, enfim, tudo revela que o Direito, vivamente interpretado pelos juízes, é, de fato, hodiernamente, uma verdadeira fonte do Direito, cujas inovações, não raro, impõem mudanças até mesmo nos textos legais.

A doutrina, ao seu turno, também merece menção como fonte do Direito. Lopes de Oliveira[62], conquanto negue a sua natureza de fonte formal, realça sua importância como fonte mediata e destaca, como não poderia deixar de ser, o papel das opiniões dos juristas manifestadas em suas obras, como inequívoco modo de influência aos operadores e criadores das normas jurídicas e, portanto, de fonte do direito.

[62] Lopes de Oliveira, J. M. Leoni. Introdução ao Direito. I. Rio de Janeiro: Lumen Iuris, 2004, p. 187.

Capítulo 2
Conflito de Leis no Tempo

Aspectos introdutórios

O ordenamento jurídico não representa uma realidade estática. Sua mutabilidade exsurge com a força das transformações sociais e, nessa esteira, uma questão prática se coloca: e se uma dada relação jurídica nascer sob o império de uma determinada lei, mas for alcançada, no seu curso, pela edição de novo regramento sobre a mesma matéria? Qual haveria de ser a norma aplicável? A antiga ou a nova?

O fato é que sempre existiram leis novas a sucederem as antigas e esse é o domínio do chamado direito intertemporal que, segundo Carlos Maximiliano[63], "fixa o alcance do império de duas normas que se seguem reciprocamente", tendo por objetivo "determinar os limites do domínio de cada uma dentre duas disposições jurídicas consecutivas sobre o mesmo assunto".

A questão não é nova e está indelevelmente associada ao progresso humano. Em passado remoto, as mudanças no ordenamento eram compreendidas como postulados divinos e que, portanto, não conheceriam limites temporais[64]. Percebe-se, então, que uma nova lei editada, compreendida como emanação do poder dos deuses, deveria ser endereçada inclusive às relações iniciadas no passado sendo, assim, retroativa. Esse espírito animou a edição do Código de Manú que, ao se aplicar aos fatos pretéri-

[63] Maximiliano, Carlos. Directo intertemporal ou teoria da retroatividade das leis. Rio de Janeiro: Freitas Bastos, 1946, p. 7.

[64] Serpa Lopes, Miguel Maria de. Curso de directo civil – vol. I – introdução, parte peral e teoria dos negócios jurídicos. 8 ed. Rio de Janeiro: Freitas Bastos, 1996, p. 191/192.

tos, não excepciou sequer a matéria penal por ele versada[65]. Já na Grécia, segundo Carlos Maximiliano[66], fruto do avanço filosófico daquele povo, os ensinamentos de Platão e o motivo da revogação parcial de lei publicada sob o arcontado de Euclides de Aristophonte revelaram o alvorecer da ideia da irretroatividade.

Sabe-se, porém, que foi em Roma que o princípio da inaplicabilidade da lei nova aos fatos pretéritos transformou-se, após lenta evolução, na semente da atual cláusula de irretroatividade das leis. Não se pode, a propósito, deixar de mencionar o célebre discurso de Cícero a recriminar Verres pela elaboração de edito com força retroativa, bem como a Constituição de Teodósio I, datada de 393, que continha fórmula de irretroatividade[67].

A alusão ao direito romano, todavia, não é pacífica. Há quem tente infirmar a premissa acima lançada pelo efeito retroativo que Justiniano conferiu às *Institutiones* e ao *Digestum*. Esclarece, todavia, Savigny[68], que essas coletâneas de normas não criaram novo direito, mas serviram para depurar o já existente, sendo, em realidade, leis interpretativas. Logo, imputar-lhes efeito retroativo não parece uma conclusão acertada.

No direito canônico, por sua vez, a questão posta seguia duas lógicas. A primeira, de origem romana, apontava para a consagração da irretroatividade das leis, como o fez Gregório IX ao dispor no Código Canônico sobre o tema. A segunda, todavia, reconhecia a superioridade do ***ius divinum*** sobre o ***ius humanum***, impondo aos papas a retroatividade de regras consistentes na revelação do direito divino, em contraposição àquelas de mera inovação legislativa sobre assuntos mundanos[69]. Exemplo marcante fora a retroatividade conferida pela Constituição de Alexandre III ao versar sobre usura.

Assim, até a Idade Moderna, foram assentadas as raízes do princípio da irretroatividade. Foi, contudo, na Idade Contemporânea que elas encon-

[65] MAXIMILIANO, Carlos. Directo intertemporal ou teoria da retroatividade das leis. Rio de Janeiro: Freitas Bastos, 1946, p. 17.

[66] MAXIMILIANO, Carlos. Directo intertemporal ou teoria da retroatividade das leis. Rio de Janeiro: Freitas Bastos, 1946, p. 17.

[67] PONTES DE MIRANDA, . Comentários à Constituição de 1967 – tomo V. 2 ed. São Paulo: RT, 1974, p. 15.

[68] SAVIGNY, Friederich Carl von. Sistema do directo romano atual – v. VIII. Ijuí/RS: Unijuí, 2004, p. 295/296.

[69] PONTES DE MIRANDA, . Comentários à Constituição de 1967 – tomo V. 2 ed. São Paulo: RT, 1974, p. 15.

traram seguro albergue nas idéias da Revolução Francesa, espalhando-se pelas diversas codificações do final do século XVIII (Código da Prússia, Introdução, § 14) e do século XIX (Códigos Francês – art. 2º, Austríaco de 1811- § 5º e Italiano de 1865 – art. 2º das disposições preliminares)[70].

Atualmente o postulado da irretroatividade não se restringe apenas aos Códigos. Alguns países, como o Brasil, conferem-lhe sede constitucional, enquanto outros preferem dedicar-lhe assento em leis ordinárias, tolerando algumas investidas, pelo legislador, contra tal princípio, que deverá, no entanto, prevalecer na hipótese de silêncio da nova norma[71].

Feito esse brevíssimo panorama da evolução do princípio da irretroatividade, volvamos nosso olhar para a abordagem que o tema merece entre nós, brasileiros.

A questão da irretroatividade da lei no Brasil

No Brasil, todas as Constituições, à exceção da Carta de 1937, acolheram o princípio da irretroatividade. É nítida a vantagem que a constitucionalização da matéria representa para nós, que vivemos em país tão pródigo na elaboração de leis, tantas delas revestidas de inegável casuísmo. No entanto, nas nações onde existe uma profunda vivência democrática, não se mostra problemática a abordagem da questão da irretroatividade das normas apenas na legislação infraconstitucional, como verdadeiro cânone geral, passível de mitigação quando o bem comum excepcionalmente apontar para a necessidade de aplicação pretérita de novos comandos normativos[72].

Tornemos, porém, ao caso brasileiro. A primeira Constituição da República consagrava o princípio da irretroatividade das leis, inspirando, portanto, a primeira Lei de Introdução ao Código Civil, com ele promulgada em 1916: "Art. 3º. A lei não prejudicará, em caso algum, o direito adquirido, o ato jurídico perfeito, ou a coisa julgada". Em 4 de setembro de 1942, a nova versão da Lei de Introdução alterou a redação transcrita, passando a consagrar o seguinte texto: "Art. 6º. A lei em vigor terá efeito imediato e geral. Não atingirá, entretanto, salvo disposição expressa em contrário, as situações jurídicas definitivamente constituídas e a execução do ato

[70] FERRARA, Francesco. Trattato di diritto civile italiano. Roma: Athenaeum, 1921, p. 259/260.

[71] SERPA LOPES, Miguel Maria de. Curso de directo civil – vol. I – introdução, parte peral e teoria dos negócios jurídicos. 8 ed. Rio de Janeiro: Freitas Bastos, 1996, p. 193/194.

[72] SERPA LOPES, Miguel Maria de. Curso de directo civil – vol. I – introdução, parte peral e teoria dos negócios jurídicos. 8 ed. Rio de Janeiro: Freitas Bastos, 1996, p. 194.

jurídico perfeito. Em 1957, todavia, o mesmo artigo 6º foi objeto de nova alteração e alcançou sua atual versão: "Art. 6º. A lei em vigor terá efeito imediato e geral, respeitados o ato jurídico perfeito, o direito adquirido e a coisa julgada".

As sucessivas alterações na Lei de Introdução às Normas do Direito Brasileiro quanto à questão da irretroatividade da lei revelam especial predileção, a depender do momento histórico, por uma entre as várias teorias sobre direito intertemporal. Oportuno, portanto, que enfrentemo-las, a fim de bem compreendermos o alcance do nosso texto legal.

A teoria subjetiva ou teoria do direito adquirido

A maneira de apreciar a questão da aplicação do direito no tempo se biparte em duas grandes teorias: a subjetiva, calcada no respeito ao direito adquirido, e a objetiva, defensora da imediata aplicação da lei, ressalvadas as situações jurídicas definitivamente constituídas[73].

Especialmente na Alemanha, dois nomes podem ser lembrados no estudo da teoria subjetiva: Lassale e Savigny. Enquanto o primeiro destacava a necessidade de se consagrar o princípio da irretroatividade das leis e da invulnerabilidade do direito adquirido, coube ao último traçar os contornos técnicos e jurídicos para a sua aplicação[74].

Voltemos nossa atenção, portanto, para o segundo deles: Savigny. O seu pensamento está lastreado na divisão das regras jurídicas em dois grandes conjuntos – aquelas que se referem à aquisição de direitos, ou seja, "o vínculo que liga um direito a um indivíduo ou a transformação de uma instituição jurídica (abstrata) numa relação jurídica (pessoal)"[75] e as normas que dizem respeito à existência dos direitos, isto é, "o reconhecimento de uma instituição jurídica em geral que se deve sempre supor, antes que possa falar da relação com um indivíduo"[76].

Pois bem, quanto às leis que dizem respeito à aquisição de direitos, assentou-se a premissa de que os já adquiridos devem ser preservados.

[73] MAXIMILIANO, Carlos. Direito intertemporal ou teoria da retroatividade das leis. Rio de Janeiro: Freitas Bastos, 1946, p. 9.

[74] BANDEIRA DE MELLO, Oswaldo Aranha. Princípios gerais de directo administrativo – v. I. Rio de Janeiro: Forense, p. 274.

[75] SAVIGNY, Friederich Carl von. Sistema do directo romano atual – v. VIII. Ijuí/RS: Unijuí, 2004, p. 298.

[76] SAVIGNY, Friederich Carl von. Sistema do directo romano atual – v. VIII. Ijuí/RS: Unijuí, 2004, p. 298.

Essa preservação, porém, lastreia-se em dois grandes alicerces. Em primeiro lugar, quando se fala em manutenção dos direitos adquiridos, deve-se somente compreender as relações jurídicas de um sujeito e não de uma coletividade[77]. Adaptemos os seus exemplos para um entendimento contemporâneo da matéria: uma lei de determinado país pode hipoteticamente julgar que dezoito anos (como então fixados) seriam insuficientes para a aquisição da capacidade (de fato) plena, majorando, assim, essa idade para vinte e um anos. Todos aqueles que, à época da edição da nova lei, ainda não tivessem alcançado a idade então vigente para o reconhecimento da maioridade (dezoito anos) não poderiam invocar direito adquirido ao patamar etário antigo, devendo, portanto, aguardar até os vinte e um anos para que passassem a ser plenamente capazes. Ocorre, porém, que os que já estivessem com dezoito anos, teriam adquirido o direito à maioridade civil.

A genialidade de uma teoria deve ser apreciada pela sua longevidade. A singela formulação de Savigny que analisamos (de que *"ao se tratar de direito adquirido, deve-se somente compreender as relações jurídicas de um sujeito e não de uma coletividade"*), até hoje ecoa em nossas Cortes. Afinal, quem desconhece a jurisprudência do Supremo Tribunal Federal que consagra o entendimento segundo o qual "não existe direito adquirido a estatuto jurídico"? Atente-se ao seguinte julgado[78] e perceba-se a inegável influência do pensamento de Savigny:

> *EMENTA Agravo regimental no agravo de instrumento. Servidor público. Estabilidade financeira. Inexistência de direito adquirido a regime jurídico. Redução dos vencimentos atestada na origem. Legislação local. Reexame de fatos e provas. Impossibilidade. Precedentes. 1. É pacífica a jurisprudência desta Corte no sentido de que, embora constitucional o instituto da estabilidade financeira,* ***NÃO HÁ DIREITO ADQUIRIDO A REGIME JURÍDICO,*** *ficando assegurada a irredutibilidade de vencimentos. 2. No caso em tela, o Tribunal de origem afirmou a ocorrência de redução nos vencimentos dos servidores substituídos pelo sindicato, ora agravado. Para rever esse entendimento seria necessário analisar a legislação local e reexaminar os fatos e as provas dos autos. Incidência das Súmulas nºs 280 e 279/STF. 3. Agravo regimental não provido. (grifo não constante do original)*

[77] SAVIGNY, Friederich Carl von. Sistema do directo romano atual – v. VIII. Ijuí/RS: Unijuí, 2004, p. 298.

[78] BRASIL. Supremo Tribunal Federal. AI 674207. Acórdão no DJe de 03/02/2012, Rel. Min. Dias Toffoli.

O segundo alicerce da teoria de Savigny, quanto à aquisição de direitos, repousa na seguinte premissa[79]: não se devem confundir os direitos adquiridos com as meras expectativas de direitos. Logo, se uma lei confere ao servidor uma incorporação de vantagens pessoais pelo exercício ininterrupto e anual de determinada função, acaso a lei seja revogada quando o servidor completar apenas 11 meses de trabalho na mencionada atribuição, ele nada poderá reclamar, eis que detentor era apenas de uma mera expectativa. Aliás, a questão das expectativas e demais categorias de direitos será examinada com mais vagar em oportuno momento.

Abordados os dois aspectos que elucidam a teoria do direito adquirido, ousou Savigny[80] ao afirmar que tal garantia se aplica aos fatos aquisitivos dos direitos, antes da vigência das novas leis, como também às suas consequências. O embasamento para tal conclusão está em lei advinda do Imperador Teodósio II que, em 440, editou a seguinte norma:

> *"Leges et constitutiones futuris certum est dare formam negotiis, non ad facta praeterita revocari, nisi nominatim et de praeterito tempore ed adhuc pendentibus negotiis cautum sit."*

Esclarece o Jurista alemão que essa passagem não distingue as consequências passadas e futuras dos atos e negócios jurídicos, mas apenas os ***atos passados e os futuros***, quando afirma: "as leis novas se aplicam a todos os atos jurídicos ulteriores, não aos atos passados, mesmo quando seus efeitos não tivessem ainda sido realizados (*adhuc pendentibus negotiis*)" [81].

Novamente o passado bate às portas de nossa hodierna jurisprudência. A mencionada conclusão de Savigny até hoje reverbera em nossos Tribunais, como se verá adiante com a discussão sobre o alcance do princípio do direito adquirido e da impossibilidade de se aceitar qualquer grau de retroatividade da lei infraconstitucional, seja ela máxima, média ou mínima.

Essas breves linhas são um extrato das lições de Savigny quanto à aquisição de direitos. Viu-se, porém, que esse autor também se ocupou das

[79] SAVIGNY, Friederich Carl von. Sistema do directo romano atual – v. VIII. Ijuí/RS: Unijuí, 2004, p. 306.

[80] SAVIGNY, Friederich Carl von. Sistema do directo romano atual – v. VIII. Ijuí/RS: Unijuí, 2004, p. 309/311.

[81] SAVIGNY, Friederich Carl von. Sistema do directo romano atual – v. VIII. Ijuí/RS: Unijuí, 2004, p. 310.

leis que tratam da existência de direitos, advertindo que, quanto a elas, o princípio da irretroatividade não se mostra aplicável[82]. As leis que versam sobre existências de direitos abordam, em realidade, a questão da extinção de instituições jurídicas, como a escravidão, a enfiteuse, entre outras.

A lógica de seu raciocínio é incontestável, pois de pouca valia seria uma lei que abolisse para o futuro uma instituição jurídica. Com efeito: do que adiantaria uma norma que tornasse extinta a escravidão se a sua interpretação, sob a escusa de não se ferirem os direitos adquiridos dos senhores de escravos, a restringisse aos futuros servos que viessem a existir e não aos que já fossem subjugados por seus donos?

Assim, haveria uma imensa incompatibilidade entre a alegação de direitos adquiridos quanto às normas que tratassem da existência de direitos e a evolução social. Ressalta, porém, que nada impediria a concessão de indenizações ou de cláusulas transitórias que minimizassem os prejuízos dos antigos titulares de instituições jurídicas abolidas, como ocorreu na Inglaterra ao proibir, em seus domínios, as chagas da escravidão[83].

Não se pense, porém, que a teoria de Savigny permaneceu imune a críticas. Elas se concentraram em certa imprecisão dos seus termos, bem como na interpretação de seu pensamento acerca das leis de aquisição e perda de direitos e quanto aos diversos aspectos relativos às instituições jurídicas[84]. Muitas delas, todavia, resolvem-se pelo acréscimo, como sói acontecer nas modernas legislações, dos institutos do ato jurídico perfeito e da coisa julgada, perfazendo, assim, os três baluartes da irretroatividade das leis infraconstitucionais.

Outra crítica que também merece ser rechaçada, desta feita quanto às leis que pusessem fim à existência de determinados institutos jurídicos, é a de que os senhores de escravos poderiam sim, ao menos em tese, alegar direito adquirido aos seus servos. Em defesa do jurista alemão, lembra Oswaldo Aranha Bandeira de Mello[85] que a aquisição dos

[82] SAVIGNY, Friederich Carl von. Sistema do directo romano atual – v. VIII. Ijuí/RS: Unijuí, 2004, p. 396/397.

[83] SAVIGNY, Friederich Carl von. Sistema do directo romano atual – v. VIII. Ijuí/RS: Unijuí, 2004, p. 413.

[84] BANDEIRA DE MELLO, Oswaldo Aranha. Princípios gerais de directo administrativo – v. I. Rio de Janeiro: Forense, p. 277/278.

[85] BANDEIRA DE MELLO, Oswaldo Aranha. Princípios gerais de directo administrativo – v. I. Rio de Janeiro: Forense, p. 277/278.

direitos se constata nos termos da ordem jurídica, segundo a existência dos respectivos institutos. Assim, existe direito adquirido a um escravo enquanto existir escravidão. Abolindo-se o instituto, nada impede que sejam estipuladas indenizações aos prejudicados, como ocorreu na Inglaterra aos senhores de escravos que experimentaram perdas com o fim da escravidão.

Apreciados os principais aspectos da teoria de Savigny, oportuna a abordagem aos ensinamentos de Gabba.

Gabba e a teoria do direito adquirido

O ponto de partida para a análise da teoria de Gabba é o conceito que esse confere ao direito adquirido e que livremente traduzimos[86]:

> *"É adquirido cada direito que: a) seja conseqüência de um fato idôneo a produzi-lo, em virtude da lei do tempo em cujo fato veio a realizar-se, assim como, a ocasião de fazê-lo valer não tenha se apresentado antes da incidência de uma nova lei sobre o mesmo e que, b) nos termos da lei sob cujo império aconteceu o fato de que se originou, passou imediatamente a fazer parte do patrimônio de quem o adquiriu."*

Seis são os elementos constitutivos da definição apresentada[87]:

a) direitos adquiridos decorrem de atos (fenômeno volitivo) ou de fatos (acontecimentos estranhos à vontade do agente);
b) esses fatos ou atos devem ser, por lei, idôneos a gerar, como efeito, direitos subjetivos;
c) esses direitos devem estar perfeitos e acabados, ou em outras palavras, verificados segundo a lei em vigor;
d) tais direitos já se devem encontrar incorporados ao patrimônio do titular, estando excluído do conceito sob análise as meras possibilidades, faculdades jurídicas abstratas e as expectativas de direitos;

[86] GABBA, C.F. Teoria della retroattività delle leggi – v. I, 3ª ed, Milão: Unione Tipográfico, 1891, p. 253, tradução livre de "É acquisto ogni diritto, che *a)* è conseguenza di um fatto idoneo a produrlo, in virtù della legge del tempo in cui il fatto venne compiuto, benchè l'occasione di farlo valere non siasi presentata prima dell'attuazione di uma legge nuova intorno al medesimo, e che *b)* a termini della legge sotto l'impero della quale accade il fatto da cui trae origine, entro immediatamente a far parte del patrimonio di chi lo ha acquistato.".

[87] RÀO, Vicente. O Direito e a vida dos direitos – v. I. 4 ed. São Paulo: RT, 1997, p. 367/368.

e) entre os direitos incorporados ao patrimônio do titular englobam-se os direitos subordinados a termo ou condição não alterável segundo arbítrio alheio; e

f) as normas supervenientes devem respeitar não apenas esse direito, como os efeitos que se verificaram sob o seu império.

Oportuno que nos debrucemos, com mais vagar, sobre os principais elementos acima expostos. Quanto ao primeiro aspecto – o de que os direitos adquiridos tanto podem decorrer de acontecimentos naturais quanto de ações humanas, a ênfase é a de que a expressão "fato" (exposta no conceito de Gabba, ao afirmar que o direito adquirido é consequência de um "fato idôneo a produzi-lo") é abrangente, abarcando, pois, os fenômenos volitivos e alheios à vontade, desde que sejam geradores de direitos.

A utilização da mencionada expressão ("consequência de um fato"), contudo, foi objeto da crítica de Limongi França[88]. Objeta o autor que, no citado conceito, não fica claro se o direito adquirido pode derivar diretamente da lei. A crítica, assim entendemos, mostra-se demasiada, porquanto há importantes passagens da obra de Gabba em que se enaltece a importância da lei para a criação de direitos subjetivos[89].

Superada essa breve polêmica, imprescindível que se volte o olhar para a questão dos fatos aquisitivos simples e complexos. Esse é um dos pilares da obra do jurista italiano, porquanto a incorporação do direito ao patrimônio jurídico do titular exige a sua previsibilidade no ordenamento jurídico (direito objetivo) e a sua concretização decorrente de um fato.

Nesse sentido, os fatos aquisitivos podem ser simples ou complexos e devem sempre ser realizados por inteiro[90]. Os primeiros ultimam-se instantaneamente, enquanto os últimos decorrem de determinada sucessão

[88] França, Limongi. A irretroatividade das leis e o directo adquirido. 5 ed. São Paulo: Saraiva, 1998, p. 215/216.

[89] Gabba, C.F. Teoria della retroattività delle leggi – v. I, 3ª ed, Milão: Unione Tipográfico, 1891, p. 257, indica a importância dos direitos adquiridos diretamente da lei, como se deduz do trecho seguinte "Ma chi abbia del diritto quesito quel giusto concetto, che siamo venuti esponendo finora, e non ne perda di vista i requisiti, sai quanto ai suoi oggetti, sai quanto allá sua genesi nel subbietto, non può far differenza nessuna fra diritti acquistati immediatamente per opera della legge o per opera della umana volontà.".

[90] Gabba, C.F. Teoria della retroattività delle leggi – v. I, 3ª ed, Milão: Unione Tipográfico, 1891, p. 227/228.

de acontecimentos ou atos, observação que se reveste de grande importância em corriqueiras hipóteses de nosso quotidiano.

Assim, aquele que, na forma do artigo 1.784, for herdeiro de pessoa que vier a falecer, instantaneamente adquire a titularidade dos direitos que se lhe transmitirão em virtude do óbito. Pouco importa que, após o óbito, a lei sucessória venha a mudar antes da propositura da ação de inventário e partilha: o direito à sucessão foi adquirido instantaneamente com a morte do ***de cujus,*** estando, pois, infenso às mudanças legislativas posteriores.

No entanto, a aquisição definitiva de bens em virtude de morte presumida em decorrência da ausência demandará uma sucessão de fatos que se protrairão por longos anos. Assim, se alguém desaparecer de seu domicílio, sem que dessa pessoa haja notícia, se não houver deixado representante ou procurador a quem caiba administrar-lhe os bens, o juiz, a requerimento de qualquer interessado ou do Ministério Público, declarará a ausência, e nomear-lhe-á curador, como preceitua o artigo 22 do Código Civil.

Seguir-se-ão, após essa fase, conhecida como curadoria dos bens do ausente, outras duas: sucessão provisória e sucessão definitiva (momento no qual se presume a morte do ausente). Enquanto não ocorrer a sucessão definitiva, não se outorgará poder de disposição aos herdeiros do ausente quantos aos seus imóveis (artigo 31). Percebe-se, pois, que a aquisição do direito de propriedade sobre tais bens apenas se ultimará superada a sucessão provisória e alcançada a sucessão definitiva. Eis um bom exemplo de fato complexo de aquisição de direito.

O importante, de qualquer sorte, é perceber que os fatos devem se realizar por completo, sendo idôneos a gerar, como efeito, direitos subjetivos. Apenas em três casos o fato não definitivamente constituído poderia produzir direito adquirido[91]:

[91] GABBA, C.F. Teoria della retroattività delle leggi – v. I, 3ª ed, Milão: Unione Tipográfico, 1891, p. 229, arrola tais características na seguinte passagem de sua obra "Codesto carattere può essere, a parer nostro, uno qualunque dei seguenti: *a)* che il fatto non ancora accaduto sai di sua natura immancabile; *b)* che non sai più in potere di colui in confronto del quale il diritto è asserito, l'impedire il fatto che manca a perfezionare la trasmissione, se però questo fatto è uma vera e própria condizione; *c)* che l'acquisto a cui deve dare luogo il compimento del fatto incompiuto abbia la sua radice in um anteriore diritto quesito, di cui non sai che uno svolgimento, oppure uma transformazione.".

a) quando o fato não verificado seja de sua natureza inevitável;
b) quando não seja possível, por parte daquele em face de quem se constitui o direito, impedir o fato que falta para aperfeiçoar a sua transmissão;
c) quando a aquisição a ser produzida pela verificação do fato incompleto tenha a sua raiz num anterior direito adquirido, do qual não passe de um desenvolvimento ou transformação.

O cuidado de Gabba ao traçar as três hipóteses acima transcritas justifica-se, porquanto apenas nelas haveria de se falar em direito adquirido decorrente de fatos não completamente constituídos. Todos os demais casos representariam meras expectativas.

E como poderíamos traçar a diferença entre meras expectativas e verdadeiros direitos adquiridos? Entre nós, Pontes de Miranda trouxe luzes ao estudo encetado, diferenciando não só o direito adquirido das expectativas, mas abordando também as categorias dos direitos expectativos e dos direitos expectados[92]. Abordemos todas elas.

A expectativa de direito, desse jaez, seria uma realidade apenas do mundo fático, ainda não juridicizada, vale dizer, decorreria de fatos aquisitivos incompletos. Aliás, quatro são os requisitos para que um fato deixe de representar uma mera expectativa e crie um direito adquirido: *a)* ser completo, *b)* ser realizado em tempo idôneo, *c)* revestir-se a pessoa que o reclama de capacidade tal como prescrita em lei e, *d)* sejam observadas as formalidades estabelecidas em norma positiva sob pena de invalidade, como esclarece Carlos Maximiliano[93].

Já o binômio direito expectativo (que coloquialmente poderíamos chamar de "direito de esperar") e direito expectado (que identificamos com o "direito esperado") demanda uma prévia explicação de aparente contradição entre dois artigos, o primeiro deles o artigo 6º, § 2º da Lei de Introdução às Normas do Direito Brasileiro e o outro o artigo 125 do próprio Código Civil. Vamos a eles:

[92] PONTES DE MIRANDA, Francisco Cavalcanti. Comentários à Constituição de 1967 – tomo V. 2 ed. São Paulo: RT, 1974, p. 76/77.

[93] MAXIMILIANO, Carlos. Directo intertemporal ou teoria da retroatividade das leis. Rio de Janeiro: Freitas Bastos, 1946, p. 44.

"Art. 6º. A lei em vigor terá efeito imediato e geral, respeitados o ato jurídico perfeito, o direito adquirido e a coisa julgada.

(...)

§ 2º Consideram-se adquiridos assim os direitos que o seu titular, ou alguém por ele, possa exercer, como aqueles cujo começo do exercício tenha termo pré-fixo, ou condição preestabelecida inalterável [DIREITO EXPECTATIVO], a arbítrio de outrem." (LEI DE INTRODUÇÃO AO CÓDIGO CIVIL)

"Art. 125. Subordinam-se a eficácia do negócio jurídico à condição suspensiva, enquanto esta se não verificar, não se terá adquirido o direito [EXPECTADO], a que ela visa."(CÓDIGO CIVIL)

A aparente contradição seria a seguinte: enquanto a Lei de Introdução ao Código Civil (Art. 6º, § 2º) admite a aquisição do direito quando o começo de seu exercício tenha condição preestabelecida inalterável, a arbítrio de outrem, o Código Civil afirma que não se terá adquirido o direito a que visa a condição enquanto ela não se verificar.

Pontes de Miranda supera essa aparente incongruência valendo-se do raciocínio cuja explanação agora se inicia. Ora, uma coisa seria o direito expectativo (o direito que expecta, a chance de esperar), tratado na Lei de Introdução ao Código Civil (artigo 6º, §2º), ou em outras palavras, "o direito ao direito que vai vir"[94]. Já o direito expectado, tratado no Código Civil (artigo 125) é aquele esperado, que apenas se irá concretizar com o implemento da condição.

Tomemos o seguinte exemplo: João e Pedro são dois grandes amigos. Pedro é dono de uma pequena propriedade rural, utilizada para a produção de hortaliças e pediu um empréstimo a João, para a compra dos insumos necessários para a plantação que deseja iniciar. Pedro teme, por outro lado, pela sua sobrevivência e de sua família, porquanto não possui reservas financeiras suficientes para sua subsistência, na hipótese de quebra da safra, decorrente, por exemplo, de más condições climáticas. Ciente da preocupação que acabrunha o amigo, João, ao celebrar com Pedro o contrato de mútuo, compromete-se a conceder um prazo adicional de dois anos, a contar do mês tradicional da colheita na região, para que o seu amigo e devedor inicie o pagamento do empréstimo, caso as más condições climá-

[94] PONTES DE MIRANDA, Francisco Cavalcanti. Comentários à Constituição de 1967 – tomo V. 2 ed. São Paulo: RT, 1974, p. 77.

ticas inviabilizem a safra esperada. Resumindo: se não ocorrem problemas climáticos, Pedro deverá pagar a João tão logo colha o que plantou. Havendo alguma intempérie que prejudique a plantação, após o período da safra, ainda serão concedidos dois anos para que o mencionado pagamento se inicie.

Assinada a avença, temos desenhados o direito expectativo e o direito expectado. O direito expectativo, dessa forma, segundo os ensinamentos de Pontes de Miranda, é o direito ao direito que vai vir, ou seja, Pedro tem o direito adquirido de ***esperar*** que, com o implemento da condição (quebra da safra por más condições climáticas), seja-lhe conferido o prazo de dois anos de carência para iniciar o pagamento da dívida. Isso já não pode mais ser alterado. O direito expectado, por fim, é aquele que virá se a condição se implementar. Ocorrida a condição (quebra da safra), já não há mais o direito expectativo, mas já se dá o direito outrora expectado.

Não se pode, pois, confundir o direito expectativo com a mera expectativa de direito, como bem assinala Pontes de Miranda[95], aquele *"é direito como outro qualquer. Não cabe dizer-se que é expectativa que se há de tratar como direito. Tal atitude de alguns juristas provém de insuficiente investigação dos direitos expectativos; e põe ficção onde a realidade mesma é que está. O direito expectativo, em caso de condição suspensiva, é direito de adquirir,* ***ipso iure****, outro direito, ao se cumprir a condição. O direito, que se adquire, em virtude daquele, é outra coisa (crédito, propriedade, herança, legado)."*

Outra interessante característica que se deflui da teoria de Gabba é a de que os direitos adquiridos podem ser simples ou complexos[96]. Assim, na primeira hipótese, ele se apresenta como uma unidade simples, contendo prestações contemporâneas. Na outra, compreende sucessivos e ulteriores fatos previsíveis e imprevisíveis. Quem, portanto, tem direito adquirido ao exercício do pátrio poder, tem também ao usufruto dele decorrente.

Esses são, em resumo, os principais contornos da teoria do direito adquirido. Vale ressaltar que nosso ordenamento foi intensamente influenciado pela teoria subjetiva de Gabba, prendendo-se ao conceito de direito adquirido para a resolução de um sem número de lides decorrentes da mutação

[95] Pontes de Miranda, Francisco Cavalcanti. Tratado de directo privado – tomo V. Campinas: Bookseller, 2000, p. 210.

[96] Serpa Lopes, Miguel Maria de. Lei de Introdução ao Código Civil – vol. I. 2 ed. Rio de Janeiro: Freitas Bastos, 1959, p. 237/238.

legislativa. Oportunamente apreciaremos o alcance das normas pátrias sobre a matéria, abordando, outrossim, a importância do ato jurídico perfeito e da coisa julgada para a exata compreensão dos conflitos de direito intertemporais em nossa legislação. Passemos, assim, à análise das teorias objetivas.

A teoria objetiva

Caio Mário lembra que as teorias subjetivistas, calcadas no conceito de direito adquirido, sempre gozaram de maior prestígio entre os juristas, seja pela lei do menor esforço (eis que gerações de profissionais do direito foram formadas com a abordagem dos conflitos intertemporais sob esse enfoque), seja por sua deferência ao conteúdo individualista da relação jurídica, indelevelmente plantada em nossa consciência jurídica[97]. Ressalva, porém, que essa realidade tem mudado em virtude do combate científico decorrente dos estudos levados a efeito pelos chamados objetivistas.

Os autores enquadrados nessa vertente doutrinária desenvolveram suas concepções a partir do enunciado do artigo 2º do Código Civil da França, que singelamente veda a existência de efeitos retroativos para a lei, limitando seu alcance para o futuro[98]. Esse dispositivo ensejaria um enfoque novo ao conflito de leis no tempo: o da situação jurídica. Todos os objetivistas, com pequenas variações entre as suas concepções, entendem que, por um lado, existe uma situação jurídica derivada diretamente da lei e, por outro, há a situação jurídica derivada da aplicação da lei ao caso concreto, sendo, portanto, infensa às alterações advindas de novas normas[99].

Duguit[100], nessa esteira, severo crítico da teoria dos direitos adquiridos, assim materializa o seu pensamento sobre direito intertemporal:

[97] PEREIRA, Caio Mário da Silva. Instituições de directo civil – v. I. 14 ed. Rio de Janeiro: Forense, 1993, p.108.

[98] Dispõe o citado Diploma: "La loi ne dispose que pour l'avenir ; elle n'a point d'effet rétroactif.", ou, em outras palavras, « A lei não dispõe para o futuro ; ela não tem efeito retroativo ».

[99] BANDEIRA DE MELLO, Oswaldo Aranha. Princípios gerais de directo administrativo – v. I. Rio de Janeiro: Forense, p. 283.

[100] DUGUIT, Leon. *Traité de Droit Constitutionnel v. II.* 10 ed. Paris: Anciennie Librarie Fontemoing & C^le^. 1923, p. 199, tradução livre do trecho: "On s'accorde aussi à formuler cette règle en disant que les lois ne peuvent pas s'appliquer au passé, maisseulement à l'avenir, que le législateur ne peut légiférer que pour l'avenir et non pour le passé. Formules vagues qui doivent être précisées ; ce qui n'est pas sans soulever des difticultés sérieuses, mais dont

"Concordamos também com essa fórmula, ao se afirmar que as leis não se podem aplicar ao passado, mas somente ao futuro, que o legislador não pode legislar senão para o porvir e não para o passado. Fórmulas vagas que devem ser precisadas, que não são suscitadas sem graves dificuldades, que sequer nasceriam caso se houvesse bem compreendido a distinção fundamental a se fazer entre as situações legais ou objetivas e as situações jurídicas subjetivas, e caso se houvesse rejeitado a noção inadmissível dos supostos direitos adquiridos."

Percebe-se, portanto, que o foco da teoria de Duguit está na divisão das situações jurídicas entre legais, ou objetivas[101] e individuais ou subjetivas[102], aquelas criadas para todos os indivíduos de um grupo, regendo-os por igual, sem interferência de suas respectivas vontades, ao passo que as últimas são representadas por manifestações individuais de vontade, concretas, momentâneas, para aplicação particularizada de regras de direito objetivo.

Assim, a resolução dos conflitos intertemporais, para o publicista francês, seria relativamente simples: as situações objetivas podem ser alteradas pela nova lei, ao passo que as subjetivas não. Afirma Duguit[103] :

beaucoup cependant ne seraient pas nées si l'on avait bien compris la distinction fondamentale à faire entre les situations légales ou objectives et les situations juridicjues subjectives, et si l'on avait écarté la notion inadmissible de prétendus droits acquis"

101 Duguit, Leon. *Traité de Droit Constitutionnel v. I.* 10 ed. Paris: Anciennie Librarie Fontemoing & C[le]. 1921, p. 130, refere-se ao instituto no seguinte trecho: "En tant qu'elle s'applique aux individus, elle donne naissance à des situations objectives, dans lesquelles on ne peut voir ni obligations ni droits subjectifs, parce que obligations et droits subjectifs impliquent une hiérarchie des volontés, ce qui en fait n'existe pas et ne serait concevable qu'avec la reconnaissance d'une intervention surnaturelle, scientifiquement inadmissible"

102 Duguit, Leon. *Traité de Droit Constitutionnel v. I.* 10 ed. Paris: Anciennie Librarie Fontemoing & C[le]. 1921, p. 222, refere-se ao instituto no seguinte trecho: "Enfin, un acte se produit à la suite duquel apparaît à la charge d'un sujet une obligation spéciale, concrète, individuelle, momentanée, qui n'était point créée par le droit objectif, qui n'existerait point à la charge de cet individu par l'application d'une règle quelconque du droit objectif. C'est celte situation que j'ai appelée ailleurs et que je persiste à appeler une situation juridique subjective"

103 Duguit, Leon. *Traité de Droit Constitutionnel v. II.* 10 ed. Paris: Anciennie Librarie Fontemoing & C[le]. 1923, p. 204/205 e 213/214, tradução livre dos trechos: "On reconnaît la situation légale à ce qu'elle est une situation générale et permanente ; elle est une situation de droit objectif. La situation de droit objectif sera modifiée par la loi, alors même qu'elle est née à la suite d'un acte juridique régulier d'après la loi en vigueur au moment où il a été fait. (...)La loi nouvelle ne peut incontestablement modifier une situation juridique subjective, née régulièrement antérieurement à sa promulgation. Cette situation né peut naître, je l'ai

> *"Reconhecemos a situação legal como sendo uma situação geral e permenente; ela é uma situação de direito objetivo. A situação de direito objetivo será modificada pela lei, mesmo depois que ela tenha nascido em consequência de um ato jurídico regular, albergado pela lei em vigor no momento em que foi praticado.*
>
> *(...)*
>
> *A lei nova incontestavelmente não pode modificar uma situação jurídica subjetiva nascida regularmente antes de sua promulgação. Essas situações não podem nascer, já o demonstrei no tomo I (especialmente p. 246 e s.), senão como decorrência de um ato jurídico subjetivo. Não é correto dizer que o efeito do direito é uma criação desses atos; ele é ainda uma criação da lei. Mas a extensão dessa situação é determinada por um ato intelectual da pessoa ou das pessoas que praticaram o ato jurídico. E é por isso que o legislador não pode tocar nessa situação, nem alterá-la, nem suprimi-la."*

Gaston Jèze confirma o pensamento acima exposto, dividindo as situações jurídicas em gerais ou impessoais em contraponto às individuais. Quanto às primeiras, afirma serem as pertencentes a todos os indivíduos que se encontrem sob as mesmas condições fáticas, como, por exemplo, os poderes deferidos, em tese, aos proprietários de uma casa, e não aos poderes estabelecidos apenas ao proprietário "X"[104].

Há poderes jurídicos, entretanto, cujo conteúdo aparece determinado de forma individualizada, beneficiando ou contrariando certo indivíduo, não sendo a lei, mas a manifestação de vontade de um sujeito, quem faz tal determinação[105]. Elas são as chamadas situações jurídicas individuais ou subjetivas, a exemplo do que ocorre em determinada compra e venda, na qual o comprador "X" faz-se devedor, por preço certo, do vendedor "Y". Nelas estabelecem-se situações jurídicas subjetivas para cada pólo da mencionada relação.

montré au tome I (spécialement p. 246 et s.), qu'à la suite d'un acte juridique subjectif. Il n'est pas exact de dire que l'effet de droit est une création de cet acte juridique ; il est encore une creation de la loi. Mais l'étendue de cette situation est déterminée par un acte intellectuel de celui ou de ceux qui ont fait l'acte juridique. Et c'est pourquoi le législateur ne peut pas toucher à cette situation, ni la modifier, ni la supprimer."

[104] Jèze, Gaston. Principios generales del derecho administrativo – v. I. Buenos Aires: Depalma, 1948, p. 13/14.

[105] Jèze, Gaston. Principios generales del derecho administrativo – v. I. Buenos Aires: Depalma, 1948, p. 14.

Aprofundando sua abordagem, Jèze explana as características peculiares das situações jurídicas objetivas, a saber[106]:

a) são gerais e impessoais, valendo para todos;
b) são permanentes, pois, derivando diretamente da lei, têm sua duração vinculada a ela;
c) são modificáveis, assim exigindo os interesses gerais;
d) não podem ser renunciadas de modo geral e absoluto.

Já as situações jurídicas subjetivas gozariam das seguintes peculiaridades[107]:

a) são particulares, competindo a um indivíduo determinado;
b) são temporárias, pois desaparecem com o exaurimento do seu exercício e cumprimento do dever alheio;
c) não são modificáveis;
d) são suscetíveis de renúncia.

Semelhantemente aos publicistas citados, a teoria objetivista seduziu civilistas franceses, entre os quais Ambrosio Colin et H. Capitant[108]. Os autores encetam sua abordagem analisando o alcance do já mencionado artigo 2º do Código Civil da França e ressaltando que esse texto, em realidade, contém duas regras: *a)* a lei dispõe para o futuro e; *b)* a lei não se refere aos fatos que se tenham realizado antes de sua promulgação.

Entendem tais autores que a doutrina do direito adquirido apresenta sérios problemas. Em primeiro lugar, reputam de difícil diferenciação as ideias de direitos adquiridos e simples expectativas. Não bastasse isso, ainda que existam direitos adquiridos, na hipótese de sua abolição, não há que se dizer que as faculdades deles constantes continuarão a contemplar seus titulares – como seria possível, então, pregar sua intangibilidade? Por fim, reputam inexistir direito contra a lei, muito menos adquirido contra ela[109],

[106] JÈZE, Gaston. Principios generales del derecho administrativo – v. I. Buenos Aires: Depalma, 1948, p. 22.

[107] JÈZE, Gaston. Principios generales del derecho administrativo – v. I. Buenos Aires: Depalma, 1948, p. 16.

[108] COLIN, A., CAPITANT, H. Curso elemental de derecho civil. Madri: Reus, 1975, p. 142.

[109] COLIN, A., CAPITANT, H. Curso elemental de derecho civil. Madri: Reus, 1975, p. 147 tornam clara sua crítica ao direito adquirido quando assim se manifestam: "Creemos que este

arrematando, pois, com a conclusão de que a lei nova se aplica aos fatos do porvir e a velha aos fatos já realizados.

O raciocínio dos mencionados civilistas, todavia, não se esgota aí. Sofisticam o debate ao argumentar que as leis podem ser de duas naturezas: supletivas e imperativas e que a aplicação dos comandos das normas antigas aos fatos futuros só seriam obstados diante das últimas, mas não das primeiras, pois o império da vontade só se mostra aplicável na primeira ordem de normas, quedando mitigado diante da segunda.

A teoria ora explanada, entretanto, também não representou uma solução definitiva para a questão do conflito de leis no tempo, porquanto, segundo Caio Mário[110], as exceções lançadas ao lado das regras que criaram tornaram pouco proveitosas suas conclusões.

Outro importante autor francês arrolado entre os objetivistas é Bonnecase. Ele funda sua teoria na ideia de situação jurídica, apresentando-a como um contraponto à teoria do direito adquirido. Sua crítica, de certa forma comedida, funda-se no que considerou uma insuficiência do instituto "direito adquirido", porquanto, segundo a sua formulação original, ele contemplaria apenas a obtenção de faculdades positivas. Lembra que nem sempre uma pessoa beneficiada por uma lei obterá uma faculdade ou poder positivo, ao contrário das situações jurídicas que, ao serem criadas, definiriam, em condições determinadas, a posição de um número certo de pessoas frente às outras[111], sejam positivas ou negativas.

O pensamento do mencionado jurista é ilustrado com a referência que faz à versão original do artigo 340 do Código Civil da França (hoje alterado pela Lei 93-22, de 8 de janeiro de 1993). Este, quando, no seu texto antigo, proibia a investigação de paternidade natural (filhos de não casados entre si) fixava uma situação jurídica negativa para o infante frente ao seu pai – a de filho natural. Essa situação não era exatamente um direito adquirido, mas representava uma situação jurídica concreta para o filho do homem não casado.

criterio, propuesto por vez primera por Blondeau em 1809 (véase su disertación reproducida em el Sirey, 1809, 2, 277), a pesar de su carácter em cierto sentido clásico, es insuficiente y mal fundado a la vez."

110 PEREIRA, Caio Mário da Silva. Instituições de directo civil – v. I. 14 ed. Rio de Janeiro: Forense, 1993, p.109.

111 BONNECASE, Julián. Elementos de derecho civil. México: José M. Cajica, Jr., 1945, p. 193.

Por outro lado, entende que não apenas os direitos adquiridos seriam uma impropriedade técnica quando comparados ao superior conceito de situação jurídica (concreta), mas a própria noção de expectativa de direito também se mostrava inferior à ideia de situação jurídica abstrata. E qual seria, pois, a diferença entre situação jurídica concreta e abstrata?

Bonnecase entende que a situação jurídica abstrata é a maneira de ser, eventual ou teórica, de cada um frente à lei, enquanto a situação jurídica concreta seria uma maneira de ser derivada concretamente de fatos ou atos jurídicos subsumidos aos comandos legais. Vamos aos exemplos fornecidos pelo autor[112].Suponha-se que uma lei cria novas categorias de herdeiros. Todos que, em tese, estejam enquadrados na nova categoria ostentam uma situação jurídica abstrada. Ocorrendo, todavia, um óbito sob o pálio da nova lei, aqueles que abstratamente detinham a mencionada situação, passarão a gozar de uma concreta situação jurídica.

Traçado o panorama, Bonnecase avançava em sua conclusão, entendendo que não seria retroativa uma lei que afetasse uma situação jurídica abstrata, mas retroativa a que ofendesse situações jurídicas concretas. Volto à hipótese da lei sobre filiação natural. O Código Civil da França fora modificado em 16 de novembro de 1912, quanto ao seu artigo 340, passando-se, assim, a se admitir, em estreitas hipóteses, a investigação de paternidade nos casos de filiação natural. Entende o civilista francês (embora não endossemos tal conclusão) que uma pessoa nascida antes da modificação do dispositivo, mesmo que se encontrasse na hipótese atual de investigação, não poderia fazê-lo, pois sua situação jurídica concreta havia se desenhado segundo a lei antiga. Por outro lado, indaga: "por que uma lei nova, relativa a sucessões, por exemplo, se aplicaria, sem ser retroativa, a todas as sucessões ainda não abertas, podendo privar, assim, a determinadas pessoas, o caráter de herdeiros que tinham segundo a lei antiga?" Em seguida esclarece: "simplesmente porque esse caráter era uma situação jurídica abstrata, uma qualidade de que só podiam prevalecerem-se essas pessoas, sob a condição de que a sucessão se houvesse aberto estando em vigor a antiga lei." [113]

[112] BONNECASE, Julián. Elementos de derecho civil. México: José M. Cajica, Jr., 1945, p. 193/197.

[113] BONNECASE, Julián. Elementos de derecho civil. México: José M. Cajica, Jr., 1945, p. 199 deixa claro seu pensamento no seguinte trecho: "¿Por qué, una ley nueva relativa a las sucesiones, por ejemplo, se aplica sin ser retroactiva, a todas las sucesiones aun no abiertas, pudiendo privar así a determinadas personas del carácter de herderos que tenían según la

Bonnecase, todavia, não foi o mais festejado entre os objetivistas. A posição proeminente coube a Paul Roubier. Caio Mário é enfático ao afirmar que "Paul Roubier, em alentado tratado de direito intertemporal, evidencia-se mais completo, mais exato, mais seguro e formula uma teoria objetivista firmada em conceitos doutrinários fundamentais, cuja aplicação prática é esgotada nos seus vários aspectos." [114]

Paul Roubier assenta os fundamentos de sua doutrina na diferença, aparentemente simples, entre efeitos retroativos (passados) e imediatos (presentes) da nova lei. Assim, segundo o autor, se a norma pretender incidir sobre os situações consumadas *(facta pretérita)*, será retroativa. No entanto, buscando aplicar-se às situações em curso *(facta pendentia)*, cumpre estabelecer uma separação entre as partes anteriores à data da modificação da lei (em que a incidência seria retroativa) e as partes posteriores (suscetíveis à incidência dos novos comandos, por força da imediatidade dos efeitos da norma). Quanto aos fatos futuros *(facta futura)*, restaria claro que a lei nova necessariamente incidiria[115], sem que se lhe atribuísse a pecha de retroatividade.

Percebe-se, portanto, a importância, na obra do mencionado autor, de se entender o conceito de situação jurídica, eleita por Roubier como a expressão mais vasta de todas, superior, tanto ao termo direito adquirido, na medida em que não têm um caráter subjetivo e pode aplicar-se às situações tais como a do menor, do interdito, do pródigo, mesmo que

ley antigua? Simplemente porque este carácter era una situación jurídica abstracta, una cualidad de la que solo podían prevalerse esas personas a condición de que la sucesión se hubiere abierto estando em vigor la antigua ley" .

[114] PEREIRA, Caio Mário da Silva. Instituições de directo civil – v. I. 14 ed. Rio de Janeiro: Forense, 1993, p.111.

[115] ROUBIER, Paul. Le droit transitoire (conflits des lois dans le temps). 2 ed. Paris: Dalloz et Sirey, 1960, p.177 cujos ensinamentos merecem ser transcritos: "La base fondamentale de la science des conflits de lois dans le temps, c'est la distinction de l'effet rétroactif et de l'effet immédiat de la loi. Cela parai un donnée très simple: l'effet rétroactif, c'est l'application dans le passé; l'effet immédiat, l'application dans le présent; il ne paraît pas très malaisé de définir et de distinguer ces deux moments de la durée. Si laloi prètend s'appliquer à des faits accomplis *(facta praeterita)*, elle est rétroactive; si elle prétend s'appliquer à des situations em cours *(facta pendentia)*, il faudra établir une séparation entre les parties antérieures à la date du changement de législation, quin e pourraient être atteintes sans rétroactivité, et les parties postérieures, pour lesquelles la loi nouvelle, si elle doit s'appliquer, n'aura jamais qu'um effet immédiat; enfin, vis-à-vis des faits à venir *(facta futura)*, il est clair que la loi ne peut jamais être rétroactive".

incapazes de manifestar livremente sua vontade. Além disso, quando comparada à expressão *relação jurídica* (*rechtsverhäultniss*), por implicar a última uma relação direta entre duas pessoas, mostra-se igualmente mais ampla, pois a situação jurídica poderia ser unilateral e oponível a todas as pessoas[116].

Lembra ainda Roubier que a situação jurídica é composta de uma fase dinâmica e de uma fase estática. A primeira diz respeito à constituição ou extinção da situação jurídica, que pode ter uma duração variável desde um único momento (como sói acontecer num acidente de trânsito) até uma sucessão de eventos (como ocorre na usucapião e na sucessão testamentária) [117].

Criada ou extinta, portanto, uma situação jurídica, ainda que as regras sobre a sua constituição ou perecimento sejam alteradas por lei nova, esta não poderá incidir sobre a dita situação sem que se lhe impute a pecha de retroativa. É o caso, por exemplo, de lei antiga que impunha forma pública a determinado ato. Na hipótese de nova lei permitir a utilização de escrito particular para tal negócio, os atos praticados sob a vigência da norma anterior não seriam convalidados pela edição de nova lei, sob pena de se impor efeito retroativo à norma modificadora[118]. Construindo-se raciocínio a con-

[116] ROUBIER, Paul. Le droit transitoire (conflits des lois dans le temps). 2 ed. Paris: Dalloz et Sirey, 1960, p.181 entende que: "Ce mot de situation juridique a été choisi à dessein comme le plus vaste de tous; nous le jugeons supérieur au terme de droit acquis, en ce qu'il n'a pas un caractére subjectif et qu'il peut s'appliquer à des situations comme celles de mineur, d'interdit, de prodigue; nous le jugeons également súpérieur à celui de rapport juridique (rechtsverhäultniss), si fréquemment employé dans la science contemporaine, et qui implique une relation directe entre deux personnes, alors que la situation juridique peut être unilatérale et opposable à toute personne, quelle qu'elle soit".

[117] ROUBIER, Paul. Le droit transitoire (conflits des lois dans le temps). 2 ed. Paris: Dalloz et Sirey, 1960, p.183/184.

[118] ROUBIER, Paul. Le droit transitoire (conflits des lois dans le temps). 2 ed. Paris: Dalloz et Sirey, 1960, p.201 adverte que: "Il faut supposer que, à la teneur de la loi précédente, une situation juridique n'a pu être formée (ou éteinte) sous l'empire de cette loi; une loi nouvelle ne peut déterminer après coup la constitution (ou l'extinction) dont il s'agit. Il importe peu que la loi nouvelle vienne créer un nouveau mode de constitution (ou cette extinction) d'après la loi antérieure, ou modifier une ou quelques-unes de ces conditions; dans tous les cas, la loi serait également rétroactive. Par exemple, une loi décide qu'un acte juridique qui devait être passé jusque-là dans la forme authentique, pourra désormais se faire par acte sous seing privé: les actes juridiques passés sous la forme sous seing privé sous l'empire de la loi précédenet demeurent nuls.".

trário senso, se a lei nova afetar uma situação ainda não definitivamente constituída ou extinta, seus novos comandos deverão se fazer sentir[119].

Quanto à fase estática, ou seja, quanto aos efeitos de uma determinada situação jurídica, cumpre destacar que eles são regidos pela lei vigente à época em que foram produzidos. Logo, os efeitos passados são regidos pelas leis antigas, ao passo que os futuros serão regulados pelas novas leis. Assim, as consequências futuras de um casamento, de uma adoção, da menoridade, da interdição, da propriedade, do usufruto, por exemplo, poderão ser apanhados por futuras modificações legais dos mencionados institutos (ressalva que se faz aos efeitos de contratos patrimoniais apanhados por novas leis)[120].

Em linhas gerais, esses são os principais aspectos da teoria de Roubier, o mais completo entre os autores objetivistas. Façamos, por derradeiro, referência à teoria do fato realizado, a partir de um dos seus grandes expoentes: Ferrara.

A teoria dos fatos realizados

A presente teoria foi desenvolvida na Alemanha e na Itália. Nomes como Windscheid, Denburg e Ferrara são os grandes corifeus dessa linha de pensamento, calcada na afirmação de que a irretroatividade não se resume à investigação sobre a aquisição ou não de um direito, mas se um fato fora ou não realizado sob o império da lei precedente[121].

Francesco Ferrara, nesse sentido, afirma que "todo fato jurídico, seja acontecimento casual ou ato jurídico, é disciplinado tanto em suas condições e substância, quanto em todos os seus efeitos – passados, presentes e futuros – pela lei do tempo, no qual o fato se completou"[122].

[119] ROUBIER, Paul. Le droit transitoire (conflits des lois dans le temps). 2 ed. Paris: Dalloz et Sirey, 1960, p.202.

[120] ROUBIER, Paul. Le droit transitoire (conflits des lois dans le temps). 2 ed. Paris: Dalloz et Sirey, 1960, p.181 entende que: "Ainsi tous le effets juridiques à venir d'une situation existante seront déterminés par la loi nouvelle sans qu'il y ait rétroactivité, et cette proposition s'applique par exemple aux effets du mariage ou de l'adoption, de la minorité ou de l'interdiction, de la proprieté ou de l'usufruit, etc. Il est vrai que, comme nous le vernos plus tard, les effets des contrats patrimoniaux en cours ne sont pas touchés en principe per les lois nouvelles".

[121] AFTALIÓN, Enrique R., OLANO, Fernando Garcia e VILANOVA, Jose. Introducción al derecho. 11 ed. Buenos Aires: Cooperadora de Derecho e Ciencias Sociales, 1980, p. 477.

[122] FERRARA, Francesco. Trattato di diritto civile italiano. Roma: Athenaeum, 1921, p. 266, tradução livre de "Ogni fatto giuridico, sia avvenimento casuale od atto giuridico, è regolato

Assim, em princípio, não apenas o fato, mas os seus efeitos (todos eles, passados, presentes e futuros, salvo exceção legal) serão regulados pela norma da data em que se aperfeiçoou.

Podemos, portanto, analisados os principais contornos das mais relevantes escolas de direito intertemporal, avançar para a apreciação da concepção adotada pelo direito brasileiro acerca dos conflitos de leis no tempo.

A legislação brasileira. Aspectos introdutórios

O Brasil enquadra-se como um país que alça a questão de conflitos de leis no tempo ao patamar constitucional. A Constituição da República estabelece, em seu artigo 5º, inciso XXXVI que "a lei não prejudicará o direito adquirido, o ato jurídico perfeito e a coisa julgada". Em consonância com o mandamento constitucional, determina a Lei de Introdução às Normas do Direito Brasileiro (Decreto-lei 4.657/42), em sua redação atual, fruto da alteração determinada pela Lei 3.238/57, que praticamente repete o artigo 3º da Lei de Introdução ao Código Civil anterior (parte introdutória da Lei nº 3.071/16):

> *"Art. 6º. A lei em vigor terá efeito imediato e geral, respeitados o ato jurídico perfeito, o direito adquirido e a coisa julgada.*
>
> *§ 1º Reputa-se ato jurídico perfeito o já consumado segundo a lei vigente ao tempo em que se efetuou.*
>
> *§ 2º Consideram-se adquiridos assim os direitos que o seu titular, ou alguém por ele, possa exercer, como aqueles cujo começo do exercício tenha termo pré-fixo, ou condição preestabelecida inalterável a arbítrio de outrem.*
>
> *§ 3º Chama-se coisa julgada ou caso julgado a decisão judicial de que já não caiba recurso."*

A redação original do mencionado artigo assim normatizava:

> *"Art. 6º. A lei em vigor terá efeito imediato e geral. Não atingirá, entretanto, salvo disposição em contrário, as situações jurídicas definitivamente constituídas e o ato jurídico perfeito"*

Quais as lições que podemos extrair da sucessão dos textos legais transcritos? A primeira delas é a de que hoje a questão de direito intertempo-

tanto per le sue condizioni di forma che di sostanza, quanto per tutti i suoi effetti – passati, presenti e futuri – dalla legge del tempo in cui il fatto fu giuridicamente compiuto..."

ral tem sede constitucional no Brasil, o que se explica por nossa tradição constitucional: todos os textos constitucionais contemplaram a intangibilidade do direito adquirido, do ato jurídico perfeito e da coisa julgada como um direito fundamental, à exceção da Carta de 1937. A relevância jurídica de tal assertiva é imensa. Vejamos.

Serpa Lopes[123] alerta, com muita sobriedade, que a constitucionalização da matéria guarda aspectos positivos e negativos. Os primeiros seriam traduzidos pela ideia de segurança advinda da inserção do tema na Carta Maior, infensa, como cláusula pétrea que é, a aventureiras mudanças legislativas. A desvantagem, entretanto, ocorreria nos países onde haja, a exemplo do que ocorre na Itália e na França, uma exata compreensão do espírito de justiça e democracia. Nessas nações, prefere-se tratar da irretroatividade como um cânone geral e infraconstitucional, mas que admite exceções sempre quando o bem comum assim exigir. Tão graves seriam os inconvenientes do engessamento constitucional da matéria que, não raro, os juízes, em determinados países, sentiriam-se obrigados a criar fissuras nos cânones constitucionais. Embora não nos filiemos à aplicabilidade dessa tese em solo nacional, esse, talvez, seja o espírito que anima o Enunciado 300, da IV Jornada de Direito Civil, realizada pelo Conselho da Justiça Federal e que dispõe:

> *"A lei aplicável aos efeitos atuais dos contratos celebrados antes do novo Código Civil será a vigente na época da celebração; todavia, havendo alteração legislativa que evidencie anacronismo da lei revogada, o juiz equilibrará as obrigações das partes contratantes, ponderando os interesses traduzidos pelas regras revogada e revogadora, bem como a natureza e a finalidade do negócio."*

As razões que inspiraram a aprovação do mencionado enunciado serão oportunamente apreciadas. Voltemos, por enquanto, nossas atenções à questão outrora suscitada – qual o impacto da constitucionalização do direito intertemporal em nossas vidas, uma vez já apreciadas as vantagens e desvantagens de tal opção?

A resposta é relativamente simples. Quando o tema irretroatividade é incorporado ao ordenamento de um determinado país como norma constitucional (caso brasileiro), qualquer lei que violar os seus contornos será

[123] Serpa Lopes, Miguel Maria de. Curso de directo civil – vol. I – introdução, parte peral e teoria dos negócios jurídicos. 8 ed. Rio de Janeiro: Freitas Bastos, 1996, p. 193/194.

extirpada do mundo jurídico por afronta à Lei Maior. Nos demais casos, ou seja, naqueles em que o tema for tão somente objeto de direito infraconstitucional, a irretroatividade, embora permaneça como um cânone geral, pode ser eventualmente afastada por norma posterior que assim determine.

Estabelecida essa premissa, passemos à análise da Lei de Introdução às Normas do Direito Brasileiro.

A opção da legislação brasileira pela escola subjetivista

Caio Mário é enfático ao declarar que a Lei de Introdução contemporânea à votação do Código Civil anterior "tomou rumo francamente *subjetivista,* ao prescrever, no art. 3º, que a lei não prejudicará em caso algum o direito adquirido, o ato jurídico perfeito e a coisa julgada"[124].

Essa opção, no entanto, foi alterada pela edição da atual Lei de Introdução que dispunha, no artigo 6º de sua versão original, que, embora a lei tivesse efeito imediato e geral, ela não poderia, salvo disposição contrária, alcançar as situações jurídicas definitivamente constituídas e o ato jurídico perfeito. A redação transcrita revelou uma guinada do ordenamento jurídico brasileiro para a orientação objetivista, fortemente influenciada por Paul Roubier.

Um fato curioso merece ser destacado: a edição da nova Lei de Introdução ocorreu sob a égide da Constituição de 1937, portanto no breve período de desconstitucionalização do princípio da irretroatividade. Logo, embora a vigência imediata, geral e sem retroatividade das leis fosse regra, ela poderia ser afastada por norma infraconstitucional posterior, desde que houvesse recomendação expressa de sua aplicação retroativa.

Quando, todavia, após a queda de Getúlio Vargas, o Brasil foi redemocratizado, promulgou-se a Constituição de 1946, que novamente constitucionaliou a intangibilidade do direito adquirido, do ato jurídico perfeito e da coisa julgada. Vivíamos a partir de então, portanto, um paradoxo: a Constituição Federal consagrava um enfoque subjetivista para o tema dos conflitos da lei no tempo, ao tempo em que a Lei de Introdução ao Código Civil optava pelas conclusões do Paul Roubier.

[124] PEREIRA, Caio Mário da Silva. Instituições de directo civil – v. I. 14 ed. Rio de Janeiro: Forense, 1993, p.114.

O artigo 6º da Lei de Introdução, por óbvio, não fora recepcionado. Assim, a fim de se suprir o vazio legislativo que se desenhou, a Lei nº 3.238/57 tratou de novamente compatibilizar o texto da lei ao da Constituição, determinando a sua atual redação. Analisemo-la com mais vagar.

O ato jurídico perfeito

O primeiro instituto cuja preservação é ordenada pelo artigo 6º da Lei de Introdução é o ato jurídico perfeito. Curiosamente, no passado, a referência ao ato jurídico perfeito fora um critério abraçado pelos objetivistas justamente para criticar a teoria do direito adquirido, sendo posteriormente abraçada pelos próprios subjetivistas, como advertem Eduardo Espínola e Eduardo Espínola Filho[125]. A origem do termo remonta à Idade Média, quando se estabeleceu a distinção entre o *actus perfectus* e o *actus prœteritus nondum finitus*. Entendia-se, pelo primeiro, o ato que se completara sob o regime da lei antiga, estando, pois, a ela sujeito, ainda que seus efeitos se façam sentir sob a vigência de nova lei. Os outros seriam atos do passado, que ainda esperariam o seu aperfeiçoamento e que, portanto, poderiam ser alcançados pela nova lei[126].

O Brasil, de toda sorte, invocou a proteção ao direito adquirido como incidente sobre o ato "já consumado segundo a lei vigente ao tempo em que se efetuou". Pontes de Miranda[127] entende que o ato jurídico perfeito é a manifestação de vontade revestida da forma de um negócio jurídico ou de um ato jurídico em sentido estrito[128]. Concordamos com a assertiva, mas a julgamos pouco esclarecedora, na medida que o grande problema advindo da definição legal de "ato jurídico perfeito" concentra-se no termo "consumado" e esse aspecto mereceria da doutrina mais aprofundada discussão.

José de Oliveira Ascensão, nessa esteira, esclarece que, a partir de sistemática interpretação da lei brasileira, "consumado" é o ato que já exau-

[125] Espínola, Eduardo e Espínola Filho, Eduardo. A Lei de Introdução ao Código Civil Brasilieiro – v. I. 3 ed. Rio de Janeiro: Renovar, 1999, p. 283/284.

[126] Espínola, Eduardo e Espínola Filho, Eduardo. A Lei de Introdução ao Código Civil Brasilieiro – v. I. 3 ed. Rio de Janeiro: Renovar, 1999, p. 283/284.

[127] Pontes de Miranda, Francisco Cavalcanti. Comentários à Constituição de 1967 – tomo V. 2 ed. São Paulo: RT, 1974, p. 77.

[128] Pontes de Miranda, Francisco Cavalcanti. Comentários à Constituição de 1967 – tomo V. 2 ed. São Paulo: RT, 1974, p. 102.

riu os seus efeitos, pois a lei "tem de respeitar a aquisição de direitos, mas não o conteúdo destes; porém, o próprio conteúdo passa a ser intocável quando os efeitos se consumarem. "A retroatividade só encontrará, portanto, espaço para se expandir, eventualmente, no que tange aos efeitos ainda em aberto."[129]. Não aderimos, porém, a essa conclusão, como adiante haveremos de explanar.

Outro aspecto suscitado por José de Oliveira Ascensão seria o de que considerar o ato jurídico perfeito como ato passado nos remeteria à já exposta teoria dos fatos passados ou realizados. Ora, como a Lei de Introdução já abraçaria a teoria dos direitos adquiridos, compreender ato jurídico perfeito como ato passado representaria a adoção de uma duplicidade de critérios para a resolução dos conflitos de leis no tempo (teoria subjetiva e do fato realizado)[130], o que implicaria alguma dificuldade na aplicação de nossa legislação. Ocorre que não entendemos trazer a adoção cumulativa de dois critérios dificuldades assim ingentes. Expliquemo-nos.

Eduardo Espínola e Eduardo Espínola Filho compreenderam que a máxima de que "seja inadmissível cogitar da aplicação da lei nova ao ato perfeito, ao ato consumado de acordo com a lei vigente, é uma verdade de tanta força que os próprios adeptos da teoria subjetiva a proclamaram, também estendendo a regra aos efeitos e consequências que se ultimaram no regime da lei velha"[131]. Logo, assim podemos concluir, não há uma incongruência entre a simultânea adoção das teorias da proteção ao ato jurídico perfeito e ao direito adquirido.

Atos jurídicos e direitos subjetivos, por outro lado, não são realidades excludentes, antes complementares, guardando entre si, como adverte parte da doutrina[132], relação de causa e efeito. Portanto, ainda que se abrace

[129] ASCENSÃO, José de Oliveira. O Directo. Introdução e teoria geral. 2 ed. Rio de Janeiro: Renovar, 2001, p. 598.

[130] ASCENSÃO, José de Oliveira. O Directo. Introdução e teoria geral. 2 ed. Rio de Janeiro: Renovar, 2001, p. 597.

[131] ESPÍNOLA, Eduardo e ESPÍNOLA FILHO, Eduardo. A Lei de Introdução ao Código Civil Brasilieiro – v. I. 3 ed. Rio de Janeiro: Renovar, 1999, p. 284.

[132] GHERSI, Carlos Alberto. Derecho Civil – Parte General. 2 ed. Buenos Aires: Astrea, 1999, p. 382/383, respalda o que se tenta demonstrar ao aseverar: "En la nota al art. 896 del Cód. Civil señala Vélez Sársfield que el precepto 'no se trata de los hechos como objeto de derecho, sino únicamente como causa productora de derecho. El hecho del hombre puede ser considerado bajo dos relaciones: 1º) como objeto de un derecho, por ejemplo, cuando alguno debe hacer

a teoria subjetiva no ordenamento nacional, fazer uma concessão à teoria dos atos jurídicos perfeitos não parece trazer maiores problemas.

Além disso, reconhecem os Espínola, as conclusões dos objetivistas não são substancialmente diversas das ponderações subjetivistas, lembrando o seguinte trecho da obra de Gabba: "na teoria da retroatividade, a expressão direitos adquiridos não se toma no seu significado mais geral, que compreenderia também os direitos consumados, mas significa propriamente, e só, os direitos que foram adquiridos, mas não foram ainda efetuados ou consumados".[133]

Nesse ponto, o debate teórico ganha força e deve ser aprofundado. O ato jurídico perfeito tem seus efeitos passados, presentes e futuros preservados da incidência de qualquer norma, seja ela dispositiva ou de ordem pública? Vejamos.

A retroatividade máxima, média e mínima e o ato jurídico perfeito

Os tribunais brasileiros, especialmente o Supremo Tribunal Federal, trataram da questão da retroatividade, especialmente quanto aos atos jurídicos perfeitos, em três níveis, podendo ela ser máxima, média e mínima, conforme o caso.

Haveria retroatividade máxima quando a lei ataca a coisa julgada e fatos consumados. Nesse caso, a lei posterior atingiria pagamentos, transações, compensações efetuados sob a égide da lei anterior. Tal retroação afronta o princípio constitucional da segurança jurídica e não pode ser admitida, ressalvados hipóteses excepcionais da retroação da lei penal para beneficiar o réu.

Pode ocorrer, por outro lado, que a lei nova alcance os efeitos pendentes de atos ou negócios celebrados antes de sua vigência, caracterizando-se, nessa hipótese, a retroatividade média[134]. Imaginemos um exemplo:

algo en nuestro favor, como la entrega de una cosa, la ejecución o abstención de alguna acción...; 2º) como fuente de un derecho."

133 GABBA, C.F. Teoria della retroattività delle leggi – v. I, 3ª ed, Milão: Unione Tipográfico, 1891, p. 191: "(...) nella teoria dela retroattività l'espressioni diritti acquisiti non si prende nel suo significato più generale, che comprenderebbe anche i diritti concumati, ma significa propriamente e soltanto quei diritti che furono acquistati, ma non sono ancora stati effettuati o consumati".

134 ALVES, José Carlos Moreira. As leis de ordem pública e de direito público em face do princípio constitucional da irretroatividade, p. 13.

uma determinada lei civil autoriza a fixação de cláusula penal moratória (multa contratual) no valor máximo de dez por cento de determinada prestação. João e Pedro, atendendo ao comando legal, celebram um contrato com a multa por atraso fixado no importe máximo autorizado pela nossa fictícia lei, ou seja, dez por cento. Imaginemos, agora, que Pedro tenha atrasado o pagamento de alguma das parcelas, devendo, por tal impontualidade, incidir a multa pactuada. Ocorre que, após a infração contratual haver ocorrido, mas antes de João cobrar judicialmente a dívida atrasada e a multa, nova lei surge, reduzindo a cláusula penal ao valor máximo de dois por cento da parcela em aberto.

Nosso exemplo poderá ter, a partir de então, dois desfechos: aqueles que defenderem a incidência imediata da nova lei (que reduziu a multa), sugerindo que João só possa cobrar a cláusula penal de dois por cento, entenderão possível a retroatividade média da norma, pois ela alcançaria um efeito pendente (cobrança ainda não realizada da multa em aberto) de negócio jurídico celebrado antes de sua vigência (o contrato entre Pedro e João). Aqueles, por outro lado, que acatarem a cobrança da multa tal qual contratada (no valor de dez por cento) repudiarão a retroatividade média. Cabe ressaltar que nossa jurisprudência tende a refutar a possibilidade de tal efeito retroativo. Assim, em nosso exemplo, João poderia cobrar a multa de dez e não de dois por cento.

Quanto à retroatividade mínima, ela ocorre quando a lei nova busca alcançar os efeitos futuros de negócio jurídico celebrado antes dela[135]. Retomemos o nosso exemplo do contrato entre João e Pedro, que estabelecia uma multa de dez por cento em razão de atrasos. Ainda durante a vigência do contrato, mas antes de qualquer inadimplência, houve modificação da lei, sendo reduzida a mencionada multa para dois por cento. Pois bem, ***somente após o advento da nova lei***, Pedro atrasa. Indaga-se: qual o valor da multa a ser cobrada por João – dez ou dois por cento?

Novamente a resposta depende de como o intérprete lidará com a questão da retroatividade, no presente caso, mínima: aqueles que acatam a sua possibilidade não hesitarão em clamar pela imediata incidência da nova lei, ao passo que os demais, ou seja, os que refutam a possibilidade de retroatividade, mínima que seja, clamarão pela incidência de multa de dez por

[135] ALVES, José Carlos Moreira. As leis de ordem pública e de direito público em face do princípio constitucional da irretroatividade, p. 13.

cento, tal qual preconizava o contrato em sua original redação. Aderimos à segunda corrente, mas reconhecemos a polêmica que outra opção (quanto à retroatividade mínima) suscita.

A questão divide opiniões. Por exemplo, aqueles que toleram a vigência imediata de novas normas de ordem pública sobre contratos ou negócios já celebrados anteriormente abraçam a possibilidade de retroatividade mínima. É o que faz o artigo 2.035 do Código Civil, ao dispor:

> *"Art. 2.035. A validade dos negócios e demais atos jurídicos, constituídos antes da entrada em vigor deste Código, obedece ao disposto nas leis anteriores, referidas no art. 2.045, mas os seus efeitos, produzidos após a vigência deste Código, aos preceitos dele se subordinam, salvo se houver sido prevista pelas partes determinada forma de execução.*
>
> *Parágrafo único. Nenhuma convenção prevalecerá se contrariar preceitos de ordem pública, tais como os estabelecidos por este Código para assegurar a função social da propriedade e dos contratos."*

Ora, o que faz o Código Civil, senão, como lei nova que é, pretender alcançar os efeitos futuros de atos e negócios celebrados antes dele, ou, em outras palavras, retroagir minimamente? Seria constitucional esse preceito? Acreditamos que não, o que oportunamente será esclarecido. Avancemos, por hora, em nosso raciocínio.

Bem, leis novas, ainda que expressamente pretendam, não podem incidir sobre efeitos de atos jurídicos perfeitos, na medida em que a proteção que é assegurada a eles é constitucional, isto é, a proteção do ato jurídico perfeito não pode ser quebrada por nenhuma norma que deva obediência à Constituição, como as leis em geral. E não se invoque que as normas de ordem pública devem incidir de imediato, porquanto tal incidência seria retroativa e "a lei retroativa é, em princípio, contrária a ordem pública"[136].

Tomemos alguns exemplos.

Com o advento do Plano Real estabeleceram-se regras sobre a periodicidade e os critérios de reajuste de contratos de locação. Todavia, alguns contratos que já estavam em vigor estabeleciam critérios e prazos distintos de reajuste. Diante de tal situação, discutiu-se se deveria prevalecer a lei nova, ou se as regras contratuais deveriam continuar a ser aplicadas.

[136] Alves, José Carlos Moreira. As leis de ordem pública e de direito público em face do princípio constitucional da irretroatividade, p. 15.

Diante da controvérsia, a 3ª Seção do Superior Tribunal de Justiça firmou opinião no sentido de que a lei instituidora do Plano Real é norma de ordem pública e deveria se aplicar aos contratos em curso. Assim, afirmou o Ministro Vicente Leal:

> *"A medida provisória num. 542/1994, que instituiu o plano real e modificou o padrão monetário nacional, e norma jurídica de ordem pública, de eficácia imediata e geral, alcançando as relações jurídicas estabelecidas antes de sua edição.*

As regras de conversão das obrigações pecuniárias com clausula de correção monetária baseada em índices de preços, previstas no art. 21, da citada medida provisória, são aplicáveis aos contratos de locação comercial, sem que disso resulte quebra do principio da irretroatividade da lei."[137]

Em outra oportunidade, o Superior Tribunal de Justiça sobre a mesma matéria afirmou que não se havia de cogitar de supremacia do ato jurídico perfeito:

> *"As disposições da Lei nº 9.069/95, porque são de ordem pública e, portanto, de natureza cogente, aplicam-se indistintamente aos contratos já vigentes quando da sua edição, não havendo se falar em supremacia do ato jurídico perfeito e nem do direito adquirido."*[138]

Como a discussão acabava envolvendo o disposto no artigo 5º, XXXVI da Constituição Federal de 1988, a matéria chegou ao Supremo Tribunal Federal, que, reconhecendo a natureza constitucional da proteção ao ato jurídico perfeito afastou a aplicação da lei nova. A propósito, é oportuno transcrever trecho do pensamento defendido pelo Ministro Celso de Mello:

> *"Mesmo os efeitos futuros oriundos de contratos anteriormente celebrados não se expõem ao domínio normativo de leis supervenientes. As conseqüências jurídicas que emergem de um ajuste negocial válido são regidas pela legislação em vigor no momento de sua pactuação... As normas de ordem pública – que também se sujeitam à cláusula inscrita no art. 5º, XXXVI, da Carta Política (RTJ 143/724) – não podem frustrar a*

[137] BRASIL. Superior Tribunal de Justiça. Resp 89348/SP, Relator MINISTRO VICENTE LEAL, SEXTA TURMA, DJ de 04/11/96.

[138] BRASIL. Superior Tribunal de Justiça. Resp 222.466/SP, Relator MINISTRO FERNANDO GONÇALVES, SEXTA TURMA, DJ de 22/05/2000.

plena eficácia da ordem constitucional, comprometendo-a em sua integridade e desrespeitando-a em sua autoridade."[139]

As mentes mais açodadas poderão, inadvertidamente, afirmar que o próprio Supremo Tribunal Federal, em certas hipóteses, admite a retroatividade mínima. Vejamos:

> *"Pensões especiais vinculadas a salário mínimo. Aplicação imediata a elas da vedação da parte final do inciso IV do artigo 7. da Constituição de 1988. – Já se firmou a jurisprudência desta Corte no sentido de que os dispositivos constitucionais tem vigência imediata, alcançando os efeitos futuros de fatos passados (retroatividade mínima). Salvo disposição expressa em contrario – e a Constituição pode fazê-lo -, eles não alcançam os fatos consumados no passado nem as prestações anteriormente vencidas e não pagas (retroatividades máxima e média). Recurso extraordinário conhecido e provido."*[140]

Em realidade, o julgado transcrito apenas admite que Emendas Constitucionais tenham a mínima retroatividade (não a média e a mínima).

Atente-se que o derradeiro julgado, acima transcrito, trata especificamente de ***normas constitucionais e apenas elas podem vulnerar o ato jurídico perfeito***. As normas infraconstitucionais, foco principal de nosso debate e objeto de todo o estudo que se tem feito no presente capítulo, são as que, pela nossa atual sistemática jurídica, estão infensas a qualquer modalidade de retroatividade, seja mínima, média ou máxima.

Assim, somos obrigados a discordar do Enunciado 300 da IV Jornada de Direito Civil do Conselho da Justiça Federal, que novamente transcrevemos:

> *"A lei aplicável aos efeitos atuais dos contratos celebrados antes do novo Código Civil será a vigente na época da celebração; todavia, havendo alteração legislativa que evidencie anacronismo da lei revogada, o juiz equilibrará as obrigações das partes contratantes, ponderando os interesses traduzidos pelas regras revogada e revogadora, bem como a natureza e a finalidade do negócio."*

[139] BRASIL. Supremo Tribunal Federal. RE 205193/RS, Relator MINISTRO Celso de Mello, PRIMEIRA TURMA, DJ de 06/06/97.

[140] BRASIL. Supremo Tribunal Federal. RE 205193/RS, Relator MINISTRO Moreira Alves, RE 140499/GO, DJ de 09/09/94.

A justificativa do Enunciado acima transcrito é a de que a segurança jurídica deve ceder terreno, em determinadas hipóteses, ao interesse público mais candente. Logo, o magistrado, em cada caso concreto, quando se deparasse com questão envolvendo conflito de leis no tempo deveria adequar o contrato antigo aos ditames da nova norma, presumivelmente mais avançada do que a revogada lei.

Discordamos do posicionamento acima exposto. Relegar ao magistrado o papel de eleger qual a opção mais interessante – preservar o contrato antigo ou tolerar a retroatividade (ainda que mínima) de nova lei – significa mergulhar num mar de incertezas, que talvez sepultem a cláusula de proteção ao ato jurídico perfeito. Afinal, se a lei foi alterada por outra norma de ordem pública, o texto antigo fatalmente será considerado anacrônico pela a maior parte dos magistrados, pois, se assim não fosse, a lei antiga não haveria de ser alterada. Então, subverteríamos a lógica constitucional e transformaríamos a regra (proteção ao ato jurídico perfeito) em exceção, com os riscos que tal conduta poderão implicar não apenas ao mundo do direito, mas também a assuntos econômicos e, por arrastamento, sociais.

Lança luzes quanto a questão, a leitura do seguinte trecho da obra de Caio Mário:

> *"Costuma-se dizer que as leis de ordem pública são retroativas. Há uma distorção de princípio nesta afirmativa. Quando a regra da não-retroatividade é de mera política legislativa, sem fundamento constitucional, o legislador, que tem o poder de votar leis retroativas, não encontra limites ultralegais à sua ação, e, portanto, tem a liberdade de estatuir o efeito retrooperante para a norma de ordem pública, sob o fundamento de que esta se sobrepõe ao interesse individual. Mas, quando o princípio da não retroatividade é dirigido ao próprio legislador, marcando os confins da atividade legislativa, é atentatório da Constituição a lei que venha a ferir direitos adquiridos, ainda que sob inspiração da ordem pública. A tese contrária econcontra-se defendida por escritores franceses ou italianos, precisamente porque, naqueles sistemas jurídicos, o princípio da irretroatividade é dirigido ao juiz e não ao legislador."*[141]

Vamos até mais longe. Nem mesmo o mais alto expoente da teoria objetiva – Paul Roubier – ousou advogar a tese de que as normas de ordem

[141] Pereira, Caio Mário da Silva. Instituições de directo civil – v. I. 14 ed. Rio de Janeiro: Forense, 1993, p.117/118.

pública teriam incidência imediata sobre os contratos em curso[142]. Lembremos que o respeito às relações jurídicas regularmente constituídas é um dos pilares dos Estados efetivamente democráticos. É tentador aos regimes autoritários impor novas normas com a escusa de que deverão incidir imediatamente sobre todos os negócios em curso, sob pena de se vulnerar o interesse público. Vivemos, no entanto, um regime democrático entrecortado por períodos totalitários. A sujeição do princípio da segurança jurídica (por meio da proteção ao ato jurídico perfeito, à coisa julgado e ao direito adquirido) ao princípio do maior interesse público é perigosa porta para a instalação de democracias cesaristas em nossa República.

Entendemos, portanto, que o ato jurídico perfeito deve ser preservado da incidência da nova lei, ainda que seus efeitos ainda estejam por se fazer sentir, sendo, assim, inconstitucional o artigo 2.035 do Código Civil do Brasil.

A coisa julgada e o direito adquirido

A Lei de Introdução ainda se refere à coisa julgada e ao direito adquirido, como institutos infensos à aplicação retroativa da lei. Quanto à primeira, costuma a doutrina classifica-la em formal (quando não mais se pode discutir no processo o que fora decidido) e material (que impede a discussão, até mesmo em outro processo, do que se decidiu). Esclarece Pontes de Miranda que a alusão constitucional a esse instituto no artigo 153, § 3º da Carta de 1967 (artigo 5º, XXXVI da atual Constituição Federal) abarcaria as duas espécies de coisa julgada[143]. Embora possa, para alguns, parecer estranha essa assertiva, ela é muito razoável. Pensemos em determinada lei que veda a concessão de alimentos a determinada categoria de parentes. Advindo nova lei que a revogue, não haverá sua incidência automática sobre os casos julgados anteriores, mas as partes interessadas deverão propor novas ações em que discutam o direito decorrente da nova norma. Não há retroatividade, nesse exemplo, para se mitigar a coisa julgada. Ela permanece intacta. Há, isto sim, incidência imediata de nova lei, em processo distinto, evitando que a lei nova, por si só, reduza a pó as sentenças antigas.

[142] Roubier, Paul. Le droit transitoire (conflits des lois dans le temps). 2 ed. Paris: Dalloz et Sirey, 1960, p.181 entende que: "(...) Il est vrai que, comme nous le vernos plus tard, les effets des contrats patrimoniaux en cours ne sont pas touchés en principe per les lois nouvelles".

[143] Pontes de Miranda, Francisco Cavalcanti. Comentários à Constituição de 1967 – tomo V. 2 ed. São Paulo: RT, 1974, p. 102.

Quanto ao direito adquirido, entendemos haver sido suficientemente explorado quando comentado o pensamento subjetivista. Uma derradeira observação, todavia, se mostra necessária: os três institutos – direito adquirido, ato jurídico perfeito e coisa julgada – são, em realidade, mecanismos de defesa dos cidadãos entre si e destes frente ao Estado. Jamais do Estado frente ao cidadão. Essa conclusão, aliás, está sufragada pelo Supremo Tribunal Federal, no seguinte julgamento:

> *"O princípio insculpido no inciso XXXVI do art. 5º da Constituição (garantia do direito adquirido) não impede a edição, pelo Estado, de norma retroativa (lei ou decreto) em benefício do particular"*[144].

O conflito de leis no tempo e o direito civil

Trabalhadas as várias facetas dos conflitos de leis no tempo, seria oportuno apreciar, ainda que sucintamente, o impacto do tema em cada uma das searas do direito civil.

Quanto à parte geral do direito civil, os principais efeitos do conflito de normas no tempo referem-se às questões de determinação de maioridade, incapacidade, ausência, domicílio e nome. Dessa forma, ao tratarmos de maioridade e incapacidade, em regra, há incidência imediata da nova lei[145].

Algumas exceções à regra acima exposta, contudo, são de pertinente análise. Quanto à modificações na faixa etária para aquisição da maioridade, embora haja incidência imediata da norma derradeira ao dispor sobre a matéria, aqueles que já eram maiores à época de sua edição não perdem essa qualidade se houver um aumento na idade para que se alcance essa ***status***. Pensemos, pois, no exemplo de uma determinada lei haver alterado de dezoito para vinte um anos a idade para aquisição de maioridade, quem já estivesse com aquela idade no dia do início da vigência da nova norma, não voltaria a ser menor. Quanto à hipótese contrária, ou seja, de redução de maioridade, ela incidiria imediatamente, como ocorreu com o Código Civil de 2002 que instantaneamente tornou todos os jovens do Brasil que já contavam pelo menos com dezoito anos maiores, reduzindo a idade do Código antigo, que era de vinte e um anos.

[144] STF – RE 184099/DF, Relator Ministro Octávio Galotti, DJ de 18/04/97.

[145] MAXIMILIANO, Carlos. Direito intertemporal ou teoria da retroatividade das leis. Rio de Janeiro: Freitas Bastos, 1946, p.66.

As eventuais novas hipóteses de interdição, ao seu turno, em virtude de estado de saúde (seja física ou mental), se aplicam imediatamente a todos aqueles que, pela lei revogada, não estejam por elas contemplados, mas que se vejam abarcados pelas novas hipóteses, porquanto o quadro de incapacidade não reflete um direito adquirido, mas um estado contínuo, sendo dever do Estado proteger aqueles mais vulneráveis juridicamente[146]. Desta forma, a incidência imediata do novo comando não representa retroatividade injusta.

Abordando-se, ainda, a incidência do direito intertemporal sobre institutos estudados na parte geral do direito civil, é importante que nos ocupemos da ausência. Ela, como bem acentuado por Eduardo Espínola e Eduardo Espínola Filho[147], reflete uma situação jurídica contínua, com efeitos sucessivos. Assim, quanto à constituição de ausência, trata-se de hipótese regulada pela norma vigente à época do reconhecimento desse estado, mas os seus efeitos podem sofrer a aplicação imediata de novas leis, que entrem em vigor em cada uma de suas fases, desde que não prejudiquem, por óbvio, direitos adquiridos ou atos jurídicos perfeitos. Podemos exemplificar o que se tenta expor com o próprio Código Civil de 2002.

Determina o artigo 33 do Código Civil:

> *"Art. 33. O descendente, ascendente ou cônjuge que for sucessor provisório do ausente, fará seus todos os frutos e rendimentos dos bens que a este couberem; os outros sucessores, porém, deverão capitalizar metade desses frutos e rendimentos, segundo o disposto no art. 29, de acordo com o representante do Ministério Público, e prestar anualmente contas ao juiz competente."*

Suponhamos que uma hipotética lei altere o dispositivo transcrito, igualando todos os herdeiros e impondo a todos, na sucessão provisória, a necessidade de capitalização de metade dos frutos pelos herdeiros do ausente. Nessa hipótese, os frutos que já foram adquiridos pelos herdeiros necessários permanecerão com eles, mas o frutos futuros seguirão as determinações de nossa hipotética norma.

146 MAXIMILIANO, Carlos. Directo intertemporal ou teoria da retroatividade das leis. Rio de Janeiro: Freitas Bastos, 1946, p.73.

147 ESPÍNOLA, Eduardo e ESPÍNOLA FILHO, Eduardo. A Lei de Introdução ao Código Civil Brasilieiro – v. I. 3 ed. Rio de Janeiro: Renovar, 1999, p. 308/309.

As normas atinentes ao domicílio são de incidência imediata, não havendo razão para conclusão diversa, eis que, sendo este o centro habitual das ocupações do sujeito de direito, é, por essência, provisório e instável, não gerando, por si, nenhuma situação de direito adquirido[148].

Abordemos quanto à parte geral, por derradeiro, as normas relativas ao nome. Observam-se, nesse sentido, os preceitos vigentes na época em que determinado ou alterado, consoante ao que se trate de fixação ou mudança de nome[149].

Os direitos reais são regulados pelas normas vigentes, seja na sua definição, seja no seu exercício, inclusive quando a questão se refira à indisponibilidade de bens, ressalvadas as alienações anteriores ao comando constante da nova lei[150].

O direito das obrigações rege-se pela lei vigente à época da formação do vínculo, seja contratual ou extracontratual. A principal controvérsia sobre esse tema já foi abordada e refere-se à lei de regência dos contratos, que se guiam pela norma existente à época de sua celebração, inclusive quanto aos ***efeitos*** passados, presentes e futuros[151].

Quanto ao direito das sucessões, as normas de regência revelam-se muito simples. O princípio geral é o de que a sucessão hereditária é regida pela norma vigente ao tempo da morte do ***de cujus***. Importante exceção se pode fazer quanto à capacidade para testar e as condições de validade do testamento, que serão apuradas consoante a norma vigente à época da elaboração do mencionado ato de última vontade.

Verificados tais aspectos, acreditamos, ao menos resumidamente, haver abordado os principais problemas advindos da aplicação intertemporal da norma. Derradeira questão será tratada no capítulo atinente à prescrição e decadência, cujas peculiaridades do embate entre lei nova e velha, em especial os Códigos de 1916 e 2002, demandarão mais detido debate. Seguimos, pois, com a análise da Lei de Introdução quanto a outro aspecto igualmente importante – o conflito de leis no espaço.

148 SERPA LOPES, Miguel Maria de. Comentários á Lei de Introdução ao Código Civil – vol. I. 2 ed. Rio de Janeiro: Freitas Bastos, 1959, p. 296.

149 MAXIMILIANO, Carlos. Directo intertemporal ou teoria da retroatividade das leis. Rio de Janeiro: Freitas Bastos, 1946, p. 77.

150 PEREIRA, Caio Mário da Silva. Instituições de directo civil – v. I. 14 ed. Rio de Janeiro: Forense, 1993, p.116.

151 STF – RE 205193/RS, Relator Ministro Celso de Mello, DJ de 06/06/97.

Capítulo 3
Conflito de Leis no Espaço

Aspectos introdutórios

O princípio da territorialidade impõe a vigência das leis de determinado Estado nos limites de suas fronteiras. No entanto, não é apenas dentro de suas fronteiras que uma lei pode surtir efeitos. Vejamos: um brasileiro celebra com um francês um contrato mútuo em solo inglês. Dúvidas quanto à capacidade das partes e a validade do contrato surgem durante a sua execução. É de indagar-se: judicializando-se a matéria, qual lei será aplicada para dirimir a controvérsia? A lei brasileira, francesa ou inglesa?

Questões como essas nos remetem ao estudo do conflito das leis no espaço, matéria sobre a qual nos debruçaremos doravante. Bem verdade que existe disciplina própria no Direito que se ocupa mais detidamente do estudo de problemas assemelhados ao presente: o Direito Internacional Privado. Esse ramo jurídico tem, por missão, segundo Cláudio Souto[152], "(...) escolher que norma deve ser aplicada a uma certa situação quando podem ser invocados dois ou mais sistemas normativos para a regulação da mesma."

Já se pode perceber, portanto, que a opção exagerada pela aplicação ***exclusiva*** da lei nacional dentro de nossas fronteiras não parece ser a solução mais adequada. A territorialidade extremada é, assim, mitigada, cedendo espaço, em certas hipóteses, ao princípio da extraterritorialidade da lei, entendido como reconhecimento que um sistema jurídico faz

[152] SOUTO, Cláudio. Introdução crítica ao direito internacional privado. 2 ed. Porto Alegre: Sérgio Antônio Fabris, 2000, p. 94.

acerca da possibilidade de que norma estrangeira regule a constituição, a validade ou a produção de efeitos de determinados atos ou de certas situações jurídicas[153]. Compreendamos com mais exatidão o significado de um conflito interespacial.

Os conflitos interespaciais

Luís de Lima Pinheiro[154] bem delimita o alcance da expressão "conflito de leis no espaço" ao advertir que ela não se confunde com as "divergências entre os sistemas materiais em presença na regulação de uma situação da vida", ou, em outras palavras, não há um real choque de sistemas jurídicos de dois diferentes países, disputando a prevalência sobre a regulação de situação ocorrida na vida real. Ora, é fato que, no mundo hodierno, há uma infinidade de ordenamentos jurídicos que apresentam divergências entre si. Esses sistemas, todavia, não nutrem a pretensão de se aplicarem simultaneamente na ordem jurídica local, o que os colocaria em real posição de conflito.

Caio Mário[155], astuciosamente, nessa mesma esteira, revela que, na essência, inexistem conflitos interespaciais de leis e que isso não passaria de um absurdo lógico. Com efeito, aquilo que ordinariamente se identifica como o malfadado conflito de normas no espaço representa, na realidade, a possibilidade de que o ordenamento jurídico de certo Estado admita, diante de um fato por ele previsto, que norma estrangeira seja aplicada em seu próprio território – nada mais. Em outras palavras: não existe um verdadeiro conflito, mas uma opção de nossa própria lei pela incidência de norma de outro país. Ilustremos essa assertiva por meio de um exemplo: um cidadão domiciliado no Paquistão, porém em férias no Brasil, resolve celebrar um contrato. Seria esse estrangeiro capaz de praticar atos da vida civil? A resposta à indagação aparentemente poderia revelar um conflito – usaríamos a lei brasileira ou paquistanesa para dirimir a questão?

Correto asseverar que o conflito é, em verdade, aparente, pois a própria lei brasileira trata de resolvê-lo – afinal, assim dispõe o artigo 7º da Lei de Introdução ao Código Civil:

153 Pereira, Caio Mário da Silva. Instituições de direito civil – v. I. 14 ed. Rio de Janeiro: Forense, 1993, p.121.

154 Pinheiro, Luís de Lima. Direito internacional privado – v. I. Coimbra: Almedina, 2003, p. 27.

155 Pereira, Caio Mário da Silva. Instituições de direito civil – v. I. 14 ed. Rio de Janeiro: Forense, 1993, p.121.

"Art. 7º. A lei do país em que domiciliada a pessoa determina as regras sobre o começo e o fim da personalidade, o nome, a capacidade e os direitos de família."

Deve-se, então, pelo próprio ordenamento nacional, aplicar, para se aferir a capacidade do mencionado estrangeiro, o direito paquistanês. Trilhando-se o raciocínio de Caio Mário, inexistiria, no exemplo, verdadeiro conflito entre normas de duas nações, porquanto a própria lei brasileira elege o estatuto que regerá a hipótese.

Seja como for, aparente ou não o conflito, o fato é que alguns fatores básicos podem ensejar dúvidas quanto à norma correta a presidir-nos a vida. Paulo Nader[156] assim os identifica: *a)* pluralidade de normas; *b)* mobilidade do homem no espaço; e *c)* admissibilidade de aplicação de normas estrangeiras em solo pátrio. Essas dúvidas apenas serão fulminadas com a edição de normas que apontem o direito aplicável, quais sejam, as "normas de resolução de conflitos de leis no espaço", dotadas de características muito especiais.

As mencionadas normas conflituais são caracterizadas por três aspectos essenciais: *a)* são normas de regulação indireta; *b)* são normas de conexão; e *c)* são normas fundamentalmente formais. São de regulação indireta (remissivas ou de sobredireito[157]) por cumprirem sua função por meio da remissão para o Direito que vai diretamente regular a hipótese. São regras de conexão, pois elegem elementos tais como a nacionalidade, o domicílio ou o lugar de situação da coisa, para funcionarem como laços entre os fatos vivenciados e o Direito escolhido para regê-los. São, por fim, normas formais, na medida em que não atenderiam, em princípio, a questões como a justiça ou injustiça, o equívoco ou acerto das normas eleitas para regerem a hipótese de conflito (salvo nos casos de violação à soberania nacional, à ordem pública ou aos bons costumes, como ordena o artigo 17 da Lei de Introdução ao Código Civil), porquanto, como regras remissivas que são, ambicionam apenas apontar qual o Direito aplicável e não qual o *melhor* Direito para a espécie[158].

[156] NADER, Paulo. Curso de direito civil – parte peral – v. I. 4 ed. Rio de Janeiro: Forense, 2007, p.165.

[157] RÀO, Vicente. O Direito e a vida dos direitos – v. I. São Paulo: RT, 1997, p. 402.

[158] PINHEIRO, Luís de Lima. Direito internacional privado – v. I. Coimbra: Almedina, 2003, p. 31/40.

Breve histórico

Francesco Ferrara esclarece que o Direito Internacional Privado é produto do moderno desenvolvimento jurídico, visto que, na Antiguidade, não se conhecia nada similar, sendo os estrangeiros pessoas sem direito. Essa realidade, aos poucos, foi mudando, surgindo, ainda em Roma, o que se denominou *ius gentium*. Frise-se, porém, que tal direito não era exatamente igual ao que denominamos Direito Internacional Privado, uma vez que os romanos o entendiam como uma espécie de "direito mundial" e não como a possibilidade de aplicação de normas estrangeiras em seu próprio solo[159].

Seguiu-se ao modelo romano o chamado sistema da personalidade da lei. A situação assim se desenhava: na Europa, após as invasões bárbaras, cada indivíduo sujeitava-se à lei de sua tribo, ainda que estivesse dispersa pelo solo continental. Caso interessante foi o da dominação visigótica em solo espanhol (logo após a queda de Roma). Os romanos vencidos eram regidos pela "*lex romana visigotorum*", ao passo que os visigodos (vencedores) regiam-se pelo "*Codex Eurici*". Os indivíduos declaravam a que grupo pertenciam *(professio legis)*, sendo-lhes, doravante, aplicado o Direito da respectiva tribo[160].

Ocorre, porém, que, ainda no período medieval, cristalizou-se o chamado sistema da territorialidade das leis, diretamente relacionado ao fortalecimento do feudalismo. Nas múltiplas e pequenas senhorias em que se dividiam os territórios dos atuais Estados da Europa, aplicavam-se quase que exclusivamente as suas próprias leis. Esse período só foi arrefecido no século XII, com o trabalho dos glosadores e pós-glosadores[161], nascendo, assim, o período denominado de "estatutário".

159 FERRARA, Francesco. Trattato di diritto civile italiano. Roma: Athenaeum, 1921, p. 279, expõe assim seu pensamento: "Il diritto internazionale privato è un prodotto del moderno sviluppo giuridico: l'antichità non conosceva nulla di simille. Secondo la concezione ântica romana, il diritto valeva solo entro il território dello Stato: gli stranieri erano *sensa diritti*. Solo gradualmente e per eccezione si riconobbe ad essi uma limitata capacita giuridica, e si creò in loro favore um diritto speciale, l'*ius gentium*. Ma è bene notare che l'*ius gentium* che i Romani avevano elaborato per i loro rapporti com lê nazioni amiche era *(o pretendeva di essere)* um *diritto mondiale*, da valere presso tutti i popoli (...) non era il riconoscimento del diritto degli altri Stati. Imperava sempre e solo il diritto romano."

160 AFTALIÓN, Enrique R., OLANO, Fernando Garcia e VILANOVA, Jose. Introducción al derecho. 11 ed. Buenos Aires: Cooperadora de Derecho e Ciencias Sociales, 1980, p. 455.

161 RÀO, Vicente. O Direito e a vida dos direitos – v. I. São Paulo: RT, 1997, p. 423.

Inicia-se o referido sistema nas cidades italianas, onde o sistema jurídico local era conhecido como estatuto. Coube, assim, aos juristas da Baixa Idade Média, como Bártolo e Baldo, especular se a lei nacional (estatuto da cidade) deveria sempre prevalecer ou se poderia ceder, em determinadas hipóteses, lugar à lei estrangeira, ainda que a relação jurídica se passasse na própria cidade. Nesse sentido, o florescimento do comércio bem como o intrincado entrelaçamento de relações sociais e econômicas criou a necessidade da incidência de leis estrangeiras na própria cidade. Dessarte, nas diversas relações jurídicas, questões relativas à personalidade deveriam sujeitar-se à lei do domicílio, ao passo que as atinentes aos bens imóveis ao do lugar onde situados e, quanto aos atos jurídicos, a lei de regência seria a do lugar onde aperfeiçoados[162].

Convém lembrar que o fundamento para a aplicação da teoria do estatuto oscilou entre o direito romano comum, potencializado pela unidade política das unidades integrantes do Sacro Império Romano Germânico, e a idéia de cortesia entre os povos, pensamento que se fortaleceu com o advento da chamada escola holandesa, caracterizada pelo nacionalismo decorrente de anos de ocupação estrangeira naquela nação. A cortesia internacional, entretanto, mostrou-se um fundamento precário, desgastando as concepções estatutárias, pois submeteu a aplicação da legislação alienígena à boa vontade do soberano[163].

Foi justamente nesse momento de desgaste da teoria estatutária que Friederich Carl von Savigny marcou indelevelmente as letras jurídicas no que diz respeito aos conflitos de leis no espaço. Sua teoria parte da análise das desvantagens da aplicação de regras[164] então difundidas – são elas:

[162] FERRARA, Francesco. Trattato di diritto civile italiano. Roma: Athenaeum, 1921, p. 280, esclarece: "Con il fiorire dei Comuni, ed il rigoglioso intreccio di relazioni sociali e di commercio fra le varie città, si sente sempre più vivo il bisogno d'um riconoscimento delle leggi straniere, e si elabora dai post-glossatori, specialmente de Bartolo e Baldo, la celebre *teoria degli statuti,* che è la radice del moderno diritto internazionale privato. Secondo tale dottrina ognuno deve essere assoggettato per la persona alle leggi del suo domicilio *(statuta personalia),* riguardo agli immobili alla leggi del luogo dove sono situati *(statuta realia)* ed in relazione agli atti giuridici. Alle leggi del luogo dove l'atto é compiuto *(statuta mixa).* Per i beni mobili, dato il loro facile e rapido spostamento, vige la massima: *mobila personam sequuntur, ossibus inharent."*

[163] AFTALIÓN, Enrique R., OLANO, Fernando Garcia e VILANOVA, Jose. Introducción al derecho. 11 ed. Buenos Aires: Cooperadora de Derecho e Ciencias Sociales, 1980, p. 455.

[164] SAVIGNY, Friederich Carl von. Sistema do direito romano atual – v. VIII. Ijuí/RS: Unijuí, 2004, p. 48.

a) cada Estado pode demandar que apenas suas leis sejam aplicadas em seus limites e;
b) nenhum Estado pode impor suas leis além de suas fronteiras;

O raciocínio de Savigny é calcado em bases muito simples. Em princípio, todos os Estados poderiam privar de qualquer direito os estrangeiros, como ocorreu em Roma. A tendência, entretanto, não seria essa, mas a oposta – buscar, cada vez mais, o estabelecimento da igualdade entre nacionais e estrangeiros, que poderia ser alcançada, ao menos em tese, pela exclusiva aplicação da lei do território, inclusive para os não nacionais. O estreitamento das relações entre os povos, todavia, não aconselha a territorialidade extremada, pois ela implicaria recíproco tratamento por outras soberanias. O raciocínio contrário também se mostra válido, ou seja: a concessão da aplicação de leis estrangeiras em solo nacional faz com que leis nacionais, por tratamento recíproco, também sejam aplicadas em solo de outros Estados. Assim, uma espécie de comunidade de direito entre os povos que se relacionam entre si acabaria sendo criada, estabelecendo-se, então, regras mais ou menos uniformes para a resolução de conflitos de leis no espaço em diversos países[165]. Perceba-se não se tratar de um gesto de simples cortesia, mas de uma atitude que objetiva a reciprocidade de outros Estados para a formação da mencionada comunidade de ordenamentos.

Estabelecida, assim, a comunhão de direitos, ao juiz, em cada Estado, cumpriria "procurar, para cada relação jurídica, o domínio do direito ao qual essa relação pertence por sua natureza (onde essa relação tem sua sede)" [166], tarefa cujo desempenho demanda o estudo do conflito de leis segundo diversos ramos do direito civil, a saber: o estado das pessoas, o direito das coisas, o direito das obrigações, o direito sucessório e o direito de família. Sobressai-se, como regra geral, todavia, a regra domiciliar.

Logo, quanto ao estado das pessoas, entende Savigny que a lei aplicável é a dos seus respectivos domicílios[167], ao passo que, para o direito das

[165] SAVIGNY, Friederich Carl von. Sistema do direito romano atual – v. VIII. Ijuí/RS: Unijuí, 2004, p. 48/50.

[166] SAVIGNY, Friederich Carl von. Sistema do direito romano atual – v. VIII. Ijuí/RS: Unijuí, 2004, p. 112.

[167] SAVIGNY, Friederich Carl von. Sistema do direito romano atual – v. VIII. Ijuí/RS: Unijuí, 2004, p. 128.

coisas, adequada seria a aplicação da *lex rei sitae* (lei da situação da coisa), exceção que se faz aos bens móveis que se prestam para transporte com o titular (nessa hipótese, há de se aplicar a lei do domicílio do dono)[168].

As relações obrigacionais seriam regidas mais adequadamente, segundo o jurista alemão, pela sede da obrigação, ou, em outras palavras, pelo local em que está situada no espaço, pois lá será determinada a jurisdição especial para conhecê-la e, portanto, o direito local ao qual se sujeita[169]. Resumidamente, ele apresenta os seguintes critérios para determinação do local da obrigação segundo a jurisdição que deverá conhece-la[170]:

> *"I) No local em que deve ser cumprida a obrigação segundo a vontade especial das partes, seja essa vontade resultante de uma declaração expressa, seja da natureza dos atos que acompanham a obrigação e não permitem que seja cumprida em outro local.*
>
> *II) Na ausência de um local fixado para a execução, a jurisdição pode decorrer do fato de que a obrigação surge num local em que o devedor tem a sede de seus negócios.*
>
> *III) A jurisdição é em seguida determinada pelo local em que a obrigação surge, quando esse local coincide com o domicílio do devedor.*
>
> *IV) Independentemente do domicílio do devedor, o local em que a obrigação surge determina a jurisdição quando, segundo as circunstâncias, esse local é também aquele em que as partes tiveram de contar para que a obrigação fosse cumprida.*
>
> *V) Na ausência de todas as condições precedentes, a jurisdição da obrigação está no domicílio do devedor."*

O direito sucessório e o de família também foram objeto dos estudos de Savigny, sendo a norma aplicável à primeira hipótese, como regra geral, a do domicílio do ***de cujus***[171]. Convém lembrar que a regra domiciliar tem enorme importância também para as relações de direito de família (o domicílio do marido determinaria as regras sobre matrimônio[172], o domicílio

[168] SAVIGNY, Friederich Carl von. Sistema do direito romano atual – v. VIII. Ijuí/RS: Unijuí, 2004, p. 160.

[169] SAVIGNY, Friederich Carl von. Sistema do direito romano atual – v. VIII. Ijuí/RS: Unijuí, 2004, p. 174.

[170] SAVIGNY, Friederich Carl von. Sistema do direito romano atual – v. VIII. Ijuí/RS: Unijuí, 2004, p. 192/193.

[171] SAVIGNY, Friederich Carl von. Sistema do direito romano atual – v. VIII. Ijuí/RS: Unijuí, 2004, p. 240.

[172] SAVIGNY, Friederich Carl von. Sistema do direito romano atual – v. VIII. Ijuí/RS: Unijuí, 2004, p. 260.

do pai regeria as questões ligadas ao poder familiar[173], apenas para citarmos alguns exemplos).

Não obstante a inegável importância de Savigny para o estabelecimento de regras aplicáveis ao conflito de leis no espaço, seus pensamentos não reinaram absolutos e foram objeto de críticas pelos adeptos da teoria da nacionalidade, cujo maior expoente, no século XIX, fora o italiano Mancini[174]. A sua teoria apregoa que o sujeito, esteja onde estiver, deve, salvo nas hipóteses de incidência de normas de ordem pública, ser regido pela lei de sua nação.

Importa ressaltar que as lições desse autor foram fundamentais para a chamada escola italiana, que não chegou a predominar nos países americanos, tendo em vista as críticas que lhe foram dirigidas já no início do século XX[175], entre as quais podemos lembrar a mácula de revestir-se de caráter mais político do que técnico, sem mencionar as ingentes dificuldades de unificação dos seus critérios entre os diversos Estados, tendo em vista a pluralidade de sistemas de definição de nacionalidades.

Outra questão capaz de infirmar a validade científica da teoria exposta é o fato de que a sua aplicação, no século XIX, reforçaria a importância das leis editadas pelos países europeus, então caracterizados por movimentos de emigração, em detrimento das nações americanas, que recebiam grandes contingentes de egressos do Velho Mundo. Incidindo, com efeito, a teoria sob análise, milhões de pessoas, no Novo Mundo, continuariam sendo regidas pelas leis de suas nações de origem... Imaginemos, pois, como seria o trabalho de juízes argentinos, brasileiros ou norte-americanos, no século XIX, ao dirimir conflitos de leis no espaço segundo tal critério, sendo obrigados a conhecerem as mais esdrúxulas leis, dos mais distantes rincões do

173 Savigny, Friederich Carl von. Sistema do direito romano atual – v. VIII. Ijuí/RS: Unijuí, 2004, p. 269).

174 Mancini, Pasquale Stanislao. Direito internacional. Ijuí/RS: Unijuí, 2003, p. 93 é enfático ao afirmar que "A quem nos pedisse para reduzir a termos mais elementares e à expressão mais simples a diferença fundamental de nossa doutrina das anteriores, responderia que esta diferença consiste esencialmente numa mudança do sujeito da própria ciência. Até agora foi dito: o que os indivíduos são no Direito Privado, os Estados, representados por seus governos, o são no Direito Internacional. Não, dizemos nós, não são os Estados, mas as Nações e, desse modo, substituímos um sujeito artificial e arbitrário por outro natural e necessário."

175 Ferrara, Francesco. Trattato di diritto civile italiano. Roma: Athenaeum, 1921, p. 282, expõe assim sua breve crítica ao pensamento de Mancini: "Prescindendo da quest'ultima dottrina [de Mancini] che ha carattere píu politico che giuridico..."

mundo, em período histórico no qual as informações não se encontravam tão facilmente globalizadas pela internet. A teoria da nacionalidade não parecia, de fato, ser a melhor solução para os povos da América[176].

Essas, de qualquer sorte, foram as principais doutrinas que proporcionaram o advento do moderno Direito Internacional Privado. Dediquemos, doravante, algumas linhas para o estudo da evolução desse ramo do saber em solo brasileiro.

O conflito de leis no espaço no Direito do Brasil

A América Latina, até mesmo mais do que a Europa, segundo as lições de Vicente Rào[177], sempre se importou com a construção de um eficaz sistema continental de solução de conflitos espaciais de leis. Lembra o jurista que a primeira Conferência realizada com essa finalidade fora promovida em Lima, no ano de 1878, sendo muito influenciada pelas idéias européias de nacionalidade, a despeito das fortes correntes imigratórias que aportavam na América.

Entre os anos de 1888 e 1889, nova Conferência entre nações da América Latina ocorreu, culminando com a assinatura de tratados internacionais que, quanto ao direito civil, demonstraram clara preferência pela teoria do domicílio. O Brasil, entretanto, fechando os olhos para as vantagens de tal corrente, manteve-se como irredutível defensor da teoria da nacionalidade, deixando de firmar o pacto internacional que derivou dos entendimentos então entabulados[178].

Novas Conferências, porém, se seguiram às duas primeiras, culminando com a aprovação do Código Bustamante, cujo projeto fora de autoria do jurista cubano Sanchez de Bustamante y Servién, incorporado ao nosso ordenamento jurídico no ano de 1929 pela Lei nº 5.647, de 8 de janeiro

176 Aftalión, Enrique R., Olano, Fernando Garcia e Vilanova, Jose. Introducción al derecho. 11 ed. Buenos Aires: Cooperadora de Derecho e Ciencias Sociales, 1980, p. 462 sintetiza essa crítica da seguinte forma: "El sistema de Manzini descansa en una confusión entre la nacionalidad que interesa al derecho político y la ley personal como punto de conexión para la aplicación de la ley extranjera en derecho internacional privado. Esta confusión se ve agravada porque, según la teoría estricta de Manzini, la nacionalidad sería el único punto de conexión del derecho internacional privado. Con ello se restringe por un lado la aplicación de la ley extranjera y, por otra parte, se inclina la balanza a favor de los países de emigración (como Italia) y en contra de los países de inmigración (en general, América).

177 Rào, Vicente. O Direito e a vida dos direitos – v. I. São Paulo: RT, 1997, p. 432.

178 Rào, Vicente. O Direito e a vida dos direitos – v. I. São Paulo: RT, 1997, p. 434.

de/1929, e pelos Decretos nº 18.671/29 e nº 18.956/29. Importante frisar que a mencionada regra não se incompatibilizava com a adoção, pelo Brasil, da teoria da nacionalidade, como se depreende da leitura de seu artigo 3º:

> *"Art. 3º. Para o exercício dos direitos civis e para o gozo das garantias individuais idênticas, as leis e regras vigentes em cada Estado contratante consideram-se divididas nas três categorias seguintes:*
>
> *I. As que se aplicam às pessoas em virtude do seu domicílio ou da sua nacionalidade e as seguem, ainda que se mudem para outro país -, denominadas pessoais ou de ordem pública interna.*
>
> *II. As que obrigam por igual a todos os que residem no território, sejam ou não nacionais -, denominadas territoriais, locais ou de ordem pública internacional.*
>
> *III. As que se aplicam somente mediante a expressão, a interpretação ou a presunção da vontade das partes ou de alguma delas-, denominadas voluntárias, supletórias ou de ordem privada."*

Fixado, pois, que cada Estado poderia adotar como critério de resolução de conflitos espaciais o domicílio ou a nacionalidade, pugnava o Código de Bustamante que a capacidade dos indivíduos seria regida pela lei pessoal. Nesse caso, alguns países latinos, de pronto, já aplicaram, como lei pessoal, a norma domiciliar, ao passo que o Brasil preferiu a norma da nacionalidade, realidade que perdurou até a edição da atual Lei de Introdução, que alterou a balança das normas conflituais fazendo prevalecer a teoria do domicílio em detrimento de outras escolas.

A análise da Lei de Introdução

A Lei de Introdução enceta a abordagem sobre conflitos de leis no espaço no seu artigo 7º, que assim dispõe:

> *"Art. 7º A lei do país em que domiciliada a pessoa determina as regras sobre o começo e o fim da personalidade, o nome, a capacidade e os direitos de família.*
>
> *§ 1º Realizando-se o casamento no Brasil, será aplicada a lei brasileira quanto aos impedimentos dirimentes e às formalidades da celebração.*
>
> *§ 2º O casamento de estrangeiros poderá celebrar-se perante autoridades diplomáticas ou consulares do país de ambos os nubentes. (Redação dada pela Lei nº 3.238, de 1º.8.1957)*
>
> *§ 3º Tendo os nubentes domicílio diverso, regerá os casos de invalidade do matrimônio a lei do primeiro domicílio conjugal.*

§ 4º O regime de bens, legal ou convencional, obedece à lei do país em que tiverem os nubentes domicílio, e, se este for diverso, a do primeiro domicílio conjugal.

§ 5º – O estrangeiro casado, que se naturalizar brasileiro, pode, mediante expressa anuência de seu cônjuge, requerer ao juiz, no ato de entrega do decreto de naturalização, se apostile ao mesmo a adoção do regime de comunhão parcial de bens, respeitados os direitos de terceiros e dada esta adoção ao competente registro. (Redação dada pela Lei nº 6.515, de 26.12.1977)

§ 6º O divórcio realizado no estrangeiro, se um ou ambos os cônjuges forem brasileiros, só será reconhecido no Brasil depois de 1 (um) ano da data da sentença, salvo se houver sido antecedida de separação judicial por igual prazo, caso em que a homologação produzirá efeito imediato, obedecidas as condições estabelecidas para a eficácia das sentenças estrangeiras no país. O Superior Tribunal de Justiça, na forma de seu regimento interno, poderá reexaminar, a requerimento do interessado, decisões já proferidas em pedidos de homologação de sentenças estrangeiras de divórcio de brasileiros, a fim de que passem a produzir todos os efeitos legais. (Redação dada pela Lei nº 12.036, de 2009).

§ 7º Salvo o caso de abandono, o domicílio do chefe da família estende-se ao outro cônjuge e aos filhos não emancipados, e o do tutor ou curador aos incapazes sob sua guarda.

§ 8º Quando a pessoa não tiver domicílio, considerar-se-á domiciliada no lugar de sua residência ou naquele em que se encontre."

Assim, o início da personalidade deve ser regido pela lei do país onde está domiciliado o sujeito de direitos. Analisemos interessante exemplo. O Código Civil espanhol determina as seguintes regras acerca do início da personalidade:

"Art. 29. O nascimento determina a personalidade; porém o concebido se tem por nascido para todos os efeitos que lhe sejam favoráveis, sempre que nasça com as condições que expressa o artigo seguinte.

Art. 30. Para os efeitos civis, apenas se reputará nascido o feto que tiver forma humana e viver vinte e quatro horas inteiramente separado do ventre materno."

Suponhamos, assim que Thiago, brasileiro, fosse tio de Juan, nascido na Espanha e fruto de um fugaz relacionamento de seu falecido irmão com Manoela, uma jovem espanhola. Juan, todavia, nasceu e, em virtude de graves problemas congênitos, morreu dez horas após o parto. Não olvidemos que a lei brasileira determina que a personalidade tem início no nascimento com vida (art. 2º do Código Civil) , ao passo que a lei espanhola exige a viabilidade daquele que nasceu. Portanto, se Thiago indagasse se o seu sobrinho chegara a ser pessoa ou não, de acordo com a Lei de Introdução às Normas do Direito Brasileiro, a resposta seria negativa, eis que, consoante as leis de civis do domicílio de Juan, o início da personalidade somente ocorreria 24 horas após o nascimento. Idêntico raciocínio seria aplicável às normas atinentes ao nome, à capacidade e aos direitos de família.

O casamento, embora seja tema relativo ao direito de família, goza de disciplina especial. A Lei de Introdução, ascendendo-o ao grau de norma de ordem pública, no primeiro parágrafo de seu sétimo artigo, determina que, "realizando-se o casamento no Brasil, será aplicada a lei brasileira quanto aos impedimentos dirimentes e às formalidades de celebração." Urge ressaltar que o Código Civil atual não mais se vale da nomenclatura impedimentos "dirimentes", valendo-se apenas da palavra "impedimentos" em seu artigo 1521, lembrando que não podem casar: "I – os ascendentes com os descendentes, seja o parentesco natural ou civil; II – os afins em linha reta; III – o adotante com quem foi cônjuge do adotado e o adotado com quem o foi do adotante; IV – os irmãos, unilaterais ou bilaterais, e demais colaterais, até o terceiro grau inclusive; V – o adotado com o filho do adotante; VI – as pessoas casadas; e VII – o cônjuge sobrevivente com o condenado por homicídio ou tentativa de homicídio contra o seu consorte."

Assim, a autoridade brasileira só celebrará, no País, o matrimônio se não estiverem presentes os impedimentos acima transcritos. No entanto, os nubentes (aqueles que estão por casar) devem estar atentos, pois, se resolverem retornar ao seu país, havendo outros impedimentos, impostos em seu domicílios, que não mencionados na legislação brasileira, haverá o risco de se negar validade ao casamento celebrado no Brasil.

Cumpre, ainda, destacar que, se os nubentes possuírem domicílios diversos, o primeiro domicílio conjugal servirá como marco para determinar seu regime legal de bens e as hipóteses de invalidade matrimonial. Assim, por exemplo, se, por algum motivo, um juiz brasileiro houvesse de averiguar a validade do casamento de um russo, que contraiu núpcias com sua prima, nas Filipinas, para que lá vivessem, embora uniões dessa natureza, entre pessoas domiciliadas no Brasil, seja perfeitamente válida, nesse caso concreto, poderá ser pelo nosso magistrado considerada inválida, porquanto, segundo a lei do primeiro domicílio conjugal (Filipinas), é incestuoso o casamento entre parentes colaterais até o quarto grau (primos, por exemplo), a teor do seguinte dispositivo do Código Civil daquela Nação:

"Art. Os casamentos são incestuosos e desprovidos de efeitos, seja o relacionamento entre parentes legítimos ou ilegítimos, nos seguintes casos:

(1) entre ascendentes e descendentes em qualquer grau;

(2) entre irmãos e irmãs, sejam germanos ou unilaterais;

(3) entre parentes consangüíneos colaterais até o quarto grau civil."

Prosseguindo com a análise da Lei de Introdução, ela, no artigo 8º, passa a se dedicar à questão dos bens. Vejamos a sua redação:

"Art. 8º Para qualificar os bens e regular as relações a eles concernentes, aplicar-se-á a lei do país em que estiverem situados.

§ 1º Aplicar-se-á a lei do país em que for domiciliado o proprietário, quanto aos bens moveis que ele trouxer ou se destinarem a transporte para outros lugares.

§ 2º O penhor regula-se pela lei do domicílio que tiver a pessoa, em cuja posse se encontre a coisa apenhada."

Cumpre, inicialmente, buscar analisar o alcance da expressão "qualificar os bens e regular as relações a eles concernentes". "Qualificar um bem" significa atribuí-lo uma classificação, como, por exemplo, indicar se é móvel ou imóvel, consumível ou inconsumível, principal ou acessório, público ou privado, entre tantas possíveis. Já "regular as relações a ele concernentes" implica indicar quais as normas de regência que o direito de cada país dedica às diversas espécies de bens. Exemplo: um imóvel pode ser vendido por escritura pública ou contrato particular em determinado país? Deve, obrigatoriamente, ser a escritura levada a registro? A resposta às tais indagações diz respeito à regulação que a lei de cada país impõe aos bens neles situados.

Volvamos nossa atençãonovamente ao artigo 8º da Lei de Introdução. Imaginemos uma aeronave que realiza rotas regulares de voos entre duas cidades peruanas. Um jurista brasileiro, indagado sobre a natureza desse bem – se móvel, ou imóvel – responderia tratar-se de bem móvel, de acordo com o artigo 82 do Código Civil do Brasil. Um peruano, porém, não hesitaria em afirmar tratar-se de coisa imóvel, a teor do artigo 885 da Lei Civil daquela Nação, que dispõe:

"Artigo 885º.- Bens imóveis

São imóveis:

(...)

***4.** Os navios e as aeronaves."*

Qual, pois, o regramento que deve ser aplicado caso um peruano resolva vendar a aeronave a um brasileiro? Obviamente a lei do Peru, pois os bens imóveis são regidos de acordo com as normas do país onde se situam.

Quanto às obrigações, determina a Lei de Introdução às Normas do Direito Brasileiro.

> *Art. 9º Para qualificar e reger as obrigações, aplicar-se-á a lei do país em que se constituirem.*
>
> *§ 1º Destinando-se a obrigação a ser executada no Brasil e dependendo de forma essencial, será esta observada, admitidas as peculiaridades da lei estrangeira quanto aos requisitos extrínsecos do ato.*
>
> *§ 2º A obrigação resultante do contrato reputa-se constituida no lugar em que residir o proponente.*

Ilustrativo caso, para a compreensão dessa hipótese, ocorre quando um brasileiro dirige-se a um cassino, aposta e perde considerável quantia, em país onde, ao contrário do nosso, admite-se o jogo de azar. Amedrontado pelo prejuízo iminente, o astuto cidadão brasileiro procura uma forma sorrateira de retornar ao Brasil sem pagar a dívida. Quando chega a seu domicílio, vê-se surpreendido por uma citação, na qual o cassino estrangeiro resolve cobrar a dívida. É de indagar-se: ocorrendo a cobrança do débito no Brasil, onde o jogo é proibido, seria o nacional obrigado a honrar a dívida?

A resposta só pode ser uma: claro que sim! A obrigação fora contraída no exterior, onde se reputa lícita e moral a contração de dívida em cassino. Logo, segundo o artigo 9º da Lei de Introdução ao Código Civil, é a lei do domicílio do proponente aquela que regulará e regerá as obrigações decorrentes de contrato firmado entre as partes, no caso, contrato envolvendo a prática de jogo de azar. Aliás, outro entendimento não se pode extrair do seguinte julgado:

> *"CARTA ROGATÓRIA – CITAÇÃO – AÇÃO DE COBRANÇA DE DÍVIDA DE JOGO CONTRAÍDA NO EXTERIOR – EXEQUATUR – POSSIBILIDADE.*
>
> *- Não ofende a soberania do Brasil ou a ordem pública conceder exequatur para citar alguém a se defender contra cobrança de dívida de jogo contraída e exigida em Estado estrangeiro, onde tais pretensões são lícitas.*
>
> *(AgRg na CR 3.198/US, Rel. Ministro HUMBERTO GOMES DE BARROS, CORTE ESPECIAL, julgado em 30/06/2008, DJe 11/09/2008)"*

Resta, por fim, analisar a questão sucessória. A Lei de Introdução às Normas do Direito Brasileiro assim se manifesta quanto à matéria:

"Art. 10. A sucessão por morte ou por ausência obedece à lei do país em que domiciliado o defunto ou o desaparecido, qualquer que seja a natureza e a situação dos bens.

§ 1º A sucessão de bens de estrangeiros, situados no País, será regulada pela lei brasileira em benefício do cônjuge ou dos filhos brasileiros, ou de quem os represente, sempre que não lhes seja mais favorável a lei pessoal do de cujus. (Redação dada pela Lei nº 9.047, de 18.5.1995)

§ 2º A lei do domicílio do herdeiro ou legatário regula a capacidade para suceder."

Façamos, como nas hipóteses anteriores, a análise de cada dispositivo. O *caput* do artigo transcrito informa que a sucessão será regulada, de forma geral, pelas leis do domicílio do ***de cujus,*** ao passo que o segundo parágrafo determina que a lei do domicílio do herdeiro ou legatário normatize a capacidade para suceder.

No que consistem esses comandos? Ora, a "capacidade para suceder" à qual se refere a Lei de Introdução está definida no artigo 1798 do nosso Código, ao assim dispor:

"Art. 1.798. Legitimam-se a suceder as pessoas nascidas ou já concebidas no momento da abertura da sucessão."

Percebe-se, pois, estar capaz (ou legitimado, como acertadamente afirma o Código Civil de 2002) para suceder pessoa que sequer era nascida ao tempo da morte do ***de cujus.*** Vale dizer, a lei do domicílio do ***de cujus*** ditará, por exemplo, na sucessão legal, qual o percentual dos bens deixados pelo falecido irá para cada herdeiro. Ocorre, porém, que o herdeiro só poderá suceder se as leis do seu domicílio assim permitirem. Controvérsia interessante se coloca nesse ponto: e se a lei do domicílio do ***de cujus*** impuser partilha de bens que contemple determinado sujeito, mas, segundo as leis do domicílio do último, ele não tem legitimidade para herdar – o que fazer? Certamente este deverá ser considerado herdeiro inexistente, prosseguindo a partilha desconsiderando-se a sua presença.

Essa, no entanto, não é a única questão intrigante. Outro polêmico ponto diz respeito à adoção da teoria da unidade ou da pluralidade dos foros sucessórios pela Lei de Introdução às Normas do Direito Brasileiro. Enquanto a primeira delas, de inspiração romana, aponta para a aplicação de uma única lei nacional para ordenar a sucessão dos bens do ***de cujus***, pouco importando que eles se encontrem em um ou mais países, a última, de origem germânica, manda aplicar a lei de cada estado para reger a sucessão dos bens localizados nos respectivos territórios.

A Lei de Introdução, aparentemente, soluciona o problema adotando apenas a lei do domicílio do ***de cujus*** para regular a sucessão de seus bens, onde quer que se encontrem, havendo, assim, uma nítida opção pelo princípio da unidade de foros. O Código de Processo Civil, todavia, dispõe:

> *"Art. 23. Compete à autoridade judiciária brasileira, com exclusão de qualquer outra:*
>
> *(...)*
>
> *II – em matéria de sucessão hereditária, proceder à confirmação de testamento particular e ao inventário e à partilha de bens situados no Brasil, ainda que o autor da herança seja de nacionalidade estrangeira ou tenha domicílio fora do território nacional;"*

Há uma aparente contradição entre as duas normas, bem percebida por Michael Nunes Lawson[179], que formula a seguinte hipótese para compreensão do problema:

> *"Se, contudo, o finado fosse domiciliado na Argentina (veja-se que não possui relevância a nacionalidade, pois o ponto de conexão é o domicílio), a lei daquele país é que (segundo a regra de DIPr brasileiro) regeria a sucessão. Assim, utilizando-se o mesmo raciocínio, a sucessão deveria ser processada perante a justiça argentina, e a decisão, quanto aos bens localizados no Brasil, deveria ser aqui executada. Note-se que, como conseqüência da adoção do princípio da unidade no DIPr brasileiro, por uma questão de coerência, à justiça brasileira, em se tratando de de cujus domiciliado na Argentina, caberia permitir a incidência da lei argentina sobre os bens situados no Brasil.*
>
> *O exemplo fornecido corresponde a uma aplicação ideal do princípio da unidade sucessória; faz crer que a matéria não apresenta complexidade nem desafios. Atento a tal circunstância, Pontes de Miranda referiu: 'É sedutor o princípio da unidade da sucessão. Encanta o jurista a sua exposição fácil, lógica, simples (...).'*
>
> *Todavia, a referida 'aplicação ideal' do princípio – a que induz o art. 10, caput, da LICC – esbarra numa série de limitações, de ordem legal ou prática. Proceder-se-á, então, a verificar como o princípio de fato opera em face das várias condicionantes que se põem.*

[179] LAWSON, Michael Nunes. O Direito Internacional Privado das Sucessões e as perspectivas brasileira e argentina. Disponível em http://jusvi.com/artigos/35499 , acesso em 25 de julho de 2010.

(...)

De modo patente, o art. 89 do CPC [23 do novo CPC], *ao definir regras de competência internacional do judiciário brasileiro, enfraquece o princípio da unidade sucessória. O artigo não versa sobre a hipótese de a justiça brasileira pretender aplicação extraterritorial, mas sobre a hipótese contrária, ou seja, quando a justiça estrangeira intenta produzir efeitos no território nacional.*

O inciso II do art. 89 [inciso II do art. 23 do novo CPC] *trata, especificamente, da competência internacional em se tratando de inventários e partilhas. E impõe que, 'ainda que o autor da herança seja estrangeiro e tenha residido fora do território nacional' (isto é, era domiciliado em outro Estado), se os bens deixados estiverem situados no Brasil, a sucessão, quanto a esses bens, deverá ser aberta perante a justiça brasileira. No exemplo dado no tópico anterior, na parte referente a finado com domicílio na Argentina, não há como se conceber, então, que a justiça argentina decida sobre o reparto de bens (o inciso não diferencia entre bens móveis e imóveis) que o* ***de cujus*** *tenha deixado no Brasil. Em face do art. 89 do CPC* [23 do novo CPC], *vedado está ao STJ homologar sentença estrangeira ou conceder* ***exequatur*** *a carta rogatória nesse sentido."*

Logo, no exemplo citado por Michael Nunes Lawson, caberia ao magistrado brasileiro (e não à autoridade judiciária estrangeira) decidir sobre a sucessão dos bens imóveis aqui localizados, mas pertencentes a pessoas domiciliadas em outro país, aplicando, à hipótese, a lei do domicílio do ***de cujus***. Assim, estariam sendo respeitados os dois diplomas: tanto a Lei de Introdução às Normas do Direito Brasileiro (ao se aplicar, pelo juiz brasileiro, a lei estrangeira), quanto o Código de Processo Civil (ao se determinar o processamento do inventário no Brasil, especificamente quanto aos imóveis aqui situados).

Superada essa questão, faz-se necessária derradeira observação quanto à lei aplicável nos casos de sucessão a beneficiar o cônjuge e os filhos brasileiros de pessoa domiciliada no exterior. Imaginemos que Patrícia, brasileira, acabara de casar com Juan, jovem colombiano, primogênito entre seus irmãos, órfão, há muito, de ambos os genitores. Suponhamos que Juan tenha falecido subitamente sem deixar descendentes. Como também não tinha ascendentes, mandaria a lei colombiana (artigo 1047 do Código Civil da Colômbia):

"Art. 1047. <TERCEIRA CLASSE DE SUCESSÃO HEREDITÁRIA – IRMÃOS E CÔNJUGE> Se o ***de cujus*** *não deixar descendentes nem ascendentes, nem filhos adotivos, nem pais adotantes, sucedê-lo-á seus irmãos e seu cônjuge. A herança*

se dividirá na metade para este e na outra metade para aqueles, por partes iguais. Faltando o cônjuge, levarão a herança os irmãos, e, faltando estes, aquele. Os irmãos germanos receberão o dobro da porção dos unilaterais."

A lei brasileira, ao seu turno, determina no artigo 1829:

> *"Art. 1.829. A sucessão legítima defere-se na ordem seguinte:*
> *I – aos descendentes, em concorrência com o cônjuge sobrevivente, salvo se casado este com o falecido no regime da comunhão universal, ou no da separação obrigatória de bens (art. 1.640, parágrafo único); ou se, no regime da comunhão parcial, o autor da herança não houver deixado bens particulares;*
> *II – aos ascendentes, em concorrência com o cônjuge;*
> *III – ao cônjuge sobrevivente;*
> *IV – aos colaterais."*

A comparação entre os dois Códigos nos faz notar que a lei brasileira acaba por proteger mais o cônjuge do que a colombiana. Assim, voltando ao exemplo citado, caso Juan possuísse bens imóveis na Colômbia e no Brasil, quanto aos primeiros, correria inventário naquele Estado que terminaria a dividi-los, em duas partes iguais, cabendo uma delas à Patrícia. Quanto aos imóveis situados no Brasil, seria necessário o processamento de inventário no Brasil, que reconheceria a propriedade exclusiva dos imóveis ao cônjuge brasileiro, por incidência do artigo 1829 de nosso Código Civil.

Encerrada a apreciação das principais regras contidas na Lei de Introdução ao Código Civil quanto ao conflito de leis no espaço, resta um tema ainda a ser enfrentado, pois, segundo o artigo 17 da citada lei, não basta apenas definir ***qual*** a norma que prevalecerá na hipótese de conflito de leis no espaço, mas necessário avaliar se ***essa norma fere ou não a soberania nacional, a ordem pública ou os bons costumes***. A preocupação se encontra presente em todas as hipóteses de homologação de sentença estrangeira pelo Superior Tribunal de Justiça, como sugere o seguinte exemplo[180]:

> *"SENTENÇA ESTRANGEIRA. DIVÓRCIO. HOMOLOGAÇÃO. DEFERIMENTO. PARTILHA DE BENS. IMÓVEL SITUADO NO BRASIL. OFENSA À*

[180] BRASIL. Superior Tribunal de Justiça. *SEC 421421/BO, Rel. Ministro* FELIX FISCHER, *CORTE ESPECIAL, julgado em 16/05/2007, DJ 03/09/2007 p. 110.*

SOBERANIA NACIONAL. INEXISTÊNCIA. SEPARAÇÃO DE FATO. NOME. ALTERAÇÃO. QUESTÃO NÃO DECIDIDA NA DECISÃO HOMOLOGAÇÃO. IMPOSSIBILIDADE DE APRECIAÇÃO.

I – Impõe-se a homologação da sentença estrangeira quando atendidos todos os requisitos indispensáveis ao pedido, bem como constatada a ausência de ofensa à soberania nacional, à ordem pública e aos bons costumes.

II – Não contraria a ordem pública a sentença estrangeira que ratifica acordo das partes acerca de imóvel localizado em território brasileiro. Precedentes.

III – A sentença homologanda informa que as partes estavam separadas de fato há mais de dois anos, sem terem retornado à vida comum, o que atende ao disposto no art. 226, § 6º, da Constituição Federal de 1988.

IV – Impossibilidade de se apreciar a questão referente à eventual conservação do nome de casada da requerente, uma vez que a homologação da sentença estrangeira não pode abranger e nem estender-se a tópicos, acordos ou cláusulas que não se achem formalmente incorporados ao texto da decisão homologanda.

Precedentes do c. Supremo Tribunal Federal.

Homologação deferida."

Assim, quando o Superior Tribunal de Justiça vislumbra ofensa a qualquer um dos requisitos mencionados, a sentença estrangeira não é homologada. Atente-se para o seguinte julgado[181]:

"SENTENÇA ARBITRAL ESTRANGEIRA. CONTROLE JUDICIAL. IMPOSSIBILIDADE DE APRECIAÇÃO DO MÉRITO. INEXISTÊNCIA DE CLÁUSULA COMPROMISSÓRIA. INCOMPETÊNCIA DO JUÍZO ARBITRAL. OFENSA À ORDEM PÚBLICA NACIONAL.

I – O controle judicial da sentença arbitral estrangeira está limitado a aspectos de ordem formal, não podendo ser apreciado o mérito do arbitramento.

II – Não há nos autos elementos seguros que comprovem a aceitação de cláusula compromissória por parte da requerida.

III – A decisão homologanda ofende a ordem pública nacional, uma vez que o reconhecimento da competência do juízo arbitral depende da existência de convenção de arbitragem (art. 37, II, c/c art. 39, II, da Lei nº 9.307/96). Precedente do c. Supremo Tribunal Federal.

[181] BRASIL. Superior Tribunal de Justiça. *SEC 866/GB, Rel. Ministro Felix Fischer, CORTE ESPECIAL, julgado em 17/05/2006, DJ 16/10/2006 p. 273.*

IV – In casu, a requerida apresentou defesa no juízo arbitral alegando, preliminarmente, a incompetência daquela instituição, de modo que não se pode ter como aceita a convenção de arbitragem, ainda que tacitamente.

Homologação indeferida."

Vistos, portanto, os principais aspectos sobre o conflito de leis no espaço, possível avançar o nosso estudos para a "Codificação e a Constitucionalização do Direito Privado."

Capítulo 4
A Codificação e a Constitucionalização do Direito Privado

Aspectos introdutórios

Clóvis Beviaqua escolheu como uma das epígrafes ao primeiro volume de sua obra "Código Civil dos Estados Unidos do Brasil Comentado", os seguintes dizeres do romancista José de Alencar, lapidados quando o famoso escritor ocupava a Pasta da Justiça no Governo Imperial[182]:

> *"Um Código Civil não é obra da ciência e do talento unicamente; é, sobretudo, a obra dos costumes, das tradições, em uma palavra, da civilização, brilhante ou modesta de um povo".*

Esse pensamento reflete com acuidade a ideia que se pretende desenvolver no presente capítulo: a codificação foi um fenômeno que fincou suas raízes na cultura jurídica nacional de tal sorte que não se pode encetar o estudo dogmático dos institutos de direito privado sem que antes se busque compreender o impacto do movimento codificador em nossos espíritos, suas raízes históricas e seus destinos diante de novas concepções, como a da constitucionalização do direito privado. Abordemos, pois, essas questões.

Conceito de Código Civil

Antiga se mostra a discussão acerca da real necessidade de sistematização do direito civil por meio da elaboração de um Código. Ilustres civilistas,

[182] ALENCAR, José. *apud* BEVILÁQUA, Clóvis. Código Civil dos Estados Unidos do Brasil comentado – v. I. 9 ed. Rio de Janeiro: Francisco Alves, 1951, p. 7.

a exemplo de Savigny e de Gabba, alinharam-se contra essa iniciativa[183], temerosos que estavam pelo engessamento que a codificação poderia significar para o direito. Havia, contudo, em maior número, entusiastas da ideia. Autores como Louis Josserand[184] exaltavam suas vantagens a ponto de vaticinar a prevalência que generalização e sistematização, frutos da codificação, lograriam em todas as nações, até mesmo naquelas pertencentes ao sistema do Common Law, em detrimento dos fatores particularistas e de dispersão jurídica encontrados nos direitos de base consuetudinária. Atualmente, o que se percebe é o inegável triunfo da codificação nos países de direito continental.

Mas e o que se pode entender, nos dias de hoje, por um Código? Seriam as modernas codificações diferentes daquelas produzidas pelas civilizações antigas, tais como o Código de Hamurabi, de Manu ou de Justiniano? Enfrentemos essa questão, valendo-nos das diferenças existentes entre os conceitos de "códigos", "consolidações" e "compilações"[185].

Entende-se, assim, por código "a modalidade aperfeiçoada de organização de um ramo jurídico à luz de princípios e valores convergentes, que se entrelaçam, formando um todo orgânico e sistemático".[186] Atente-se que um Código Civil não se coaduna com aventuras legislativas, devendo conter o pensamento jurídico nacional enraizado, cabendo à legislação extravagante o espaço ideal para a inserção de novos conceitos. Tome-se como exemplo a questão da Lei de Transplantes no Brasil (Lei nº 9434/97). Embora trate de matéria tipicamente civil – direitos de personalidade – não foi inserida no corpo do Código Civil. Muito bem andou o legislador quanto a esse ponto.

Ora, a versão original da Lei nº 9434/97, em seu artigo 4º, presumia, salvo manifestação de vontade em sentido contrário, a intenção de doar em

183 MONTEIRO, Washington de Barros. Curso de direito civil – parte geral. 39 ed. São Paulo: Saraiva, 2003, p. 47.

184 JOSSERAND, Louis. Derecho civil – t. I, v. I. Buenos Aires: Bosch, 1952, p. 60 assim trata a questão: "Solamente en Inglaterra y hasta en los Estados Unidos, tierras clásicas de la costumbre, del *Common Law,* ha dejado de progresar el derecho escrito, como fruto de la repugnancia de la mentalidad anglosajona respecto a todo trabajo de generalización y sistematización; a pesar de todo, la tenedencia a la unificación prevalecerá un día, allí como en todas as partes, sobre los factores de particularismo y de dispersión jurídicos".

185 GUSMÃO, Paulo Dourado de. Introdução ao estudo do direito. 40 ed. Rio de Janeiro: Forense, 2008, p. 139.

186 NADER, Paulo. Curso de direito civil – v. I. 4 ed. Rio de Janeiro: Forense, 2007, p. 32.

todas as pessoas nas quais se constatasse a morte encefálica. Não obstante a justiça do dispositivo, o clamor popular foi tamanho que a sistemática do transplante acabou sendo alterada pelo Lei nº 10.211/01, autorizando a coleta de órgãos daqueles que faleciam, apenas após a autorização da família. Constatou-se, portanto, que a ideia inicial, carreada em legislação extravagante, mostrou-se, após breve período experimental, desgarrada dos anseios sociais. Forçosa mostrou-se, então, a sua alteração. A experiência citada, portanto, reforça a idéia de que um Código Civil não é o espaço ideal para aventuras legislativas, cabendo à legislação extravagante levar a cabo tal mister.

As "consolidações", ao seu turno, são entendidas de maneira uniforme pela doutrina, como a ordenação de todas as normas já produzidas sobre um determinado tema em um único texto legal. Tratam-se apenas de um esforço de organização da produção legislativa pretérita. No Brasil, como se verá adiante, entre os primeiros esforços de sistematização das leis civis, fora contratado pelo Governo Imperial o jurista Teixeira de Freitas, que elaborou, entre tantas obras importantes, a Consolidação das Leis Civis do Império.

Já no século XX, fora editada a Consolidação das Leis do Trabalho – CLT, durante o governo do Presidente Getúlio Vargas. Cabe frisar que essa obra, embora denominada de consolidação, foi um verdadeiro código, porquanto, assim como compreende Paulo Nader[187], não se contentou em reunir a legislação pretérita em um único corpo, mas inovou no mundo jurídico, ao ponto de ser necessário o estabelecimento de um período de vacância de seis meses, a fim de que a Nação pudesse tomar conhecimento e se adaptar aos seus preceitos.

As "compilações", por fim, são a "*redação*, na forma escrita, *de costumes ou de legislação fragmentária*"[188]. Não são essas normas dotadas de rigor sistemático e não se preocupam em exaurir preceitos preexistentes de um só ramo do direito.

Justamente aí reside a diferença entre os códigos modernos e aqueles elaborados na antiguidade, pois os últimos, meras compilações que eram, envolviam aspectos doutrinários, penais, civis, religiosos e morais a

[187] NADER, Paulo. Curso de direito civil – v. I. 4 ed. Rio de Janeiro: Forense, 2007, p. 35.

[188] GUSMÃO, Paulo Dourado de. Introdução ao estudo do direito. 40 ed. Rio de Janeiro: Forense, 2008, p. 139.

serem observados por determinado grupo social, sendo de redação difusa e assistemática[189].

Diferindo, portanto, os códigos da antiguidade dos hodiernos, como, historicamente, chegamos aos últimos? É o que pretendemos abordar no tópico seguinte.

História recente dos códigos civis

Desde o final do século XVII, a imensidão de leis discordantes produzidas nos diversos Estados europeus, somadas às normas consuetudinárias e aos persistentes princípios de direito romano e canônico ainda existentes, criavam um caldeirão normativo crivado por incertezas[190]. Três questões, portanto, ocuparam as mentes da doutrina continental no alvorecer do século XVIII: a unificação das fontes, a busca de uma sistemática racional e a adaptação dos institutos a novas realidades[191], aspectos que merecem ser esclarecidos.

A primeira questão decorre do emaranhado de leis e princípios vigentes, durante o século XVIII, nas nações européias, impondo ingentes dúvidas não apenas ao aplicador da norma, mas principalmente aos seus destinatários, o que demandava um esforço de unificação das fontes. Quanto à segunda questão – busca de uma sistemática racional – ressalta-se a facilidade do código de simplificar o sistema jurídico, viabilizando que se apreenda e aplique a norma jurídica, bem como os princípios gerais que informam o sistema[192]. O terceiro ponto, por fim – adaptação dos institutos a novas realidades – diz respeito à consolidação de institutos cuja evolução vinha desde o auge do mercantilismo, tratando o movimento codificador de "generalizar segmentos já aproveitados e comprovados sectorialmente, de consagrar inovações preconizadas pela doutrina, de limar arestas em

[189] AMARAL, Francisco. Direito civil – introdução. 5 ed. Rio de Janeiro: Renovar, 2003, p. 123/124.

[190] FERRARA, Francesco. Trattato di diritto civile italiano. Roma: Athenaeum, 1921, p. 164 expõe essa idéia da seguinte forma: "38. Fin dal secolo XVII infatti s'era disegnato un movimiento di unificazione e di selezione legislativa: l'immensità di leggi farraginose e discordanti, di statuti e consuetudini, di principi romani e canonici persistente tutti in un caotico insieme facevano sentire vivo il bisogno d'una codificazione generale a scopo di chiarezza e certeza del diritto."

[191] CORDEIRO, António Menezes. Tratado de direito civil português – v. I, t. I. 2 ed. Coimbra: Almedina, 2000, p. 68.

[192] AMARAL, Francisco. Direito civil – introdução. 5 ed. Rio de Janeiro: Renovar, 2003, p. 123.

esquemas há muito conhecidos ou de irradicar fórmulas consideradas, de modo pacífico, inúteis"[193].

Postas essas premissas históricas, volvamos nossa atenção para o advento de dois dos mais emblemáticos códigos da Era Contemporânea: o francês e o alemão.

O Código Napoleão

Louis Josserand[194] assevera que, entre os séculos XVII e XVIII, o Reino da França não logrou êxito em sistematizar, sob o manto de um Código, suas disposições de direito civil, não obstante o clamor para que isso ocorresse. Coube ao movimento pós-revolucionário, sob o comando de Napoleão, a tarefa de realizar a almejada codificação.

Resoluto na empresa de legar à França um Código Civil[195], Napoleão nomeou, para elaborá-lo, uma Comissão, em que se destacaram os tra-

[193] Cordeiro, António Menezes. Tratado de direito civil português – v. I, t. I. 2 ed. Coimbra: Almedina, 2000, p. 70.

[194] Josserand, Louis. Derecho civil – t. I, v. I. Buenos Aires: Bosch, 1952, p. 33/35 assim trata a questão: "29. Los ensayos de codificación – En el derecho canónico, el ensayo fue coronado por el éxito: sus reglas fueron agrupadas en el *corpus juris canonici,* verdadero código del derecho canónico. Por otra parte, hemos visto que nuestras antiguas costumbres fueron objeto de redacciones durante los siglos XV y XVI. Se trata también de una codificación, pero muy imperfecta porque, además de que concernía sólo al derecho consuetudinario, no ponía remedio a la dispersión del derecho que venía, por el contrario, a proclamar oficialmente, continuando cada región gobernándose por su propia costumbre, transformada desde entonces en derecho escrito. Lo que se precisaba era, como lo reclamaban los Estados Generales en distintas ocasiones, efectuar una codificación que fuese al mismo tiempo centralización de la relga jurídica. Las tentativas en ese sentido no fueron coronadas por el éxito; la más conocida fue aquella a que va unido el nombre del canciller Michel de Marillac (Code Michaud; 1629), y que fracasó ante la mala voluntad de los Parlamentos. Con Colbert se abre una era más favorable a la codificación; bajo el impulso del gran ministro, vióse aparecer una serie de ordenanzas que constituían otros tantos verdaderos códigos. (...) Pero el derecho civil quedó fuera de este gran trabajo de codificación; y hasta el siglo siguiente no redactó y publicó el canciller D'Aguesseau tres grandes ordenanzas donde se esforzó en agrupar los preceptos que rigen tres materias importantes de derecho civil: En 1731, la ordenanza sobre las donaciones; en 1735, la ordenanza sobre los testamentos; en 1747, la ordenanza sobre las sustituciones.".

[195] Ripert, Georges e Boulanger, Jean. Tratado de derecho civil, según el Tratado de Planiol – t. I. Buenos Aires: La Ley, p. 76/87 destacam: "97. LA COMIIÓN DE REDACCIÓN. – Lo que no pudieron hacer ni la atigua monarquía ni la Revolución. Lo ejecutó la energía de un solo hombre. Bonaparte, convertido en Primer Cónsul, concibió el proyecto de dar a Francia ese Código civil que desde hacía tanto tiempo se prometía y supo triunfar.(...) Los

balhos de Portalis e Tronchet. Sabe-se, no entanto, que a norma contou com a colaboração pessoal do próprio Imperador, que, entre outros institutos, fez inserir preceitos sobre adoção e divórcio, pois, segundo a doutrina francesa, preocupava-se pelo fato de não haver concebido filhos no matrimônio com Josefina Beauharnais, e, sonhando com a fundação de uma dinastia, urgia pudesse deixar descendentes, fossem civis, fossem advindos de nova união, como, de fato, ocorreu após o seu segundo casamento com Maria Luísa Bonaparte. A colaboração maior do líder francês, todavia, não foi jurídica, mas política. Foi a sua vontade que transplantou uma mera aspiração para o mundo real, removendo todos os embaraços para tal empresa. Atribui-se a Napoleão, no seu exílio, o seguinte pensamento:

> *"Minha verdadeira glória não é haver vencido quarenta batalhas; Waterloo manchará as lembranças de tantas vitórias; o que nada manchará, o que viverá eternamente, é meu Código Civil."*

dos principales [autores do Código] son Portalis y Tronchet. Portalis fue el filósofo de la comisión: el fue quien inspiró las principales doctrinas del Código civil; quien fue elegido para redactar el Discurso preliminar que es una obra admirable. Era un hombre lúcido, un espíritu abierto, de una gran moderación (...) Tronchet era un hombre de otro tipo. Tenía veinte años más que Portalis y había nacido en París en 1726. Era un antiguo abogado del Parlamento de París, muy hábil en la profesíon, había sido uno de los defensores de Luis XVI. Siendo menos visible, menos brillante que la de Portalis, su influencia no fue menos profunda. El Primer Cónsul decía de él que había sido el alma de las discusiones en el Consejo del Estado.(...) En fin, fue Bonaparte, quien hizo admitir en el Código dos instituciones, la adopción y el divorcio por mutuo consentimiento. Lo hizo tal vez por política; como no tenía hijos de su matrimonio con Josefina Beauharnais, y ya soñaba con fundar una dinastía, ubicaba como en reserva en las leyes este doble medio de obtener un heredero, fuese por otro matrimonio, o por una adopción. Su divorcio, seguido de su matrimonio cn María Luisa y del nacimiento del rey de Roma lo dispensó de recurrir al segundo medio. Parecería también que impidió la publicación de las actas relativas a la adopcón para que jamás se conociesen las ideas que había emitido. Sobre algunos puntos su influencia podrá parecer dedichada, pero ¿ que és esto comparado con el precio del resto? Su voluntad todo-poderosa fue la palanca que levantó todos los obstáculos. Debemos a su energía la realización de una obra esperada por tan largo tiempo. El tenía en alta estima su título de legislador. En Santa Elena escribó: 'Mi verdadera gloria no es haber ganado cuarenta batallas; Waterloo borrará el recuerdo de tantas victorias; lo que nada borrará, lo que vivirá eternamente, es mi Código civil.' (De Montholon, Récit de la captivité de l'empereur Napoleón, t. I, p. 401)."

Análise do Código Napoleão

O Código Civil, conforme ressaltou José de Alencar[196] é obra do talento, modesto ou brilhante, de uma civilização. Assim, conscientes que são do seu próprio avanço, os juristas franceses enaltecem, por diversos motivos, o seu Código Civil, rebatendo, inclusive, as críticas que se lhe dirigem.

A doutrina francesa[197], nessa esteira, destaca as diversas virtudes do Código Napoleão: moderado, a ponto de não ignorar os avanços na teoria civilista do período anterior à Revolução Francesa, embora tenha consagrado valores caros a esse movimento (igualdade de todos diante da lei, supressão dos estamentos sociais ao se aplicar a norma, seculirazação do direito, desoneração das taxas medievais cobradas na exploração da propriedade, entre outros); prático, pretendendo ser aplicado, dia a dia, sem a necessidade de conhecimentos filosóficos ou escolásticos aprimorados; e formalmente preciso, com linguagem clara e elegante, a ponto de se atribuir a Stendhal (autor da imortal obra "O Vermelho e o Negro") o hábito de se ler diariamente o Código, a fim de incorporar à sua pena as qualidades de clareza, pureza e precisão.

Quanto às críticas, duas são as mais citadas[198]: ser um código burguês e estar imbuído de espírito demasiadamente individualista. Convém lembrar que, embora não sejam inexatas, essas censuras olvidam a necessária

[196] ALENCAR, José. *apud* BEVILÁQUA, Clóvis. Código Civil dos Estados Unidos do Brasil comentado – v. I. 9 ed. Rio de Janeiro: Francisco Alves, 1951, p. 7.

[197] JOSSERAND, Louis. Derecho civil – t. I, v. I. Buenos Aires: Bosch, 1952, p. 44/45 aponta os aspectos elogiáveis do Código Napoleão: "1º. Constituye un modelo de sabiduría y moderación; (...) 2º Hicieron también, con toda deliberación, una obra práctica: hostiles al espíritu de sistema, a la escolástica, a las declaraciones de principios, a las exposiciones filosóficas, jamás perdieron de vista el principio de que un código está destinado a ser aplicado, a relizarse diariamente; (...) 3º En fin, la forma en nada cede al fondo, pues es digna de él; estando ambos en perfecta armonía. El lenguaje de los redactores del Código civil es muy francés: sencillo, claro, preciso, directo. Constituye la admiración de hombres expertos en la materia, y sabido es que Stendhal leía dirariamente algunos artículos del primero de nuestros códigos al objeto de adquirir las cualidades de claridad, pureza y precisón que contribuyen al reconocimiento de la supremacía de dicho cuerpo legal."

[198] JOSSERAND, Louis. Derecho civil – t. I, v. I. Buenos Aires: Bosch, 1952, p. 45/46, também resume as objeções ao Código: "1º. Se ha reprochado al Código civil haber dado prueba de excesivo miramiento respecto a las clases medias, a los poseedores, haberse ocupado del propietario más que del obrero, del capitalista más que del trabajador, del amo más que del criado (...); de ser, en una palabra, un Código burgués. 2º Se le ha hecho otro reproche: el de estar imbuído de un espíritu demasiado individualista y de reflejar, respecto a las agrupaciones, a las asociaciones, al derecho corporativo en general, una hostilidad netamente confesada."

perspectiva histórica sob a qual deve ser compreendida a norma napoleônica. Como advertem Ripert e Boulanger[199], durante as décadas iniciais do século XIX, o poder na França esteve em mãos burguesas, que viam no Código Civil a consagração do liberalismo que tanto lhes era caro, não ocorrendo, nesse período, modificações substantivas na norma. Quando, porém, os efeitos do sufrágio universal passaram, após o ano de 1880, a se refletir substancialmente na legislação gaulesa, o parlamento passou a intervir incessantemente, inaugurando uma era de dirigismo estatal, acentuado após a Primeira Grande Guerra, cristalizado em paulatinas alterações no Código Civil da França. Logo, os maiores problemas apresentados pelo Código de Napoleão antes representavam sua adequação ao momento histórico vivido pelos franceses, sendo paulatinamente superados, à medida que os movimentos sociais demandavam avanços nas leis daquela nação.

Fixada, pois, em breves linhas, a história do Código Civil francês, passemos a abordar o outro paradigma legislativo para o nosso Capítulo: o Código Civil da Alemanha.

O Código Civil da Alemanha

A doutrina francesa, sob a pena de Josserand[200], reconhece as virtudes do Código alemão, *Bürgerliches Gesetzbuch* – o BGB, lembrando que ele pôde,

[199] RIPERT, Georges e BOULANGER, Jean. Tratado de derecho civil, según el Tratado de Planiol – t. I. Buenos Aires: La Ley, p. 76/87 destacam: "118. LOS GRANDES PERÍODOS DEL DERECHO CIVIL. Durante las tres primeras partes del siglo XIX el poder público perteneció en Francia a las clases burguesas. El Código civil, con su espíritu individualista y liberal, representaba para esas clases el ideal legislativo, y no se aportaron modificaciones sino para satisfacer las necesidades de una nueva economía. A partir de 1880, el sufragio universal toma conciencia de su fuerza y toda nuestra legislación desde entonces, está inspirada en el ideal democrático. Las leyes se multiplican, el legislador interviene incesantemente para dirigir las actividades privadas u la economía general. Se ve obligado a responder a la creciente acción de los sindicatos y de las asociaciones. Este movimiento se acentuó después de la guerra de 1914-1918".

[200] JOSSERAND, Louis. Derecho civil – t. I, v. I. Buenos Aires: Bosch, 1952, p. 55 enaltece as virtudes do Código alemão, embora, revele sua sutil ironia no seguinte trecho: "Desde ciertos puntos de vista, su sperioridad es incontestable; en primer lugar y sobre todo posee la de la edad, (...) Y fue solamente en 1896 cuando se efectuó la promulgación, que no debía, por lo demás, llevar consigo la vigencia del nuevo Código, diferida hasta el 1º de enero de 1900. Al retardar de esta manera la aplicación de la nueva legislación civil, se trataba de preparar la transición entre el pasado y el porvenir y de permitir a los interesados que tomaran medidas para preprarse al cambio de legislación. Trataba además el Kaiser de que el nuevo Código

ao contrário do francês (elaborado no início do século XIX), registrar todos os avanços da centúria que se findava. Além disso, o longo período entre sua elaboração e vigência (1874 e 1900, respectivamente), proporcionou a cautela necessária para uma produção legislativa madura.

De fato, o Código Civil alemão foi fruto não apenas da tomada de consciência germânica quanto à necessidade de unificação de seu direito mas, sobretudo, da sistematização científica dos seus preceitos jurídicos. Assim, a história do BGB não se iniciou em 1874, com a nomeação da comissão responsável pela confecção de seu projeto mas, como assevera Menezes Cordeiro[201], decorreu de profunda atividade científico-jurídica que se estendeu durante todo o século XIX, tendente à sistematização do Direito.

Mas o que se pretende dizer com "sistematizar o Direito"? Construir, nessa esteira, um sistema, significa fazer "desabrochar uma unidade numa diversidade, que desse modo se reconhece como algo coeso do ponto de vista do sentido"[202]. Os estudos jurídicos do século XIX, portanto, assentaram-se em duas grandes correntes: havia, de um lado, o movimento iluminista codificador, que pregava a modernização e a racionalização das normas jurídicas, gerando um saber técnico concentrado na aplicação prática de um direito positivo, e, de outro, o historicismo alemão, calcado na ideia de que o direito não resultaria, em última análise, das escolhas feitas pelos legisladores, mas seria fruto da vontade do povo, exteriorizada por força de sua história. Assim, enquanto os iluministas tentavam universalizar as normas jurídicas por meio de uma lógica racionalista e dedutiva, os historicistas buscavam a sistematização jurídica de maneira indutiva, ou seja, a partir da realidade social, revelada pela história de um povo[203]. A Escola Histórica do Direito, portanto, voltou-se para a construção de uma civilística sistemática, tornando-se, segundo o mais frequente título

abriese el nuevo siglo, pero, desgraciadamente, no pensó que, para completar un siglo, es necesario que transcurran cien año, y se olvidó de que el año 1900 formaba, por consiguiente, parte integrante del siglo XIX; de modo que la codificación monumental cerró una época que acabara en lugar de inaugurar una era nueva."

201 CORDEIRO, António Menezes. Tratado de direito civil português – v. I, t. I. 2 ed. Coimbra: Almedina, 2000, p. 72.

202 LARENZ, Karl. *Metodologia da ciência do direito*. 3. ed. Lisboa: Fundação Calouste Gulbenkian, 1997. p. 22.

203 COSTA, Alexandre Araújo. Direito e método: diálogos entre a hermenêutica filosófica e a hermenêutica jurídica. Disponível em http://repositorio.bce.unb.br/bitstream/10482/1512/1/2008_AlexandreAraujoCosta.pdf – acesso em 13 de outubro de 2010.

dos manuais lançados à época, numa "pandectística" ou "ciência das pandectas", designação claramente inspirada no estudo do direito romano feito a partir das pandectas de Justiniano[204].

Fato é que, a partir do historicismo, os juristas germânicos voltaram-se ao estudo de seus institutos jurídicos, na tentativa de racionalizar os conceitos então existentes, como se fora uma busca de auto-conhecimento do Direito historicamente existente[205]. A necessidade de se fragmentar os institutos, buscando a compreensão de cada peça constitutiva do saber, gerou um movimento conhecido na Alemanha como Jurisprudência dos Conceitos.

Estabelece-se, dessa maneira, a partir do jurista alemão Putcha, uma "genealogia dos conceitos"[206], que fixa um deles como supremo, originado do saber filosófico, do qual os outros decorrem. Dele, conceito superior, portanto, certas afirmações derivam, inferindo-se conceitos jurídicos menores. Logo, todas as afirmações feitas para o conceito superior valerão para os outros, formando-se, então, uma estrutura piramidal.

Alguns dogmas do conceitualismo, assim construídos, se incorporaram à cultura jurídica deixando profundas marcas. Podemos citar, entre eles, *a)* a teoria da subsunção, segundo a qual, por meio de raciocínio silogístico, toma-se um princípio jurídico como premissa maior que incidirá sobre os fatos, premissa menor, resolvendo os problemas jurídicos que eventualmente venham a demandar a aplciação do Direito; *b)* a plenitude lógica do ordenamento jurídico, por meio da qual, é possível, mesmo na ausência de lei, a utilização de deduções, induções e combinações conceituais, a fim de se evitar a ausência de decisões judiciais para resoluções de problemas concretos; e, *c)* a interpretação objetivista, que preconiza estar o ordenamento jurídico calcado em normas cujos sentidos não sejam extraídos de intenções subjetivas de legisladores historicamente delimitados, mas dos sentidos que objeticamente se possam extrair dos seus respectivos contextos. [207]

[204] WIEACKER, Franz. *História do direito privado moderno.* 2. ed. Lisboa: Fundação Calouste Gulbenkian, 1993. p. 491.

[205] LARENZ, Karl. *Metodologia da ciência do direito.* 3. ed. Lisboa: Fundação Calouste Gulbenkian, 1997. p. 22.

[206] LARENZ, Karl. *Op. cit., p. 25*

[207] HESPANHA, António Manuel. Cultura jurídica européia – síntese de um milênio. Florianópolis: Fundação Boiteux, 2005, p. 399/400.

A força da escola jurídica examinada foi tamanha que, na Alemanha, houve uma proeminência da pandectística em detrimento da lei, pêndulo que apenas se inverteu com a substituição do positivismo científico da jurisprudência dos conceitos pelo positivismo da lei após a edição do Código Civil Alemão, que entrou em vigor em 1º de janeiro de 1900[208]. O Código Civil alemão, portanto, não fora obra do acaso. Cientificamente, pode-se afirmar que o intenso trabalho doutrinário de grandes nomes como Savigny, Putcha, Ihering e Windscheid, entre outros, foi o caldo de cultura necessário para o advento do *BGB*, embora tardiamente, quando comparado a outras codificações europeias.

Politicamente, entretanto, havia uma explicação para que o *BGB* surgisse algumas décadas após os primeiros códigos civis: os Estados Alemães só se unificaram em janeiro de 1871, algo que dificultava sobremaneira a criação de um Código comum aos germânicos antes dessa data. Assim, somente em 1874 nomeou-se uma comissão de dez membros, presidida por Pape, presidente do Tribunal Supremo Mercantil, cujos trabalhos originaram o primeiro projeto, em 1888, acusado de ser demasiadamente romanista e desapegado das reais necessidades experimentadas pelo povo do *II Reich*. Uma série de revisões e discussões foram encetadas até que, em 18 de agosto de 1896, o Código Alemão fora sancionado e sua *vacatio legis*, que perduraria até 1900, iniciou-se.

Análise do BGB

O Código Civil da Alemanha mostrou-se "sistemático, profundo, rigoroso, dogmático"[209]. Seu impacto foi tão fortemente sentido no panorama jurídico mundial que permitiu, nos países de direito continental, uma clivagem quanto aos respectivos códigos civis: há países que seguem o modelo germânico de codificação (entre eles o Brasil e Portugal) e países que se mantêm atrelados ao modelo francês (Espanha, Argentina, entre outros).

A grande distinção entre os dois se dá quanto à sistematização das normas insculpidas nos respectivos códigos: enquanto os alemães dividem o seu em Parte Geral e Especial, os franceses não o fazem. Além disso, a linguagem utilizada pela lei alemã é técnica, fruto da acuidade e cientifi-

[208] LARENZ, Karl. *Metodologia da ciência do direito*. 3. ed. Lisboa: Fundação Calouste Gulbenkian, 1997. p. 22.

[209] AMARAL, Francisco. Direito civil – introdução. 5 ed. Rio de Janeiro: Renovar, 2003, p. 125.

cidade inaugurada pelos pandectistas, enquanto a preocupação da norma francesa era fazer-se compreender por todos, o que, forçosamente, a levava a mitigar uma linguagem mais científica.

Mas qual seria a razão da adoção, pelos alemães, de sistematização do Direito civil tão afastada dos moldes franceses? Menezes Cordeiro[210] nos ensina que a estruturação do Código tedesco seria um somatório de massas culturais: "o Direito das obrigações e direitos reais ligam-se ao Direito romano, o Direito da família e o das sucessões ao Direito comum medieval e a parte geral ao Direito natural do jursracionalismo. O aparente ilogismo da sistematização em causa não é mais do que uma contraprova da natureza histórico-cultural do Direito." Conclui[211] adiante que...

> *"as origens periféricas constituem a força essencial das quatro 'partes especiais' do Direito civil: por isso elas têm resistido a séculos de análises e de tentativas de recomposição. A filiação central da 'parte geral' é a sua fraqueza; o seu abandono progressivo deve ser assumido como particular corolário desse estado de coisas".*

É assim que o jurista português enceta suas críticas ao estabelecimento, nos Códigos, de uma parte geral, com a dificuldade de engrenar essa parte geral, fruto de exercício teorético, com partes especiais, decorrentes de evoluções históricas e culturais dos povos. Além disso, haveria uma ingente dificuldade em articular um conjunto de regras realmente gerais importantes, por igual, para todos os demais ramos do direito civil, advindo, pois, de sua inserção, inconvenientes de todas as ordens: científicos-metodológicos, regulativos, práticos, didáticos e ideológicos[212].

Não obstante a autoridade das críticas arroladas, que serão objeto de análise posterior, os dois Códigos Civis adotados ao longo da história brasileira renderam-se à inserção de uma parte geral. Interessante notar que nosso fascínio por essa forma sistematizadora vem desde Teixeira de Freitas, que, em seu Esboço, sugeriu a criação de um código com parte geral, abrangendo a disciplina das pessoas, coisas e fatos jurídicos.

210 CORDEIRO, António Menezes. Tratado de direito civil português – v. I, t. I. 2 ed. Coimbra: Almedina, 2000, p. 89.
211 CORDEIRO, António Menezes. Tratado de direito civil português – v. I, t. I. 2 ed. Coimbra: Almedina, 2000, p. 89.
212 CORDEIRO, António Menezes. Op. cit., p. 89/90.

Mais interessante ainda mostra-se a repulsa do governo imperial a essa empresa, consignada no aviso ao jurista, datado de 18 de novembro de 1872[213]:

> *"Não podendo o Governo Imperial aceitar o plano proposto por V. S., em sua representação de 20 de Setembro de 1867, para a organização de dois códigos, um geral e outro especial, tem considerado rescindido, como também a V. S. parece, em sua declaração de 8 do corrente, o contrato de 10 de Janeiro de 1859, que com V. S. celebrara, para a redação do projeto de Código Civil do Império, já pelo tempo recorrido, já porque V. S. declarou, na sua mencionada representação, que, pela desarmonia profunda entre o seu pensamento e as vistas do Governo Imperial, julga-se inabilitado para redigir aquele Projeto."*

Incorporada ao Código Civil de 1916, a questão voltou ao centro dos debates jurídicos no momento da elaboração do anteprojeto do Código de 2002. A controvérsia mostrou-se tão importante que José Carlos Moreira Alves[214], integrante da Comissão elaboradora do anteprojeto de nossa atual norma civil, após arrolar os argumentos contrários à manutenção da parte geral do Código Civil, passou, com propriedade, a refutá-los.

Quatro seriam os mencionados argumentos contrários: *a)* existência, na Alemanha, de vozes que se levantam contra a manutenção da parte geral no Código Civil daquele país; *b)* constatação de que vários códigos optaram por não ter uma parte geral; *c)* ocorrência de dispositivos, na parte geral, que não se relacionariam com ***todas*** as demais seções do Código Civil; e *d)* a parte geral dissociaria noções que, na prática, incidiriam simultaneamente.

José Carlos Moreira Alves[215], como asseverado, refuta com precisão os quatro pontos contrários à inserção de uma parte geral em nossa norma. Quanto aos dois primeiros, não seriam sérias objeções à adoção da sistemática estudada, mas sim meros argumentos de autoridade. Quanto aos demais, se é certo que determinados pontos aplicam-se mais a um segmento da parte especial do que a outros, também é fato que os conceitos

[213] AZEVEDO, Duarte de. *apud* BEVILÁQUA, Clóvis. Código Civil dos Estados Unidos do Brasil comentado – v. I. 9 ed. Rio de Janeiro: Francisco Alves, 1951, p. 15.

[214] MOREIRA ALVES, José Carlos. Parte geral do projeto de Código Civil brasileiro. São Paulo: Saraiva, 1986, p. 17/25.

[215] MOREIRA ALVES, José Carlos. Parte geral do projeto de Código Civil brasileiro. São Paulo: Saraiva, 1986, p. 20/21.

da parte geral não poderiam ser transplantados exclusivamente para uma das quatro seções tradicionais do Código Civil (obrigações, coisas, família e sucessões), uma vez que sua generalidade desbordaria dos limites de qualquer um dos quatro livros, influenciando os outros em maior ou menor grau. Acrescento, ainda, que a crítica quanto ao último óbice também é injusta. Separar institutos que se aplicam, na vida, simultaneamente, é dos fenômenos mais comuns em direito e isso não poderia infirmar a manutenção histórica, no Brasil, da parte geral. Ora, tomemos um exemplo: quando um sujeito comete um homicídio no mundo real, ele pratica uma só conduta, mas com reflexos disciplinados em quatro códigos (Civil, Penal, Processo Civil e Processo Penal).Nem por isso advoga-se a tese de que tais normas deveriam integrar um único bloco legislativo, pois estariam a separar preceitos, que, no mundo real, incidiriam simultaneamente.

Mesmo as críticas manejadas por Menezes Cordeiro, já abordadas nesse capítulo, de que a divisão do direito civil em quatro partes especiais (obrigações, coisas, família e sucessões) seria um fenômeno histórico-cultural, ao passo que o estabelecimento de uma parte geral seria fruto de uma criação racional, também podem ser rebatidas com subsídios fornecidos por José Carlos Moreira Alves[216]. Como este assevera, a inserção de uma parte geral nos códigos civis foi uma das maiores conquistas da pandectística alemã, tendo sido incorporada ao Código Civil da Saxônia em 1863. Em outras palavras, pode até ser que esse ramo do direito civil seja mais recente do que os demais, mas não se pode, por isso, afirmar que não seja um fenômeno histórico-cultural, na medida em que surgiu de um sólido movimento científico e, desde então, tem sido incorporado a diversos códigos civis do mundo, bem como, no campo acadêmico, tem sido agregada aos currículos das mais diversas faculdades de direito. Como não se vislumbrar nisso um fenômeno cultural sólido?

Concordamos com os argumentos expostos por Moreira Alves no sentido de que a manutenção da parte geral é algo positivo, pois essa forma de sistematização não apenas se coaduna com a tradição nacional, iniciada com Teixeira de Freitas em seu esboço, como também apresenta vantagens técnicas, na medida em que, esquematicamente, se inspira no modelo abstrato de uma relação jurídica, conceito que passaremos a abordar.

[216] Moreira Alves, José Carlos. *Op.* cit. p. 20/21.

A relação jurídica

"Existe uma relação jurídica quando ao(s) direito(s) de um (sujeito) ou ao(s) de vários sujeitos corresponde uma obrigação de respeitar este(s) direito(s) por parte de outro(s) sujeito(s), seja(m) este(s) último(s) determinado(s) ou não." [217]

Partindo-se do conceito acima transcrito, podemos afirmar que a relação jurídica é estabelecida ordinariamente entre sujeitos, versando sobre determinado objeto, mas tendo origem em certo fato jurídico. Assim, os seus sujeitos são tecnicamente designados como pessoas, ao passo que, para o Direito, "bens são os valores materiais ou imateriais, que servem de objeto a uma relação jurídica"[218]. Por fim, o fato jurídico é tudo aquilo capaz de criar, modificar ou extinguir uma relação jurídica. Não é coincidência, portanto, nossa Parte Geral do Código Civil dividir-se em três partes: pessoas, bens e fatos jurídicos, disciplinando abstratamente os elementos da relação jurídica.

Esses três conceitos mostram-se fundamentais e se esparramam por todos os ramos do direito civil. Logo, há inegável sustentação lógica para que constem da parte geral dos códigos civis, como fez o nosso. Essa didática estruturação é merecedora, portanto, de aplausos.

O Código Civil do Brasil de 1916

O Brasil, historicamente ligado à Portugal, não poderia, tão logo declarada a sua independência, desprezar todo o arcabouço legislativo que regeu a vida da Colônia por mais de 300 anos e revogar as leis portuguesas entre nós aplicadas.

Sabiamente o Imperador D. Pedro I, em 20 de outubro de 1823, fez publicar lei que manteve a vigência das leis portuguesas editadas até 25 de abril de 1821, bem como aquelas promulgadas por sua pena durante o período em que esteve no Brasil na qualidade de Príncipe Regente. Assim determinava:

> *"Art. 1º As Ordenações, Leis, Regimentos, Alvarás, Decretos, e Resoluções promulgadas pelos Reis de Portugal, e pelas quais o Brasil se governava até o dia 25 de abril de*

[217] HÖRSTER, Heinrich Ewald. A parte geral do Código Civil português. Coimbra: Almedina, 2000, p. 159.

[218] BEVILÁQUA, Clóvis. Código Civil dos Estados Unidos do Brasil comentado – v. I. 9 ed. Rio de Janeiro: Francisco Alves, 1951, p. 281.

1821, em que Sua Majestade Fidelíssima, atual Rei de Portugal, e Algarves, se ausentou desta Corte; e todas as que foram promulgadas daquela data em diante pelo Senhor D. Pedro de Alcântara, como Regente do Brasil, enquanto Reino, e como Imperador Constitucional dele, desde que se erigiu em Império, ficam em inteiro vigor na parte em que não tiverem sido revogadas, para por elas se regularem os negócios do interior deste Império, enquanto se não organizar um novo Código, ou não forem especialmente alteradas."

Nessa mesma trilha, a Constituição Imperial determinou:

Art. 179. A inviolabilidade dos Direitos Civis, e Políticos dos Cidadãos Brasileiros, que tem por base a liberdade, a segurança individual, e a propriedade, é garantida pela Constituição do Império, pela maneira seguinte.

(...)

XVIII. Organizar-se-á quanto antes um Código Civil, e Criminal, fundado nas sólidas bases da Justiça, e Eqüidade.

Outro importante marco no histórico de nossa codificação foi a criação dos cursos de direito no Brasil, um em Olinda e outro em São Paulo, por lei de 11 de agosto de 1827, que estabelecia a necessidade de ensino de direito civil pátrio a partir do terceiro ano de curso. Paulo Nader[219] salienta que essa providência proporcionou o surgimento de uma importante geração de juristas brasileiros que, sem olvidar a influência do direito de nações como Alemanha, Portugal e França, deram inestimável contribuição para a criação de nosso primeiro Código Civil.

Avançando alguns anos, temos Carvalho Moreira, Barão de Penedo, que, em 1845, apresentou ao Instituto da Ordem dos Advogados do Brasil escrito denominado "Da revisão geral e codificação das leis civis e do processo, no Brasil", no qual, contundentemente afirmou ser nossa legislação, então vigente, "esparsa, antinômica, desordenada e numerosíssima" [220]. A crítica demonstrava que a idéia de elaboração de um código nacional fervilhava na mente dos juristas pátrios.

Ocorre, todavia, que o governo imperial houve por bem, como medida preliminar à elaboração de um código, promover a consolidação do direito

[219] NADER, Paulo. Curso de direito civil – v. I. 4 ed. Rio de Janeiro: Forense, 2007, p. 40.

[220] CARVALHO MOREIRA, Inácio de. *apud* BEVILÁQUA, Clóvis. Código Civil dos Estados Unidos do Brasil comentado – v. I. 9 ed. Rio de Janeiro: Francisco Alves, 1951, p. 11.

civil pátrio, regido, em parte, pelas Ordenações Filipinas, mas também por volumosa legislação esparsa. A tarefa foi confiada, em 1855, ao gênio de Augusto Teixeira de Freitas, que, em 1858, legou à Nação a Consolidação das Leis Civis, obra de grande envergadura e que, segundo Caio Mário, foi um "notável trabalho, respeitado como primeiro grande monumento jurídico nacional, até hoje indigitado alicerce da codificação, sem o qual não se teria conseguido a sua concretização tão fiel às mais caras tradições pátrias, dentro de uma linha de organicidade admirável."[221]

O importante trabalho fez com que Teixeira de Freitas fosse contratado para elaborar o Código Civil do Império, sendo nomeada um comissão para revisar o projeto elaborado, chamado de Esboço, que acabou se perdendo em inúteis discussões, fato que desgostou o seu Autor[222]. A tentativa, pois, não foi adiante, embora também o trabalho de Teixeira de Freitas tenha marcado profundamente as letras jurídicas nacionais e estrangeiras, servindo de inspiração para o Código Civil argentino. O jurista platino Carlos Alberto Ghersi[223] esclarece as fontes do Código Civil da Argentina, citando o seu próprio idealizador, Vélez Sársfield:

> "*§ 31. Fontes – O mesmo codificador* [Vélez Sársfield], *em nota de enaltecimento, se encarregou de aclarar a questão: 'Para este trabalho tive presente todos os códigos publicados na Europa e América e a legislação comparada do Sr. Seoane. Servi-me principalmente do Projeto de Código Civil para Espanha do Sr. Goyena, do Código do Chile, que tanto se avantaja aos códigos da Europa, e, sobretudo, do projeto de código civil que está trabalhando para o Brasil o Sr. Teixeira de Freitas, do qual tomei muitíssimos artigos.' (...)*"

[221] PEREIRA, Caio Mário da Silva. Instituições de Direito Civil, v. I. 20 ed. Rio de Janeiro: Forense, 2004, p.

[222] MONTEIRO, Washington de Barros. Curso de direito civil – parte geral. 39 ed. São Paulo: Saraiva, 2003, p. 49.

[223] GHERSI, Carlos Alberto. Derecho Civil – parte general. 2 ed. Buenos Aires: Astrea, 1999, p. 82/83 assim abordou a questão: "§31 Fuentes – El mismo codificador, en la nota de elevación, se encargó de aclarar la cuestión: 'Para este trabajo he tenido presente todos los códigos publicados en Europa y América y la legislación comparada del Sr. Seoane. Me he servido principalmente del Projeto de Código Civil para España del Sr. Goyena, del Código de Chile, que tanto aventaja a los códigos de Europa, y sobre todo, del proyecto de código civil que está trabajando para el Brasil el Sr. Freitas, del cual he tomado muchísimos artículos'.(...)"

Washington de Barros Monteiro[224], menos comedido que os argentinos, afirma que o ramo mais deficiente do Código platino é o de sucessões, justo aquele que não pôde contar com a inspiração de Teixeira de Freitas.

Após a frustrada tentativa de codificação, Nabuco de Araújo fora nomeado para levar adiante a empresa de elaborar um anteprojeto de Código. Faleceu, contudo, em 1872, no início de seu trabalho. Somaram-se aos seus esforços nomes como Felício dos Santos (1881) e Coelho Rodrigues (1893), mas que não lograram êxito em suas empreitadas[225].

Em 1899, finalmente, Clóvis Beviláqua fora, por indicação do Ministro Epitácio Pessoa, nomeado pelo Presidente Campos Sales para elaborar o anteprojeto de nosso primeiro Código Civil. O notável jurista levou cerca de seis meses para encerrar sua obra, que foi apresentada ao Congresso Nacional.

Essa celeridade, todavia, não foi uma constante na apreciação do Projeto, ao menos em nosso Parlamento. Como assevera Francisco Amaral[226], a tramitação do Código na Câmara ocorreu entre 1901 e 1902, quando foi remetida ao Senado Federal. Lá, em apenas três dias, Ruy Barbosa teceu inúmeras críticas, mais de cunho filológico ao Projeto, partindo em sua defesa o Professor baiano Ernesto Carneiro Ribeiro. Clóvis Beviláqua[227], um dos maiores juristas pátrios de todos os tempos, teceu os seguintes comentários sobre os eventos narrados, uma mostra de que, aliado ao seu imenso saber, encontrava-se a humildade característica dos grandes homens:

> *"O que é esse Parecer sabem-nos todos, pois não só os juristas se interessaram por ele, senão também os literatos e, ainda, os que apenas sabiam ler. Foi uma obra que causou profunda impressão no país. Ao fazer-lhe uns tímidos reparos, dizia eu: 'O choque violento dessa mole ingente de saber profundo e rude crítica filológica, que, das mãos ciclópicas do Senador Ruy Barbosa, acabou de ruir, fragorosamente, sobre o Projeto do Código Civil, deixou-me aturdido'. E esse foi o estado de espírito do grande número; assombro admirativo!*

224 MONTEIRO, Washington de Barros. Curso de direito civil – parte geral. 39 ed. São Paulo: Saraiva, 2003, p. 51.

225 NADER, Paulo. Curso de direito civil – v. I. 4 ed. Rio de Janeiro: Forense, 2007, p. 42.

226 AMARAL, Francisco. Direito civil – introdução. 5 ed. Rio de Janeiro: Renovar, 2003, p. 128/129.

227 BEVILÁQUA, Clóvis. Código Civil dos Estados Unidos do Brasil comentado – v. I. 9 ed. Rio de Janeiro: Francisco Alves, 1951, p. 43/44.

(...)

40. Os que se achavam envolvidos na crítica vieram à fala, defendendo-se e mostrando que havia, nas acusações e nas emendas do eminente Senador, excessos e injustiças, a par de incontestáveis melhoramentos na linguagem do Projeto. As injustiças estão nas frases cáusticas e no tom de menos preço, que, aqui e ali, condimentam o Parecer e os excessos vêm de se terem feito correções escusadas, e algumas, até, que prejudicam o pensamento dos dispositivos. Tive, como era natural, a minha parte nessa contenda. No livro Em defesa, *encontra-se o que me ocorreu alegar em prol do Projeto. Medeiros e Albuquerque, Arthur Orlando, Antônio Salles, Oliveira Fonseca e Carneiro Ribeiro vieram, com as suas observações, atenuar o efeito da crítica formidável. "*

O tom vigoroso de Ruy Barbosa pode ser sentido em algumas passagens, tanto no Parecer sobre o Projeto, quanto em sua Réplica. Vejamos um trecho da última obra, muito ilustrativa do que aqui se pretende demonstrar[228]:

"307 – Rezava o projeto:

«Art. 182. Prescreve:

«§ 3º. Em dois meses a ação do marido para contestar a legitimidade do filho nascido de sua mulher, contado o prazo do nascimento, se nessa ocasião ele se achava presente.»

Objetei eu à redação deste texto, ponderando que entre **ele** *e o vocábulo* **marido,** *a que se deve referir, medeiam quatro substantivos masculinos, cuja interposição deixa hesitante a escolha do leitor quanto ao antecedente, com que o pronome concorda.*

Não veio nisto o mestre [Ernesto Carneiro Ribeiro]. «O pronome», diz ele, «não pode aqui referir-se, senão ao vocábulo **marido.**»

Logicamente, de acordo. Sintaxicamente, não. Ante a regra de sintaxe o pronome concordará com o nome mais vizinho, se em gênero e número condizem. Em casos como este será mister acorrermo-nos ao sentido, escrutrar, através da frase, a intenção do escritor. Para substituir pela subordinação lógica a subordinação gramatical. Divergem elas uma da outra, e mercê da primeira é que se obtém retificar a errada pista da segunda. Tais verificações, porém, pressupõem, em quem as faz, reflexão atenta e critério seguro, que nem sempre assistem ao comum dos interessados, e que as incalculáveis artes da trica forense costumam de caso pensado evitar.

Os códigos civis, porque se escrevem para o povo e, até, para as escolas de primeiras letras, convém que se abstenham, no seu contexto, desses enigmas gramaticais, por fácil que seja o decifrá-los. Cumpre, logo, na sua redação, que o pensamento resulte natural-

[228] Barbosa, Rui. Réplica – v. II. Belo Horizonte: Itatiaia, 1986, p. 550/551.

mente da ordem gramatical; aliás a simpleza e ignorância vulgares cairão muitas vezes em interpretações extravagantes, com prejuízo do bem geral, a que as codificações pretendem servir."

O tom ácido das críticas filológicas, todavia, não foi suficiente para evitar a conversão do Projeto em Lei. No ano de 1916, foi sancionado o Código Civil, que passou a viger, em virtude de sua ***vacatio legis,*** no ano seguinte e se manteve hígido, em suas linhas gerais, até a virada do século, não obstante as diversas tentativas de sua substituição por normas mais modernas.

O Código Civil do Brasil de 2002. Passados menos de 30 anos de vigência do Código Civil de 1916, em 1941, o Governo Vargas incumbira juristas pátrios da elaboração de anteprojeto de Código que pusesse fim à dualidade entre as obrigações civis e comerciais. Levado a cabo a missão, com a elaboração do Anteprojeto de Código das Obrigações por Orosimbo Nonato, Hahnemann Guimarães e Philadelpho Azevedo, a inovação passou a ser muito questionada, frustrando-se, por fugir à tradição histórica de nosso Direito[229].

Nova tentativa de reforma ocorreu em 1961. Naquela oportunidade, foram convidados Orlando Gomes e Caio Mário, respectivamente, para elaboração de Anteprojeto de Código Civil (com os livros de coisas, família e sucessões) e o de Código das Obrigações (disciplinando os demais aspectos do direito civil)[230]. Percebe-se, assim, que suprimira-se, dos projetos, livro relativo à Parte Geral do Direito Civil.

Essa tentativa também se mostrou frustrada até que, em 1969, o Governo nomeou os juristas Miguel Reale, José Carlos Moreira Alves, Agostinho de Arruda Alvim, Sylvio Marcondes, Ebert Chamoun, Clóvis do Couto e Silva e Torquato de Castro para elaborarem o Anteprojeto que foi encaminhado ao Parlamento e que, apenas em 2002, após tramitar por décadas, transformou-se em nosso atual Código Civil.

Análise do Código de 2002

O Código Civil de 1916 foi, sem dúvida, uma legislação avançada, capaz de bem reger o Direito Civil pátrio por décadas, pontuada, obviamente, por alterações decorrentes de legislação extravagante. Nessa esteira, o sólido

229 NADER, Paulo. Curso de direito civil – v. I. 4 ed. Rio de Janeiro: Forense, 2007, p. 45.

230 AMARAL, Francisco. Direito civil – introdução. 5 ed. Rio de Janeiro: Renovar, 2003, p. 133.

conhecimento doutrinário e a larga experiência jurisprudencial, acumulados ao longo de anos de vigência, não poderiam ser desprezados pelos membros da Comissão Elaboradora e Revisora do novo Código. Assim, a Lei Civil de 2002, intencionalmente, guardou inúmeros pontos de contato com a anterior, pois, nos dizeres de José Carlos Moreira Alves[231], buscou-se, com poucas alterações, não apenas tornar mais moderna nossa codificação, como também cambiar sua orientação filosófica.

As alterações legislativas da codificação, embora quantitativamente pouco expressivas, refletiram, em parte, os profundos avanços sociais e tecnológicos da última centúria, levando nosso legislador a abandonar o individualismo característico do Direito oitocentista, bem como a preocupação pandectística de resolver problemas sociais pela incidência automática de categorias ou fórmulas jurídicas[232]. Os antigos valores foram cambiados pela inserção de três importantes princípios em nosso Código: a socialidade, a eticidade e a operabilidade.

Entende-se por socialidade a valorização dos interesses coletivos sobre os individuais, sem menosprezo, frise-se, à dignidade da pessoa humana. Inúmeros são os dispositivos do Código de 2002 que apontam nesse sentido: a disciplina dada ao abuso de direito (art. 187), a ênfase ao princípio da função social dos contratos (art. 421), a disciplina do instituto da desapropriação judicial (art. 1.228, § 4º), a redução dos prazos de usucapião extraordinária e ordinária caso haja utilização do bem segundo os ditames da função social da propriedade (art. 1.238, § único e 1.242, § único), apenas para citarmos alguns exemplos.

Quanto à eticidade, a importância da pessoa humana como fonte de todos os demais valores é enfatizada. Assim, a equidade, a boa-fé, a justa causa são princípios que devem presidir a boa aplicação do direito[233].

A operabilidade, por fim, demonstrou a preocupação com a fácil aplicação da norma civil. O Novo Código, ao distinguir os prazos prescricionais dos decadenciais, deu mostras do seu interesse em facilitar sua própria exegese, tornando-o mais efetivo[234].

231 Moreira Alves, José Carlos. Parte geral do projeto de Código Civil brasileiro. São Paulo: Saraiva, 1986, p. 17.

232 Reale, Miguel. Estudos preliminares do Código Civil. São Paulo: RT, 2003, p. 36.

233 Gonçalves, Carlos Roberto. Direito civil brasileiro. 5 ed. São Paulo: Saraiva, 2007, p. 25.

234 Nader, Paulo. Curso de direito civil – v. I. 4 ed. Rio de Janeiro: Forense, 2007, p. 48.

A alteração legislativa, contudo, tem sido enriquecida pela renovação doutrinária que vivenciamos desde o final da década de 90. Temas novos são postos à mesa, em especial, a correlação entre o Direito Civil e o Direito Constitucional, matéria que passaremos doravante a enfrentar.

A constitucionalização do direito civil – introdução

A Constituição Federal de 1988 cambiou o alvo das preocupações tradicionais do Direito Pátrio, ao inserir a dignidade da pessoa humana como fundamento da República[235]. Seguiu-se, no âmbito do Direito Privado, a essa constatação, tamanha efervescência doutrinária, que hoje é impossível fazer qualquer estudo sistemático dessa seara jurídica sem antes, ainda que brevemente, enfrentar um tema de profunda inquietação entre os estudiosos: a constitucionalização do Direito Civil e a incidência dos direitos fundamentais nas relações privadas.

O primeiro grande desafio do intérprete seria superar uma falsa premissa: a de que o Código Civil seria a Constituição do Direito Privado. Esse pensamento, muito comum nos primeiros anos do movimento codificador, seria decorrência da ânsia burguesa de facilitação da livre circulação de riquezas, mediante o mínimo de interferência estatal. Assim, o direito público não interferiria no âmbito privado, levando-se ao mito da completude da codificação civil[236].

Esse posicionamento, todavia, foi varrido do nosso imaginário, como se fora arrebatado por ondas piroclásticas, decorrentes da priorização das necessidades humanas frente ao exacerbado individualismo dos séculos passados. Convém, portanto, que dediquemos breves linhas à compreensão do princípio da dignidade da pessoa humana, alçado a importante marco doutrinário do hodierno Direito Civil.

A dignidade da pessoa humana

A Constituição Federal arrola como um dos fundamentos republicanos a dignidade da pessoa humana (Art. 1º, III). Essa idéia parece ser o único consenso entre os estudiosos. A dignidade da pessoa humana é um princípio basilar do nosso Estado de Direito, mas a sua maior ou menor amplitude

[235] FACHIN, Luís Eduardo. Questões do Direito Civil brasileiro contemporâneo. Rio de Janeiro: Renovar, 2008, p. 7.

[236] TEPEDINO, Gustavo. Temas de direito civil. 5 ed. São Paulo: Saraiva, 2007, p. 25.

conceitual, seguida do risco de banalização no seu emprego, são desafios dos quais não se pode furtar o intérprete da norma constitucional.

Assim, a primeira indagação a ser feita é: o que seria dignidade da pessoa humana? Em excelente e jocoso texto, Günther Frankenberg[237] admoesta que o surgimento da ideia de dignidade da pessoa humana demanda deferência – afinal ela emanaria de ninguém menos do que Deus,o próprio Criador. Seria, portanto, o presente divino materializado na razão humana, um dom místico vindo dos céus, enfim, algo sagrado plantado em nós, seres humanos. No entanto, desde o nascimento, prossegue Frankenberg, o princípio em comento vem tentando se adaptar a esse mundo, cada vez mais secularizado, despojando-se de seu manto sagrado. Assim, apesar da incontestável grandeza da obra de Kant, marco filosófico para a construção da ideia de dignidade, apenas em 1948 (Declaração Universal dos Direitos do Homem) o termo passaria a ser utilizado na acepção que hoje empregamos, incorporado sucessivamente às diversas Cartas constitucionais do mundo ocidental como, as mais das vezes, cláusulas pétreas.

Passados mais de 50 anos dessa nova era, podemos retornar, portanto, a Kant, para tentar apresentar um conceito de dignidade da pessoa humana, mas nunca estaremos livres de do risco de esvaziamento do conteúdo do princípio, decorrente de dois problemas: *a)* sua não aplicação, ou *b)* sua trivialização.

Lancemo-nos, pois, ao enfrentamento do primeiro desafio – desenhar um conceito aceitável para dignidade da pessoa humana. Gláucia Correa Retamozo Barcelos Alves[238] ressalta a importância do enfrentamento histórico da questão, a fim de que bem se nos configure a ideia que buscamos formatar, calcado em três grandes autores: Hobbes, Descartes e Kant. Observa que o primeiro dos pensadores citados definia pessoa pelo seu papel na sociedade, o que, em última análise, atentava contra a sua dignidade, na medida em que mitigava sua identidade individual, em função do maior relevo dado ao papel desempenhado no grupo, ou, em outras palavras, à sua identidade estatutária. A contribuição de Descartes, todavia,

[237] FRANKENBERG, Günther. A gramática da Constituição e do Direito. Belo Horizonte: Del Rey, 2007, p. 305.

[238] ALVES, Gláucia Correa Retamozo Barcelos. Sobre a dignidade da pessoa. *In:* MARTINS-COSTA, Judith (org.). *A reconstrução do direito privado: reflexos dos princípios, diretrizes e direitos fundamentais constitucionais no direito privado.* São Paulo: Editora Revista dos Tribunais, 2002, p. 215/223.

centrou-se no fato de que a hiperbolização da dúvida levaria à reconstrução das certezas que se iniciariam pela retomada da consciência do sujeito quanto à sua própria existência como ser pensante. Logo, a existência do homem não estaria calcada no grupo ao qual pertence, mas ao fato de pensar, o que já representaria um avanço frente ao pensamento de Hobbes. Esse aspecto, aliás, parece haver sido incorporado ao art. 1º da Declaração Universal, ao consignar: "Todas as pessoas nascem livres e iguais em dignidade e direitos. ***São dotadas de razão e consciência*** e devem agir em relação umas às outras com espírito de fraternidade."[239] (grifo não constante do original)

Foi Kant[240], entretanto, que nos forneceu uma ideia mais precisa sobre o significado de dignidade, ao asseverar:

> *"No reino dos fins tudo tem ou um* ***preço*** *ou uma* ***dignidade.*** *Quando uma coisa tem um preço, pode-se pôr em vez dela qualquer outra como* equivalente; *mas quando uma coisa está acima de todo o preço, e portanto não permite equivalente, então tem ela dignidade."*

As palavras de Kant criaram raízes, fazendo com que se percebesse que o ser humano não deve ser tratado como se fora uma "coisa", um descartável instrumento para o alcance de objetivos outros, desvinculados do seu próprio bem estar, assim como da possibilidade de realização de seu projeto espiritual. Não por outro motivo arremata o filósofo alemão[241]:

> *"Ora a moralidade é a única condição que pode fazer de um ser racional um fim em si mesmo, pois só por ela lhe é possível ser membro legislador no reino dos fins. Portanto a moralidade, e a humanidade enquanto capaz de moralidade, são as únicas coisas que têm dignidade."*

Os sistemas constitucionais modernos, pois, após o assombro de experiências como a inquisição, a escravatura, o estabelecimento de cruéis ditaduras pelos quatro cantos do mundo (fossem de cunho nazista, comunista

[239] Versão integral deste histórico documento está disponível na página da internet – http://portal.mj.gov.br/sedh/ct/legis_intern/ddh_bib_inter_universal.htm.

[240] Kant, Immanuel. Fundamentação da metafísica dos costumes. Lisboa: Edições 70, 1992, p. 77.

[241] Kant, Immanuel. Fundamentação da metafísica dos costumes. Lisboa: Edições 70, 1992, p. 77/78.

ou de qualquer outro matiz político), os genocídios étnicos-religiosos perpetrados por fanáticos contra grupos mais fracos, despertaram para a necessidade de se introduzir o conceito de dignidade humana nos seus respectivos ordenamentos jurídicos, não raro como fundamento ou base do Estado por eles organizados, tal qual se dá nos casos lusitano e brasileiro. Assim, nesses modelos de Estado, tem-se a República como organização política a serviço do homem e não o contrário[242].

Como consequência, ademais, da inserção desse fundamento republicano em nossa Carta, as seguintes diretrizes básicas podem ser sintetizadas, como bem adverte Jorge Miranda[243], ao estudar o semelhante caso português:

a) A dignidade da pessoa humana é dotada de dimensão individual e concreta, vale dizer, refere-se a todos e a cada qual;
b) A dignidade da pessoa humana é fundamento para proteção do ser humano desde a sua concepção, pouco importando se já lhe é ou não atribuída personalidade jurídica;
c) A dignidade da pessoa humana aplica-se indistintamente a homens, mulheres, crianças, adultos, idosos;
d) O postulado da dignidade exige que todos reconheçamos, em nossos semelhantes, a existência de seres igualmente dela dotados;
e) A inserção do ser humano em grupos sociais, porquanto indissociados somos de nossos sentidos de universalidade, não transfere a dignidade do indivíduo para o grupo no qual se insere;
f) A dignidade estabelece o primado do **ser** sobre o **ter**;
g) A dignidade justifica a luta pela melhoria da qualidade de vida e do bem estar do sujeito;
h) A proteção da dignidade não se circunscreve aos estreitos limites da nacionalidade, sendo um valor que deve ser reconhecido inclusive para os estrangeiros que se encontram nos limites territoriais de nosso país;
i) A dignidade e a autonomia humana são valores incindíveis.

[242] CANOTILHO. J. J. Gomes, *Direito constitucional e Teoria da Constituição.* 7 ed. Coimbra: Almedina, 2008, p. 225.

[243] MIRANDA. Jorge. *Manual de Direito Constitucional – t. IV – Direitos Fundamentais.* 3 ed. Coimbra: Coimbra, 2000, p. 183/184.

Assim, acreditamos haver introduzido, jamais esgotado, a noção de dignidade da pessoa humana. Vale ressaltar que esse termo é daqueles que merecem ser vividos, mais do que pensado abstratamente. No entanto, é aí que os maiores riscos de violações ao princípio ocorrem: nem pode ser transformada em letra morta, tampouco pode ser banalizada. Recorramos novamente às lições de Günther Frankenberg[244], a fim de identificarmos o campo de incidência mais profícuo para o princípio. Vejamos:

> *"Somente com o terror inconcebível de violações em massa da dignidade, com a humilhação e degradação, a tortura sistemática e morte de pessoas, os autores das Constituições e de catálogos dos direitos humanos tiveram o ensejo de colocar em proteção a dignidade. Quanto mais drasticamente ela é violada, mais contornos precisos ela assume. Não existe dignidade 'como tal', seja lá como os filósofos a concebam, e sim, somente como violação. A dignidade não aparece com a pessoa em si, mas por intermédio de torturadores, polícia secreta e tirano. As práticas de 'humilhação, marcas de queimadura, perseguição, proscrição, etc.' transferem a dignidade do 'reino da validade ideal' (Carl Schimitt) e de conceitos abstratos para o presente degradante."*

Jocosamente, porém, o autor trouxe inúmeros casos em que se trivializava a discussão do assunto. Curiosa questão, decidida nos tribunais germânicos, mostrou como a ideia de dignidade pode alcançar o extremo oposto e levar a estranhas conclusões. Lembra Frankenberg que o Poder Judiciário tedesco declarou não haver violação à dignidade na apresentação de uma dançarina de *streap-tease,* embora ocorra no *peep-show* (apresentação de dançarina isolada por grade, pois a última se apresentaria para *voyers* que permaneceriam ocultos, sem contato visual com ela). A grande diferença entre as hipóteses é que se despir atrás de uma grade, sem se vislumbrar quem estaria observando a apresentação, seria *"coisificar"* a mulher, fato que não se repetiria nas tradicionais apresentações de dançarinas de *streap-tease* (mesmo que ela fique mais exposta ao contato físico com os espectadores mais afoitos).

Igual preocupação com a banalização do instituto ostenta Luís Roberto Barroso[245]. Após lembrar que "a jurisprudência brasileira tem utilizado

[244] FRANKENBERG, Günther. A gramática da Constituição e do Direito. Belo Horizonte: Del Rey, 2007, p. 312.

[245] Entrevista publicada no sítio eletrônico http://www.redetv.com.br/ColunistaPosts.aspx?77,1426,false,Dignidade-humana-a-busca-de-um-conceito-para-impedir-a-banalizacao,

o princípio da dignidade da pessoa humana como um reforço de outros argumentos ou como um elemento retórico", assevera que, por força de sua carga ética, a dignidade da pessoa humana teria passado a ser utilizada em questões distintas, seja de ordem penal, civil ou consumerista, com um enfoque mais empírico do que propriamente técnico. Não bastasse isso, adverte que, "sem um conteúdo determinado, a dignidade acaba sendo invocada pelos dois lados em disputa, em casos moralmente controvertidos, como aborto, suicídio assistido ou casamento de pessoas do mesmo sexo". Arremata lembrando que um princípio que serve para a defesa de teses rigorosamente opostas, a rigor, de pouca valia seria. Assim, busca construir um parâmetro mais técnico para a incidência do princípio, como explana em suas próprias palavras:

> *"Minha formulação atribui à dignidade três conteúdos, que têm base filosófica e implicações jurídicas. São eles: o valor intrínseco de toda pessoa humana, a autonomia de vontade da qual todo indivíduo deve ser titular e o que eu chamo de valor comunitário, que envolve as hipóteses legítimas em que os valores sociais e o interesse público podem limitar o exercício da autonomia individual. A dignidade como valor intrínseco fornece parte do conteúdo jurídico dos seguintes direitos: direito à vida, à igualdade e à integridade física e moral. A dignidade como autonomia fornece parte do conteúdo das liberdades públicas (liberdade de expressão, religiosa, de associação), do direito de participação política e, também, do chamado mínimo existencial, que é o acesso a condições mínimas de subsistência. Por fim, a dignidade como valor comunitário desempenha três papéis: a) protege os direitos fundamentais de terceiros (vale dizer, no exercício de sua autonomia, um indivíduo não tem o direito de matar, de roubar etc); b) protege a pessoa contra si própria (são algumas hipóteses legítimas de paternalismo, como a obrigação de cinto de segurança ou a vacinação compulsória); e c) protege determinados valores sociais (como restringir o acesso de crianças à pornografia ou a repressão à pedofilia)."*

Tomados, portanto, por tão sérias advertências,entendemos que a utilização retórica da dignidade da pessoa humana e de outros princípios constitucionais é, em realidade, um desserviço que alguns operadores do direito prestam a tão nobres valores. Busquemos, portanto, traçar para os demais direitos fundamentais, regras um pouco mais claras para incidirem nas relações privadas.

acesso em 26 de outubro de 2011.

A busca de critérios para incidência dos direitos fundamentais nas relações privadas

Afirmam os constitucionalistas que os direitos fundamentais podem ser agrupados em distintas gerações, cujos princípios cardeais foram vaticinados pelos revolucionários franceses ainda no século XVIII: liberdade (direitos fundamentais de primeira geração), igualdade (direitos fundamentais de segunda geração) e fraternidade (direitos fundamentais de terceira geração). A eles se somam os direitos à democracia, informação e pluralismo com nítida vocação comunitária (direitos de quarta geração), bem como o direito à paz (quinta geração).[246]

A questão que se coloca é que os direitos fundamentais, historicamente, foram sendo conquistados como limitações à atuação estatal ou como pretensões a atuações positivas do poder público. Assim, é de indagar-se: seriam oponíveis também por particulares em face daqueles que com eles travassem relações jurídicas?

O tema, embora de recente reflexão no Brasil, já se faz debater em outros ordenamentos há algumas décadas. Na Alemanha, a chamada *Drittwirkung* (correspondente à Incidência dos Direitos Fundamentais nas Relações entre Particulares) passou a despertar a atenção dos especialistas desde a década de 50, do século 20.[247] Dois julgados foram emblemáticos para a construção da Teoria, um na seara trabalhista e o outro no campo da responsabilidade civil.

O primeiro deles[248] teve lugar quando uma jovem firmou contrato de trabalho e formação profissional para o cargo de enfermeira. A avença previa que, na hipótese de matrimônio da contratada, o pacto seria automaticamente rompido. Pois bem – contraídas núpcias, o empregador houve por bem pôr fim à avença. Inconformada, a empregada dispensada propôs demanda trabalhista que, ao seu turno, redundou em famosa sentença do Tribunal Federal do Trabalho da Alemanha, datada de 5 de maio de 1957, por meio da qual a cláusula obstativa do matrimônio foi declarada nula por afrontar dispositivos constitucionais (dignidade da pessoa humana, proteção ao matrimônio, à família e ao livre desenvolvimento da personalidade).

[246] BONAVIDES, Paulo. Curso de direito constitucional. 22 ed. São Paulo: Malheiros, 2009, p. 560/589.

[247] SOMBRA, Thiago Luís Santos. A Eficácia dos Direitos Fundamentais nas Relações Jurídico--Privadas. Porto Alegre: Sérgio Antonio Fabris, 2004, p. 123/129.

[248] VALE, André Rufino do. Eficácia dos direitos fundamentais nas relações privadas. Porto Alegre: Sérgio Antônio Fabris, 2004, p. 107.

A decisão, conquanto emblemática, não causou tanta repercussão quanto a que estaria por vir no ano seguinte (1958). Naquela oportunidade[249], o Tribunal Constitucional da Alemanha foi chamado a julgar uma lide muito interessante. A controvérsia apresentada à Corte dizia respeito ao boicote que Erich Lüth, Presidente do Clube de Imprensa de Hamburgo, moveu contra filme produzido pela cineasta Veit Harlan, considerada adepta da supremacia da raça ariana nos idos tempos do nazismo tedesco.

A cineasta, nas instâncias locais, logrou êxito na demanda, repudiando o boicote, pois se entendeu que ela estava amparada no artigo 826 do Código Civil Alemão, que normatiza[250]:

> ***"Artigo 826 – Danos intencionais contrários aos bons costumes***
> *Aquele que causar danos intencionais a outrem, e de maneira ofensiva aos bons costumes, fica obrigado a compensar o dano".*

Admitido o recurso específico, manejado por Lüth para a Corte Constitucional, o entendimento esposado pelo Tribunal local foi revertido, apoiado, sobretudo, em dois vértices: *a)* a existência de uma eficácia irradiante dos direitos fundamentais (que se expandiriam e incidiriam nas relações privadas); e *b)* o reconhecimento do dever de proteção estatal a tais direitos inclusive quando invocados nas relações jurídicas entre particulares.

Não se pense, todavia, que os debates, após o julgado, cessaram na Alemanha e nos demais países da Europa Continental. Muito pelo contrário, eles apenas se intensificaram, passando a versar sobre outro aspecto bastante interessante: a incidência dos direitos fundamentais sobre relações privadas poderá ser imediata, vale dizer, sem intermediação de atos estatais, ou demandará atuação do Ente Público para que possa acontecer?

Digno de nota se mostra o caso lusitano. A Constituição da República de Portugal proclama em seu artigo 18, nº 1º:

[249] GONÇALVES, Rogério Magnus Varela. Os direitos fundamentais e sua validade no âmbito das relações privadas. Disponível em http://www.estig.ipbeja.pt/~ac_direito/VarelaG.pdf, acesso em 09 de novembro de 2011.

[250] Tradução livre da versão inglesa do Código Civil Alemão, disponível em http://www.juris.de/jportal/index.jsp, acesso em 09 de novembro de 2011.

"Artigo 18º
(Força jurídica)

1. Os preceitos constitucionais respeitantes aos direitos, liberdades e garantias são directamente aplicáveis e vinculam as entidades públicas e privadas.".

Heirnch Ewald Höster[251] lembra que uma leitura despreocupada do dispositivo poderia trazer a falsa impressão de que, a exemplo dos dispositivos de direito privado, as normas constitucionais teriam uma função de regulação das relações entre particulares. Ocorre, todavia, ressalva o autor, que o Direito Privado é dotado de dogmática e dinâmica próprias, cujo histórico supera dois mil anos, capazes de influenciarem até mesmo o Direito Constitucional, embora o primeiro se coloque em posição de conformação e hierarquia inferiores ao último. Logo, sua incidência não deverá ocorrer de forma desregrada. A solução, portanto, que preconiza é de interpretar o artigo 18, nº 1º como regra de incidência geral para entes públicos e especial para privados, na medida em que, para os últimos, sua subsunção só seria correta quando o desnível de poder entre os atores privados fosse tamanho que o primado da liberdade e igualdade jurídicas restasse ameaçado. Quanto ao mais, a Carta Constitucional, como elemento conformador do sistema, vincularia a aplicação do Direito Privado, por meio da concretização de cláusulas gerais e dos conceitos jurídicos indeterminados, incidindo, nesses termos, de maneira mediata sobre as relações privadas.

Vejamos, pois, o que seriam as cláusulas gerais e os conceitos jurídicos indeterminados. Antes, porém, analisemos em que modelo de codificação eles devem estar presentes.

Karl Larenz[252] explica que há três grandes modelos que definem o conteúdo lógico-formal dos códigos civis. O primeiro deles seria o casuístico, ou seja, aquele que pretende regrar nos códigos todos os pormenores das relações privadas. O maior exemplo dessa categoria seria o Código Civil da Prússia, ao dedicar algumas dezenas de parágrafos para tentar disciplinar todos os exemplos conhecidos de pertenças. Assim, a norma prussiana assegurava que fechaduras e chaves eram pertenças, mas não os cadeados de

[251] Höster, Heinrich Ewald. A Parte Geral do Código Civil Português. Coimbra: Almedina, 1992, p. 94/96.

[252] Larenz, Karl. Derecho Civil – Parte General. Madri: Revista de Derecho Privado, 1978, p. 30/35.

uma porta. Percebe-se que, se esse modelo torna mais automática a subsunção da norma, por outro lado, ao ser impossível exaurir todas as hipóteses fáticas dos comandos normativos abstratos, abre imensas dúvidas quando o aplicador se depara com uma hipótese que não foi arrolada na lei. Logo, mesmo que uma lei estabeleça em cem parágrafos quais todas as pertenças conhecidas, a evolução tecnológica logo fará surgir novas modalidades que não estavam previstas, tornando precocemente obsoleto o comando legal.

O segundo modelo, prossegue Larenz, chamado de abstrato-generalizador, parte do pressuposto de que o legislador não pode prever todos os pormenores da vida real, confiando ao magistrado e aos intérpretes em geral, por meio de conceitos precisamente definidos e agudamente delineados, a tarefa da aplicação prática da norma, adequando-a ao mundo real. Volvamos ao exemplo da pertença. Vimos que o primeiro modelo de código – da Prússia – trouxe, em quase 10 parágrafos, casuisticamente as espécies de pertenças. Não logrou, todavia, definir o que seria, cientificamente, esse instituto. O Código Civil do Brasil, ao seu turno, determina no seu artigo 93:

> *Art. 93. São pertenças os bens que, não constituindo partes integrantes, se destinam, de modo duradouro, ao uso, ao serviço ou ao aformoseamento de outro*

Ora, quando o Código assim define as pertenças, afasta a necessidade de que sejam exemplificadas. Logo, sabe-se que, a partir do conceito dado, se, por exemplo, em 30 anos, novo utensílio doméstico for criado, se ele se destinar ao uso, serviço ou aformoseamento da casa, embora não a integre fisicamente, será uma pertença, mesmo que o codificador jamais houvesse imaginado que tal aparato um dia viesse a existir. É por esse fato, que Larenz afirma ser o segundo modelo dotado de maior segurança jurídica.

O terceiro modelo, por fim, está calcado no estabelecimento de linhas de orientação generalíssimas (como fez o Código Civil da Suíça, de 1907), chamadas de simples diretivas. Difere do segundo modelo, por não ser composto por conceitos precisos, mas por orientações muito abertas, a serem preenchidas pelo intérprete.

Apreciados os três modelos, tem-se que os códigos adeptos do segundo deles, abstrato-generalizador, logram um elevado nível de segurança jurídica, mas se não cederem, em nada, à inserção de algumas diretivas, sacrificarão diferenciações exigidas pela riqueza dos fatos no mundo real, o que dificultaria uma justa decisão de cada caso particular. Em outras palavras

– a colocação de conceitos fixos, determinados, que ousem resolver abstratamente todos os problemas da vida dos cidadãos, tornará a lei indevidamente engessada, pois impedirá o aplicador de atentar para as mais variadas nuances de cada litígio posto diante de si.

Assim, parece mais adequado, na elaboração do Código Civil, mesclar ao sem número de conceitos precisos do segundo modelo (abstrato-generalizador), alguns módulos valorativos (mais comuns no modelo das linhas de orientações generalíssimas) que requerem receber um conteúdo, isto é, as chamadas "cláusulas gerais". Assim, as cláusulas em comento seriam a janela por meio da qual valores reputados imprescindíveis para a sociedade passariam a integrar o texto das normas positivadas.

Vejam que a densificação do conteúdo das cláusulas gerais só se poderá fazer com a sua leitura segundo a óptica constitucional, respeitando-se, dessarte, valores como a dignidade da pessoa humana, a igualdade material, a liberdade, entre outros aspectos. Como exemplos de cláusulas gerais, no Código Civil brasileiro, temos os artigos 113, 187 e 422, ao tratarem de boa-fé e bons costumes, valores cuja aplicação se esparrama por todo o Código e que não possui uma estrutura conceitual delimitada, certa e invariável.

Os conceitos jurídicos indeterminados, ao seu turno, seriam expressões semanticamente abertas, passíveis de alteração espaço-temporal, como se pode notar no artigo 1.228, parágrafo 4º, que dispõe:

> *§ 4º O proprietário também pode ser privado da coisa se o imóvel reivindicado consistir em extensa área, na posse ininterrupta e de boa-fé, por mais de cinco anos, de considerável número de pessoas, e estas nela houverem realizado, em conjunto ou separadamente, obras e serviços considerados pelo juiz de interesse social e econômico relevante.*

Dessa forma, expressões como "extensa área" e "considerável número de pessoas" não seriam conceitos determinados. Caberá ao intérprete indicar os contornos precisos das duas ideias, segundo o tempo e o lugar no qual forem aplicadas.

Nosso posicionamento acerca da incidência direta ou indireta dos direitos fundamentais nas relações privadas

Entendemos, à guisa de conclusão, que a incidência dos direitos fundamentais nas relações privadas ocorre, sobretudo, de forma mediata, principalmente por meio de cláusulas gerais e conceitos indeterminados que pontuam a redação de nosso Código e de nossa legislação extravagante.

A Constituição Federal arrola como um dos fundamentos republicanos a dignidade da pessoa humana (Art. 1º, III). Essa ideia parece ser o único consenso entre os estudiosos. A dignidade da pessoa humana é um princípio basilar do nosso Estado de Direito, mas a sua maior ou menor amplitude conceitual, seguida do risco de banalização no seu emprego, são desafios dos quais não se pode furtar o intérprete da norma constitucional.

Haverá vezes, porém, em que a incidência imediata de preceitos constitucionais às relações privadas poderá ocorrer. A primeira delas é quando inexistir norma civil que reproduza mandamentos constitucionais. Caso típico foi a usucapião especial urbana, que, embora prevista no artigo 183 da Carta, desde 1988, só foi incorporada a textos infraconstitucionais em 2001, com o Estatuto da Cidade. Até lá, todo aquele que preenchesse os requisitos constitucionalmente fixados para a aquisição originária da propriedade, poderia fazê-lo invocando diretamente o preceito constitucional.

Outra hipótese em que seria possível a incidência direta decorreria de uma combinação de fatores. Seriam eles:

a) previsão da questão no Código Civil e na Constitiução;

b) insuficiência do regramento contido no Código Civil para alcançar a almejada proteção ao núcleo essencial do direito fundamental resguardado na Constituição;

c) apuração da insuficiência protetiva do Código Civil por meio da técnica da ponderação de valores.

Expliquemo-nos:

Os dois primeiros requisitos são claros. Ora, caso não exista um regramento de direito civil sobre a matéria, natural que se aplique diretamente o preceito constitucional, vez que a mediação legislativa não foi feita. No entanto, o grande problema surge quando a matéria está versada no Código Civil, mas a parte interessada entende ser insuficiente a incidência da norma infraconstitucional para se materializar determinado preceito constitucional, previsto no bojo de nossa Carta.

Pois bem, nesse caso, imprescindível que se recorra à técnica da ponderação de valores. Isso porque, nas relações intersubjetivas, não raro, o Código Civil dá azo à incidência de direito igualmente constitucional: a liberdade (consubstanciada na autonomia privada). Saber se um preceito de liberdade deve ou não prevalecer sobre outro, igualmente de índole constitucional, não possui resposta prévia.

Necessário, assim, que recorramos a Robert Alexy[253]. O mencionado jurista afirma que, diferentemente do que ocorre no conflito entre regras, que se resolve no plano da validade, o conflito entre princípios se soluciona por ponderação sobre qual deles prevalecerá em determinado caso concreto, segundo o que denomina relações de precedência condicionada.

A mencionada ponderação, segundo prossegue Alexy[254], depende da aplicação concreta do princípio da proporcionalidade, até então compreendido como mais um entre tantos princípios, mas que, para o autor, é condição de aplicação dos demais. Desse modo, não se pode, ***a priori,*** definir se o princípio da liberdade é mais ou menos importante do que o da igualdade ou da proteção à vida, sem que se leve a efeito a análise de proporcionalidade, cujos subprincípios assim foram expostos por Paulo Bonavides[255]:

> *"Constatou a doutrina a existência de três elementos, conteúdos parciais ou subprincípios que governam a composição do princípio da proporcionalidade.*

[253] ALEXY, *Teoría de los derechos fundamentales.*2 ed. Madri: Centro de Estudios Políticos e Constitucionales. 2007, p. 73/75 assim expõe a questão: *"El concepto de relación de precedência condicionada que se acaba de utilizar tiene importância fundamental para La compresión de La colisión de principios y, com ello, para La teoria de los principios. (...) El tribunal excluye La aceptación de uma relación de precedencia incondicionada semejante mediante la frase: «Ninguno de estos intereses merece sin más la precedência frente AL outro». Esta frase es válida, em general, para lãs colisiones de princípios del derecho constitucional. Sólo a primeira vista, el princípio da dignidad humana, sobre el que se volverá más adelante, constituye uma excepción. (...) El asunto decisivo ES em qué condiciones qué principio tiene precedencia y que principio debe ceder. (...) Como consecuencia, puede formularse la siguiente ley sobre la conexión que existe entre las relaciones de precedencia condicionada y las reglas: (K) Si el principio P1 em las circunstancias C, tiene precedencia sobre el principio P2: (P1* **P** *P2) C, y si de P1, em las circunstancias C deriva la consecuencia R, entonces tiene validez uma regla que contiene a C como supuesto de hecho y a R como consecuencia jurídica: C -> R. Uma formulación algo menos técnica ES la seguinte: (K') Las condiciones em las cuales um principio tienen precedencia sobre outro constituyen el supuesto de hecho de uma regla que expresa la consecuencia jurídica del principio precedente."*

[254] ALEXY, *Teoría de los derechos fundamentales.*2 ed. Madri: Centro de Estudios Políticos e Constitucionales. 2007, p. 73/75 assim expõe a questão: *"Ya se há insinuado que entre la teoría de los princípios y el princípio de proporcionalidad existe uma conexión. Esta conexión no puede ser más próxima: el carácter de princípio implica el princípio de proprcionalidad, y este implica aquél. Que el carácter de princípio implique el princípio de proporcionalidad cons SUS três subprincipios de idoneidade, necesidad (el mandato del médio más benigno) y de proporcionalidad em sentido estricto (el mandato de la ponderacion propriamente dicho) se sigue lógicamente a partir del carácter de principio, es decir, es deducible de el."*

[255] BONAVIDES, Paulo. Curso de direito constitucional. 22 ed. São Paulo: Malheiros, 2008, p. 396/398.

Desses elementos o primeiro é a pertinência ou aptidão (Geeignetheid), *que, segundo Zimmerli, nos deve dizer se determinada medida representa 'o meio certo para levar a cabo um fim baseado no interesse público', conforme a linguagem constitucional dos tribunais. Examina-se ai a adequação, a conformidade ou a validade do fim. (...)*

O segundo elemento ou subprincípio da proporcionalidade é a necessidade (Erforderlichkeit), *ao qual também alguns autores costumam dar tratamento autônomo e não raro identificá-lo com a proporcionalidade propriamente dita. Pelo princípio ou subprincípio da necessidade, a medida não há de exceder os limites indispensáveis à conservação do fim legítimo que se almeja, ou uma medida para ser admissível deve ser necessária.*

(...)

Finalmente, depara-se-nos o terceiro critério ou elemento de concretização do princípio da proporcionalidade, que consiste na proporcionalidade mesma, tomada ***stricto sensu.*** *Aqui assinala Pierre Muller, a escolha recai sobre o meio ou os meios que, no caso específico, levarem mais conta o conjunto de interesses em jogo.*

Quem utiliza o princípio, segundo esse constitucionalista, se defronta ao mesmo passo com um obrigação e uma interdição; obrigação de fazer uso de meios adequados e interdição quanto ao uso de meios desproporcionados. (...)"

Assim, em regra há de se fazer uma leitura constitucional do Código Civil, por meio de suas cláusulas gerais e conceitos indeterminados para se buscar o primado da Constituição. Advertimos apenas para a tentação que o intérprete bem intencionado, porém mais afoito, sofrerá para, ao valer-se de conceitos muito abertos como "dignidade da pessoa humana", "isonomia" e "proteção à vida", simplesmente ignorar os regramentos já existentes, ou alterá-los conformando-os à interpretação que julgar mais adequada.

Lembremo-nos que o Direito Civil tem mais de dois mil anos de evolução, erigindo-se como um sistema lógico que, se não agirmos cautelosamente, poderá ser rompido por interpretações mais açodadas e que clamem ser a verdadeira voz da vontade constitucional. A prudência, portanto, e somente ela, poderá fazer com que o movimento do direito civil-constitucional seja um avanço e não um retrocesso nas letras jurídicas nacionais.

Capítulo 5
Pessoa Natural – Início e Fim da Personalidade

Aspectos introdutórios

Já salientamos, na presente obra, que o Código Civil se estrutura, em sua Parte Geral, de forma a disciplinar os principais aspectos das relações jurídicas: os seus sujeitos (pessoas), o seu objeto (bens) e tudo aquilo que seja capaz de iniciar, modificar ou pôr fim a relações jurídicas (fatos jurídicos em sentido lato). Sigamos, pois, tal sistemática e encetemos nossa análise pelos sujeitos de direito, dedicando-nos ao estudo da personalidade.

Sabe-se que as pessoas se classificam, de um lado, em naturais ou físicas, quando seres humanos, e, de outro, em coletivas ou jurídicas, quando representadas por agrupamentos que ostentam a faculdade de serem titulares de direitos e deveres, como sói acontecer com as associações, fundações, sociedades, partidos políticos e entidades religiosas, entre outros.

Mas como se tornam sujeitos de direitos? Até quando ostentam essa característica? Qual o alcance prático de assim serem classificados? Essas são apenas algumas das indagações que nos propomos a analisar doravante.

A questão da personalidade jurídica

Entende-se como personalidade jurídica a aptidão para ser titular de relações jurídicas. Nos dizeres de Carlos Alberto da Mota Pinto[256], ela é, nos homens, um imperativo da dignidade que se deve atribuir a todos os seres humanos e, nos entes coletivos, um processo técnico de estruturação de relações jurídicas vinculadas com um determinado empreendimento coletivo.

[256] PINTO, Carlos Alberto da Mota. Teoria geral do direito civil. 3 ed. Coimbra: Coimbra, 1999, p. 191.

No linguajar comum, pessoas e seres humanos são ideias que se confundem, como se fossem sinônimos, embora, juridicamente, o primeiro vocábulo, englobe, além dos último, outros entes que não são humanos – as chamadas pessoas jurídicas. Nem sempre foi assim. Na Roma Antiga, a premissa intuitivamente concebida de sinonímia entre humanos e pessoas, não era respeitada[257] integralmente, pois se constatou a existência de homens que não eram, no sentido técnico atual, pessoas (escravos) e de "pessoas" que não eram seres humanos, como ocorreu no interessante episódio, entre as mais diversas extravagâncias dos imperadores de Roma, em que o cavalo Incitatus, pertencente a Calígula, foi nomeado para o Senado Romano, o que comprova que a titularidade de direitos, hoje exclusiva para os seres humanos e outros entes coletivos (as chamadas pessoas jurídicas), nem sempre foi regra entre os romanos.

O início da personalidade natural

O Código Civil dispõe quanto ao início da personalidade:

> *"Art. 1º Toda pessoa é capaz de direitos e deveres na ordem civil.*
> *Art. 2º A personalidade civil da pessoa começa do nascimento com vida; mas a lei põe a salvo, desde a concepção, os direitos do nascituro."*

A análise conjunta dos dois dispositivos nos remete a uma das mais controvertidas questões do Direito Civil: quando se inicia a personalidade?

Ora, de um lado, tem-se que toda pessoa é capaz de direitos e deveres na órbita civil. Logo, aquele que for titular de direitos, necessariamente será pessoa. Ocorre, por outro lado, que o Código Civil é claro ao afirmar que a personalidade civil se inicia com o nascimento, embora sejam preservados, desde a concepção, os direitos do nascituro. É de indagar-se: sendo reconhecidos direitos ao nascituro e se a titularidade de qualquer

[257] SERAFINI, Filippo. Diritto Romano. 10 ed. Roma: Athenaeum, 1920, p. 105, traduz essa idéia ao afirmar: "In base alla posizione che l'uomo occupa nell'ordine giuridico il concetto primitivo di persona è sinonimo di quello di uomo. D'onde consegue che, secondo quest'idea primitiva, ogni uomo dovrebbe essere persona, e nessun altro fuori di lui; ma questa identità di concetto non è riconosciuta dalle leggi romane. Le quali, restringendo o allargando l'idea primitiva, negarono la personalità a certi individui umani, e d'altra parte la concedettero ad esseri non umani. E cosi ammettonsi in diritto romano persone che non sono individui umani, ed esistono delgi uomini che non sono persone, cioè gli schiavi".

direito implica personalidade para quem for o seu sujeito, não seriam, pois, os nascituros, pessoas naturais?

Entendemos que não e enfrentemos, assim, o aparente paradoxo, iniciando-se a abordagem pelo regramento da questão em Roma.

A questão no Direito Romano

Em Roma, a existência do homem livre, sujeito de direito, só se iniciava com o seu nascimento, como se pode depreender do brocardo *"partus nondum editus homo non recte fuisse dicitur"*[258], que, livremente, se pode traduzir como "a criança não nascida não se pode dizer que seja propriamente um homem". A ideia se completa com a máxima *"antequam edatur, mulieris portio est vel viscerum"*[259], que, em linhas gerais, significa que o infante, antes do nascimento, considerava-se como parte da mulher ou de suas vísceras.

Ser parte das vísceras maternas, todavia, não implicava liberdade para a mulher cometer aborto, dispondo de uma fração destacável de seu corpo. A **Lex Cornelia de sicarios et veneficis** (81 a.C.) criminalizou, em Roma, essa conduta, não tanto por uma preocupação com a vida do nascituro, como se pleno sujeito de direito este fosse, mas, sobretudo, mirando a proteção do direito paterno de ver o filho que ajudou a conceber efetivamente nascido[260].

Certos interesses do nascituro, todavia, já naquela civilização, eram protegidos. Aliás, alguma proteção ao nascituro, desde que nascido posteriormente, poderia derivar do seguinte brocardo: *"Qui in utero est, perind ac si in rebus humanis esset, custoditur, quotiens de commodis ipsius partus quae-*

[258] D. 35, 2, 9, 1 Papin.

[259] D. 25, 4, 1, 1 Ulp.

[260] SEDANO, Carlos D. Vieyra. **Dilemas jurídicos de la reproduccíon medicamente asistida. El conceptus extracorporis y propuesta para la incorporación al Código Civil para el Distrito Federal, de la instituición de la agnación prenatal,** disponível em http://www.derecho.unam.mx/DUAD/boletin/pdf/06-sep-08.doc, acesso em 11 de janeiro de 2012, traduz essa idéia ao afirmar sobre a proteção ao nascituro: "1) Derecho a la vida y protección a sus derechos: En caso de que la madre incurriera en alguna falta que ameritara pena capital, mientras estuviera en estado de gestación, ésta era suspendida hasta que diera a luz. Los derechos del nasciturus eran protegidos y garantizados mediante la asignación de un curator ventris. En el Derecho Romano sí fue tipificado el delito de aborto, pero el bien jurídicamente protegido no era la vida del producto de la concepción, sino el derecho que el marido tenía a procrear y por eso se estimaba que la mujer que se practicara um aborto defraudaba a la sacra privata de su marido. Posteriormente, con la Lex Cornelia de sicarios et veneficis, se consideraba un crimen cuando la mujer abortaba y por ello debía sufrir la pena de destierro.".

ritur: quamquam, antequam nascatur, nequaquam prosit"[261] , que livremente poderíamos entender como "quem estiver no útero, será tratado como se humano for toda a vez que se inquirir sobre os proveitos do próprio parto. Antes de nascer, porém, em nada poderá se beneficiar."

Assim, como advertem Alexandre Correia e Gaetano Sciascia[262], o nascituro, em Roma, beneficiava-se de seu *status libertatis,* se isto lhe aproveitasse, no momento da concepção, assim como das qualidades honoríficas do pai. Além dessas prerrogativas, ao nascituro reservavam-se direitos sucessórios e nomeavam-se-lhe curador. Não se pode afirmar, entretanto, que o nascituro gozasse do mesmo *status* dos homens nascidos, para fins de determinação de sua capacidade jurídica, que só era reconhecida quando o parto fosse perfeito (realizado ao menos dentro do sétimo mês de concepção) e se possuísse o que se convencionou chamar de "forma humana".

A questão no direito comparado

No mundo hodierno, as nações dividem-se entre duas correntes: a concepcionista, que atribui personalidade ao nascituro desde a concepção e a natalista, que só o faz se o nascimento, com vida, se der.

Entre os concepcionistas, podemos mencionar o Código Civil da Hungria, que, na Seção 9ª, normatiza[263]:

> *"**Seção 9ª** A capacidade jurídica será reconhecida a cada pessoa, se nascida viva, a partir do dia da concepção. Os trezentos dias precedentes à data do nascimento serão considerados como o dia da concepção, o que, todavia, pode-se provar haver ocorrido antes ou depois. O dia do nascimento será computado para a aferição do período"*

Na mesma esteira, pode-se citar o Código Civil da Argentina, que dispõe[264]:

> *"Art. 70. Desde a concepção, no ventre materno, começa a existencia das pessoas, e, antes do seu nascimento, podem adquirir alguns direitos, como se já houvessem nascido.*

261 D. 1, 5, 7 Paul.

262 Correia, Alexandre e Sciascia, Gaetano. Manual de direito romano – v. I. 2 ed. São Paulo: Saraiva, 1953, p. 40/41.

263 Tradução livre da versão inglesa do Código Civil Húngaro, disponível em http://www.angelfire.com/mn2/reformclub/huncl.html, acesso em 09 de janeiro de 2012.

264 Tradução livre da versão espanhola do Código Civil Argentino, disponível em http://www.codigocivilonline.com.ar/codigo_civil_online_70_78.html, acesso em 09 de janeiro de 2012.

Esses direitos são irrevogavelmente adquiridos, se os concebidos, no ventre materno, nascerem com vida, ainda que sobrevivam por instantes após estarem separados de sua mãe.

(...)

Art. 74. Se morrerem antes de estarem completamente separados do ventre materno, serão considerados como se não houvessem existido."

A regra, no entanto, é da adoção da teoria natalista. Na França, os civilistas entendem que a personalidade deriva do nascimento com vida e se aplica apenas àqueles que sejam viáveis[265]. Embora não exista uma referência direta a todos esses requisitos, ela pode ser deduzida dos seguintes dispositivos do Código francês[266]:

"Artigo 79-1

(introduzido pela Lei nº 93-22 de 8 de janeiro de 1993 art. 6 Diario Oficial de 9 de janeiro de 1993)

Quando falecer uma criança antes de se haver declarado seu nascimento no Registro Civil, o oficial do Registro Civil lavrará uma certidão de nascimento e uma de óbito, mediante a apresentação de atestado médico que indique que a criança ***NASCEU VIVA E VIÁVEL*** *e defina o dia e hora de seu nascimento e de sua morte."*

(...)

"Artigo 311-4

(introduzido pela Lei nº 72-3 de 3 de janeiro de 1972 art. 1 Diário Oficial de 5 de janeiro de 1972, em vigor em 1 de agosto de 1972)

No se conhecerá de nenhuma ação acerca da filição de filho que não tenha ***NASCIDO VIÁVEL."***

(...)

"Artigo 906

Para ter capacidade de receber por ato entre vivos, basta que o adquirente tenha sido concebido no momento da doação.

Para ter capacidade de receber por testamento, basta que o adquirente tenha sido concebido no momento da morte de testador.

Não obstante, a doação e o testamento só terão eficácia quando a criança ***NASÇA VIÁVEL."*** *(grifos não constantes do original)*

[265] Josserand, Louis. Derecho civil – t. I, v. I. Buenos Aires: Bosch, 1952, p. 172/173 assim trata a questão: "185. El nacimiento no basta siempre para conferir la personalidad al nuevo ser. – Es también preciso que nazca *vivo y*, además, que nazca *viable.*".

[266] Tradução livre da versão espanhola do Código Civil Francês, disponível em http://195.83.177.9/code/liste.phtml?lang=esp&c=41, acesso em 09 de janeiro de 2012.

Os espanhóis trilharam o mesmo caminho, embora de forma mais expressa[267]:

> ***"Artigo 29.***
> *O nascimento determinará a personalidade; porém o concebido se tem por nascido para todos os efeitos que lhe sejam favoráveis, sempre que nasça com as condições que expressa o artigo seguinte.*
> ***Artigo 30.***
> *Para os efeitos civis, só se reputará nascido o feto que tiver forma humana e viver vinte e quatro horas inteiramente separado do ventre materno."*

Já os alemães, ao contrário dos franceses e espanhóis, não demandam que a criança, além de haver nascido viva, o tenha feito de forma viável, como se pode depreender da leitura de seu Código[268]:

> ***"Seção 1ª***
> ***Início da capacidade jurídica***
> *A capacidade jurídica do ser humano começa do completo nascimento."*

A Lei Civil italiana[269] parece haver feito a mesma opção tedesca:

> ***"Art. 1º Capacidade jurídica***
> *A capacidade jurídica se adquire no momento do nascimento.*
> *Os direitos que a lei reconhece a favor do concebido são subordinados ao evento do nascimento"*

Por fim, na mesma linha dos dois últimos Códigos transcritos, colaciona-se o português[270]:

> ***"ARTIGO 66º***
> ***(Começo da personalidade)***
> *1. A personalidade adquire-se no momento do nascimento completo e com vida.*
> *2. Os direitos que a lei reconhece aos nascituros dependem do seu nascimento."*

[267] Tradução livre da versão espanhola do Código Civil Espanhol, disponível em http://pdf.rincondelvago.com/codigo-civil-espanol_1.html, acesso em 09 de janeiro de 2012.
[268] Tradução livre da versão inglesa do BGB, disponível em http://www.gesetze-im-internet.de/englisch_bgb/german_civil_code.pdf, acesso em 02 de novembro de 2015.
[269] Tradução livre da versão italiana do Código Civil Italiano, disponível em http://www.jus.unitn.it/cardozo/obiter_dictum/codciv/Lib1.htm, acesso em 09 de janeiro de 2012.
[270] Disponível em http://www.verbojuridico.com/download/codigocivil2010.pdf, acesso em 09 de janeiro de 2012.

A legislação brasileira perfilha-se entre aquelas que adotaram o nascimento com vida como requisito básico para aquisição da personalidade natural. Não se pense, todavia, inexistirem vozes a clamar pela adoção, entre nós, da teoria concepcionista. Analisemos, pois, tal polêmica.

A questão na legislação brasileira

Mencionamos que, segundo a melhor doutrina, o Brasil está entre as nações que se renderam às teorias natalistas, abraçando tradição que se iniciou em Roma.

Nosso Código Civil, todavia, despertou dúvidas ao disciplinar a questão em dois artigos:

> *"Art. 1º Toda pessoa é capaz de direitos e deveres na ordem civil.*
>
> *Art. 2º A personalidade civil da pessoa começa do nascimento com vida; mas a lei põe a salvo, desde a concepção, os direitos do nascituro."*

Afirmamos que a redação enseja questionamentos na medida em que reconhece ao nascituro, que não seria pessoa, a proteção a seus direitos. O problema reside no fato de que só pode ser titular de direito quem seja pessoa. Logo, ao menos do ponto de vista abstrato, se o nascituro tem direitos reconhecidos pela lei, é porque seria pessoa.

Contundente em sua argumentação, a favor da teoria concepcionista, pode-se citar Silmara J. A. Chinelato e Almeida[271], quando afirma:

> *"Não há meia personalidade ou personalidade parcial. Mede-se ou quantifica-se a capacidade, não a personalidade. Por isso se afirma que a capacidade é a medida da personalidade. Esta é integral ou não existe. Com propriedade afirma Francisco Amaral: 'Pode-se ser mais ou menos capaz, mas não se pode ser mais ou menos pessoa.'*
>
> *Nenhum homem é capaz de todos os direitos e de todas as obrigações reconhecidas pelo sistema jurídico. A personalidade é um valor. A capacidade é um quantum, a medida da personalidade.*
>
> *Por isso, a limitada capacidade de direito do nascituro não lhe tira a personalidade. Igualmente, não a infirma o fato de que, quanto ao exercício dos direitos, seja absolutamente incapaz porque também o são os menores de dezesseis anos, os loucos de todo o gênero, os surdos-mudos que não possam exprimir sua vontade e os ausentes, assim declarados pelo juiz (art. 5º do Código Civil).*

[271] CHINELATO E ALMEIDA, Silmara J. A. Tutela Civil do Nascituro. São Paulo: Saraiva, 2000, p. 168/170.

Não se há também falar em 'personalidade condicional', erro em que incorrem os que identificam a personalidade e capacidade. Conforme demonstramos, a personalidade do nascituro não é condicional; apenas certos efeitos de certos direitos dependem do nascimento com vida, notadamente os direitos patrimoniais materiais, como a doação e a herança. Nesses casos, o nascimento com vida é elemento do negócio jurídico que diz respeito à sua eficácia total, aperfeiçoando-a.

(...)

Diferenciar os direitos do nascituro em relação aos do já nascido não significa diminuir-lhe a importância como ser humano, mas apenas observar sua condição de pessoa por nascer. O próprio Código Civil diferencia os nascidos, incapazes – absolutamente ou relativamente – e capazes, sem que se cogite de não-consideração de personalidade mas sim de restrição de capacidade, tomando-se em conta o particular modo de ser, quanto ao discernimento.

Afirmar que a personalidade começa a partir da concepção decorre da existência de direitos não patrimoniais e status que independem do nascimento com vida.

Subordinar a plena eficácia e, portanto, a consolidação dos direitos patrimoniais materiais – doação e herança – ao nascimento com vida atende à preocupação do legislador com a prevalência dada a tais direitos. Atende, ainda, a denominada 'certeza' da 'existência visível' do titular do direito, por meio do nascimento, fato social de maior relevância, em confronto com a concepção, segundo os meios científicos quanto o Código foi elaborado e promulgado."

Esquematicamente, portanto, podemos resumir os principais argumentos dos adeptos da teoria:

a) o Código Civil reconhece direitos aos nascituros, atribuindo-lhes, assim, implicitamente, personalidade, eis que não há direitos sem sujeitos e só são sujeitos de direitos as pessoas;

b) podemos citar, entre os vários direitos reconhecidos aos nascituros, os direitos de personalidade (vida, honra, integridade física, entre outros), direito à prestação de alimentos (alimentos gravídicos), direitos patrimoniais (receber por doação e herança), bem como a faculdade de serem representados por curador;

c) o nascituro não se confunde com as vísceras maternas, sendo o aborto criminalizado;

d) a dignidade da pessoa humana afasta a patrimonialização do Direito Civil, levando a uma leitura conforme a constituição do início da personalidade do ser humano, remetendo-a, pois, à data da concepção.

Esses argumentos, embora ponderáveis, podem ser refutados. Lancemo-nos pois ao enfrentamento desse desafio.

A questão da expressão "direitos do nascituro"

Entende-se por direito subjetivo, segundo o conceito por nós adotado no Capítulo I dessa obra, "o poder da vontade concedido pelo direito objetivo para a realização autônoma dum interesse juridicamente protegido (bem jurídico)"[272].

Dessa forma, como assevera Von Thur[273], "sendo o âmago de todo direito subjetivo o poder reconhecido à vontade, haverá que se considerar como sujeito de um direito aquele a cuja vontade atribui à lei esse poder, mesmo quando o direito sirva ao interesse de outra pessoa (do destinatário)". A decorrência lógica de tal fato é a de que, para cada direito, forçosamente será atribuído um titular (centro de emanação de vontade), não havendo, assim, direitos sem sujeitos. Nada impede, porém, que a ligação entre o sujeito e o direito seja, em algumas hipóteses, latente, como sói ocorrer no caso da herança jacente, do direito dos nascituros, nos direitos constantes de títulos ao portador e tantas outras hipóteses[274].

A questão principal, todavia, continua a desafiar uma resposta: já que não existem direitos sem sujeito, quando o Código Civil afirma que os "direitos" do nascituro serão protegidos, ele não estaria a personalizar tais entes? ***Entendemos que não e vamos aos argumentos!***

Nem tudo a que o Direito confere proteção, ele personaliza. Ora, a proteção ao meio ambiente equilibrado é uma constante fonte de preocupações entre os operadores do Direito e, nem por isso, se atribui personalidade ao ambiente que nos circunda.

A técnica da atribuição de personalidade depende do reconhecimento daquilo que se personaliza como um centro passível de emanar vontade por si ou por seus representantes. Nesse contexto, nada impede que determi-

[272] KAUFMANN, Arthur. Filosofia do directo. Lisboa: Fundação Calouste Gulenkian, 2004, p. 153/154.

[273] VON THUR, Andreas. Parte General del Derecho Civil. São José da Costa Rica: Juricentro, 1977, p. 21 afirma: "Siendo la entraña de todo derecho subjetivo el poder reconocido a la voluntad, habrá que considerar como sujeto de un derecho aquel a cuya voluntad atribuye la ley ese poder, aun cuando el derecho sirva al interés de otra persona (del destinatario)".

[274] HÖRSTER, Heinrich Ewald. A parte geral do Código Civil português. Coimbra: Almedina, 2000, p. 272.

nados ordenamentos (como o argentino e o húngaro) optem por personalizar o nascituro, mas nada há de errado com os países que não escolhem essa via: é tudo uma questão de soberana política legislativa. Entenda-se: proteger a vida do nascituro e seus interesses básicos é algo tão nobre que prescinde da atribuição de personalidade ao *infans conceptus*. Pontes de Miranda[275] bem nos explana essa assertiva:

> *"Se, quanto ao* ***infans conceptus,*** *se lhe atribuísse, desde já, personalidade, o nascimento sem vida teria de atuar como elemento de suporte fático novo, que entrasse no direito e cancelasse,* ***ex tunc,*** *a eficácia da personificação prematura. A vida, em si mesma, independente do nascimento, seria determinadora da personalidade.* ***Homo est qui futurus est.*** *Identificar-se-ia* ***homo*** *e* ***persona,*** *o que ainda vai entrar na vida social e o que nela já entrou. Tal identificação foge à verdadeira natureza do direito: protege-se o feto, como ser vivo, como se protege o ser humano já nascido, contra atos ilícitos absolutos e resguardam-se os seus interesses, para o caso de nascer com vida; biologicamente, o* ***conceptus sed non natus*** *já é homem; juridicamente, esse ser humano ainda não entrou na vida social, que é onde se enlaçam as relações jurídicas. Não foi a personificação do nascituro a solução deram conhecedores profundos da vida social, como foram os legisladores e juristas gregos e romanos. Tinham eles consciência de que antecipavam efeitos,* ***quotiens de commodis eius agitur.*** *(Quando Polidectes morreu, pensou-se que Licurgo era o rei, e reinou ele; mas, sabendo-se que a rainha estava grávida, declarou que, se lhe nascesse filho, seria esse o rei, não cabendo a ele mais que a tutoria)."*

Pensamento muito semelhante se pode extrair de recente pronunciamento do Supremo Tribunal Federal ao apreciar a possibilidade de pesquisas científicas em embriões humanos excedentários. Naquela oportunidade, o Min. Carlos Brito[276] assim se manifestou:

> *"19. Falo 'pessoas físicas ou naturais', devo explicar, para abranger tão-somente aquelas que sobrevivem ao parto feminino e por isso mesmo contempladas com o atributo a que o art.2º do Código Civil Brasileiro chama de 'personalidade civil',* ***literis:*** *'A personalidade civil da pessoa começa do nascimento com vida; mas a lei põe a salvo, desde a concepção, os direitos do nascituro'. Donde a interpretação de que é preciso vida pós-parto para o ganho de uma personalidade perante o Direito (teoria 'natalista', por-*

[275] PONTES DE MIRANDA, Francisco Cavalcanti. Tratado de directo privado – tomo I. Campinas: Bookseller, 2000, p. 226.

[276] BRASIL. Supremo Tribunal Federal. ADI 3510. Voto do Ministro Carlos Britto. Acórdão no DJe de 28/05/2010.

tanto, em oposição às teorias da 'personalidade condicional' e da 'concepcionista'). Mas personalidade como predicado ou apanágio de quem é pessoa ***numa dimensão biográfica****, mais que simplesmente biológica, segundo este preciso testemunho intelectual do publicista José Afonso da Silva:*

'Vida, no texto constitucional (art. 5º, caput), não será considerada apenas no seu sentido biológico de incessante auto-atividade funcional, peculiar à matéria orgânica, mas na sua acepção biográfica mais compreensiva (...)'.

20. Se é assim, ou seja, cogitando-se de personalidade numa dimensão ***biográfica****, penso que se está a falar do indivíduo já empírica ou numericamente agregado à espécie animal-humana; isto é, já contabilizável como efetiva unidade ou exteriorizada parcela do gênero humano. Indivíduo, então, perceptível a olho nu e que tem sua história de vida incontornavelmente interativa. Múltipla e incessantemente relacional. Por isso que definido como membro dessa ou daquela sociedade civil e nominalizado sujeito perante o Direito.* ***Sujeito que não precisa mais do que de sua própria faticidade como nativivo para instantaneamente se tornar um rematado centro de imputação jurídica****. Logo, sujeito capaz de adquirir direitos em seu próprio nome, além de, preenchidas certas condições de tempo e de sanidade mental, também em nome próprio contrair voluntariamente obrigações e se pôr como endereçado de normas que já signifiquem imposição de "deveres", propriamente. O que só pode acontecer a partir do nascimento com vida, renove-se a proposição."*

Repita-se: não há necessidade de se reconhecer juridicamente o nascituro como sujeito de direitos para proteger-lhe a vida. O momento exato em que se atribuirá personalidade jurídica ao ser humano dependa da opção legislativa de cada povo e admite algumas variações: há nações que o fazem no momento da concepção, há aquelas que preferem fazê-lo no momento do nascimento com vida e outras que aguardam vinte e quatro horas após o nascimento para assim agir, como o ordenamento espanhol. E nenhuma das três soluções adotadas pelas mais diversas nações, estaria em descompasso com a universal preocupação de salvaguardar os direitos humanos, desde que, sejam elas concepcionistas ou natalistas, criem, em seus ordenamentos, mecanismos de proteção eficaz à vida, intra ou extrauterina. Essa é a pedra de toque – sejam natalistas, concepcionistas, exijam ou não a viabilidade do nativivo, o que não se pode deixar de fazer é se dar a mais eficaz proteção ao ser humano concebido, permitindo um nascimento saudável, o que, a longo prazo, contribuirá para o desenvolvimento da própria Nação.

A existência de interesses legítimos da sociedade na proteção ao nascituro

Temos, por fim, que quando se aponta a existência de "direitos do nascituro", o que se tem em mira, na realidade, é a defesa de interesses legítimos de toda a sociedade. Lembremos, por oportuno, que "conferem interesse legítimo aos administrados as normas de direito objetivo que regem a realização de interesse coletivo, mas, reflexamente, ao mesmo tempo, satisfazem os interesses de determinados indivíduos. Assim, tais particulares, a que as regras concretamente atingem, têm interesse especial na sua observância."[277], embora não sejam titulares de direitos subjetivos pertinentes a esses interesses.

Uma sociedade justa, fraterna e solidária, portanto, preocupa-se em proteger os seres humanos que estão por nascer, pela simples constatação de que eles, em última análise, serão os destinatários finais de todo o ordenamento jurídico no futuro. Preservar os nascituros nada mais é do que a instintiva necessidade de proteger o futuro de nossa espécie e civilização, interesse que transcende a atribuição de personalidade ao ***infans conceptus***, e se coloca como uma preocupação central de toda nossa sociedade. Messineo[278] é bastante esclarecedor ao doutrinar:

> *"A razão dessa tutela legal* [dos chamados 'direitos do nascituro'] *deve buscar-se na falta de certeza de se o concebido nascerá ou não. Porquanto possa nascer, e é estatisticamente mais provável que nasça (ao invés de não nascer), é oportuno que, para os especiais efeitos antes indicados, tomem-se em consideração seus interesses patrimoniais, com referência ao momento em que é concebido. Compreende-se que o cálculo do momento da concepção se faz* ***a posteriori****, uma vez que o concebido tenha efetivamente nascido."*

Essa premissa, portanto, justifica todos os chamados "direitos do nascituro" que nada mais representam, pois, do que o interesse legítimo da

[277] BANDEIRA DE MELLO, Oswaldo Aranha. Princípios gerais de direito administrativo – v. I, introdução. Rio de Janeiro: Forense, 1969, p. 203.

[278] MESSINEO, Francesco. Manual de derecho civil y comercial – v. I. Buenos Aires: EJEA, 1954, p. 90 é categórico ao assim se manifestar: "La razón de esta tutela de la ley debe buscarse en la falta de certeza de si el concebido nacerá o no. Puesto que podría nacer y es estadísticamente más probable que nazca (en lugar de que no nazca), es oportuno que, para los especiales efectos antes indicados, se tomen en consideración sus intereses patrimoniales, con referencia al momento en que es concebido. Se comprende que el cálculo del momento de la concepción se hace **a posteriori,** una vez que el concebido haya efectivamente nacido".

sociedade de protegê-los, porquanto, muito provavelmente, os nascituros irão se transformar em nativivos. Lembremos, todavia, que muitos interesses legítimos da sociedade podem, ao mesmo tempo, ser considerados direitos subjetivos de determinados indivíduos, como podem ocorrer no seguinte exemplo: todos temos interesse, para preservação ambiental, em que grileiros sejam proibidos de desmatarem florestas virgens, ainda que pertencentes a outros particulares. Os donos das áreas invadidas, porém, muito além de mero interesse reflexamente protegido, têm direito subjetivo a evitar a invasão de suas terras, interrompendo, pois, o desmatamento. Assim, ao lado do interesse legítimo da sociedade podem coexistir direitos subjetivos de determinadas pessoas.

Nessa esteira, temos que ao lado do já mencionado interesse legítimo de proteção ao nascituro poderão ser subjetivados certos direitos, adotando-se a técnica da indeterminabilidade momentânea do verdadeiro titular, ou, como prefere Pontes de Miranda[279], aplicando-se a teoria do "vir a ser" à personalidade. Explana o jurista que a futuridade não concerne, juridicamente, sempre ao objeto e aos fatos, mas aos sujeitos. Assim, a sociedade, como um todo, tem interesse no resguardo de fração da herança para o nascituro, mas o direito a herdar pode ser subjetivado e pertencer tanto ao ***infans conceptus***, se ele nascer com vida, quanto aos demais herdeiros do falecido, se for natimorto. Em outras palavras, o direito a herdar existe, mas há uma futuridade na determinação do seu titular.

Note-se, porém, que, para fazer sentido tal teoria, atribuindo-se uma eficaz proteção aos "direitos" do nascituro, recorre-se à teoria da eficácia antecipada de seus interesses. Busquemos novamente as lições Pontes de Miranda para bem explicar essa técnica, esclarecendo, desde logo, o que o autor entende por suporte fático e irradiação de seus efeitos.

Pois bem, o pensamento ponteano é calcado no fenômeno da juridicização, segundo o qual os fatos, no mundo real (por ele chamado de mundo dos fatos), vão se sucedendo e, muitas vezes, concatenando-se naquilo que designa como suportes capazes de preencherem certas previsões legais e abstratas. Uma vez preenchido integralmente um suporte fático, a lei, antes uma mera previsão abstrata, concretiza-se, incidindo sobre aconte-

[279] PONTES DE MIRANDA, Francisco Cavalcanti. Tratado de directo privado – tomo I. Campinas: Bookseller, 2000, p. 232.

cimentos reais e importando consequências jurídicas. Nessa linha, assevera o jurista[280]:

> "*4. Eficácia antecipada. No suporte fático da regra jurídica* ***Nasciturus pro iam nato habetur****, não há inversão de elementos; a eficácia é que se antecipa: antes do suporte fático da pessoa se completar, atribuem-se efeitos ao que é o suporte fático de agora, portanto incompleto para a eficácia da personalização. Seria desacertado só se reconhecerem todos os efeitos após o nascimento, como desacertado seria admiti-los todos desde já. Procurou-se a melhor solução: 'resguardam-se' os interesses desde já. O suporte fático das regras jurídicas concernentes a pessoas futuras (ainda não nascias, nem concebidas) é diferente; é o direito iria contra os fatos da vida e sua própria concepção da personalidade se recorresse à mesma regra* ***pro iam nato habetur****, em se tratando de* ***nodum concepti****. O já concebido é suporte fático de 'pessoa', que pode não vir a nascer vivo; portanto, se não nasce vivo, é como se não tivesse sido concebido. Em relação a seus interesses, tinha de ser atendido, enquanto isso não se dá.*"

Ora, assim, o suporte fático completo da atribuição de personalidade só ocorrerá com o nascimento com vida, embora antecipem-se efeitos jurídicos de tal nascimento (dada a probabilidade do nascimento com vida), a fim de se resguardarem diversos interesses do nascituro, ou, em outras palavras, da futura pessoa. Nada mais do que isso!

Da criminalização do aborto e da personalização do nascituro

Corriqueiramente afirmam os concepcionistas que a criminalização do aborto mira a proteção do sujeito passivo do delito, a saber, do nascituro, o que, portanto implicaria sua personificação. Magalhães Noronha[281] analisa a objetividade jurídica do delito:

> "*268. Objetividade jurídica. É a vida, como bem claro deixa o Código, com a epígrafe do Capítulo I.*
>
> *Claro é que não se trata de vida autônoma, mas não há negar que durante a gestação já existe vida. Em qualquer momento, o produto da concepção está vivo, pois cresce e se aperfeiçoa, assimila as substâncias que lhe são fornecidas pelo corpo materno e elimina os produtos de recusa; executa, assim, funções típicas de vida. De qualquer modo*

[280] PONTES DE MIRANDA, Francisco Cavalcanti. Tratado de directo privado – tomo I. Campinas: Bookseller, 2000, p. 225.

[281] NORONHA, E. Magalhães. Direito Penal – v. II. 33 ed. São Paulo: Saraiva, 2003, p. 55.

é uma vida em formação ou elaboração. Chama-se vida intra-uterina, biológica, fetal, feto-placental etc., a verdade é que ali existe uma vida humana em germe.

*Pouco importa seja o feto uma **spes personae;** deve ele mesmo assim, ser protegido pela tutela da lei, pois a vida humana, em seu infinito mistério, merece respeito, mesmo quando a ordem jurídica se encontra em presença não apenas de um homem (pessoa), mas de uma **spes homine.**"*

Ora, as lições transcritas são auto-explicativas e nos remetem ao tópico anterior: nunca se negou **vida** ao nascituro. Nunca se negou a antecipação de efeitos jurídicos na proteção a essa **vida**. Tão somente se destaca que essa proteção prescinde da personificação do nascituro, algo reforçado pelo consagrado penalista.

Da personificiação do nascituro e da dignidade da pessoa humana

Outro argumento que vem sendo lembrado pelos concepcionistas é a constitucionalização do direito privado a demandar a personificação do nascituro, sob pena de violação ao tão caro princípio da dignidade da pessoa humana. Discordamos com veemência desse pensamento, e fazemo-lo remetendo o leitor ao capítulo anterior, no qual se debate a problemática da trivialização da aplicação da ideia de dignidade da pessoa humana.

Restaram assentadas, naquela oportunidade, as três dimensões da dignidade da pessoa humana segundo Luís Roberto Barroso[282], a saber: a dignidade como valor intrínseco, a fornecer parte do conteúdo jurídico do direito à vida, à igualdade e à integridade física e moral. A dignidade como autonomia estabelecendo parte do conteúdo das liberdades públicas, do direito de participação política e, também, do chamado mínimo existencial, que é o acesso a condições mínimas de subsistência; e, por fim, a dignidade como valor comunitário, a desempenhar três papéis: *a)* de amparo aos direitos fundamentais de terceiros; *b)* de proteção da pessoa contra si própria; e *c)* de defesa determinados valores sociais (como restringir o acesso de crianças à pornografia ou como a repressão à pedofilia).

Mais uma vez asseveramos sem medo: desde que se resguardem os interesses básicos do nascituro, evitando-se o seu tratamento como uma "coisa"

[282] Entrevista publicada no sítio eletrônico http://www.redetv.com.br/ColunistaPosts.aspx?77,1426,false,Dignidade-humana-a-busca-de-um-conceito-para-impedir-a-banalizacao, acesso em 26 de outubro de 2011.

descartável, não há como retoricamente se dizer que a opção legislativa pela técnica natalista, por si, viole qualquer uma das três dimensões do princípio. Seria, aliás, muito estranho afirmar o contrário, sob pena de levianamente se acusarem nações extremamente zelosas na proteção aos direitos humanos (França, Espanha, Itália e Portugal) de ignorarem o princípio da dignidade da pessoa humana apenas porque determinaram o nascimento com vida como um dos requisitos básicos para atribuição de personalidade.

Conclusão: o início da personalidade nos seres humanos

O início da personalidade, entre os seres humanos, ocorre com o nascimento com vida. Esse por sua vez, caracteriza-se pela respiração autônoma do infante nascido ou do recém-nascido, apreciáveis por exames técnicos denominados de docimásias (pulmonares ou extrapulmonares) ou por outras provas ocasionais (presença de corpos estranhos nas vias respiratórias, substâncias alimentares no tubo digestivo, entre outras)[283].

O fim da personalidade entre os seres humanos

Não menos polêmica é a determinação do fim da personalidade humana. Poderíamos simplificar a discussão afirmando que a morte representa esse termo. Mas a grande questão que se põe é: e quando a morte, de fato, pode ser caracterizada?

A pergunta, aparentemente singela, pode ter muita repercussão no Direito Civil. Pensemos no seguinte exemplo: João, um pobre desempregado em situação de extrema dificuldade financeira, e Maria, a mais recente ganhadora da loteria, solteiros e sem filhos, após um relacionamento ocasional, conceberam Igor, embora nunca mais tenham se visto após tal acontecimento. Passados nove meses, minutos após o nascimento do infante, este e sua mãe, Maria, falecem em decorrência de complicações no parto.

A definição do momento exato da morte pode trazer consequências patrimoniais muito sérias para João. Com efeito, se Maria morreu instantes antes de Igor, este herdou toda a sua fortuna. Falecendo a criança, João passará a ser o dono do patrimônio que outrora cabia à mãe. Ocorre, todavia, que se o menor falecer antes da mãe, nada poderá herdar dela. Como a criança não tem patrimônio, João, no instante de sua morte, também

[283] FRANÇA, Genival Veloso de. Medicina Legal. 7 ed. Rio de Janeiro: Guanabara Koogan, 2004, p. 284/289.

nada herda do menor. Morta, minutos depois, Maria, sua fortuna irá para os seus outros herdeiros, não havendo nada a ser transmitido para João.

Pois bem, muitos pensam que a morte é um acontecimento instantâneo. Enganam-se, porém, pois, devido à resistência de células, tecidos, órgãos e sistemas do corpo à ausência de oxigênio, há que se aceitar que o fim da vida é um processo que passa por etapas mais ou menos rápidas[284].

Hodiernamente, porém, a morte encefálica trouxe um novo complicador para o Direito, afinal, juridicamente, aquele que tem o coração e pulmões funcionando por aparelhos, embora tenha absoluto termo nas atividades cerebrais comprovadas eletricamente e sob estímulo, poderia ser considerado, por alguns dias, ainda vivo? Nossa legislação não fornece resposta, mas a doutrina já tem debatido a questão. Assim, entre nós, Sílvio de Salvo Venosa parece inclinado a entender que a morte encefálica pode ser considerada como marco do fim da personalidade[285], por mais que os demais órgãos ainda funcionem, artificialmente, por algumas horas ou dias:

> *"Tal qual o momento do nascimento, o momento da morte é de vital importância. Hoje, defrontamo-nos com o problema científico do diagnóstico do momento exato do passamento. Modernamente, a morte será diagnosticada com a paralisação da atividade cerebral, circulatória e respiratória. Mas uma pergunta, inelutavelmente, deve ser feita pelo jurista: já não terá ocorrido a morte quando toda a atividade cerebral esteja paralisada, mantendo-se um simulacro de vida, inviável, mercê de um sem-número de aparelhos altamente sofisticados? A crônica de nossos jornais está repleta de exemplos nesse sentido.*
>
> *A resposta há de ser afirmativa. Quando a atividade cerebral se mostra irremediavelmente perdida, não se pode negar que exista morte. Pode o jurista considerá-la como tal? Ao que parece a pergunta ainda levará algum tempo para ser respondida, mas nos inclinamos pela afirmativa."*

Carlos Alberto Ghersi[286], ao analisar o caso argentino, muito semelhante ao brasileiro (pois nenhum dos dois Códigos Civis se atreve a afirmar que a

[284] VANRELL, Jorge Paulete. Medicina Legal – tanatologia. São Paulo: LED, 1996, p. 28.

[285] VENOSA, Sílvio de Salvo. Direito Civil – Parte Geral. São Paulo: Atlas, 2001, p. 162.

[286] GHERSI, Carlos Alberto. Derecho civil – Parte general. 2 ed. Buenos Aires: Astrea, 1999, p. 206/207 afirma: "Podemos decir, entonces, que los efectos proprios de la muerte, como hecho jurídico extintivo de la personalidad, sólo se producen ante la muerte real o biológica. La declaración de muerte clínica no autoriza a la transmisión de derechos hereditarios".

morte a ser considerada é a encefálica ou a cardiorrespiratória, bem como, nas duas nações, há leis de transplantes que autorizam a doação de órgãos tão logo constatada a morte encefálica) afirma que os efeitos próprios do óbito, como fato jurídico extintivo da personalidade, não decorrem da morte encefálica, que tão somente autoriza a realização de transplantes, sem determinar, por exemplo, a abertura da sucessão hereditária.

A questão ainda é muito nebulosa. Estender todos os efeitos jurídicos da morte biológica à morte encefálica, entre os quais determinar-se a antecipação da abertura da sucessão a esse momento, parece medida um tanto drástica, porquanto inexistente legislação clara que autorize tal conclusão. Assim, diante das incertezas que cercam a matéria, científicas, inclusive, inclinamo-nos no sentido de afirmar que a morte encefálica é suporte fático autorizador apenas de algumas medidas previstas em lei, ou seja, do transplante de órgãos de pacientes que o autorizaram, por si, ou por suas famílias. Quanto às outras consequências do falecimento, ao menos até que se tenha mais claramente definida jurídica e cientificamente o momento exato da morte, achamos que não deveriam ser estendidas à modalidade encefálica, principalmente por representar um estado provisório e que, em curto espaço de tempo, redundará na completa cessação das atividades orgânicas, dando ensejo, aí sim, ao início das providências legais desencadeadas pelo óbito, como, por exemplo, abertura da sucessão, pagamento de indenizações decorrentes do estabelecimento de seguros de vida, entre outras.

Outras modalidades de morte

O reconhecimento da morte, em regra, faz-se diante da existência de um cadáver. Essa seria a morte real. Muitos são os casos, porém, em que há uma provável morte, mas não se localiza o cadáver do falecido. Diversas relações jurídicas, especialmente familiares e sucessórias, permaneceriam em estado de indefinição, gerando focos de possíveis atritos sociais, pois a vida, transitória por essência, jamais encontraria um marco formal, eternizando-se artificialmente pela simples ausência de notícias sobre o paradeiro de determinada pessoa.

A morte presumida, nessa esteira, surgiu como a resposta racional do ordenamento jurídico ao problema acima exposto e se subdivide em dois grupos no nosso Código Civil, que serão estudados ainda nesse capítulo: *a)* morte presumida sem decretação de ausência e, *b)* morte presumida com decretação de ausência.

Ocorre, porém, que, ao lado dos institutos acima expostos, pode haver outro estado de indefinição, a ser solucionado por intermédio de outra presunção: a comoriência. A questão se coloca quando, mortas em mesmo evento, dúvidas se põem quanto ao momento exato em que cada pessoa haveria falecido. Assim, sendo impossível diagnosticar o instante exato da morte de cada indivíduo, presume-se que todos morreram simultaneamente (comoriência) e que nenhum deles, portanto, poderá ser considerado herdeiro do outro, como se pode deduzir da leitura do artigo 8º de nosso Código Civil . Essa solução, ressalte-se, não foi a mesma utilizada pelo direito romano, que reconhecia, por exemplo, quando falecidos pai e filho no mesmo evento, a presunção de morte anterior do primeiro em relação ao segundo, se o último fosse impúbere (caso fosse um menino com menos de 14 anos ou uma menina com menos de 12 anos). Essa lógica seria invertida caso o menor fosse púbere[287].

Fixemo-nos, por hora, nas hipóteses de morte presumida.

A morte presumida sem decretação de ausência

A legislação alienígena, desde o século passado, ao lado da morte presumida com decretação de ausência, traçou hipóteses em que o óbito deveria ser reconhecido, embora se prescindisse da declaração de ausência. Notável, nessa esteira, a semelhança entre o Código Nacional e outras normas relativamente modernas. O Código Civil italiano, assim, determina[288]:

> ***"Art. 60 Outros casos de declaração de morte presumida***
>
> *Além dos casos indicados no artigo 58, pode ser declarada a morte presumida nos seguintes casos:*
>
> *l) quando alguém tenha desaparecido em operações bélicas das quais tenha tomado parte, seja nas forças armadas, seja a elas associado, ou ainda às quais, se tenha encontrado presente, sem que haja mais notícias suas, e tenham transcorridos dois anos da entrada em vigor do tratado de paz ou, na falta deste, três anos a contar do fim do ano no qual cessaram as hostilidades;*
>
> *2) quando alguém foi feito prisioneiro pelo inimigo, ou por este internado ou ainda trasportado para país estrangeiro, e havendo transcorrido dois anos da entrada em vigor*

[287] LONDRES DA NÓBREGA, Vandick. História e Sistema de Direito Privado Romano. Rio de Janeiro: Freitas Bastos, 1955, p. 121.

[288] Tradução livre da versão italiana do Código Civil Italiano, disponível em http://www.jus.unitn.it/cardozo/obiter_dictum/codciv/Lib1.htm, acesso em 09 de janeiro de 2012.

do tratado de paz, ou, na falta deste, três anos a contar do fim do ano no qual cessaram as hostilidades, sem que se tenham tido notícias suas, após a entrada em vigor do tratado de paz ou depois do término das hostilidades;

3) quando alguém tenha desaparecido por um infortúnio e não se tenham mais notícias suas depois de dois anos, a contar, ou do dia do evento,ou, se este dia não for conhecido, do final do mês ou, se nem o mês não for conhecido, do fim do ano no qual o infortúnio tenha ocorrido"

Os portugueses, por sua vez, assim normatizam:

"ARTIGO 68º
(Termo da personalidade)
(...)
3. Tem-se por falecida a pessoa cujo cadáver não foi encontrado ou reconhecido, quando o desaparecimento se tiver dado em circunstâncias que não permitam duvidar da morte dela."

Na mesma linha das legislações mencionadas, dispõe o artigo 7º do nosso Código Civil. Vejamos:

"Art. 7º Pode ser declarada a morte presumida, sem decretação de ausência:
I – se for extremamente provável a morte de quem estava em perigo de vida;
II – se alguém, desaparecido em campanha ou feito prisioneiro, não for encontrado até dois anos após o término da guerra.
Parágrafo único. A declaração da morte presumida, nesses casos, somente poderá ser requerida depois de esgotadas as buscas e averiguações, devendo a sentença fixar a data provável do falecimento."

Esse dispositivo, em realidade, vem a se somar a outros dois já existentes. O primeiro encontra-se no artigo 88 da Lei de Registros Públicos, que estatui:

"Art. 88. Poderão os Juízes togados admitir justificação para o assento de óbito de pessoas desaparecidas em naufrágio, inundação, incêndio, terremoto ou qualquer outra catástrofe, quando estiver provada a sua presença no local do desastre e não for possível encontrar-se o cadáver para exame. (Renumerado do art. 89 pela Lei nº 6.216, de 1975).

Parágrafo único. Será também admitida a justificação no caso de desaparecimento em campanha, provados a impossibilidade de ter sido feito o registro nos termos do artigo 85 e os fatos que convençam da ocorrência do óbito."

O segundo dispositivo relaciona-se aos desaparecidos, por razões políticas, no período imediatamente anterior à promulgação da atual Constituição, estando consagrado no artigo 1º da Lei nº 9.140/1995 e tendo por peculiaridade prescindir de atuação judicial para que esse óbito seja assentado no registro competente:

> *"Art. 1º São reconhecidos como mortas, para todos os efeitos legais, as pessoas que tenham participado, ou tenham sido acusadas de participação, em atividades políticas, no período de 2 de setembro de 1961 a 5 de outubro de 1988, e que, por este motivo, tenham sido detidas por agentes públicos, achando-se, deste então, desaparecidas, sem que delas haja notícias. (Redação dada pela Lei nº 10.536, de 2002)*
>
> *(...)*
>
> *Art. 3º O cônjuge, o companheiro ou a companheira, descendente, ascendente, ou colateral até quarto grau, das pessoas nominadas na lista referida no art. 1º, comprovando essa condição, poderão requerer a oficial de registro civil das pessoas naturais de seu domicílio a lavratura do assento de óbito, instruindo o pedido com original ou cópia da publicação desta Lei e de seus anexos.*
>
> *Parágrafo único. Em caso de dúvida, será admitida justificação judicial."*

Ressalvado, portanto, o último caso (dos desaparecidos por razões políticas no Regime Militar), só será reconhecida a morte presumida, sem decretação de ausência, por intermédio de procedimento judicial de justificação no qual, em especial, qualquer uma das duas hipóteses previstas no artigo 7º seja demonstrada, que incorporou aquelas já albergadas pela Lei de Registros Públicos.

Da morte presumida quando for extremamente provável o óbito de quem estava em perigo de vida

Pois bem, a primeira hipótese de morte presumida consagrada em nosso Código ocorre quando for extremamente provável o óbito daquele que se encontrava em situação de risco. Enquadram-se no conceito as pessoas que estavam presentes no momento de grandes tragédias (acidentes aéreos, naufrágios, terremotos, erupções vulcânicas), mas que não tiveram os respectivos cadáveres localizados. E o que se pode dizer do cidadão comum que, sem motivo aparente, desaparece em meio ao caos urbano, sem jamais retornar ao lar?

Quanto ao último, dificilmente se lhe poderá aplicar a presunção de morte, sendo, como adiante estudaremos, mais oportuno o seu enquadramento como ausente. Veja que o Código exige ser ***extremamente provável*** o óbito de quem se encontrava ***em risco***. Assim, só se poderá fazer incidir a norma a determinado sujeito, quando os interessados provarem que ***risco*** à sua integridade física ocorrera nos momentos imediatamente anteriores ao seu desaparecimento, ***demonstrando-se***, por exemplo, que ele fora vítima de atos de violência urbana (sequestros, roubos, entre outros) e que as investigações policiais tenham apontado seguramente para a ocorrência do falecimento da vítima, embora não se tenha localizado o cadáver. Caso contrário, o simples desaparecimento de determinada pessoa, sem que esteja cercado pelas circunstâncias tratadas, conduzirá a outro tipo de presunção: à de morte, mas que se segue à decretação da ausência.

Da morte presumida daquele que, desaparecido em campanha, ou feito prisioneiro, não for encontrado até dois anos após o término da guerra

A segunda hipótese de morte presumida ocorre quando alguém, desaparecido em campanha ou feito prisioneiro, não for encontrado até dois anos após o término da guerra.

Observe-se que o Código fez referência ao conceito cientificamente delimitado pelo Direito Internacional Público. Guerra pode ser definida, segundo Hildebrando Accioli[289], como o "emprego de força armada para submeter a parte contra a qual é utilizada, à vontade da que a utiliza".

Possui um elemento objetivo, consubstanciado na prática de atos bélicos (via de regra, luta armada) e um elemento subjetivo, o ***animus beligerandi*** (ou intenção de guerrear)[290]. Encerra-se, normalmente, pela vitória de um Estado sobre o outro (embora, em determinadas hipóteses, as leis de guerras se estendam a conflitos internos contra grupos insurgentes[291]) e tem, não raro, o seu fim decretado pela confecção de tratados de paz.

Observe-se, porém, que o artigo 7º, inciso II, do Código Civil deveria evitar a referência apenas a hipóteses de guerra, porquanto inúmeras situações que se aproximam desse estado, podem ser verificadas e demandar

289 Accioli, Hildebrando. Manual de Direito Internacional Público. 10 ed. São Paulo: Saraiva, 1972, p. 255.

290 Silva, Roberto Luiz. Direito Internacional Público. 2 ed. Belo Horizonte: Del Rey, 2002, p. 417.

291 Accioli, Hildebrando. Manual de Direito Internacional Público. 10 ed. São Paulo: Saraiva, 1972, p. 257.

o reconhecimento de morte presumida. Assim, se um soldado brasileiro, integrante de determinada força de paz, for capturado por combatentes estrangeiros, não retornando ao Brasil dois anos após o término da missão, cremos que uma interpretação mais consentânea com a realidade do dispositivo ensejaria também o reconhecimento da morte presumida.

Admitamos, porém, que a pretensão primeira de nossa legislação, ao tratar das duas hipóteses de morte presumida, com ou sem decretação de ausência, era restringir a aplicação da última modalidade, funcionando a primeira delas (morte presumida com decretação de ausência) como solução subsidiária, ou seja, para todas as hipóteses não enquadradas perfeitamente no artigo 7º do Código Civil. Esse entendimento, aliás, foi sufragado pelo seguinte julgado[292]:

> *EMENTA: APELAÇAO CÍVEL – AÇAO DECLATÓRIA DE MORTE PRESUMIDA – ART. 7º DO CÓDIGO CIVIL – SITUAÇÕES LISTADAS EM ROL TAXATIVO – NAO COMPROVAÇAO – RECURSO CONHECIDO E IMPROVIDO – MANUTENÇAO DA SENTENÇA DE 1º GRAU.7ºCÓDIGO CIVIL1. Somente será declarada a morte presumida de uma pessoa sem que seja decretada a sua ausência quando for extremamente provável a morte de quem estava em perigo de vida; e quando alguém, desaparecido em campanha ou feito prisioneiro, não for encontrado até dois anos após o término da guerra (art. 7º do Código Civil).7ºCódigo Civil 2. O parágrafo único do art. 7º do CC exige, ainda, o esgotamento das buscas e averiguações para se encontrar a pessoa desaparecida.parágrafo único7ºCC3. Não restando demonstrado nos autos que o desaparecimento ocorreu nas situações descritas no art. 7º do CC, afasta-se a presunção da morte que se pretende ver declarada.7ºCC4. Recurso conhecido e improvido. Manutenção da sentença de 1º grau. Vistos, relatados e discutidos estes autos, ACORDA a Colenda Primeira Câmara Cível, na conformidade da ata da sessão, à unanimidade de votos, conhecer e NEGAR provimento ao recurso, nos termos do voto do eminente relator. Vitória/ES, 02 de agosto de 2011.*

Concordamos com a conclusão do julgado no que se refere à hipótese do inciso I do artigo 7º de nosso Código. Acontece, porém, que as hodiernas formas de emprego das forças armadas (lutas contra grupos terroristas, ou em missões internacionais de paz, por exemplo), ensejam, quanto ao inciso II, a ampliação do conceito lá insculpido. No mais, ressalvada a

[292] BRASIL. Tribunal de Justiça do Espírito Santo, Primeira Câmara Cível. Apelação Civel, 8100017980, Relator: Des. Carlos Simões Fonseca,. Acórdão publicado no DJ de 16/08/2011.

interpretação ora entabulada, só se pode reconhecer a morte presumida, fora das hipóteses do Código, mediante a decretação de ausência, o que passaremos, doravante, a examinar.

A ausência

A palavra ausência, segundo esclarecem Ripert e Boulanger[293], possui um sentido técnico que não se confunde com a sua ideia vulgar. Coloquialmente, a expressão é reservada para as hipóteses em que o sujeito se encontre longe ou não esteja presente. Juridicamente, no entanto, reflete um estado de incerteza quanto ao local em que possa estar e, em última análise, sobre sua própria existência.

Ferrara[294] afirma que, em Roma, os bens daquele que desaparecia eram administrados por um curador até que a sua morte fosse provada, segundo o livre convencimento do magistrado, solução, aliás, muito semelhante à dada, no Brasil colonial, nos casos daqueles que se soubessem cativos em terras estrangeiras, ou desaparecidos sem que existissem outras notícias suas[295].

A feição atual da ausência, todavia, foi uma resposta dada pelos primeiros códigos ao grande número de desaparecidos com as frequentes guerras em solo europeu, fato que demandava uma intervenção legislativa no sentido de se bem administrar o patrimônio e os interesses daqueles sobre os quais não mais se tinham notícias[296].

[293] RIPERT, Georges e BOULANGER, Jean. Tratado de derecho civil – según el Tratado de Planiol – t. II, V. I. Buenos Aires: La Ley, 1963, p. 21, assim desenvolve o raciocinio: "El término 'ausencia' tiene en la ciencia del derecho un sentido técnico diferente de su sentido ordinario. En el idioma corriente, ausente es quien no se encuentra, en un momento dado, en el lugar donde debía estar: la persona que no asiste a una función, el estudiante que falta a un curso, están ausentes. Algunas veces, el término se emplea de una manera absoluta, sin que haya necesidad de decir de donde está ausente la persona, porque este lugar está sobreentendido; El término se aproxima en este caso al sentido que se le da en derecho: el ausente es ante todo aquél que no está más en su domicilio.".

[294] FERRARA, Francesco. Trattato di diritto civile italiano. Roma: Athenaeum, 1921, p. 475, assim desenvolve o raciocinio: "In diritto romano il patrimonio dell'assente era amministrato de un **curator bonorum,** finchè la norte dell'assente non si ritenesse provata, secondo il libero apprezzamento del giudice."

[295] Ord. L. 1, T. 90, disponível em http://www1.ci.uc.pt/ihti/proj/filipinas/, acesso em 16/02/2012.

[296] AMARAL, Francisco. Direito Civil – introdução. 5 ed. Rio de Janeiro: Renovar, 2003, p. 227.

Hodiernamente, no Brasil, a matéria é versada a partir do artigo 22 do Código Civil, que regula a ausência em três etapas: *a)* a curadoria dos bens do ausente, *b)* a sucessão provisória e, *c)* a sucessão definitiva (esta última como marco do momento em que se pode presumir a morte do ausente).

Imprescindível para a regulação patrimonial das relações do ausente, a disciplina legal da matéria também tem efeitos pessoais para o ausente, seu cônjuge e seus herdeiros, como adiante será tratado. Analisemos, pois, cada uma das fases da ausência.

A curadoria dos bens do ausente

O Código Civil, a exemplo de outras legislações, estabelece diferentes efeitos para ausência, segundo o período de afastamento daquele que desapareceu de seu domicílio. A lógica que ampara essa opção é bastante óbvia: quanto maior o tempo de afastamento, menores as chances de retorno do ausente, caminhando, assim, os efeitos do desaparecimento do estágio de máxima precariedade (curadoria dos bens do ausente) até aquele de inalterabilidade das suas consequências (passados dez anos da abertura da sucessão definitiva, como indica o artigo 39 do nosso Código Civil).

O artigo 22 de nossa codificação civil, dessarte, determina:

> *"Art. 22. Desaparecendo uma pessoa do seu domicílio sem dela haver notícia, se não houver deixado representante ou procurador a quem caiba administrar-lhe os bens, o juiz, a requerimento de qualquer interessado ou do Ministério Público, declarará a ausência, e nomear-lhe-á curador."*

A primeira polêmica acerca da exegese do dispositivo é sobre a eventual inexistência de bens de propriedade do ausente. Nessa hipótese, seria juridicamente possível pleitear-se ao Juiz que nomeasse um "curador de bens" para quem não é dono de nenhum objeto?

A resposta, embora respeitáveis opiniões divergentes existam[297], é sim! Ora, objetar a declaração de ausência com a nomeação de um curador seria imaginar que o instituto só se presta a regular questões patrimoniais. Nada mais falso! Aliás, alguns dispositivos legais implicariam outras conseqüências para a ausência, além daquelas simplesmente patrimoniais. Nessa esteira, o artigo 5º, parágrafo único, inciso I do Código Civil permite ao genitor, na ***ausência*** do outro, emancipar o filho que já conte com 16 anos.

[297] RIZZARDO, Arnaldo. Parte Geral do Código Civil. Rio de Janeiro: Forense, 2003, p. 228.

Além disso, como determina o artigo 1.631, o poder familiar poderá ser exercido exclusivamente por um genitor se o outro estiver impedido de fazê-lo – e a ***ausência*** seria uma dessas hipóteses de impedimento. Logo, vislumbra-se como uma rápida declaração de ausência poderia facilitar a vida dos herdeiros daquele que desapareceu, mesmo quanto a questões não patrimoniais.

E, ainda que assim não fosse, vale dizer, supondo que a ausência mirasse apenas a proteção dos bens daquele que desaparece do seu domicílio, também nesse caso é estranho que se prescinda da primeira fase (de nomeação do curador dos bens do ausente).

Ora, do ponto de vista lógico, oficialmente só se poderá constatar se o ausente tem ou não bens quando o curador, encarregado de auxiliar o Juízo a arrecadá-los, informar sobre a impossibilidade de fazê-lo pela inexistência desses objetos. Assim, ***a priori***, não se poderia abrir mão da presença de indivíduo cujo papel é justamente auxiliar o Estado-juiz a investigar se os bens existem. Não por outro motivo, o novo Código de Processo Civil, a exemplo do que ordenava o Código anterior, nos artigos 1.159 e 1.160, ***primeiro*** ordena que se declare a ausência para, ***em seguida***, se ultimar a arrecadação dos bens do ausente:

> *"Art. 744. Declarada a ausência nos casos previstos em lei, o juiz mandará arrecadar os bens do ausente e nomear-lhes-á curador na forma estabelecida na Seção VI, observando-se o disposto em lei."*

Assim, o Superior Tribunal de Justiça[298], ressaltando a mitigação do aspecto patrimonialista pelo Código Civil de 2002, consagrou a tese de que a prévia demonstração da existência de bens não é ***conditio sine qua non*** para se deflagrar o primeiro procedimento judicial decorrente do desaparecimento de determinado sujeito do seu domicílio:

> *"Direito civil e processual civil. Ausência. Curadoria dos bens do ausente. Comprovação de propriedade em nome do desaparecido. Desnecessidade.*
>
> *– A nova tônica emprestada pela CF/88 ao CC/02, no sentido de dar ênfase à proteção da pessoa, na acepção humana do termo, conjugada ao interesse social prevalente, deve conciliar, no procedimento especial de jurisdição voluntária de declaração de ausên-*

[298] BRASIL. Superior Tribunal de Justiça, Terceira Turma. Recurso Especial *1016023/DF*, Relatora: Min. *Nancy Andrighi*. Acórdão publicado no Dje de 20/06/2008.

cia, os interesses do ausente, dos seus herdeiros e do alcance dos fins sociais pretendidos pelo jurisdicionado que busca a utilização do instituto.

– Resguarda-se, em um primeiro momento, os interesses do ausente, que pode reaparecer e retomar sua vida, para, após as cautelas legalmente previstas, tutelar os direitos de seus herdeiros, porquanto menos remota a possibilidade de efetivamente ter ocorrido a morte do desaparecido.

– A preservação dos bens do ausente constitui interesse social relevante, que busca salvaguardar direitos e obrigações tanto do ausente quanto dos herdeiros que permaneceram à deriva, durante longo período de incertezas e sofrimentos causados pelo abrupto afastamento de um ente querido.

– Essa incerteza gerada pelo desaparecimento de uma pessoa, deve ser amparada pelo intérprete da lei como necessidade de adoção de medidas tendentes a proteger o ausente e sua família, quanto aos direitos e obrigações daí decorrentes.

– Se o ausente deixa interessados em condições de sucedê-lo, em direitos e obrigações, ainda que os bens por ele deixados sejam, a princípio, não arrecadáveis, há viabilidade de se utilizar o procedimento que objetiva a declaração de ausência.

– O entendimento salutar para a defesa dos interesses do ausente e de seus herdeiros deve perpassar pela afirmação de que a comprovação da propriedade não é condição sine qua non para a declaração de ausência nos moldes dos arts. 22 do CC/02 e 1.159 do CPC [Art. 744 do Novo CPC]..

– Acaso certificada a veracidade dos fatos alegados na inicial, por todos os meios de prova admitidos pela lei processual civil, considerada não apenas a propriedade como também a posse na comprovação do acervo de bens, deve o juiz proceder à arrecadação dos bens do ausente, que serão entregues à administração do curador nomeado, fixados seus poderes e obrigações, conforme as circunstâncias e peculiaridades do processo.

Recurso especial provido.”

Pois bem, superada tal questão, avancemos para aspecto mais prático: como se dá, na prática, o reconhecimento da ausência?

O aspecto fundamental a ensejar a declaração de ausência, tanto pela lei civil, quanto pela processual, é o desaparecimento de certo indivíduo de seu domicílio, sem que dele se tenham mais notícias. Pontes de Miranda[299], no entanto, suscita uma dúvida muito interessante: indaga o civilista o que ocorreria se uma pessoa, domiciliada em determinado lugar, possuísse

[299] PONTES DE MIRANDA, Francisco Cavalcanti. Tratado de Direito de Família – v. III. Campinas: Bookseller, 2001, p. 438/439.

muitos bens em outro lugar, no qual não tivesse residência, e, por motivos diversos, embora não ausente ***do seu domicílio***, no local onde possuísse os bens não mais se ouvissem notícias dele – como enfrentar juridicamente a questão? Seria o caso de nomeação de um curador para tais bens, embora, no seu domicílio, ele estivesse presente?

A resposta dada por Pontes de Miranda não parece ser a mais adequada. Afirma o jurista[300]:

> *"2. 'Domicílio'. O juiz do domicílio do ausente, que saiba da existência de tais bens, deve nomear curador ao ausente. Está no art. 465* [Código Civil de 1916]: *'O juiz, que nomear o curador, fixar-lhe-á os poderes e obrigações, conforme as circunstâncias, observando, no que for aplicável, o disposto a respeito dos tutores e curadores'. Pela palavra 'domicílio' deve-se entender, no caso, o lugar onde possui bens o ausente, porque a curatela do ausente é, na espécie,* ***cura rei****, e não* ***cura persona****, tem por objeto gerir bens, não o cuidar da personalidade do proprietário de que se não tem notícia."*

Assim, somos obrigados a discordar do Civilista alagoano, porquanto, conforme examinado, não se pode reduzir a primeira fase da ausência apenas a efeitos patrimoniais. Logo, não haverá interesse processual em se nomear curador para determinado bem, se o seu dono, tecnicamente, não for ausente, ou seja, se ele estiver apenas desaparecido do local onde se encontram seus bens, mas se encontre em seu domicílio.

Outra decorrência lógica do que se expõe é que o foro adequado para se pedir a nomeação do curador dos bens do ausente é o do seu último domicílio, optando-se apenas por aquele da situação dos bens, se o ausente não tivesse domicílio certo[301].

Pois bem, declarada a ausência, se o desaparecido não tinha procurador com poderes de administração dos bens do primeiro, a etapa necessária subsequente seria a da arrecadação desses. Frise-se, porém, que, havendo procurador com poderes para a adminsitração dos bens do ausente, a curadoria não será necessária. Esse procurador, portanto, deverá estar munido de mandato geral, vale dizer, daquele que *"investe o mandatário com pode-*

[300] PONTES DE MIRANDA, Francisco Cavalcanti. Tratado de Direito de Família – v. III. Campinas: Bookseller, 2001, p. 438/439.

[301] LUCENA, João Paulo. Comentários ao Código de Processo Civil – v. 15.São Paulo: Revista dos Tribunais, 2000, p. 237.

res ***libera administratio****, ou seja, para a prática de atos inerentes à administração ordinária, como os de efetuar pagamentos, contratar e dispensar funcionários, contrair pequenos empréstimos para o adimplmento das obrigações"*[302]. Mas e se, em vez de um procurador munido de mandato geral, o ausente possuir diversos com mandatos especiais, como tutelar juridicamente a questão? Na hipótese, a necessidade de nomeação de curador dos bens do ausente perdurará, não, porém, quanto aos bens confiados, por meio de mandatos especiais, a procuradores diversos. Expliquemo-nos.

Washington de Barros Monsteiro[303] adverte ser o mandato especial *"restrito aos atos discriminados pelo mandante na procuração, não podendo ser estendido a outros, ainda que da mesma natureza"*. Sabe-se, por outro lado, que, a teor do artigo 682 do Código Civil, a morte põe fim ao mandato, embora a mera declaração de ausência não o faça. Temos, portanto, que os mandatos especiais perdurarão durante a primeira fase da ausência, devendo o exercício de tais poderes pelos mandatários ser respeitado pelo curador.

No mais, quanto a essa etapa da ausência, cabe ressaltar que o curador será preferencialmente, e nessa ordem, o cônjuge, o pai ou os descendentes do ausente (art. 25 do Código Civil), e a ele serão aplicáveis subsidiariamente as regras que regem a tutela e a curatela no Código Civil. Ressalte-se, ainda, nessa fase, que, feita a arrecadação, o juiz fará publicar editais, de dois em dois meses, durante um ano, conclamando o ausente a retornar e reassumir a posse dos seus bens (art. 745 do novo Código de Processo Civil).

A sucessão provisória

Superada a primeira fase da ausência, passa-se para a sucessão provisória. Inúmeras questões podem ser suscitadas sobre a matéria, mormente quando comparamos os dispositivos legais brasileiros sobre o tema ao de outras nações, em especial, os de Portugal. Façamos, pois, um cotejo dos códigos dos dois países:

[302] NADER, Paulo. Curso de Direito Civil – v. III. Rio de Janeiro: Forense, 2005, p. 403.

[303] MONTEIRO, Washington de Barros. Curso de Direito Civil – v. V. 34 ed. São Paulo: Saraiva, 2006, p. 340.

"SUBSECÇÃO I
Curadoria definitiva
ARTIGO 99º
(Justificação da ausência)

Decorridos dois anos sem se saber do ausente, se este não tiver deixado representante legal nem procurador bastante, ou cinco anos, no caso contrário, pode o Ministério Público ou algum dos interessados requerer a justificação da ausência.

(...)

ARTIGO 110º
(Direitos e obrigações dos curadores definitivos e demais interessados)

Aos curadores definitivos a quem os bens hajam sido entregues é aplicável o disposto no artigo 94º, ficando extintos os poderes que anteriormente hajam sido conferidos pelo ausente em relação aos mesmos bens. (Código Civil de Portugal)

"Art. 26. Decorrido um ano da arrecadação dos bens do ausente, ou, se ele deixou representante ou procurador, em se passando três anos, poderão os interessados requerer que se declare a ausência e se abra provisoriamente a sucessão." (Código Civil do Brasil)

A primeira questão que avulta ser abordada é sobre a natureza do direito a ser exercida segundo os dois Códigos. Ensina José de Oliveira Ascensão[304] que, embora a segunda fase da ausência corresponda a uma sucessão provisória, os curadores seriam representantes dos interesses do desaparecido, sequer exercendo direito próprio. Na mesma linha, pode-se mencionar Luís A. Carvalho Fernandes[305]. O Código Civil do Brasil, ao seu turno, não designa os sucessores provisórios como curadores. Assim, seria de indagar-se: no direito nacional, os herdeiros agiriam em nome próprio ou alheio, ou, em outras palavras, seriam curadores ou não?

Caio Mário da Silva Pereira[306] refuta, em nosso país, figurarem os herdeiros provisórios como curadores, porquanto administrariam bens alheios que não necessariamente viriam a ser deles, sendo, pois, obrigados a

[304] ASCENSÃO, José de Oliveira. Direito Civil – Teoria Geral – v. I. 2 ed. Coimbra: Coimbra, 2000, p. 168/169.

[305] FERNANDES, Luís A. Carvalho. Teoria Geral do Direito Civil – v. I. 2 ed. Lisboa: Lex, 1995, p. 338.

[306] PEREIRA, Caio Mário da Silva. Instituições de Direito Civil –v. I. 22 ed. Rio de Janeiro: Forense, 2008, p. 229.

prestar contas de todos os atos por eles praticados nessa qualidade, enquanto os primeiros realizariam a gerência de bens supostamente seus.

Orlando Gomes[307], engrossando a lista dos que refutam a tese da curadoria pelos herdeiros provisórios, pois seria estranha à figura da curatela a possibilidade de percepção de frutos dos bens administrados, bem como a oferta de garantias para a imissão na posse dos bens administrados. Conclui, assim, que os sucessores do desaparecido, na segunda fase, seriam qualificados como proprietários resolúveis dos bens do ausente.

Ousamos, contudo, discordar, em parte, desse posicionamento. Embora entendamos que os herdeiros provisórios não são curadores, seria algo exagerado vislumbrá-los como proprietários, ainda que provisórios dos bens deixados pelo ausente. Ora, fossem os herdeiros provisórios proprietários dos bens transmitidos, eles teriam poder de disposição sobre o que receberam pela abertura da sucessão. Ocorre, todavia, que eles são apenas imitidos na ***posse*** de tal acervo patrimonial e não há indicação legal de que se tornem ***senhores*** daquilo deixado pelo desaparecido. É o que se depreende da leitura do artigo 30 de nossa Lei Civil:

> *"Art. 30. Os herdeiros, para se imitirem na posse dos bens do ausente, darão garantias da restituição deles, mediante penhores ou hipotecas equivalentes aos quinhões respectivos.*
>
> *§ 1º Aquele que tiver direito à posse provisória, mas não puder prestar a garantia exigida neste artigo, será excluído, mantendo-se os bens que lhe deviam caber sob a administração do curador, ou de outro herdeiro designado pelo juiz, e que preste essa garantia.*
>
> *§ 2º Os ascendentes, os descendentes e o cônjuge, uma vez provada a sua qualidade de herdeiros, poderão, independentemente de garantia, entrar na posse dos bens do ausente."*

Esse artigo, importante frisar, ressalta outro aspecto da temporariedade da sucessão: os bens do desaparecido devem ser conservados, porquanto ainda possível seu retorno. Logo, penhores e hipotecas, correspondentes aos quinhões, serão exigidos dos herdeiros, salvo se ascendentes, descendentes ou cônjuge do ausente, para assegurar que o patrimônio deixado não será dilapidado por aqueles que nele se imitiram. Outra medida conservatória pode ser encontrada no artigo 29 do Código Civil, que prevê a conversão dos bens deixados pelo ausente em imóveis ou títulos garantidos pela União, inviabilizando, assim, a diminuição dos quinhões por vendas

[307] Gomes, Orlando. Direito de Família. 11 ed. Rio de Janeiro: Forense, 1999, p. 425.

indevidas. Logo, todas essas medidas são incompatíveis com a atribuição da qualidade, aos sucessores, de proprietários, ainda que resolúveis.

José Antônio de Paula Santos Neto[308] identifica a posição jurídica dos herdeiros provisórios com modalidade especial de usufruto legal. Esse posicionamento parece ser o mais adequado, porquanto bem representa o poder dos herdeiros de uso e fruição da coisa, subtraindo-se-lhes a disposição dos bens. Com efeito, o artigo 33 do Código Civil determina que os herdeiros necessários (cônjuges, ascendentes e descendentes) façam seus os frutos extraídos dos bens por eles administrados, enquanto os demais, salvo se a ausência tenha se dado intencionalmente, poderão fazê-lo quanto à metade dos frutos, capitalizando o restante para aguardar eventual retorno do desaparecido.

Ocorre que o usufrutuário não é representante do nu-proprietário. Quanto à ausência, todavia, o artigo 32 do Código Civil, arremata:

> *"Art. 32. Empossados nos bens, os sucessores provisórios ficarão representando ativa e passivamente o ausente, de modo que contra eles correrão as ações pendentes e as que de futuro àquele forem movidas."*

A leitura do dispositivo nos faz crer que o fenômeno sob exame se aproxima da representação legal, deferindo-se legitimação extraordinária, nos termos do artigo 18 do novo Código de Processo Civil, para que os herdeiros atuem, em nome próprio, nos feitos relativos aos bens empossados. Entendemos, assim, que a situação jurídica dos herdeiros provisórios abrange simultaneamente as qualidades de usufrutuários legais e de representantes do desaparecido em ações que possam ter reflexos sobre os bens por eles administrados.

Não se pense, porém, que a representação legal deferida decorra de qualquer incapacidade do ausente (porquanto, onde quer que se encontre, capaz será o desaparecido) mas de solução pragmática dada pela lei, a fim de se viabilizar não apenas a administração dos bens do ausente, mas a defesa de seus interesses, bem como de seus credores, quanto à propositura de eventuais ações que não poderiam permanecer com a exigibilidade suspensa durante o longo período da sucessão provisória.

[308] Santos Neto, José Antônio de Paula. Da Ausência. São Paulo: Juarez de Oliveira, 2001, p. 232.

Outra questão igualmente controvertida, mas pouco enfrentada pelos autores nacionais, diz respeito aos efeitos da sucessão provisória frente a terceiros que entabularam obrigações com o desaparecido. Enquanto o Código Civil do Brasil calou sobre o problema, o de Portugal bem andou a dar a seguinte solução para a questão:

> *"ARTIGO 106º*
> *(Exigibilidade de obrigações)*
> *A exigibilidade das obrigações que se extinguiriam pela morte do ausente fica suspensa."*

A solução parece ser adequada. As obrigações que se extinguiriam pela morte seriam apenas as personalíssimas, como, por exemplo, a execução de uma obrigação de fazer infungível. Essas, como a morte presumida do ausente só será caracterizada com a abertura da sucessão definitiva, necessariamente permaneceriam com a exigibilidade suspensa, a fim de se aguardar o eventual retorno do desaparecido, ou o reconhecimento de sua morte presumida, após o fim do período de sucessão provisória. As demais obrigações não teriam sua exigibilidade suspensa e poderiam ser pleiteadas aos herdeiros provisórios.

No Brasil, embora a solução não tenha sido positivada, ela decorre da interpretação sistemática do Código Civil. Com efeito, aberta a sucessão provisória, o credor de obrigação exigível poderá habilitar-se no inventário, a fim de receber o que lhe é devido, ou, ao menos, a reserva dos bens correspondentes à necessária quitação da dívida[309]. Caso, porém, não se habilite no inventário, fazendo a cobrança em momento posterior, poderá demandar, em conjunto, dos herdeiros que se imitiram na posse dos bens do ausente, por força do já apreciado artigo 32 do Código Civil.

A sucessão definitiva

O artigo 6º do Código Civil esclarece que a presunção de morte do ausente só ocorre com a abertura da sucessão definitiva. Ocorre a conversão de sucessão provisória em definitiva, a teor do artigo 37 do Código Civil, pelo pedido dos interessados, dez anos após passada em julgado a sentença que determinou a abertura da segunda fase da ausência. Contando, porém,

[309] SANTOS NETO, José Antônio de Paula. Da Ausência. São Paulo: Juarez de Oliveira, 2001, p. 244.

o ausente com 80 anos ou mais, datando as suas últimas notícias de, no mínimo, cinco anos, a sucessão definitiva poderá ser aberta sem a necessidade de cumprimento das etapas anteriores da ausência.

Seja qual for a hipótese de abertura da sucessão definitiva, o fato é que, nesse momento, os herdeiros passam a ser proprietários dos bens herdados e não apenas usufrutuários legais, cuja imissão na posse dependeria de cauções. Logo, mesmo os herdeiros que, na segunda fase, não puderam se apossar dos bens que lhes tocariam por herança, nesse momento, irão fazê-lo.

E qual seria a natureza jurídica da propriedade que se atribui aos herdeiros definitivos? A doutrina a enquadra como resolúvel, levando em consideração o ***caput*** do artigo 39 do Código Civil:

> *"Art. 39. Regressando o ausente nos dez anos seguintes à abertura da sucessão definitiva, ou algum de seus descendentes ou ascendentes, aquele ou estes haverão só os bens existentes no estado em que se acharem, os sub-rogados em seu lugar, ou o preço que os herdeiros e demais interessados houverem recebido pelos bens alienados depois daquele tempo."*

Entende-se por resolúvel a propriedade sujeita a termo ou condição. Há, como se sabe, dois tipos de propriedade resolúvel, disciplinadas em capítulo próprio do Código: aquelas cuja causa da resolutividade constam do próprio título constitutivo e outras, cuja causa da resolução seria superveniente. Enquadram-se, entre as primeiras, o direito decorrente de contrato de compra e venda de imóvel, com pacto de retrovenda.

Ora, está estampada, no título aquisitivo de compra com pacto de retrovenda, a informação de que o primitivo vendedor poderá readquirir a coisa alienada. Esse direito poderá ser exercido não apenas em face do primitivo comprador, mas de qualquer pessoa a quem licitamente tenha sido transferido o bem, após a primeira venda. É de se notar, portanto, que, nesse tipo de propriedade, a revenda da coisa não é proibida. O único problema é que o segundo comprador saberá que, a qualquer momento (até o prazo máximo de três anos), o antigo proprietário poderá exercer o direito de recomprar a coisa. Tal entendimento, aliás, deflui da leitura do artigo 1.359:

> *"Art. 1.359. Resolvida a propriedade pelo implemento da condição ou pelo advento do termo, entendem-se também resolvidos os direitos reais concedidos na sua pendência, e o proprietário, em cujo favor se opera a resolução, pode reivindicar a coisa do poder de quem a possua ou detenha."*

Logo, exercido o direito de retrato (direito de se recomprar a coisa), resolvem-se (são extintos) todos os direitos reais concedidos na pendência da condição de recompra. Hipótese diversa ocorre quando a causa da resolutividade não está exposta no título aquisitivo do bem. Imaginemos, assim, uma doação de um carro de Pedro para Antônio. O último, após aceitar a liberalidade, ato contínuo, aliena o veículo para terceiro de boa-fé. Depois da transferência, por um desentendimento, tenta matar Pedro que, inconformado, busca revogar a doação. Aplicável ao caso, dispõe o artigo 1.360:

> *"Art. 1.360. Se a propriedade se resolver por outra causa superveniente, o possuidor, que a tiver adquirido por título anterior à sua resolução, será considerado proprietário perfeito, restando à pessoa, em cujo benefício houve a resolução, ação contra aquele cuja propriedade se resolveu para haver a própria coisa ou o seu valor."*

No exemplo dado, Pedro não poderá reaver a coisa do terceiro de boa-fé, a quem se transferiu o veículo. Poderá, no entanto, acionar o donatário ingrato para reaver o valor do bem doado. Observa corretamente Daniel Eduardo Carnacchioni[310], que a resolutividade do artigo 39 se aproxima à tratada pelo artigo 1.360, embora não se confunda com ela, pois o ausente (a favor de quem se resolve a propriedade) só poderá haver a coisa se ela for existente, ou o seu preço, se alienada onerosamente. Logo, se a coisa não mais existir, ou se os herdeiros dela dispuserem gratuitamente da coisa, nada deverão ao proprietário que retornou ao seu domicílio e que se presumia morto.

Outro tema nebuloso é quanto à participação do Poder Público na aquisição de bens deixados pelo ausente. O imbróglio decorre da leitura do parágrafo 2º do Artigo 28 e do parágrafo único do artigo 39, ambos do Código Civil:

> *"Art. 28. (...)*
>
> *§ 2º Não comparecendo herdeiro ou interessado para requerer o inventário até trinta dias depois de passar em julgado a sentença que mandar abrir a sucessão provisória, proceder-se-á à arrecadação dos bens do ausente pela forma estabelecida nos arts. 1.819 a 1.823.*

[310] CARNACCHIONI, Daniel Eduardo. Curso de Direito Civil – Institutos Fundamentais. Rio de Janeiro:Lumen Iuris, 2010, p. 160/161.

"Art. 39 (...)

Parágrafo único. Se, nos dez anos a que se refere este artigo, o ausente não regressar, e nenhum interessado promover a sucessão definitiva, os bens arrecadados passarão ao domínio do Município ou do Distrito Federal, se localizados nas respectivas circunscrições, incorporando-se ao domínio da União, quando situados em território federal."

Enfático quanto às críticas à legislação pátria, Daniel Eduardo Carnacchioni[311] assevera:

"Tal regra [parágrafo único do artigo 39 do Código Civil], *simplesmente, é inaplicável. Ou os herdeiros não se habilitam para requerer a sucessão provisória e, nesse caso, aplicam-se os artigos 1.819 a 1.823 sobre jacência e vacância ou, havendo sucessão provisória, implica a existência de herdeiros e,por essa razão, não há como transferir esses bens para o domínio público."*

Somos obrigados a discordar das conclusões esposadas pelo mencionado autor. Antes, porém, devemos explicar ao leitor o que se quer dizer com jacência e vacância da herança. Cumpre, pois, inicialmente, esclarecer ao leitor o que vem a ser herança jacente e vacante.

A herança jacente *"consiste na declaração judicial do estado de espera em que se encontra o patrimônio quanto à sucessão mortis causa, em face da não-habilitação de herdeiros e desconhecimento de sua existência"*[312]. Já a herança vacante corresponde ao estado quase sempre definitivo daquela que outrora fora jacente[313].

Assim, façamos um paralelo com o direito das sucessões. Naquela seara, tem-se que, falecido o proprietário de determinado patrimônio, sem que se tenham habilitado herdeiros para reivindicar-lhe a propriedade, é a herança considerada jacente e, portanto, são arrecadados os bens que integram o patrimônio do ***de cujus***, pelo prazo expresso no artigo 1.820:

"Art. 1.820. Praticadas as diligências de arrecadação e ultimado o inventário, serão expedidos editais na forma da lei processual, e, decorrido um ano de sua primeira publicação, sem que haja herdeiro habilitado, ou penda habilitação, será a herança declarada vacante."

311 CARNACCHIONI, Daniel Eduardo. Curso de Direito Civil – Institutos Fundamentais. Rio de Janeiro:Lumen Iuris, 2010, p. 162.

312 NADER, Paulo. Curso de Direito Civil – v. VI. 3 ed. Rio de Janeiro: Forense, 2009, p. 106.

313 GONÇALVES, Carlos Roberto. Direito Civil Brasileiro – v. VII. 2 ed. São Paulo: Saraiva, 2008, p. 119.

O artigo 1.822, ao seu turno, determina:

> *"Art. 1.822. A declaração de vacância da herança não prejudicará os herdeiros que legalmente se habilitarem; mas, decorridos cinco anos da abertura da sucessão, os bens arrecadados passarão ao domínio do Município ou do Distrito Federal, se localizados nas respectivas circunscrições, incorporando-se ao domínio da União quando situados em território federal."*

Assim, convertida a herança em vacante, um ano após a publicação do primeiro edital que se seguiu à arrecadação, os bens passam ao domínio público, embora essa propriedade permaneça resolúvel por cinco anos. Isso quer dizer que, caso algum herdeiro reivindique a propriedade dos bens nesse período, ele deixará de ser público. Superado, porém, tal prazo, mesmo que surjam herdeiros, os bens já serão definitivamente municipais ou distritais.

Pois bem, voltemos às críticas formuladas quanto à inaplicabilidade do parágrafo único do artigo 39 do Código civil, segundo a qual, ou "*os herdeiros não se habilitam para requerer a sucessão provisória e, nesse caso, aplicam-se os artigos 1.819 a 1.823 sobre jacência e vacância ou, havendo sucessão provisória, implica a existência de herdeiros e,por essa razão, não há como transferir esses bens para o domínio público*"[314]. Forçoso se mostra sejam refutadas.

É possível fazer, como sugere o citado autor, um paralelo entre a jacência e a vacância da herança, tratadas no Livro das Sucessões, com alguns dispositivos relacionados à ausência. O que não se pode fazer é transplantar o regramento do direito das sucessões para a ausência, porquanto, na última, existem normas especiais versando sobre a matéria. Expliquemo-nos. Ora, em primeiro lugar, na fase de sucessão provisória, não se pode aplicar integralmente os institutos da jacência e da vacância de herança. Aliás, o próprio Código Civil, no artigo 28, parágrafo segundo, evitou afirmar que, aberta essa fase e inexistindo herdeiros habilitados, seríamos obrigados, na integralidade, a aplicar todas as normas de jacência de herança, sem as cabíveis adaptações do instituto aos comandos previstos para a sucessão provisória e a definitiva.

Menos correto ainda seria supor que a sucessão provisória só será aberta se houver algum herdeiro do desaparecido, como se deduz do trecho trans-

[314] Carnacchioni, Daniel Eduardo. Curso de Direito Civil – Institutos Fundamentais. Rio de Janeiro:Lumen Iuris, 2010, p. 162.

crito. A lei processual civil revogada, a propósito, era expressa, alargando o rol de legitimados para requerer a sucessão provisória:

> *"Art. 1.163. Passado 1 (um) ano da publicação do primeiro edital sem que se saiba do ausente e não tendo comparecido seu procurador ou representante, poderão os interessados requerer que se abra provisoriamente a sucessão.*
>
> *§ 1º Consideram-se para este efeito interessados:*
>
> *I – o cônjuge não separado judicialmente;*
>
> *II – os herdeiros presumidos legítimos e os testamentários;*
>
> *III – os que tiverem sobre os bens do ausente direito subordinado à condição de morte;*
>
> *IV – os credores de obrigações vencidas e não pagas.*
>
> *§ 2º Findo o prazo deste artigo e não havendo absolutamente interessados na sucessão provisória, cumpre ao órgão do Ministério Público requerê-la."*

Percebe-se, pois, que tanto o Município interessado, como o Distrito Federal poderiam se enquadrar no inciso III do parágrafo 1º do artigo 1.167 do antigo Código de Processo Civil, para requerer a abertura da sucessão provisória. Além deles, o Ministério Público poderia fazê-lo, caso ninguém mais resolvesse formular o pedido. Logo, a incongruência lógica suscitada por Daniel Eduardo Carnacchioni parece não existir. No novo Código de Processo Civil, conclusão semelhante pode ser extraída do parágrafo segundo do artigo 745, que dispõe:

> *"§2º O interessado, ao requerer a abertura da sucessão provisória, pedirá a citação pessoal dos herdeiros presentes e do curador e, por editais, a dos ausentes para requererem habilitação, na forma dos arts. 689 a 692."*

Pois bem, mas se fossem arrecadados os bens do ausente, diante da inexistência de herdeiros interessados na sucessão, qual seria a conduta a ser adotada? Vale dizer – se a sucessão provisória fosse suscitada por outro interessado, não necessariamente um herdeiro, como proceder? José Antônio de Paula Santos Neto[315] sugere, acertadamente, que seja mantido o curador dos bens do ausente (nomeado para a primeira fase da ausência) para continuar a exercer seu múnus, caso não se habilite algum herdeiro na sucessão provisória. Acrescentamos que essa solução é, inclusive, compa-

[315] SANTOS NETO, José Antônio de Paula. Da Ausência. São Paulo: Juarez de Oliveira, 2001, p. 258/259.

tível com o artigo 739 do novo Código de Processo Civil, que manda seja nomeado um curador para as hipóteses de jacência de herança.

Pois bem, superada a fase de sucessão provisória, o artigo 37 do Código Civil afirma que *os interessados* poderão requerer a conversão da sucessão provisória em definitiva. Assim, tanto os Municípios, quanto o Distrito Federal, têm interesse na mencionada conversão, a fim de que o prazo de dez anos constante do artigo 39 passe a fluir a seu favor.

A pergunta que ainda remanesce é: como se pode fazer o paralelismo entre a herança jacente e vacante nas hipóteses de morte real e nos casos de ausência? José Antônio de Paula Santos Neto[316], então alicerçado nos comandos insculpidos no Código Civil de 1916, entende que, arrecadados os bens do ausente, diante da inexistência de herdeiros provisórios, esta será equiparada à herança jacente. A sua conversão em vacante, porém, não ocorrerá, como determina o artigo 1820, em um ano, mas apenas com a abertura da sucessão definitiva. Nos dez primeiros anos de sucessão definitiva, os bens serão públicos, mas sujeitos à condição resolutiva (reaparecimento do ausente). Superado tal prazo, converter-se-ão em bens definitivamente públicos.

Esse entendimento não parece haver sido alterado pela edição do Código de 2002. Ora, a jacência, na sucessão provisória, notadamente deve ser mais longa do que na hipótese disciplinada pelo Livro das Sucessões para os casos de mortes efetivas (artigo 1819 e seguintes). Com efeito, enquanto, nas últimas (mortes efetivas), o próprio óbito do ***de cujus*** é fato certo, sobre o qual não pairam dúvidas, na sucessão provisória, sequer se pode afirmar que o desaparecido tenha falecido. Logo, diante da possibilidade de que o desaparecido ainda esteja vivo, seria um absurdo reduzir, para a ausência, o prazo de conversão em vacância para um ano apenas, ao qual se seguiriam somente cinco anos de propriedade resolúvel a favor dos municípios e do Distrito Federal. Em seis anos após a abertura da sucessão definitiva, o Poder Público inexoravelmente se tornaria dono de bens de pessoa que sequer se presume morta! Nada mais absurdo!

Ocorre, porém, que estender o prazo de jacência para o mesmo período de sucessão provisória é oportuno, porquanto compatível com a própria incerteza sobre a sobrevivência ou não do desaparecido. Superada essa etapa, estando presumivelmente morto o ausente, segundo o artigo 6º do Código Civil, razoável que se considere vacante a sua herança, tornando-se

[316] SANTOS NETO, José Antônio de Paula. Da Ausência. São Paulo: Juarez de Oliveira, 2001, p. 278.

definitiva a propriedade do Poder Público após os dez anos mencionados no artigo 39 do Código Civil. Até lá, já convertida a herança em vacante, os Municípios ou o Distrito Federal serão apenas proprietários resolúveis dos bens deixados pelo desaparecido.

Outros aspectos relevantes sobre a sucessão definitiva

A abertura da sucessão definitiva faz dissolver o vínculo conjugal que unia o desaparecido ao seu cônjuge, conforme disciplina o parágrafo primeiro do artigo 1.571 do Código Civil, isto, é claro, se o último já não houver rompido esses laços por meio do divórcio. Questão intrigante seria quanto ao retorno do que se presumia morto, após a abertura da sucessão definitiva: estariam restaurados os laços matrimoniais? E se o cônjuge do ausente já houvesse celebrado novas núpcias? A lei do Brasil não oferece resposta direta à indagação, ao contrário da portuguesa. Analisemos, pois, a solução lusitana:

> ***"ARTIGO 115º***
> ***(Efeitos)***
> *A declaração de morte presumida produz os mesmos efeitos que a morte, mas não dissolve o casamento, sem prejuízo do disposto no artigo seguinte. (Redacção do Dec.-Lei 496/77, de 25-11)*
> ***ARTIGO 116º***
> ***(Novo casamento do cônjuge do ausente)***
> *O cônjuge do ausente casado civilmente pode contrair novo casamento; neste caso, se o ausente regressar, ou houver notícia de que era vivo quando foram celebradas as novas núpcias, considera-se o primeiro matrimónio dissolvido por divórcio à data da declaração de morte presumida. (Redacção do Dec.-Lei 496/77, de 25-11)"*

Os alemães adotam solução semelhante à portuguesa, quanto à manutenção do segundo casamento[317]:

> ***"Seção 1.369***
> ***Anulação do casamento anterior***
> *(...)*
> *(2) Na celebração do novo casamento, o casamento anterior é dissolvido, a menos que os cônjuges do novo matrimônio soubessem que o cônjuge declarado morto*

[317] Tradução livre da versão inglesa do BGB, disponível em http://www.fd.ul.pt/LinkClick.aspx?fileticket=KrjHyaFOKmw%3D&tabid=505, acesso em 09 de janeiro de 2012.

ainda estivesse vivo ao tempo da declaração de sua morte presumida. O casamento anterior permanece dissolvido ainda que a declaração de morte presumida seja cancelada."

Embora cale nossa lei sobre o tema, acreditamos em solução semelhante à adotada em Portugal e na Alemanha, conquanto reconheçamos a existência, por lá, de críticas quanto ao texto legal[318]. Com efeito – a morte presumida faz dissolver o casamento. Ocorre que, como visto, a presunção de morte é apenas relativa. Logo o retorno do ausente afastará os efeitos pessoais decorrentes da presunção da morte, entre os quais, o da dissolução do enlace matrimonial. Entendemos, portanto, que o retorno do ausente faz com que o seu casamento, que presumivelmente havia sido dissolvido, seja reconhecido como válido e eficaz.

É de indagar-se, porém: e se não houver mais a afeição que outrora uniu os nubentes, mesmo assim, eles ainda serão considerados casados? A resposta continua sendo afirmativa, pois o fim dos laços afetivos deve ser decorrência de desejo manifestado por meio da propositura ação de divórcio que ponha termo ao enlace matrimonial.

Os apontamentos acima incidirão apenas se o cônjuge do ausente ***NÃO*** houver contraído novas núpcias. Havendo celebrado novo novas bodas, a situação é completamente diversa, pois se pode presumir que a afeição que justificou a união com o desaparecido não mais permanece – tanto é que novo matrimônio, com pessoa diversa foi contraído. Seria inadequado supor que a eficácia da nova união estivesse sujeita a evento futuro e incerto (retorno do desaparecido), o que relegaria o nobre instituto do matrimônio a incompatível estado de incerteza. Assim podemos afirmar que as novas núpcias tornam definitivo o rompimento do matrimônio outrora celebrado com o ausente, tal qual preconizado pelo direito português e pela norma alemã.

A pergunta que se pode fazer é: mas e se o cônjuge que não se ausentou prefira o restabelecimento de sua primeira união? Nesse caso, a solução adequada seria pôr termo ao novo matrimônio, pelo divórcio, e casar-se novamente com o ausente que retornou. Repita-se: não se pode admitir a existência de casamento resolúvel por fato alheio a dos cônjuges vivos.

[318] ASCENSÃO, José de Oliveira. Direito Civil – Teoria Geral – v. I. 2 ed. Coimbra: Coimbra, 2000, p. 171.

Assim, não se tolera que evento de terceiro (retorno do ausente) possa infirmar união celebrada após o seu desaparecimento.

Analisados os aspectos iniciais que tocam à pessoa natural, avancemos nossos estudos para a questão da capacidade.

Capítulo 6
Pessoa Natural – Capacidade

Aspectos introdutórios

Afirma Carlos Alberto da Mota Pinto estar o Direito Civil hodierno assentado em sete princípios ou instituições fundamentais, a saber: *a)* o reconhecimento da pessoa e dos direitos de personalidade, *b)* a liberdade contratual, *c)* a responsabilidade civil, *d)* a concessão de personalidade aos entes coletivos, *e)* a propriedade privada, *f)* a família e *g)* o fenômeno sucessório. Duas ideias, todavia, permeiam todo esse ramo do Direito, em seus diferentes matizes: a autonomia e a igualdade[319].

Fixemo-nos na primeira delas – a autonomia – para que, depois, possamos compreender o impacto da segunda – a igualdade – em alteração levada a efeito no Código Civil pela Lei nº 13.146/2015. Pois bem, a expressão "autonomia" origina-se do grego, pela combinação de "auto" (próprio) e "nomos" (norma). Reflete a possibilidade que os indivíduos têm de se regrarem, seja por meio de contratos ou de atos unilaterais. Avulta, assim, para que tal desiderato seja alcançado, não apenas que lhes sejam reconhecidos direitos pelo ordenamento jurídico, mas também que se disciplinem quais os agentes que possuem o discernimento necessário para manifestarem suas vontades e, consequentemente, por elas se obrigarem. Estamos, pois, a tratar do tema capacidade, cujo estudo será concentrado em suas duas espécies: a capacidade de direito ou gozo e a capacidade de fato ou exercício.

[319] PINTO, Carlos Alberto da Mota. Teoria geral do direito civil. 3 ed. Coimbra: Coimbra, 1999, p. 83.

Entende-se por capacidade de direito ou de gozo, segundo José de Oliveira Ascensão[320], "a medida das situações de que uma pessoa pode ser titular ou que pode actuar". O conceito, embora se aproxime da ideia de personalidade, com ela não se confunde. Ora, do ponto de vista lógico, a personalidade é um ***prius*** em relação á capacidade[321]. Além disso, como bem notado por Paulo Nader[322], a personalidade é um conceito absoluto. A capacidade de direito, ao seu turno, comporta gradações. Logo, um estrangeiro, embora seja reconhecido como pessoa natural por nosso ordenamento, nem mesmo em tese, pode pleitear a Presidência da República. A sua capacidade de gozo é diferente daquela garantida a brasileiros natos.

A capacidade de direito, porém, não será o único tema que nos ocupará doravante. Dedicaremos algumas páginas ao estudo da capacidade de fato, concebida como a aptidão para se exercer, por si, os direitos e obrigações assegurados pelo ordenamento jurídico. Essa possibilidade de exercício, por outro lado, guarda estreita relação com o discernimento do agente para manifestar sua vontade. Dois aspectos tradicionalmente balizavam a livre exteriorização do querer do sujeito de direito: sua idade ou determinados estados que impossibilitam a compreensão de negócios jurídicos a serem praticados. Assim, entendiam-se as enfermidades e as deficiências mentais como hipóteses incapacitantes.

No entanto, o Estatuto da Pessoa com Deficiência (Lei nº 13.146/15), em atenção aos reclamos de tratamento igualitário a ser deferido às pessoas portadoras de deficiências e por taxar de anacrônico o regramento dado anteriormente à matéria, suprimiu das hipóteses então versadas pelo Código Civil os quadros psiquiátricos. Avaliemos com mais vagar o tema, dividindo nossa abordagem em três etapas distintas – o tratamento dado à matéria em Roma, pelo Código Civil de 2002, em sua concepção original e aquele hoje derivado da modificação estabelecida pela Lei nº 13.146/15.

320 Ascensão, José de Oliveira. Direito Civil – Teoria Geral – v. I. 2 ed. Coimbra: Coimbra, 2000, p. 143.

321 Messineo, Francesco. Manual de derecho civil y comercial – v. I. Buenos Aires: EJEA, 1954, p. 90 afirma, com razão que: "En efecto, la capacidad es, por el contrario, solamente una consecuencia – aunque importante – de ese status; lógicamente debe preceder la determinación del contenido del status de persona, en sus aspcetos fundamentales. (...) En la personalidad – que es el prius – está la raíz de todo derecho subjetivo atribuído al hombre, puesto que, negada que fuese su personalidad, quedaría degradado al rango de objeto y serían abolidas en él la autonomía y la libertad."

322 Nader, Paulo. Curso de Direito Civil – v. I. 4 ed. Rio de Janeiro: Forense, 2007, p. 183.

A capacidade em Roma

Em Roma, adverte a doutrina[323] sobre a existência de duas qualidades para que o ser humano adquirisse personalidade jurídica, a saber: *a)* ser livre e, *b)* ser cidadão romano. Por outro lado, a posição do sujeito no seio familiar era pressuposto de sua plena capacidade de fato (deferida apenas a quem fosse um chefe de família). Nascia, pois, a ideia de estado (*status*) civil, que resistiu ao longo dos séculos, sendo assim abordado pelo Conselheiro Joaquim Ribas, ainda no Brasil imperial[324]:

> *"O direito Romano reconhecia três diversos graus de capacidade que os Jurisconsultos modernos denominam estados; (status), a saber: o de liberdade, o de cidade e o de família; estes três estados serviam de fundamento uns aos outros na mesma ordem por que os apresentamos, de sorte que a perda do primeiro importava a dos outros, bem como a perda do segundo importava a do terceiro".*

Assim, temos que algumas circunstâncias[325] limitavam a capacidade de direito. São elas: *a)* a condição de liberto, *b)* a quase servidão, *c)* a intestabilidade (pena imposta a quem não mais pudesse figurar como testemunha ou realizar negócios que dependessem delas), *d)* a infâmia (sanção decorrente de graves faltas contra os costumes romanos), *e)* a *turpitudo* (má reputação, que, menos grave do que a infâmia, inviabilizava a ocupação de determinados cargos públicos), *f)* questões religiosas, *g)* o desempenho de função ou cargo público (que poderiam impor restrições à liberdade de contração de matrimônio) e, *h)* os eunucos ou castrados. É de se notar que as hipóteses citadas atuavam na extensão em que os sujeitos por elas afetados poderiam, em tese, ser titulares de direitos ou obrigações. Assim, reforça-se o pensamento de que mesmo a capacidade jurídica era tão somente a medida da personalidade, variável segundo o agente em apreço. Importante ainda notar que, na civilização romana, a capacidade de direito não era imutável, podendo sofrer alterações, destacando-se, entre elas, a chamada ***capitis deminutio***, ou seja, a diminuição ou perda da capacidade de gozo[326].

[323] Alves, José Carlos Moreira. Curso de Direito Romano – v. I. 13 ed. Rio de Janeiro: Forense, 2000, p. 98.

[324] Ribas, Joaquim. Direito Civil Brasileiro. Rio de Janeiro: Rio, 1977, p. 279.

[325] Alves, José Carlos Moreira. Curso de Direito Romano – v. I. 13 ed. Rio de Janeiro: Forense, 2000, p. 114.

[326] Santos Justo, A. Direito Romano Privado – v. I. Coimbra: Coimbra, 2000, p. 136.

Igualmente a capacidade de fato sofria restrições decorrentes da idade, sexo, alienação mental e prodigalidade. Quanto ao primeiro aspecto, dividiam-se os romanos em púberes e impúberes (estes com idade inferior a 12 anos, se meninas, e 14 anos, se meninos). Em relação ao sexo, as mulheres eram, nos primórdios da civilização romana, incapazes de fato, porquanto submetidas à tutela do pai ou do marido[327]. Os alienados mentais, distinguiam-se entre aqueles que sofriam de loucura contínua ou que eram dotados de intervalos de lucidez[328]. Os pródigos, por fim, seriam aqueles que gastavam ilimitadamente, sendo rapidamente reduzidos à miséria.

Resta esclarecer que, tanto em Roma, quanto nos dias atuais, a incapacidade de exercício já se dividia em absoluta ou relativa[329], fato, porém, que, naquele período, nem sempre importava as mesmas consequências observadas nos dias de hoje. Em realidade, a questão da capacidade de fato, no direito romano, demandava a prévia análise da posição do sujeito, capaz ou incapaz, no seio de seu grupo familiar. Expliquemo-nos.

Família, no sentido romano, implicava a existência de um grupo de pessoas colocadas sob o poder de um chefe – o *pater*. Como esclarece Cretella Júnior[330], na família romana, "*tudo gira em torno de um paterfamilias ao qual, sucessivamente, se vão subordinando os descendentes – 'alieni juris' – até a morte do chefe.*" Frise-se que o chefe da família exercia seu poder (*potestas*) sobre esposa, filhos, netos e respectivas esposas. Curioso notar que um bebê, órfão de pai, poderia ser considerado *paterfamilias* caso não possuísse qualquer ascendente masculino, sendo, assim, considerado *"sui juris"*. Um adulto, por outro lado, com cinquenta anos, caso possuísse ascendente masculino vivo, estaria, ordinariamente, colocado sob sua *potestas* e seria um *'alieno juris'*.

327 FERRARA, Francesco. Trattato di diritto civile italiano. Roma: Athenaeum, 1921, p. 497 refletia a ideia ao escrever: "Nei sistema primitivi la donna si trova sottoposta alla podestá dell'uomo, ora in condizione di servitù ora di tutela. Nel diritto antico romano essa è sotto perpetua tutela, o del padre o del marito (in manu). I suoi diritti successori sono limitati, infine è esclusa completamente dalla vita púbblica."

328 ALVES, José Carlos Moreira. Curso de Direito Romano – v. I. 13 ed. Rio de Janeiro: Forense, 2000, p. 127.

329 MATOS PEIXOTO, José Carlos de. Curso de Direito Romano – t. I. 4 ed. Rio de Janeiro: Renovar, 1997, p. 262.

330 CRETELLA JUNIOR, José. Curso de Direito Romano . 14 ed. Rio de Janeiro: Forense, 1991, p. 106.

Voltemos, porém, à questão da capacidade de fato em Roma. Adverte Moreira Alves que ela só ganha relevo quando tratamos do *"sui juris"*, pois o *"alieno juris"*, não só estava subordinado ao chefe da família, como também não tinha seu próprio patrimônio, fato que minimizava a importância das discussões sobre capacidade de fato para ele[331].

Visto brevemente como o tema era enfrentado, historicamente, encetemos, o estudo dos institutos abordados pela versão original do Código Civil de 2002, que, com abrandamentos, seguia o padrão do Código de 1916.

A capacidade de fato ou exercício segundo a versão original do Código de 2002

O Código Civil do Brasil aponta nos seus artigos 3º e 4º as hipóteses de incapacidade. Na versão original da lei, eram elas:

"Art. 3º São absolutamente incapazes de exercer pessoalmente os atos da vida civil:

I – os menores de dezesseis anos;

II – os que, por enfermidade ou deficiência mental, não tiverem o necessário discernimento para a prática desses atos;

III – os que, mesmo por causa transitória, não puderem exprimir sua vontade.

Art. 4º São incapazes, relativamente a certos atos, ou à maneira de os exercer:

I – os maiores de dezesseis e menores de dezoito anos;

II – os ébrios habituais, os viciados em tóxicos, e os que, por deficiência mental, tenham o discernimento reduzido;

III – os excepcionais, sem desenvolvimento mental completo;

IV – os pródigos.

Parágrafo único. A capacidade dos índios será regulada por legislação especial."

A redação atual da norma nos lega os seguintes dispositivos:

Art. 3º São absolutamente incapazes de exercer pessoalmente os atos da vida civil os menores de 16 (dezesseis) anos.

I – (Revogado);

II – (Revogado);

III – (Revogado)." (NR)

Art. 4º São incapazes, relativamente a certos atos ou à maneira de os exercer:

[331] ALVES, José Carlos Moreira. Curso de Direito Romano – v. I. 13 ed. Rio de Janeiro: Forense, 2000, p. 129.

I – os maiores de dezesseis e menores de dezoito anos;

II – os ébrios habituais e os viciados em tóxico;

III – aqueles que, por causa transitória ou permanente, não puderem exprimir sua vontade;

IV – os pródigos.

Parágrafo único. A capacidade dos indígenas será regulada por legislação especial." (NR)

A leitura dos dispositivos transcritos nos faz compreender que, na sistemática original do Código Civil, existiam dois critérios que afetavam a capacidade do agente: idade e saúde. A razão era muito simples – não apenas a tenra idade, mas também determinados quadros psiquiátricos, poderiam comprometer o discernimento do agente e, se o fizessem, inibiriam sua livre manifestação de vontade. Deixando de exteriorizar adequadamente o próprio querer, os sujeitos de direito demandariam especial proteção, cristalizada em nossa lei pelo instituto da incapacidade. Não havia, na proposição, um espírito pejorativo, mas protetivo.

Esse é o primeiro aspecto que se deve ter em mente. A incapacidade era tratada como um instituto protetivo e não punitivo, pois evitava, por exemplo, que uma pessoa com deficiência mental ou intelectual dilapidasse o seu patrimônio, por exemplo, por ser ludibriada por inescrupulosos que se valessem do seu estado de discernimento para impingir-lhe negócios desfavoráveis. O Estatuto da Pessoa com Deficiência, todavia, rotulou a sistemática vigente como anacrônica e draconiana, inaugurando novo regramento sobre a questão, como doravante abordaremos.

O nível de fragilização do discernimento dos sujeitos de direito, segundo a sistemática anterior e mantida hoje basicamente quanto aos menores, poderia variar consoante dois níveis a permitirem uma atuação mais ou menos desenvolta, conforme cada hipótese (incapacidade absoluta e relativa). Assim, dediquemo-nos ao estudo do mais comprometedor estágio da incapacidade – a absoluta.

A incapacidade absoluta do menor de 16 anos

A incapacidade absoluta era tratada em três hipóteses no artigo 3º do Código Civil. A primeira deles, única mantida pelo Estatuto da Pessoa com Deficiência, diz respeito à menoridade, impondo-se tal estado a aqueles que tenham menos de 16 anos. A lei ***presume*** um nível tão completo e aprofundado de ausência de maturidade, que não tolera, para esses infantes, a emissão de qualquer espécie vontade capaz de vinculá-los. Lembra Ferrara[332] que a inteligência e a maturidade desenvolvem-se gradualmente no ser humano e só quando alcança certo desenvolvimento físico é que a sua compreensão do mundo que o cerca o permitirá manifestar sua vontade e por ela livremente se vincular. Afirma ainda o Jurista Italiano que, na Roma primitiva, confundia-se a maturidade sexual com a aquisição do discernimento para prática de atos na vida civil, realidade alterada apenas com o advento da *Lex Plaetoria* (datada de aproximadamente 200 a.C.), que passou a proteger os menores de 25 anos contra atos em que fossem enganados ou, posteriormente, por construção pretoriana, em que fosse prejudicados em razão de sua ingenuidade ou açodamento ao realizar transações.

Com o passar do tempo, em Roma, a preocupação com o menor se exacerbou tanto que foi criado o instituto da restituição integral, segundo o qual, se determinado negócio jurídico, mesmo que validamente entabulado, posteriormente se mostrasse, ***v.g.***, financeiramente prejudicial ao menor, seria possível reclamar-lhe o desfazimento – repita-se – ainda que válido fosse. O pensamento atravessou os séculos e, em Portugal (e, por arrastamento, no Brasil Colônia/Império), foi incorporado ao texto das Ordenações Filipinas, Título XLI[333], que dispunha:

"Livro 1 Tit. 88: Dos Juízes dos Órfãos

27. E defendemos ao Juiz dos Órfãos, que não mandem entregar os bens a nenhum Órfão, salvo se houver vinte e cinco anos perfeitos, ou for casado por sua autoridade de pois de haver dezoito anos, ou levar Carta de suprimento de idade, passada pelos

[332] FERRARA, Francesco. Trattato di diritto civile italiano. Roma: Athenaeum, 1921, p. 489, assim coloca seu pensamento: "L'intelligenza e la voluntà si sviluppano nell'individuo gradualmente. Solo quando la persona ha raggiunto una certa maturità física, essa è in possesso delle sue piene forze spirituali. Il diritto seconda questo ordine naturale di sviluppo, ora negando l'esecizio di diritti, poi concedendolo limitatamente ed infine accordando piena capacità d'agire. La legislazioni primitive stabiliscono un'età assai precoce per acquistare il pieno esercizio dei diritti, perchè adottano come criterio la maturità sessuale, la pubertà. Così era nel diritto antico romano, in cui la capacità d'agire si aveva a 12 anni per le donne ed a 14 per gli uomini. Ma questo sistema primitivo venne modifandosi per successivi temperamenti, perchè la lex Plaetoria concesse prima dei rimdei ai minori che fossero stati ingannati e più tardi il Pretore attribuì una generale tutela sotto forma di **restiturio in integrum** contro i danni nascenti da negozi compiuti per inesperienza o leggerezza."

[333] Ord. L. 1, T. 88 e L. 3, T. 41, disponível em http://wwwl.ci.uc.pt/ihti/proj/filipinas/, acesso em 16/02/2012.

Desembargadores do Paço, como diremos no Livro terceiro, Título 42: Do Órfão menor de vinte e cinco anos que impetrou graça: e não por outros Oficiais, nem Corregedores, nem Provedores.

28. E havendo o menor tal Carta, ou sendo casado e de idade de vinte anos, sendo-lhe seus bens entregues por virtude de tal Carta, ou casamento, será daí em diante em todo caso havido por maior de vinte e cinco anos. Em tanto que vendendo ele, ou enlheado, ou obrigando alguma possessão de raiz, com consentimento e autoridade de Justiça, ainda que seja leso e danificado, não poderá usar do benefício da restituição, que por direito é outorgado aos menores, quando são lesos. E fazendo ele a dita enlheação, ou obrigação sem autoridade de Justiça, o tal contrato será nenhum e de nenhum valor, assim como se o dito menor não houvesse impetrado a dita Carta, ou não fosse casado.

(...)

Livro 3 Tit. 41: Da restituição, que se dá aos menores de vinte e cinco anos contra sentenças injustas e como devem ser citados

Se contra algum menor de vinte e cinco anos for dada injustamente alguma sentença, assim como se os autos do processo fossem justamente ordenados, e por eles o menor não recebesse agravo, e segundo os merecimentos do processo houvera de sair a sentença por ele, e saiu contra ele, poderá pedir restituição contra a sentença, a qual lhe será concedida, e por ela tornado ao estado em que era, antes da sentença ser contra ele dada."

Nas Consolidações das Leis Civis (1858), Teixeira de Freitas abordou o benefício da restituição especialmente no artigos 12 e 13, que assim dispunham:

"Art. 12. O benefício da restituição é concedido aos menores para poderem rescindir os atos extrajudiciais, e judiciais, em que forem lesos durante o tempo da menoridade.

Art. 13. Este benefício é extraordinário, só se concede em falta de remédio ordinário; e nos casos, e pela forma, que o Direito determina."

Rompendo com a milenar tradição anterior, houve por bem o codificador de 1916, no artigo 8º do nosso primeiro Código Civil, deixar expresso que não se adotava mais o princípio romano:

"Art. 8º. Na proteção que o Código Civil confere aos incapazes não se compreende o benefício de restituição."

O Código Civil atual cala quanto ao benefício discutido, podendo-se deduzir não o reconhecer. Contenta-se o legislador, portanto, com a declaração da nulidade dos atos praticados pelo menor, absolutamente incapaz, quando não representado.

A incapacidade absoluta do deficiente mental na versão original do Código Civil de 2002

Entende-se por deficiência mental "qualquer redução da aptidão de comportamento social, que a torna vulnerável aos atos e condutas das outras. A deficiência mental, para ser assim considerada, dever ser permanente", segundo nos ensina Paulo Lôbo[334]. Quando afetava demasiadamente o discernimento do agente, era considerada hipótese de incapacidade absoluta.

Aparentemente, a questão seria singela. Ocorre, no entanto, que a detecção de incapacidade por deficiência mental demandava cuidadosa interface entre o Direito e a Medicina. Afinal, o que se entenderia "por problemas psiquiátricos que afetem o discernimento humano"? E quem melhor do que um médico para esclarecer essa questão, de tão drásticas consequências jurídicas?

Delton Croce e Delton Croce Júnior[335] relembram que é tênue o limite entre a normalidade e a anormalidade. Caetano Veloso, em sua música "Vaca Profana", aliás, lembra que "de perto, ninguém é normal". Assim, também está eternizada em nossa literatura a saga machadiana do Dr. Simão Bacamarte, em seus incansáveis estudos e experimentos quanto às "moléstias cerebrais", realizados na cidade de Itaguaí. Memorável o trecho da obra de Machado de Assis em que o desajustado médico conclui[336]:

> *"De fato o alienista oficiara à Câmara expondo: — 1º: que verificara das estatísticas da vila e da Casa Verde que quatro quintos da população estavam aposentados naquele estabelecimento; 2º que esta deslocação de população levara-o a examinar os fundamentos da sua teoria das moléstias cerebrais, teoria que excluía da razão todos os casos em que o equilíbrio das faculdades não fosse perfeito e absoluto; 3º que, desse exame e do fato estatístico, resultara para ele a convicção de que a verdadeira doutrina não era aquela, mas a oposta, e portanto, que se devia admitir como normal e exemplar o desequilíbrio das faculdades e como hipóteses patológicas todos os casos em que aquele*

334 Lôbo, Paulo. Direito Civil. 2 ed. São Paulo: Saraiva, 2010, p 124.

335 Croce, Delton e Croce Júnior, Delton. Manual de Medicina Legal.4 ed. São Paulo: Saraiva, 1998, p. 514/515.

336 Machado de Assis, Joaquim Maria. O Alienista. Disponível em http://www.virtualbooks.com.br/v2/ebooks/pdf/00142.pdf, acesso em 05/04/2012.

equilíbrio fosse ininterrupto; 4º que à vista disso declarava à Câmara que ia dar liberdade aos reclusos da Casa Verde e agasalhar nela as pessoas que se achassem nas condições agora expostas; 5º que, tratando de descobrir a verdade científica, não se pouparia a esforços de toda a natureza, esperando da Câmara igual dedicação; 6º que restituía à Câmara e aos particulares a soma do estipêndio recebido para alojamento dos supostos loucos, descontada a parte efetivamente gasta com a alimentação, roupa, etc.; o que a Câmara mandaria verificar nos livros e arcas da Casa Verde."

A questão da proteção ao portador de transtornos psiquiátricos, outrora caracterizada pelo isolamento e pela coisificação do paciente, tem migrado para padrões de humanização mais aceitáveis. Não por outro motivo, a Lei nº 10.216/01 estabeleceu:

"Art. 1º Os direitos e a proteção das pessoas acometidas de transtorno mental, de que trata esta Lei, são assegurados sem qualquer forma de discriminação quanto à raça, cor, sexo, orientação sexual, religião, opção política, nacionalidade, idade, família, recursos econômicos e ao grau de gravidade ou tempo de evolução de seu transtorno, ou qualquer outra.

Art. 2º Nos atendimentos em saúde mental, de qualquer natureza, a pessoa e seus familiares ou responsáveis serão formalmente cientificados dos direitos enumerados no parágrafo único deste artigo.

Parágrafo único. São direitos da pessoa portadora de transtorno mental:

I – ter acesso ao melhor tratamento do sistema de saúde, consentâneo às suas necessidades;

II – ser tratada com humanidade e respeito e no interesse exclusivo de beneficiar sua saúde, visando alcançar sua recuperação pela inserção na família, no trabalho e na comunidade;

III – ser protegida contra qualquer forma de abuso e exploração;

IV – ter garantia de sigilo nas informações prestadas;

V – ter direito à presença médica, em qualquer tempo, para esclarecer a necessidade ou não de sua hospitalização involuntária;

VI – ter livre acesso aos meios de comunicação disponíveis;

VII – receber o maior número de informações a respeito de sua doença e de seu tratamento;

VIII – ser tratada em ambiente terapêutico pelos meios menos invasivos possíveis;

IX – ser tratada, preferencialmente, em serviços comunitários de saúde mental."

Nesse sentido, a privação da capacidade de fato ao sujeito portador de transtorno mental não fora idealizada como um instituto punitivo. Pensava-se, em realidade, que, fosse facultada a tais agentes a prática de negócios jurídicos, eles facilmente seriam ludibriados. Deveriam, pois, na prática de atos da vida civil serem substituídos pelos representantes a eles conferidos pela própria lei civil. O enfoque protetivo, com a edição do Estatuto do Deficiente foi exacerbado, algo deveras positivo para nosso país. Ocorre, porém, que a supressão das deficiências mentais e intelectuais como hipóteses incapacitantes, como haveremos de analisar adiante, pode representar uma quebra na estrutura sistemática do Código.

Volvendo ao tema do tratamento a ser dispensado a tais indivíduos, a palavra de ordem é a inclusão! Bem andou o legislador ao assim estabelecer, sendo dever do Estado, da família e de toda a comunidade, dedicar especial atenção aos portadores de deficiências. A Lei nº 13.146/15 enfatiza direitos básicos dos portadores de deficiência, como a igualdade e a não discriminação, servindo de "guarda-chuva" onde se inserem subsistemas protetivos mais específicos, como aquele inaugurado pela Lei nº 10.216/01, a dispor sobre a proteção e os direitos das pessoas portadoras de transtornos mentais. A última norma representou um avanço estabelecendo, além dos tratamentos ambulatoriais para os citados transtornos, apenas quando estritamente necessários, as internações, que poderão ser de três tipos: voluntária, quando decorre do consentimento do usuário, involuntária, quando se dá sem o consentimento do usuário, mas a pedido de terceiro, e compulsória, que é determinada pelo Poder Judiciário. A lei assim trata das três hipóteses:

"Art. 6º A internação psiquiátrica somente será realizada mediante laudo médico circunstanciado que caracterize os seus motivos.

Parágrafo único. São considerados os seguintes tipos de internação psiquiátrica:

I – internação voluntária: aquela que se dá com o consentimento do usuário;

II – internação involuntária: aquela que se dá sem o consentimento do usuário e a pedido de terceiro; e

III – internação compulsória: aquela determinada pela Justiça.

Art. 7º A pessoa que solicita voluntariamente sua internação, ou que a consente, deve assinar, no momento da admissão, uma declaração de que optou por esse regime de tratamento.

Parágrafo único. O término da internação voluntária dar-se-á por solicitação escrita do paciente ou por determinação do médico assistente.

Art. 8º A internação voluntária ou involuntária somente será autorizada por médico devidamente registrado no Conselho Regional de Medicina – CRM do Estado onde se localize o estabelecimento.

§ 1º A internação psiquiátrica involuntária deverá, no prazo de setenta e duas horas, ser comunicada ao Ministério Público Estadual pelo responsável técnico do estabelecimento no qual tenha ocorrido, devendo esse mesmo procedimento ser adotado quando da respectiva alta.

§ 2º O término da internação involuntária dar-se-á por solicitação escrita do familiar, ou responsável legal, ou quando estabelecido pelo especialista responsável pelo tratamento.

Art. 9º A internação compulsória é determinada, de acordo com a legislação vigente, pelo juiz competente, que levará em conta as condições de segurança do estabelecimento, quanto à salvaguarda do paciente, dos demais internados e funcionários."

Atente-se, por outro lado, que, segundo os sistemas abraçados pelo Código Civil de 1916 e 2002, a incapacitação estava intimamente relacionada a problemas que afetassem o discernimento do sujeito. Assim, a surdez, cegueira, mudez ou senilidade, por si, não comprometiam a capacidade de agir do agente, a menos que se demonstre, em especial no último caso, o comprometimento das faculdades mentais como decorrência dos males citados.

Não se pense, porém, que os transtornos mentais encerravam as hipóteses de incapacidade absoluta. Resta ainda analisar as hipóteses de incapacidades absolutas derivadas de estados transitórios.

A incapacidade absoluta dos que, mesmo por causa transitória, não puderem exprimir sua vontade, segundo a versão original do Código Civil de 2002

Existem ocasiões em que o indivíduo está temporariamente privado de seu discernimento, não podendo praticar atos ou negócios da vida civil. A lei representa esse universo por aqueles que, "mesmo por causa transitória, não puderem exprimir sua vontade."

Os exemplos comumente lembrados são o estado de coma, a embriaguez eventual, bem como a submissão do agente à ação de drogas psicotrópicas. Determinadas manifestações psiquiátricas de curta duração (chamadas vulgarmente de crises ou surtos), caso comprometam acentuadamente o discernimento do indivíduo, segundo opinião médica, e desde que transitórias, também poderão integrar o rol acima posto.

Cabe mencionar que a hipótese estudada deixou de integrar uma causa de incapacidade absoluta, mas, enigmaticamente, passou a constituir hipótese de incapacidade relativa, podendo servir como pretexto para a interdição do agente. Essa opção será adiante criticada.

Encerra-se, assim, a análise dos casos de incapacidade absoluta segundo a sistemática original do Código de 2002. Lancemo-nos à apreciação da incapacidade relativa.

A incapacidade relativa dos menores de 16 anos

O Código Civil dispunha quanto à incapacidade relativa antes de ser alterado pela Lei nº 13.146/15:

> *"Art. 4º São incapazes, relativamente a certos atos, ou à maneira de os exercer:*
>
> *I – os maiores de dezesseis e menores de dezoito anos;*
>
> *II – os ébrios habituais, os viciados em tóxicos, e os que, por deficiência mental, tenham o discernimento reduzido;*
>
> *III – os excepcionais, sem desenvolvimento mental completo;*
>
> *IV – os pródigos.*
>
> *Parágrafo único. A capacidade dos índios será regulada por legislação especial."*

Atualmente a redação, pior do ponto de vista lógico, passou a ser:

> *"Art. 4º São incapazes, relativamente a certos atos ou à maneira de os exercer:*
>
> *I – os maiores de dezesseis e menores de dezoito anos;*
>
> *II – os ébrios habituais e os viciados em tóxico;*
>
> *III – aqueles que, por causa transitória ou permanente, não puderem exprimir sua vontade;*
>
> *IV – os pródigos.*
>
> *Parágrafo único. A capacidade dos indígenas será regulada por legislação especial." (NR)*

Atente-se que a relativa incapacidade se dá quanto a *certos* atos da vida civil ou da maneira de exercê-los. Assim, algumas manifestações de vontade, mesmo sem assistência, são toleradas àqueles que se encontram na situação abordada, como será demonstrado.

Quanto aos menores de 18 e maiores de 16, o volume de informações ao qual estão submetidos nos dias de hoje indicam uma visão mais ampla de mundo. Aliás, essa constatação forçou a redução da maioridade civil de vinte e um anos para dezoito anos completos.

A regra é, portanto, que o menor que conte com mais de dezesseis anos, porém menos de dezoito, necessariamente tenha de participar da prática de todos os atos e negócios que lhe digam respeito. Não gozando, contudo, do pleno amadurecimento, deverá ser assistido, ou por seus genitores, ou por seu tutor, se for o caso.

Um interessante exemplo demonstra, na prática, a diferença entre a capacidade relativa e a absoluta e suas respectivas formas de suprimento. Suponhamos que João seja pai de Carlos e Guilherme, contando, o primeiro, com quatorze anos de idade e, o segundo, com dezesseis. Imaginemos, ainda, que sejam atores de um seriado adolescente para a televisão e que necessitem de contrato com a emissora para que possam representar seus papéis na tela.

O contrato de Carlos (menor absolutamente incapaz) será firmado apenas pelo seu pai, João, e pela emissora de TV, porquanto bastará que o impúbere seja, na hipótese, representado. Logo, a ausência de manifestação de vontade do adolescente não representará qualquer mácula para a avença.

Guilherme, ao seu turno, é relativamente incapaz. Assim, os atos por ele praticados deverão contar com a assistência de algum de seus pais. O pacto com a emissora de televisão, dado como exemplo, demandará, para existir validamente, as assinaturas do genitor e do menor púbere, além, é claro, do representante da emissora de televisão contratante.

Explorando, ainda, o exemplo, é de indagar-se: e se a assinatura do menor ou do seu pai não forem apostas no documento? Bem, reflitamos acerca de cada hipótese.

Quando tratamos da incapacidade relativa, reconhecemos algum discernimento ao menor. Assim, ele ***necessariamente*** deve participar dos negócios que lhe digam respeito, manifestando vontade. Ausente a sua manifestação de vontade, o negócio será reputado inexistente. No nosso exemplo, portanto, se não houver a sua assinatura, não haverá qualquer contrato com a emissora de televisão.

Outros exemplos da vida real refletem o que aqui se aborda. Quantas vezes um filho, contando com 16 anos, presencia litígios entre os genitores acerca da definição do valor ideal de pensão que lhe deverá ser paga? Muitas vezes, a propositura de ações judiciais versando sobre o tema se mostra inevitável. Ocorre, porém, para que não haja qualquer problema na composição do polo ativo, que o menor deve comparecer em juízo acompanhado de advogado, com procuração por ele assinada, sendo tão somente assistido pelo genitor guardião. Em outras palavras, sem a sua firme resolução de litigar contra o alimentante, a ação não poderá ser proposta, mesmo que o genitor guardião insista em fazê-lo só.

Volvamos, porém, ao exemplo do contrato com a emissora de TV. E se a assinatura faltante for a do pai – qual seria a consequência? Ora, o contrato, embora ***existente***, poderia ser anulado, porquanto firmado por relativamente incapaz, sem estar representado.

Saliente-se, por outro lado, que nossa legislação permite que alguns atos sejam praticados pelo menor, relativamente incapaz, mesmo que não esteja assistido. São eles: *a)* ser testemunha (art. 228, I), *b)* aceitar mandato (art. 666), *c)* fazer testamento, *d)* responder, como se maior fosse, quando dolosamente ocultar sua idade (art. 180).

A razão de ser dos permissivos legais mencionados é que esses atos, salvo o previsto no artigo 180, não afetarão a esfera jurídica do menor, deixando de demandar proteção jurídica que se reconhece ao relativamente incapaz. Com efeito – nenhum prejuízo implicará ao menor púbere testemunhar em juízo, representar, por procuração, determinado agente (este sim, assumindo um risco de confiar a alguém tão jovem os misteres decorrentes do contrato de mandato) ou fazer testamento, porquanto o cumprimento das disposições testamentárias só ocorrerá se o menor já estiver morto e, portanto, carecedor da proteção que se reconhece aos incapazes.

Quanto ao fato de se determinar que o menor de dezoito anos e maior de dezesseis responda como se maior fosse quando, inquirido, dolosamente ocultar a idade, a razão está em não se proteger a torpeza daquele que, se não tem pleno o discernimento do que faz, já pode compreender a reprobabilidade de certos atos cometidos, em especial, os que decorrem de mentiras intencionalmente contadas.

Além disso, o menor púbere poderá se casar, desde que autorizado por seus genitores. Entenda-se: a autorização não significa assistência. Aquela é prévia à solitária prática do ato. A última é simultânea e os dois, assistente e assistido, devem participar da prática do ato. Logo, se devidamente autorizado, o menor que conte ao menos com dezesseis anos, *sem estar assistido*, poderá casar-se (art. 1517).

Necessário, por outro lado, que indaguemos quanto a interessante questão: o menor, contando com dezesseis anos, pode reconhecer sozinho um filho seu, já que não há norma expressa autorizando tal conduta?

Caio Mário da Silva Pereira[337] entende que o ato de reconhecimento decorre da constatação de um fato natural, sendo razoável que se permita ao menor, com mais de dezesseis anos, que o faça. Urge ressaltar que breve pesquisa por alguns Cartórios nacionais demonstram parecer ser essa a prática corrente. No Brasil, vale dizer, permite-se ao menor púbere que reconheça, sem assistência, o seu filho[338], certamente pelos motivos invocados por Caio Mário.

Chamamos, porém, o leitor à reflexão quanto à gravidade do efeito do reconhecimento voluntário ora discutido: ele é irrevogável, segundo o artigo 1º da Lei nº 8.560/92, reforçado pelo artigo 1.610 do Código Civil. Sabemos, por outro lado, que a adolescência é período de gestos grandiosos, porém, muitas vezes, mal pensados. Assim, mesmo que seja raro, não se pode dizer impossível imaginar que um menor, sabedor de que não é pai, deixando-se levar pelas paixões tão comuns a essa fase da vida, declare ser genitor de um bebê que não é seu, por pura paixão pela mãe da criança. Atente-se que, em casos como esse, não ocorre erro, dolo, coação, lesão, estado de perigo, ou qualquer outro vício de consentimento. Seu ato, portanto, segundo o entendimento majoritário, não seria anulável (vez que inexiste vício de consentimento na sua prática) e tampouco se mostra revogável. Logo, ainda que, dias depois do reconhecimento, acabe o menor por se arrepender, um gesto irrefletido de sua adolescência reverberará por toda a sua vida, da criança reconhecida e da genitora do bebê, com efeitos nocivos para todos os envolvidos.

A solução que preconizamos, portanto, não romperá a sistemática cartorial vigente. Sendo o gesto praticado pelo menor púbere tão somente anulável, o Oficial do Registro não lhe poderá negar a prática, ainda que o menor, relativamente incapaz, revele sua idade e seu intento, devendo, quando muito, adverti-lo que o ato poderá gerar anulabilidade.

Ocorre, porém, que, mesmo podendo ser praticado, o ato de reconhecimento seria anulável por incapacidade relativa do agente, pelo prazo máximo de quatro anos após a maioridade do que reconheceu, como determina o artigo 178, III do Código Civil. Não se pense, todavia, que o des-

[337] PEREIRA, Caio Mário da Silva. "Reconhecimento de Paternidade e seus Efeitos". 5 ed.. Rio de Janeiro: Forense, 1996, p. 63.

[338] Consulta realizada aos sites http://www.lamanapaiva.com.br/mostra_novidades.php?id_novidades=61&id_noticias_area=1, http://cartoriodetaguatinga.com.br/index.php?id=11, http://www.2oficionx.com/artigos.htm#12, apenas para citar alguns.

fazimento do vínculo entre o bebê e o adolescente que o reconhecer seria simples. A anulação do registro, em realidade, somente poderia ocorrer por meio de ação negatória de paternidade, na qual seria cabível dilação probatória, a fim de se averiguar a existência ou não de laços biológicos ou socioafetivos entre o autor da demanda (pretenso pai) e o eventual filho. Caso existente qualquer dos laços (biológico ou afetivo) a ação negatória deveria ser julgada improcedente.

Pensamos, assim, que a solução não impõe restrições burocráticas ao reconhecimento voluntário de filiação por maiores de dezesseis e menores de dezoito anos, mas preserva o imaturo jovem que açodadamente reconheceu um filho que não é e que não pretende criar como seu, por um gesto irrefletido (gestos, aliás, não tão incomuns para adolescentes).

A incapacidade relativa dos ébrios habituais, dos viciados em tóxicos, e dos que, por deficiência mental, tenham o discernimento reduzido

A dependência química, seja quanto ao álcool, seja quanto a outras drogas, pode comprometer o discernimento do agente. Atente-se, porém, que o dependente químico pode oscilar entre estágios de plena lucidez e sobriedade e aqueles em que os maléficos efeitos das drogas (lícitas ou ilícitas) se fazem sentir.

Eis a razão para se declarar a sua incapacidade relativa. Atente-se: relativa porquanto há episódios em que goza do mais amplo discernimento. O papel, portanto, do curador é assisti-lo, a fim de evitar que negócios sejam praticados nos períodos em que o incapaz esteja com o raciocínio comprometido pelas substâncias que o tornam escravo do vício.

Não por outro motivo, normatiza o artigo 1.772 que, na hipótese dos dependentes químicos os atos que deverá produzir na presença do curador poderão ser limitados pelo Juízo, vindo, inclusive, a limitar-se apenas à prática de negócios patrimoniais, como sói acontecer com os pródigos. Vejamos a nova redação da norma:

> *"Art. 1.772. Pronunciada a interdição das pessoas a que se referem os incisos III e IV do art. 1.767, o juiz assinará, segundo o estado ou o desenvolvimento mental do interdito, os limites da curatela, que poderão circunscrever-se às restrições constantes do art. 1.782."*

A derradeira hipótese tratada no inciso II da versão original do artigo 4º Código Civil de 2002 (*deficiência mental, que importe em redução do discerni-*

mento) comportará análise conjunta com o disposto no inciso III do mesmo artigo. Lancemo-nos, pois, ao enfrentamento da questão.

A incapacidade relativa dos excepcionais, sem o desenvolvimento mental completo

As reflexões acerca das patologias mentais levadas a cabo quando da análise da incapacidade absoluta repetem-se no presente tópico. Importante, contudo, fazer-se breve ressalva quanto à técnica empregada pelo Código Civil nos incisos II e III do artigo 4º. Neles, respectivamente, são aventadas como causa da relativa incapacidade a "deficiência mental, que importe em redução de discernimento" e o caso do "excepcional, sem desenvolvimento mental completo." Entendemos, como o faz Fábio Ulhoa Coelho[339] inexistir qualquer diferença de relevo jurídico entre as duas hipóteses, sendo desnecessária a sua abordagem em dois distintos incisos da lei.

Assim, a única nota digna de traço é que, constatada a patologia mental que prejudique, mas não iniba acentuadamente, o discernimento do agente, não será necessário o reconhecimento senão de sua incapacidade relativa, a ser suprida pela nomeação de um curador. Vale frisar que tais regramentos, com o início da vigência da Lei nº 13.146/15, não mais se poderão aplicar.

A incapacidade relativa dos pródigos

O direito luso-brasileiro, há séculos, tutela a situação jurídica do pródigo. As Ordenações Filipinas[340] revelam, há muito, a preocupação com pessoas que desordenadamente gastam tudo o que possuem, mal conservando o mínimo para a própria sobrevivência. Vejamos:

> ***"Livro 4 Tit. 103: Dos curadores que se dão aos prodigos e mentecaptos***
>
> *6. E se o Juiz por inquirição souber, que na Cidade, Vila, ou lugar de seu julgado há alguma pessoa, que, como Pródigo, desordenadamente gasta e destrói sua fazenda, mandará por Alvarás de editos nos lugares públicos, e apregoar por Pregoeiro, que, daí em diante, ninguém venda, nem escambe, nem faça algum outro contrato, de qualquer natureza e condição que seja, cmo ele, sendo certo que todos os contratos que com ele forem feitos serão havidos por nenhum."*

339 Coelho, Fábio Ulhoa. Curso de Direito Civil – v. I. São Paulo: Saraiva, 2003, p. 173/174.

340 Ord. L. 4, T. 103, § 6, disponível em http://www1.ci.uc.pt/ihti/proj/filipinas/, acesso em 16/02/2012.

Talvez aí repouse a raiz do artigo 1.782 do Código Civil, que define os efeitos da interdição do pródigo:

> *"Art. 1.782. A interdição do pródigo só o privará de, sem curador, emprestar, transigir, dar quitação, alienar, hipotecar, demandar ou ser demandado, e praticar, em geral, os atos que não sejam de mera administração."*

Em resumo, o distúrbio comportamental que leva o pródigo a dilapidar o próprio patrimônio apenas o privará da celebração, sem a assistência do curador, de atos que impliquem disposição de bens. Assim, pode, sem a presença do curador, autorizar filho menor, em idade núbil, a contrair matrimônio, participar da emancipação dos filhos, casar-se pelo regime legal de bens, fazer testamento, entre outros atos lícitos.

Enfrentadas, portanto, foram as principais causas de incapacitação do agente segundo a versão original do Código de 2002, que, em linhas gerais, acompanhava a sistemática do Código de 1916. O Estatuto da Pessoa com Deficiência, contudo, alterou a sistemática então vigente. Vejamos no que consistiram as modificações.

A crítica à nova sistemática da incapacidade de fato segundo a Lei nº 13.416/15 – Estatuto da Pessoa com Deficiência

O Estatuto da Pessoa com Deficiência é norma que implica diversos avanços no tratamento digno e igualitário de agentes com quaisquer tipos de deficiência. Representa, nesse ponto, um avanço.

Ocorre, porém, que, no afã de avançar, eventuais alterações a um sistema logicamente concebido, devem ser bem sopesadas, para não implicarem rupturas que muito podem dificultar a vida das pessoas que se buscava proteger.

Pois bem, o Estatuto da Pessoa com Deficiência é norma ampla, que define pessoa com deficiência aquela "que tem impedimento de longo prazo de natureza física, mental, intelectual ou sensorial, o qual, em interação com uma ou mais barreiras, pode obstruir sua participação plena e efetiva na sociedade em igualdade de condições com as demais pessoas." (art. 2º do Estatuto). Percebe-se, pois, que inúmeras pessoas deficientes não eram tratadas como incapazes pelo Código Civil em sua versão original, ***v.g.***, cadeirantes, surdos, mudos, apenas para citar alguns casos.

Os dois sistemas jurídicos, a rigor, não eram antagônicos e poderiam, do ponto de vista lógico, coexistir. Entendeu, porém, o legislador, que a referência a certas hipóteses de deficiências como causas incapacitantes importava cunho pejorativo, havendo por bem alterar a mencionada norma. Emblemática a leitura do parecer do projeto de lei (que deu origem ao Estatuto analisado) no Senado Federal[341]:

> *"Para facilitar a compreensão, optamos por fazer uma análise conjunta dos dispositivos constantes dos arts. 6º e 84, além de algumas das alterações contidas no art. 114, uma vez que dispõem sobre a capacidade civil das pessoas com deficiência. Seu cerne é o reconhecimento de que condição de pessoa com deficiência, isoladamente, não é elemento relevante para limitar a capacidade civil. Assim, a deficiência não é, a priori, causadora de limitações à capacidade civil. Os elementos que importam, realmente, para eventual limitação dessa capacidade, são o discernimento para tomar decisões e a aptidão para manifestar vontade. Uma pessoa pode ter deficiência e pleno discernimento, ou pode não ter deficiência alguma e não conseguir manifestar sua vontade.*
>
> *(...)*
>
> *Nesse sentido, o art. 114 do SCD altera dispositivos do Código Civil que atualmente dispõem sobre a capacidade civil daquelesque, porenfermidade ou deficiência mental, têm discernimento reduzido ou limitações na capacidade de exprimir sua vontade.*
>
> *Entendemos, na linha da Convenção, que as pessoas com deficiência não podem sofrer limitações na sua capacidade civil. Assim, impõe-se a revogação de toda a legislação que dispõe em sentido contrário. Os institutos da tutela e da curatela têm sido empregados de modo retrógrado e draconiano, limitando exageradamente a capacidade das pessoas que deveriam ser suas beneficiárias. Com as alterações promovidas pelo SCD, apenas os menores de dezesseis anos seriam absolutamente incapazes, prevalecendo à capacidade relativa para os ébrios e os toxicômanos, além daqueles que, por causa transitória ou permanente, não puderem exprimir sua vontade. A curatela passa a considerar apenas os critérios de discernimento e capacidade de exprimir a vontade, deixando de considerar a existência de deficiência ou enfermidade. Às pessoas com deficiência, especificamente, seriam aplicáveis as regras previstas no s arts. 84 a 87 do SCD, e na nova redação dada ao art. 1.769 do Código Civil."*

Urge refutar os equívocos constantes do parecer acima transcrito. Em primeiro lugar, o Código de 2002 jamais fez uma automática associação entre uma deficiência e a incapacidade civil. Muito pelo contrário, na versão primeira de seu artigo 3º, ficava claro que apenas seriam considerados

[341] Disponível em http://www.senado.gov.br/atividade/materia/getPDF.asp?t=167262&tp=1, acesso em 07/07/2015.

absolutamente incapazes os que, por enfermidade ou deficiência mental, ***não tiverem o necessário discernimento para a prática dos atos da vida civil***, ao passo que, no artigo 4º estabelecia-se que seriam relativamente incapazes, apenas quanto a alguns atos ou a maneira de os exercer os excepcionais, sem desenvolvimento mental completo. A regra, portanto, era a capacidade e a exceção, a incapacidade, que deveria ser demonstrada e apenas quando constatada a impossibilidade de discernimento, é que seria decretada. Nesse aspecto, portanto, a nova lei levou à supressão de dispositivos que não representavam uma "draconiana" regra.

Enigmaticamente, prossegue o dito parecer: "*a curatela passa a considerar apenas os critérios de discernimento e capacidade de exprimir a vontade, deixando de considerar a existência de deficiência ou enfermidade.*" É de indagar-se: o discernimento e a capacidade de exprimir vontade já não eram os traços decisivos que, aliados à deficiência ou enfermidade, justificavam o reconhecimento da incapacidade? Então por que açodadamente alterar-se o Código Civil?

Repita-se: não era a legislação civil que deixava de proteger o enfermo mental... Quem não o fazia era o Estado omisso e parte de nossa sociedade, que se mantinha presa a velhos preconceitos. Alterar, portanto, o regime das incapacidades da Lei Civil não implica, por si, qualquer benefício ao deficiente. Felizmente o Estatuto do Deficiente não se limitou à despropositada alteração do Código Civil e bem andou a enfatizar os direitos dos deficientes.

Repita-se: nas intervenções feitas no Código Civil, a novel legislação mostrou-se, em certa medida, prejudicial aos interesses dos próprios incapazes. Em outros aspectos, rompeu a lógica interna do Código, o que demandará esforço exegético do magistrado (quase transformando o juiz em legislador) para evitar distorções. Enfrentemos os problemas percebidos.

A primeira incongruência da nova sistemática da incapacidade – confusão entre os termos incapacidade, interdição e curatela e seus limites

Vimos alhures que o direito romano inaugurou o conceito de estado (*status*) civil. Afirmamos também que o instituto atravessou os séculos a ponto de ser incorporado pela pena dos mais abalizados juristas da modernidade. José de Oliveira Ascensão[342], que ocupa lugar de destaque entre os juristas de língua portuguesa, ensina:

[342] Ascensão, José de Oliveira. Direito Civil – Teoria Geral – v. I. 2 ed. Coimbra: Coimbra, 2000, p. 148.

> ***"76. Estados***
>
> *I – Retomemos agora a noção de estado, que um pouco atrás anunciamos.*
>
> *Os estados são posições ocupadas pela pessoa na vida social, de que resultam graduações da sua capacidade.*
>
> *Nesta linha, os romanos distinguiram o **status libertatis,** o **status civitatis** e o **status familiae.** De facto, estas três situações condicionavam a capacidade.*
>
> *Perdeu sentido hoje o **status libertais,** pois é idêntica a situação de todas as pessoas no que respeita à liberdade. Mas a situação de nacionalidade e a situação familiar continuam a influir na capacidade."*

Na mesma linha, ensina Paulo Thompson[343] acerca dos estados civis:

> *"Como referenciado acima, considera-se para a identificação do estado pessoal de cada indivíduo, sua qualificação jurídica resultante da posição ocupada no âmbito político, no familiar e no individual. Daí emergirá seu estado político (status civitatis), estado familiar (status familiae) e estado individual (status personalis)."*

Temos, pois, que o estado da pessoa oscila entre o estado político (nacionais e estrangeiros), estado familiar (solteiro, casado, separado judicialmente, parente) e estado individual (menor ou maior, capaz ou incapaz, homem ou mulher).

A própria etimologia da palavra indica que ela vem do latim *"status, -us"*, podendo ser compreendida, entre outros possíveis significados, como posição de pé, postura, posição, estado, situação, condição[344]. Assim, o estado reflete uma situação momentânea, que pode ser cambiada, mas que, instantaneamente, situa o indivíduo no seio de seu grupo social e de sua família.

Logo, do ponto de vista lógico, a interdição não deveria ***criar*** uma situação de incapacidade, mas tão somente declará-la. Aliás, na vigência dos Códigos de 1916 e 2002, muito se discutiu acerca dos efeitos da interdição: para corrente que entendemos mais consistente ela apenas declararia estado prévio do agente (sendo, pois, ação meramente declaratória), ao passo que outros entendiam que ela criava relações ou estado jurídico novo para o interditado (sendo, assim, constitutiva).

343 FLORES, Paulo Roberto Moglia Thompson. José de Oliveira. Direito Civil – Parte Geral. Brasília: Gazeta Jurídica, 2013.

344 Disponível em http://www.priberam.pt/dlpo/estado, consultado em 09-07-2015.

Oportuno que apreciemos as razões advogadas pelas duas correntes. Pontes de Miranda[345] afirmava, no modelo anterior à edição do Estatuto da Pessoa com Deficiência, ser a natureza da ação de interdição constitutiva. Vejamos o que o levou a assim ponderar:

> *"Quanto à ação de interdição, surge o problema de se tratar de ação constitutiva negativa, ou de ação constitutiva positiva, ou de ação declarativa. O elemento declarativo é alto, porém não preponderante. O estado da pessoa é declarado e o que se constitui é a incapacitação."*

Maria Berenice Dias[346] ratifica a tese de Pontes de Miranda:

> *"Muito se debate sobre a natureza jurídica da sentença que declara a interdição, tema que diz com a validade dos atos praticados pelo interditando antes do ato sentencial. Considerar que a sentença é* **declaratória** *seria conferir-lhe eficácia* **ex tunc**, *ou seja, retroativa, surgindo a possibilidade de se reconhecer a nulidade dos atos realizados antes mesmo da decisão judicial. De outro lado, atribuir à sentença carga eficacial constitutiva lhe confere efeitos* **ex nunc**, *ou seja, efeitos a partir de sua prolação, e somente os atos realizados depois da sentença seriam nulos.*
>
> *O fato de dizer a lei (CC 1.773) apenas que a sentença 'declara' a interdição não significa que esta seja a eficácia da ação. Indubitavelmente, a sentença é* **constitutiva**, *pois diz com o estado da pessoa. Ainda que a incapacidade preceda a sentença, só depois da manifestação judicial é que passa a produzir efeitos jurídicos: torna a pessoa incapacitada para os atos da vida civil. Como bem refere Pontes de Miranda, a sentença de interdição, sem bem que constitutiva, não cria a incapacidade.*
>
> *Como a incapacidade não passa a existir a partir da sentença, possível a propositura de* **ação anulatória** *dos atos praticados em momento anterior. Quer para assegurar a segurança das relações jurídicas, quer para prestigiar o princípio da boa-fé, somente em casos muito excepcionais cabe a desconstituição de atos pretéritos."*

Por outro lado, Ernane Fidélis dos Santos[347] afirmava que a interdição declarava estado preexistente, *"apenas fixando termo, a partir do qual os efeitos*

[345] PONTES DE MIRANDA, Francisco Cavalcanti. Comentários ao Código de Processo Civil – tomo XVI. Rio de Janeiro: Forense, 1977, p. 367/368.

[346] DIAS, Maria Berenice. Manual de Direito das Famílias.4 ed. São Paulo: RT, 2006, p 551.

[347] SANTOS, Ernane Fidélis. Manual de Direito Processual Civil – v. 3.8 ed. São Paulo: Saraiva, 2002, p 437.

são revelados diversamente." Carlos Roberto Gonçalves[348] entende ser esse o posicionamento predominante quanto à interdição, tal qual preconizada no modelo anterior à vigência do Estatuto da Pessoa com Deficiência. Vejamos:

> *"Embora haja controvérsia a respeito da natureza jurídica da sentença que decreta a interdição, tem prevalecido o entendimento de que não é constitutiva, por não criar o estado de incapacidade, mas apenas* **declaratória** *da existência de uma situação. Tem, portanto, eficácia* **ex tunc**. *Como a incapacidade preexiste, entende-se possível intentar ação anulatória dos atos praticados anteriormente à sentença, devendo-se, no entanto, provar a incapacidade àquela época.*
>
> *(...)*
>
> *Como é a insanidade e não a sentença de interdição que determina a incapacidade, sustentam alguns que, estando ela provada, é sempre nulo o ato praticado pelo incapaz, antes da interdição. Outra corrente, porém inspirada no direito francês, entende que deve ser respeitado o direito do terceiro de boa-fé, que contrata com o privado do necessário discernimento sem saber das suas deficiências psíquicas. Para essa corrente somente é nulo o ato praticado pelo amental se era notório o estado de loucura, isto é, de conhecimento público."*

A jurisprudência nacional mostra-se igualmente dividida quanto ao tema. Vejamos o voto proferido no julgamento da Apelação Cível 70040298879 do Tribunal de Justiça do Rio Grande do Sul[349]:

> *"Em que pese não ter a sentença de interdição eficácia 'ex tunc', por possuir natureza constitutiva positiva, a teor do artigo 1.188 do CPC, nada obsta que se reconheça a nulidade dos negócios jurídicos firmados anteriormente, comprovada que a incapacidade adveio antes da sua decretação, já por conseqüência do acidente sofrido."*

Em sentido contrário, há, entre outros, o julgado proferido pelo Tribunal de Justiça de Minas Gerais:

> *"A sentença de interdição possui eficácia predominantemente declaratória. Todavia, a retroatividade de seus efeitos ex tunc revela-se sob dois aspectos: no tocante à declaração de incapacidade em si há eficácia ex tunc imediata e irrestrita; em relação à anulação dos atos praticados anteriormente a sentença há eficácia ex tunc condicionada à*

348 Gonçalves, Carlos Roberto. Direito Civil Brasileiro – v. 6.8 ed. São Paulo: Saraiva, 2011, p 714.

349 BRASIL. Tribunal de Justiça do Rio Grande do Sul. APC 70040298879. Voto do Desembargador Rubem Duarte. Acórdão publicado no DJ de 22/06/2011.

ação de invalidação e à prova da existência da incapacidade quando da realização do negócio, conforme entendeu a 4ª Turma do Superior Tribunal de Justiça, in verbis: (...)"

A razão de ser dessa discussão cinge-se a saber se os atos pretéritos, praticados pelos incapazes, portanto, antes da interdição, podem ser anulados. Como podemos depreender dos dois julgados transcritos, tanto o primeiro (que entende ser constitutiva a sentença), quanto o segundo (que pugna ser declaratória) acatam a possibilidade de desfazimento dos negócios anteriores, desde que por meio de ações anulatórias específicas para cada ato impugnado. Logo, na prática, adeptos das duas correntes chegam à mesma conclusão.

Controvérsias à parte, ao menos segundo a redação original do Código de 2002, tínhamos que os efeitos da sentença de interdição eram predominantemente declaratórios, pois essa ação objetivava principalmente, declarar que uma causa preexistente incapacitou o curatelado. No entanto, quanto ao desfazimento dos negócios anteriores, concordávamos com a teoria de que, mesmo preexistente a incapacidade, haveria que se resguardar o princípio da boa-fé e da segurança nas relações jurídicas, por meio dos quais, se terceiro entabulou negócio sem que fosse possível perceber, segundo parâmetros aplicáveis a pessoas medianamente diligentes, a causa incapacitante daquele que com ele celebrou tais avenças, não há razão para que se as desfaçam. Em linhas gerais, acatávamos a argumentação expendida exposta por Orlando Gomes[350], ao afirmar:

"Admite-se ainda a existência de uma incapacidade natural.

Tal é a incapacidade de entender e de querer, que não está judicialmente declarada.

Verifica-se, com maior frequência, quando o insano mental não está interditado, quer porque sua enfermidade ainda não foi reconhecida, quer porque o seu processo de interdição não foi instaurado. A doutrina aponta um paralelismo constante entre a capacidade legal de agir e a capacidade natural, e procura superar, desse modo, o problema da coordenação entre os regimes diversos a que se sujeita. A coincidência existe na medida em que a incapacidade legal subiste nas hipóteses nas quais há normalmente incapacidade de entender e de querer, mas a capacidade natural pode faltar sem haver incapacidade legal, como acontece quando o doente mental não está interditado. Quando a incapacidade natural não coincide com a incapacidade legal, o interesse de proteger o incapaz – permitindo-lhe anular o contrato – choca-se com o interesse da outra parte

[350] Gomes, Orlando. Introdução ao Direito Civil. 13 ed. Rio de Janeiro: Forense, 1998, p. 171.

que ignorava estar a tratar com um insano mental, sendo necessário, para resolver o conflito, legitimar a faculdade de pedir a anulação com o preenchimento de três requisitos, exigidos na lei italiana e aceitos por alguns doutrinadores de outros países:

a) a incapacidade de entender ou querer;

b) a demonstração de que o agente sofreu grave prejuízo;

c) a má-fé do outro contratante."

Os requisitos abraçados por Orlando Gomes, como mencionado, encontravam guarida no artigo 428 do Código Civil da Itália[351]:

"Art. 428 Atos realizados por pessoa incapaz de entender ou de querer

Os atos realizados por pessoa que se prove estar, por qualquer causa, ainda que transitória, incapaz de entender ou de querer, no momento no qual os atos foram realizados, embora não seja interditada, podem ser anulados a seu requerimento ou de seus herdeiros ou cessionários, caso se lhe resulte um grave prejuízo (1425 e seguintes).

A anulação dos contratos não pode ser pronunciada senão quando o prejuízo que se tenha decorrido, ou se possa decorrer em relação ao incapaz de entender ou de querer, resultar da má-fé do outro contratante (1425).

A ação prescreve no prazo de cinco anos do dia em cujo ato se realizou o contrato (2953)

Ressalvam-se as disposições legais em sentido contrário (120, 591, 775,1195; att. 130)."

Assim, um dos principais efeitos da interdição seria a oponibilidade ***erga omnes*** do estado de incapacidade do interditado, efeito que se alcançaria em plenitude com o registro da respectiva sentença no Cartório do Registro de Pessoas Naturais. Demandas anulatórias futuras, acerca de atos ou negócios praticados solitariamente pelo curatelado, dispensariam provas outras de sua incapacidade. Havendo a intenção, porém, de se desconstituir avença celebrada antes de interditado o agente, seria necessário que se provasse já estar o interessado acometido do mal incapacitante ao celebrar o pacto contestado e que tal estado fosse perceptível aos olhos de qualquer agente medianamente diligente. Complementando o raciocínio encetado, Antônio Luís Câmara Leal adverte[352]:

351 Tradução livre da versão original do Código Civil Italiano, disponível em http://www.jus.unitn.it/cardozo/obiter_dictum/codciv/Libl.htm, acesso em 09 de janeiro de 2012.

352 CÂMARA LEAL, Antônio Luíz da. Da Prescrição e da Decadência. 2 ed. Rio de Janeiro: Forense, 1959, p. 164.

"Nem seria razoável fazer a incapacidade e seus efeitos depender da interdição, quando esta, confiada a determinados parentes do psicopata e do Ministério Público, pode ser descuidade e omitida, não sendo justo que o incapaz venha a sofrer as consequencias de uma desídia para a qual não tenha podido concorrer e contra a qual não dispunha de meios para impedir."

O sistema anterior parecia ser dotado de incontrastável lógica. Havia um encadeamento plausível entre os institutos: se incapaz o agente, a interdição declararia seu estado pretérito, para então se lhe nomear um curador. Hoje, a pessoa com deficiência mental ou intelectual não pode ser considerada incapaz e nem poderá mais "ser interditada". No lugar da interdição será movida ação com o fito não de se declarar qualquer estado, mas, excepcionalmente, mesmo sendo plenamente capaz o deficiente, de se lhe nomear um curador. Qual a lógica disso?

Repita-se: no passado, os negócios praticados com alguém dotado de severos problemas psiquiátricos era nulo, estivesse ou não interditado. Hoje sequer há previsão de nulidade para os negócios jurídicos praticados pelo enfermo a quem ainda não se deferiu um curador. Ele estará, por ser considerado plenamente capaz, até que se lhe nomeiem um curador, entregue à própria sorte e vinculado a negócios que tenha celebrado com pessoas inescrupulosas. Em resumo: a nomeação de curador não decorre mais do estado incapacitante do agente. Passa a ter caráter nitidamente constitutivo e só surtirá efeitos para o futuro, deixando o passado do deficiente, justamente ele que precisa de mais ajuda, em perigoso limbo jurídico.

Questões outras se colocam quando constatamos que as funções do curador estão adstritas ao que determina o artigo 85 do Estatuto da Pessoa com Deficiência, a saber:

"Art. 85. A curatela afetará tão somente os atos relacionados aos direitos de natureza patrimonial e negocial.

§ 1º A definição da curatela não alcança o direito ao próprio corpo, à sexualidade, ao matrimônio, à privacidade, à educação, à saúde, ao trabalho e ao voto."

Em outras palavras, o agente, por mais severa que seja sua deficiência mental, poderá casar-se, tenha ou não discernimento para praticar o ato, transformando, ***ipso facto***, o cônjuge em seu herdeiro necessário e meeiro.

A nova lei buscou solução inversa à adotada na legislação revogada. O casamento, após a vigência do Estatuto da Pessoa com Deficiência, estará

sempre permitido, ***seja isso*** ou ***não*** um bem para o deficiente (mesmo que o caso concreto indique que o deficiente esteja sendo exposto a pessoas inescrupulosas, que desejam participar de seu patrimônio, sem, de fato, amá-lo). O pior é que a nova lei se mostra contraditória: no parágrafo primeiro do artigo 85, ela taxativamente afirma que a definição da curatela não alcança o direito ao matrimônio, ao passo que, no artigo 114, ela altera a redação original do parágrafo segundo do artigo 1550, a fim de permitir que a pessoa com deficiência mental ou intelectual em idade núbil possa contrair matrimônio, expressando sua vontade diretamente ou por meio de seu responsável ou do ***curador!!!*** É de indagar-se: como se falar em responsável pelo deficiente se ele não é mais incapaz?? E como pensar na manifestação de vontade pelo curador se, na definição de curatela, não se engloba o direito ao matrimônio? Há algo muito mal dimensionado na norma analisada.

E como ocorria no regime anterior? Entendemos que as coisas se davam de forma um pouco mais lógica. Tomemos o exemplo dos portadores de síndrome de down. Eles, após muitos anos de luta e de políticas de inclusão, têm demonstrado possuir o discernimento necessário para compreender a importância do matrimônio. Assim, o grau de incapacidade do portador de síndrome de down, como, de resto, de qualquer outra deficiência, deveria ser apurado caso a caso, no próprio processo de interdição. Nesse momento deveriam ser esclarecidos quais os limites de sua incapacidade, ou seja, em que hipóteses o incapaz necessitaria ou não da assistência do curador, inclusive para casar. Certamente o matrimônio não figuraria entre as restrições impostas ao interditado, se ele demonstrasse estar apto a compreender a importância do ato.

Achamos, em realidade, tão grave quanto generalizar a vedação ao casamento é permitir que sempre ocorra. Será que isso inexoravelmente representará o melhor interesse do incapaz? Será que alçar o cônjuge ao grau de herdeiro necessário e meeiro do deficiente não poderia expô-lo indevidamente à vilania de pessoas mal intencionadas?

Não se pense, porém, que a intervenção legislativa se esgota aí, quanto aos problemas que ocasiona. Outros igualmente graves podem mostrar que a nova lei representou, em determinados aspectos, um retrocesso para o deficiente.

A questão da suspensão da prescrição e da decadência para o incapaz

O artigo 198 afirma que não corre prescrição contra os incapazes de que trata o artigo 3º do Código Civil (absolutamente incapazes). Assim, pela nova sistemática, a suspensão da prescrição deixaria de contemplar os deficientes, continuando a correr normalmente prescrição contra eles.

Estamos certos de que muitos magistrados, consternados pela injustiça da alteração, aplicarão analogicamente a suspensão da prescrição e da decadência (artigo 198) aos deficientes. Ocorre que as hipóteses de suspensão e interrupção de prescrição são taxativas, como se depreende das lições do maior especialista no tema que o Direito Brasileiro já conheceu – Antônio Luís da Câmara Leal. Assevera o festejado jurista[353]:

> *"Os intérpretes são unânimes em reconhecer que a enumeração das causas suspensivas da prescrição pelo Código é taxativa, e não exemplificativa.*
>
> *Quer isso dizer que, sendo de direito estrito, não admitem ampliação por analogia."*

O seu raciocínio é dotado de irretorquível lógica. Ora, se violado o direito, nasce a pretensão, que, não exercida no prazo previsto, será encoberta pela prescrição (art. 189), porque a fluência do mencionado lapso prescricional, por força de lei, é ininterrupta. Qualquer exceção a tal comando deve estar prevista em lei, pois, do contrário, a hipótese se subsumirá à regra geral (da fluência ininterrupta do prazo). O que buscamos dizer é que não há lacuna aqui a ser colmatada, porquanto, ou a fluência do prazo é ininterrupta, por força do artigo 189, ou pode ser obstada, suspensa ou interrompida, por força apenas de um dos dispositivos constantes do artigos 197 e seguintes. Não há limbo, não há lacunas. Logo, não haverá analogia.

Mas e se o magistrado, tocado pela infelicidade da mutação legislativa, resolver analogicamente aplicar a regra suspensiva do artigo 198, I aos deficientes? Bem, ele estará a agir como legislador, inovando onde não há lacuna. O mais surreal, porém, é que o fim da suspensão da prescrição, derivada da deficiência mental ou intelectual, embora prejudicialíssimo ao deficiente mental, iguala-o aos não deficientes, contemplando da pior forma possível o pressuposto igualitário do Estatuto. O irônico é que talvez desigualar os atores jurídicos com deficiência, em algumas hipóteses, atendesse mais ao princípio da isonomia, no sentido material, do que

[353] Câmara Leal, Antônio Luíz da. Da Prescrição e da Decadência. 2 ed. Rio de Janeiro: Forense, 1959, p. 178.

dispensar regramento jurídico idêntico ao das pessoas sem deficiência, mormente quando a diferenciação está justificada pelo caráter protetivo.

Conhecendo, porém, a forma pouco científica, quase emotiva, como se trata o Direito no Brasil, cremos, abismados, que, no futuro, os tribunais aplicarão analogicamente o artigo 198, I aos hoje (plenamente capazes) deficientes, simplesmente por parecer-lhes o mais justo, seja isso técnico ou não.

A questão da relativa incapacidade daqueles que, por causa provisória ou permanente, não possam expressar sua vontade

A inclusão da presente hipótese entre os casos de incapacidade relativa parece ser a mais absurda interferência do Estatuto da Pessoa com Deficiência no Código Civil. Não é necessário dispensar muitas linhas para se compreender o equívoco. Ora, se a pessoa ***NÃO*** pode expressar sua vontade, como demandaria a presença de um assistente (e não representante) que lhe acompanharia na prática dos negócios jurídicos? Repita-se: é imprescindível, nas hipóteses de assistência, que o assistido manifeste sua vontade, estando apenas acompanhado pelo curador, que afere a oportunidade e a não lesividade dos negócios pelo primeiro praticados. Um exemplo pode ilustrar o absurdo da situação. Imaginemos um sujeito em coma. Como ele não pode manifestar vontade, seria, pela nova redação da lei, relativamente incapaz. Fica quase impossível imaginar como alguém, nesse estado, será assistido, por ser relativamente incapaz, e não representado, o que demandaria fosse enquadrado como absolutamente incapaz. Nesse aspecto, pode-se taxar como desastrosa a interferência legislativa.

A questão da validade dos atos praticados pelo deficiente para o qual não se nomeou curador

Os artigos 166, I e 171, I do Código Civil, respectivamente, taxam de nulos os atos praticados pelos absolutamente incapazes e anuláveis aqueles levados a cabo pelos relativamente incapazes.

Na sistemática originária do Código Civil, estando ou não interditado o agente, ele ***já*** era incapaz e os seus atos já eram inválidos. Ocorre que os deficientes não são mais considerados incapazes. Temos, portanto, que os atos por eles praticados são válidos. Caso seus pais, tutores, cônjuges, o Ministério Público ou o próprio deficiente entendam necessário, poderão solicitar a nomeação de curador, feito com caráter nitidamente constitutivo. A partir daí, os atos praticados pelo deficiente necessitarão da presença do curador cujos poderes, na forma do artigo 1.772, se circunscreverão aos limites impostos pelo artigo 1782, que determina:

> *"Art. 1.782. A interdição do pródigo só o privará de, sem curador,* ***EMPRESTAR, TRANSIGIR, DAR QUITAÇÃO, ALIENAR, HIPOTECAR, DEMANDAR OU SER DEMANDADO, E PRATICAR, EM GERAL, OS ATOS QUE NÃO SEJAM DE MERA ADMINISTRAÇÃO."***
> *(grifo não constante do original)*

Mas o curador será representante ou assistente do deficiente? E os atos praticados sem a sua presença, serão nulos ou anuláveis? Novamente, nada se indica na lei. Assim, somos obrigados a combinar o artigo 85 do Estatuto da Pessoa com Deficiência com o artigo 166, VII do Código Civil, e concluir que, se atos negociais e patrimoniais devem contar com a presença do curador, a sua ausência, por não haver sanção disciplinada expressamente em lei, haverá de implicar a nulidade do ato. São esses, portanto, apenas alguns dos problemas que podemos vislumbrar pela açodada intervenção no Código Civil.

Um Código Civil representa um todo orgânico. A alteração de alguns artigos pode estabelecer a quebra de sistemas lógicos articulados, trazendo inúmeras perplexidades, não obstante a nobreza das intenções em jogo. Temo que o nosso Direito Civil esteja sendo reformulado de maneira inadequada. Pode-se afirmar, em resposta à crítica, que vivenciamos o alvorecer de nova era, em que a dignidade da pessoa humana suplanta anacrônicos textos. Se é assim, sugerimos uma total revisão das nossas leis civis, para que sejam adaptadas de forma harmônica ao dito princípio. O problema é que as mutilações parciais do nosso Código criam um sistema híbrido e incoerente, remetendo ao intérprete a extenuante missão de harmonizar antinomias quase insuperáveis.

Encerrados, assim, os principais contornos das hipóteses de incapacidade de fato, abordemos superficialmente a singular situação dos silvícolas.

A singular situação dos indígenas quanto à sua incapacidade de fato

O Código Civil determina acerca dos silvícolas:

> *"Art. 4º (...)*
> *Parágrafo único. A capacidade dos índios será regulada por legislação especial."*

A Lei nº 6.001/73 ocupa hoje o papel da legislação especial à qual se refere o artigo 4º de nosso Código. Alguns dispositivos da mencionada norma são especialmente relevantes quando se trata da capacidade de fato individual do indígena, como passamos a examinar:

> *"Art. 8º São nulos os atos praticados entre o índio não integrado e qualquer pessoa estranha à comunidade indígena quando não tenha havido assistência do órgão tutelar competente.*
>
> *Parágrafo único. Não se aplica a regra deste artigo no caso em que o índio revele consciência e conhecimento do ato praticado, desde que não lhe seja prejudicial, e da extensão dos seus efeitos.*
>
> *Art. 9º Qualquer índio poderá requerer ao Juiz competente a sua liberação do regime tutelar previsto nesta Lei, investindo-se na plenitude da capacidade civil, desde que preencha os requisitos seguintes:*
>
> *I – idade mínima de 21 anos;*
>
> *II – conhecimento da língua portuguesa;*
>
> *III – habilitação para o exercício de atividade útil, na comunhão nacional;*
>
> *IV – razoável compreensão dos usos e costumes da comunhão nacional.*
>
> *Parágrafo único. O Juiz decidirá após instrução sumária, ouvidos o órgão de assistência ao índio e o Ministério Público, transcrita a sentença concessiva no registro civil."*

O regime de nulidade imposto ao negócio praticado entre o índio tutelado pela FUNAI e pessoa estranha ao seu meio aproxima a sua especial situação daquela vivenciada pelos absolutamente incapazes.

Duas hipóteses abrandam o regime tutelar regulado pela lei. A primeira delas, amparada no princípio da boa-fé objetiva, ocorre quando o silvícola revela consciência e conhecimento acerca do ato praticado. Nesse caso, não sendo o negócio a ele prejudicial, afasta-se a nulidade. Assim, seria de indagar-se: ao ser praticado um ato pelo indígena, qual estado poderia ser presumido – o de consciência ou de inconsciência em relação aos negócios praticados com pessoas estranhas ao seu grupo?

Pablo Stolze Gagliano e Rodolfo Pamplona Filho[354] entendem que a presunção é a de que, acaso esteja inserido na sociedade, o índio seja tratado como plenamente capaz, cabendo a ele, certamente tutelado pela

[354] GAGLIANO, Pablo Stolze e PAMPLONA FILHO, Rodolfo. Novo Curso de Direito Civil, v. I. 9 ed. São Paulo: Saraiva, 2007, p. 100.

FUNAI, caso a caso, provar não estar dotado do discernimento exigido para a celebração dos negócios jurídicos impugnados.

Acreditamos, porém, que a Lei nº 6001/73, ao estabelecer a presunção de incapacidade ao indígena, bem andou ao evitar uma situação muito embaraçosa para silvícola não integrado: fazer prova negativa (quase diabólica) de que não consegue compreender os atos da vida civil praticados pela civilização ocidental. Mais plausível seria abraçar, em parte, as conclusões de Pablo Stolze Gagliano e Rodolfo Pamplona Filho, no sentido de se compreender que, se um índio resolveu travar negócios jurídicos com pessoas estranhas ao seu grupo, é porque presumivelmente seu caso será enquadrado no parágrafo único do artigo 8º da Lei nº 6.001/73. Tal dispositivo, como visto, preserva os efeitos dos negócios praticados por indígenas, desde que não prejudiciais a eles e que tenham sido compreendidos por aquele que os leva a efeito.

Ocorre, porém, que, se o silvícola, tutelado pela FUNAI, reclamar a nulidade do ato, a fim de evitar a imposição a ele de prova negativa (de que não consegue compreender os negócios que praticou), que se imponha ao outro contratante o ônus de demonstrar que o indígena, seja por outros negócios que já tenha celebrado, seja pelo estilo de vida que leva (possivelmente amparado em perícia antropológica) não merece a proteção constante do artigo 8º do Estatuto do Índio.

Assim, apreciada a questão indígena, resta-nos apenas abordar as hipóteses de cessação da incapacidade. Façamo-lo, pois.

O fim da incapacidade

A incapacidade encerra-se com a maioridade, ou com a emancipação. No ordenamento brasileiro, por opção legislativa, a maioridade oscilou entre os 25 anos nas Ordenações Filipinas[355], 21 anos no Código Civil de 1916 (artigo 9º), sendo, afinal reduzida, pelo artigo 5º do Código Civil de 2002, para 18 anos. As paulatinas reduções impostas por nossos diplomas legais talvez sugiram que o volume de informações às quais os jovens se sujeitam atualmente faça com mais cedo amadureçam, a ponto de bem compreenderem os negócios jurídicos que todos celebramos a partir dos 18 anos de idade.

[355] Ord. L. 1, T. 88 e L. 3, T. 41, disponível em http://www1.ci.uc.pt/ihti/proj/filipinas/, acesso em 16/02/2012.

Alguns problemas, no entanto, decorrentes de nossa opção legislativa, foram bem percebidos por Cristiano Chaves Farias e Nelson Rosenvald[356]. Lembram os autores que um jovem com 20 anos, embora seja economicamente mantido pelo pai, pode vir a causar danos a terceiros sendo ele e não os pais quem responderá. Caso o jovem não possua bens em seu próprio nome, a vítima do prejuízo estará desamparada, pois o causador direto do dano não terá bens para suportar a execução e os seus genitores, por lei, não serão obrigados a assumir a dívida.

Preconizam, porém, os autores singular solução. Pugnam pela assunção de responsabilidade pelos pais mantenedores, em atenção ao princípio da solidariedade social. Acreditamos na viabilidade teórica da opção, mas ressalvamos a imensa dificuldade, no caso concreto, de que seja aplicada.

A título de contribuição com a engenhosa construção exposta, adicionamos um novo argumento, porém, infraconstitucional, consubstanciada na incidência do parágrafo único do artigo 927 do Código Civil a casos como o ventilado.

Atente-se ao que o mencionado dispositivo determina:

> *"Art. 927. (...)*
>
> *Parágrafo único. Haverá obrigação de reparar o dano, independentemente de culpa, nos casos especificados em lei, ou quando a atividade normalmente desenvolvida pelo autor do dano implicar, por sua natureza, risco para os direitos de outrem."*

Ora, pais de filhos maiores que possibilitam a eles a propriedade de bens de consumo duráveis ou efêmeros, bem como lhes proporcionam estilo de vida, desregrado, irresponsável, capaz de transformá-los em potenciais agressores da esfera jurídica alheia, assumem o risco de haverem fornecido as condições materiais para a concretização do prejuízo e, portanto, justo seria que fossem responsabilizados.

Entendemos, porém, que tal solução é demasiadamente polêmica e dificilmente seria aplicada na prática, pela natural dificuldade de se provar que o suporte material dado pelo pai ao filho maior facilitou o cometimento do ato causador de prejuízos a terceiros.

Diferente hipótese, porém, é quando o filho maior se vale de bens ***pertencentes ao genitor*** (como um carro em nome do pai) para lesar esfera jurí-

[356] FARIAS, Cristiano Chaves de, e ROSENVALD, Nelson. *Direito Civil – Teoria Geral.*9 ed. Rio de Janeiro: Lumen Juris, 2011, p. 326/327.

dica alheia. Nessa hipótese, por ser o dono do bem, e não propriamente em virtude do vínculo de parentesco, é que os pais poderão ser responsabilizados. Aliás, sobre a responsabilização solidária do proprietário de bens veículos automotores utilizados pelos terceiros causadores de acidentes de trânsito, firme é a jurisprudência no seguinte sentido[357]:

> *"Apelações cíveis. Responsabilidade civil em acidente de trânsito. Responsabilidade solidária do proprietário e do condutor do veículo. Jurisprudência dominante. Comprovada a condução imprudente e imperita praticada pelo condutor demandado. Ausência de comprovação técnica a respeito da falta de segurança. Pensionamento devido. Redução da capacidade laborativa. Constituição de capital. Determinação possível independentemente de pedido da parte. Inteligência do art. 475-Q do CPC* [Art. 533 do Novo CPC] *e da Súmula 313 do STJ. Dano moral caracterizado. Dano* ***in re ipsa****. Desnecessidade de prova. Dever de indenizar. Majoração da indenização por dano moral. Juros moratórios a partir do evento danoso (Súmula 54 do STJ). Acolheram a preliminar e deram provimento aos apelos."*

Outra hipótese de aquisição de capacidade plena, ao lado da maioridade, é a emancipação, entendida por nós como causa de antecipação da capacidade plena àqueles que ainda são menores. Essa linha de raciocínio nos leva à conclusão de que a maioridade apenas se conquista aos 18 anos, embora a capacidade plena já se possa lograr pela emancipação.

Há autores, todavia, que veem na emancipação, mais do que a concessão da plena capacidade, verdadeira antecipação da maioridade[358]. Mas não é assim. A maioridade relaciona-se ao fato de se alcançar certa idade e emancipação à circunstância de não mais se estar sob o poder familiar de alguém. A confusão entre maioridade e emancipação pode ser superada se lembrarmos de dois vetustos institutos, como nos ensina Pontes de Miranda[359] a ***venia aetatis*** e a ***emancipatio.*** Entende o renomado Professor que o primeiro dos deles ***(venia etatis)*** significa suplemento de idade e é ato estatal, previsto para certas hipóteses, que completa a idade, a fim de que os efeitos da maioridade já se façam sentir. A emancipação, ao seu

[357] BRASIL. Tribunal de Justiça do Rio Grande do Sul. APC 70034697441. Décima Primeira Câmara Cível, Relatora Desembargadora Katia Elenise Oliveira da Silva. Acórdão publicado no DJ de 08/11/2010.

[358] Rizzardo, Arnaldo. *Parte Geral do Código Civil.* 5 ed. Rio de Janeiro: Forense. 2007, p.223

[359] Pontes de Miranda, Francisco Cavalcanti. Tratado das Ações – tomo III. Campinas: Bookseller, 1998, p. 58/59.

turno, seria ato que desinveste o genitor do poder familiar, sem qualquer referência à faixa etária.

Levado, pois, ao extremo o seu raciocínio, pode-se entender que, caso fossem respeitadas as raízes históricas dos institutos, os pais que emancipassem os seus filhos deveriam, ainda assim, pleitear a homologação judicial do respectivo ato, para que a plena capacidade (decorrente do suplemento de idade) se completar pela antecipação da maioridade, fato que não foi abraçado pela nossa hodierna legislação.

Embora inaplicável nos dias de hoje, historicamente, seu entendimento faz sentido. Sabe-se que, em Roma, independentemente da idade, as pessoas podiam ser ***sui iuris*** (caso não estivessem subordinadas a qualquer poder familiar) ou ***alieno iuris*** (caso estivessem subordinado a poder familiar). Esclarece Moreira Alves[360], como já mencionado, que um recém-nascido, cujo pai tivesse falecido e, em sequência, a mãe, para os romanos era um ***pater famílias***, e, portanto, ***sui iuris***. Deduz-se, por outro lado, que um homem, com 30 anos, mas tendo o ascendente, em linha reta, vivo, seria ***alieno iuris***. Isso, no entanto, não o privava da prática de atos ou negócios jurídicos, tal qual os entendemos hoje. A emancipação, portanto, não se relacionava à antecipação de maioridade, mas tão somente ao fato de se alterar o ***status*** do agente de ***alieno iuris*** para ***sui iuris***. Afirma Moreira Alves[361], que, ao tempo de Justiniano, já não havia significativas distinções entre a capacidade jurídica dos ***alieni iuris*** e das pessoas ***sui iuris***.

Preconizava, por outro lado, a Lei das XII Tábuas que a sujeição ao poder do ***pater famílias*** seria extinta, por punição a ele, caso vendesse o filho três vezes como escravo. Subvertendo-se o que antes era uma sanção, a jurisprudência antiga passou a aconselhar o pai que desejasse emancipar o filho, a dá-lo ***in mancipium***[362] a um amigo de confiança ***(mancipium fiduciae causa)***, que, por duas vezes seguidas, o libertava do ***mancipium***, fazendo-o cair novamente na ***potestas*** do seu ***pater***. Na terceira aliena-

[360] Alves, José Carlos Moreira. Curso de Direito Romano – v. I. 13 ed. Rio de Janeiro: Forense, 2000, p. 108.

[361] Alves, José Carlos Moreira. Curso de Direito Romano – v. I. 13 ed. Rio de Janeiro: Forense, 2000, p. 108.

[362] Cretella Junior, José. Curso de Direito Romano . 14 ed. Rio de Janeiro: Forense, 1991, p. 96 esclarece que "*Mancipium* é o poder exercido por um homem livre sobre outro homem livre *colocado* sob sua '*potestas*'. Assemelha-se o *mancipium*, por um lado, à *patria potestas* e, por outro lado, à *dominica potestas*. As pessoas em *mancípio* são *semilivres*".

ção, consoante à legislação vigente, o filho estaria livre do poder familiar de seu genitor, permanecendo, todavia, formalmente ***in mancipium*** do amigo da família. Este, por sua vez, remancipava o filho ao genitor, que, alforriando-o, estabelecia com o dependente uma nova relação jurídica: a de patrono[363]. O patrono era o antigo senhor que libertava um escravo, a quem este, portanto, devia gratidão e reverência, tornando-se, por outro lado, segundo as Institutas de Justiniano[364], herdeiros dos libertos falecidos sem testamento.

Nas Institutas de Justiniano, esclarece-se que a velha fórmula herdada da Lei das Doze Tábuas foi abandonada, a fim de que os pais pudessem se apresentar ao magistrado e emancipar seus filhos[365].

Calcados na digressão histórica levada a cabo, não fazemos a identificação entre antecipação de plena capacidade de fato, por meio da emancipação, com antecipação de maioridade. Uma coisa é emancipar alguém, outra é essa pessoa alcançar a maioridade, porquanto algumas regras só se aplicam a pessoas maiores de 18, não aproveitando a emancipados que contarem com 16 ou 17 anos. Assim, um jovem, antes de completar 18 anos, mesmo emancipado, não poderá adotar um bebê em virtude da restrição constante do artigo 42 do Estatuto da Criança e do Adolescente (Lei nº 8069/90). Ser-lhe-á facultada tal possibilidade apenas quando atingir a maioridade.

As hipóteses de emancipação, por outro lado, estão arroladas no parágrafo único do artigo 5º do Código Civil, a saber:

> *"Art. 5º A menoridade cessa aos dezoito anos completos, quando a pessoa fica habilitada à prática de todos os atos da vida civil.*
>
> *Parágrafo único. Cessará, para os menores, a incapacidade:*
>
> *I – pela concessão dos pais, ou de um deles na falta do outro, mediante instrumento público, independentemente de homologação judicial, ou por sentença do juiz, ouvido o tutor, se o menor tiver dezesseis anos completos;*
>
> *II – pelo casamento;*
>
> *III – pelo exercício de emprego público efetivo;*
>
> *IV – pela colação de grau em curso de ensino superior;*

[363] Correia, Alexandre e Sciascia, Gaetano. Manual de direito romano – v. I. 2 ed. São Paulo: Saraiva, 1953, p. 123.

[364] Inst. 1,17.

[365] Inst. 1, 12, 6.

V – pelo estabelecimento civil ou comercial, ou pela existência de relação de emprego, desde que, em função deles, o menor com dezesseis anos completos tenha economia própria."

O dispositivo em apreço cria três espécies de emancipação: a voluntária, a judicial e a legal.

A emancipação voluntária opera mediante a lavratura de escritura pública levada a efeito pelos dois genitores e só pode beneficiar jovem que conte pelo menos com 16 anos completos.

Indagação interessante consiste em saber se o menor poderia demandar a sua emancipação, caso os pais voluntariamente se neguem a concedê-la. As opiniões se dividem. Pontes de Miranda[366] é categórico ao afirmar que sim. Vislumbrando tal possibilidade, mas apenas em casos excepcionais, pode-se mencionar também Paulo Nader[367].

Carlos Roberto Gonçalves[368] e Daniel Eduardo Carnacchioni[369] perfilham tese oposta, sendo, nesse particular, prestigiados pelo seguinte julgado[370]:

"EMANCIPAÇÃO JUDICIAL. Extinção do processo, sem julgamento do mérito, bem decretada. Ilegitimidade de parte e impossibilidade jurídica do pedido. Emancipação voluntária que deve ser concedida pelos pais, não tendo o menor legitimidade para pleiteá-la em nome próprio.Ausência de previsão legal para a emancipação judicial de menor que não se encontre sob tutela. Sentença mantida.RECURSO DESPROVIDO."

Concordamos com os ensinamentos de Pontes de Miranda, temperados pelas observações de Paulo Nader. Embora, na prática, vislumbremos uma quase invencível dificuldade do menor demonstrar ser-lhe mais oportuna a emancipação do que a sua permanência sob o poder familiar, diante da

366 PONTES DE MIRANDA, Francisco Cavalcanti. Tratado de Direito Privado – tomo I. Campinas: Bookseller, 1999, p. 257.

367 NADER, Paulo. Curso de Direito Civil – v. I. 4 ed. Rio de Janeiro: Forense, 2007, p. 202.

368 GONÇALVES, Carlos Roberto. Direito Civil Brasileiro – v. 6.8 ed. São Paulo: Saraiva, 2011, p 108.

369 CARNACCHIONI, Daniel Eduardo. Curso de Direito Civil – Institutos Fundamentais. Rio de Janeiro:Lumen Iuris, 2010, p. 121.

370 BRASIL. Tribunal de Justiça de São Paulo. APC 1330927200982606664 SP 0013309-27.2009.8.26.0664. 6ª Câmara de Direito Privado, Relator Desembargador Paulo Alcides. Acórdão publicado no DJ de 08/06/2011.

funcionalização dos direitos e da possiblidade teórica de que os genitores abusem da faculdade de negar a emancipação, o único remédio de se combater uma má utilização da faculdade insculpida no artigo 5º, parágrafo único, inciso I, pelos genitores, seria reconhecer legitimidade ***ad causam*** ao menor para pleitear a emancipação e suprir judicialmente a ausência da manifestação dos respectivos ascendentes.

Outra interessante questão se coloca quando um só dos pais pretende a emancipação, mas não o outro. Nesse caso, como a emancipação pode ser compreendida como um ato que deriva do exercício ponderado do poder familiar, cabível seria o manejo, pelo genitor que deseja a emancipação do filho, contra o que não o quer, ou mesmo que não se manifesta a respeito, de ação de solução de divergência no exercício do poder familiar, preconizada no artigo 1631 do Código Civil, como se pode depreender de sua leitura:

> *"Art. 1.631. Durante o casamento e a união estável, compete o poder familiar aos pais; na falta ou impedimento de um deles, o outro o exercerá com exclusividade.*
>
> *Parágrafo único. Divergindo os pais quanto ao exercício do poder familiar, é assegurado a qualquer deles recorrer ao juiz para solução do desacordo."*

Insta ressaltar, porém, a imensa dificuldade prática de provimento de pedido formulado nesses termos. Deverá, para tanto, restar claro que a emancipação é medida que reflete o melhor interesse do menor e que um dos genitores apenas não o concede por mero capricho ou desleixo. Além de tais hipóteses, não vislumbro possível tamanha intromissão judicial na vida privada, a ponto de se fazer substituir a vontade de um pai ou uma mãe pela fria e pontual apreciação que o magistrado pode extrair dos autos.

A emancipação voluntária, de outra banda, é irrevogável, porquanto exaure os seus efeitos no momento em que adequadamente for emitida a vontade dos pais no sentido de antecipar a plena capacidade do filho.

Por fim, uma derradeira questão se coloca quando refletimos acerca da emancipação voluntária: seriam os genitores, na forma do artigo 932, ainda responsabilizados na hipótese de danos acarretados por conduta de filho emancipado? Os tribunais pátrios têm abraçado as conclusões de Caio Mário da Silva Pereira[371], ao asseverar que um ato de vontade (a emancipação) não pode afastar a incidência de responsabilização que advém de lei (do artigo 932 do Código). Acertadamente, Daniel Eduardo

[371] PEREIRA, Caio Mário da Silva. *Responsabilidade Civil*. Rio de Janeiro: Forense. 1998, p.91/92

Carnacchioni[372] entende apenas que a responsabilização do emancipado deixará de ser subsidiária e passará a ser solidária em relação aos genitores. Não por outro motivo já decidiu o Superior Tribunal de Justiça[373]:

> *"Suspensão do processo.*
> *Justifica-se sustar o curso do processo civil, para aguardar o desfecho do processo criminal, se a defesa se funda na alegação de legítima defesa, admissível em tese.*
> *Dano moral.*
> *Resultando para os pais, de quem sofreu graves lesões, consideráveis padecimentos morais, têm direito a reparação. Isso não se exclui em razão de o ofendido também pleitear indenização a esse título.*
> *Responsabilidade civil. Pais. Menor emancipado.*
> *A emancipação por outorga dos pais não exclui, por si só, a responsabilidade decorrente de atos ilícitos do filho."*

Dispõe, ainda, o inciso I, do parágrafo único do artigo 5º do Código Civil que a emancipação poderá ser judicialmente concedida, ouvido o tutor. A redação mostra-se obtusa, porquanto não deixa claro se o tutor comparecerá aos autos como autor ou se será ouvido no curso do processo e, nesse caso, se, quem promoveria a demanda seria o menor. Pontes de Miranda[374] entende que a lei supõe a capacidade processual do menor, exigindo apenas que o tutor seja ouvido no curso da ação sobre a emancipação – e não que o último seja o autor da demanda. Clóvis Bevilaqua[375] endossa a tese, com a qual também concordamos.

Resta, por fim, apreciar as hipóteses de emancipação legal. São elas o casamento, o exercício de emprego público efetivo, a colação de grau em curso de nível superior e o estabelecimento civil ou comercial, ou a existência de relação de emprego, desde que, em função deles, o menor com 16 anos completos tenha economia própria. Cabe salientar que as hipóte-

372 CARNACCHIONI, Daniel Eduardo. Curso de Direito Civil – Institutos Fundamentais. Rio de Janeiro:Lumen Iuris, 2010, p. 122/123.

373 BRASIL. Superior Tribunal de Justiça. Resp 122.573/PR. Terceira Turma, Relator Ministro Eduardo Ribeiro. Acórdão publicado no DJ de 18/12/1998.

374 PONTES DE MIRANDA, Francisco Cavalcanti. Tratado das Ações – tomo III. Campinas: Bookseller, 1998, p. 64.

375 BEVILÁQUA, Clóvis. Código Civil dos Estados Unidos do Brasil comentado – v. I. 9 ed. Rio de Janeiro: Francisco Alves, 1951, p. 212.

ses em exame operam de pleno direito, sem necessidade de qualquer formalidade para marcar a sua incidência.

Iniciemos, pois, breve análise das hipóteses de emancipação legal. Quanto ao casamento, a leitura do artigo 5º, parágrafo único, inciso II deve ser complementada pelas normas atinentes à autorização dos pais para as núpcias. Assim, só poderá contrair casamento, e, portanto, emancipar-se, o menor, com 16 anos completos, que, para tanto, esteja autorizado pelos genitores, na forma do artigo 1.517 e seguintes do Código Civil. Outra possibilidade de emancipação pelo casamento é para menores, independentemente da idade, que, no caso de gravidez, entendam oportuno unirem-se em matrimônio. Nesse caso, o Código Civil não exige a anuência dos pais, mas vai mais longe e demanda sentença judicial que reconheça a possibilidade da união (artigo 1520 c/c 1525, II do Código Civil). De toda sorte, havendo a autorização judicial para que um menor impúbere case, ocorrerá interessante passagem da absoluta incapacidade para a plena capacidade.

O exercício de emprego público efetivo hoje se encontra um pouco esvaziado como hipótese de emancipação, pois os estatutos de servidores costumam demandar a idade mínima de 18 anos para a posse no cargo respectivo. Essa exigência decorre da possibilidade do servidor de assumir responsabilidades criminais, caso infrinja a lei, que só seriam puníveis se o infrator tivesse a idade de 18 anos. De toda sorte, excepcionalmente, há casos em que menores (com 16 ou 17 anos) logram êxito na aprovação em concursos públicos e movem ações tendentes a assegurar suas respectivas posses. Via de regra, nesses casos, providenciam antes sua emancipação voluntária, a fim de reforçar o argumento de que já se encontram maduros para ingressar no serviço público. Em algumas hipóteses, porém, o menor toma posse no cargo, mas entra em exercício apenas ao completar a maioridade, como se pode depreender do seguinte julgado[376]:

> *"CONSTITUCIONAL E ADMINISTRATIVO. MANDADO DE SEGURANÇA. CONCURSO PÚBLICO.DIREITO SUPERVENIENTE. POSSE DO CANDIDADATO EM CARGO PÚBLICO FALTANDO POUCOS DIAS PARA ATINGIR A IDADE MINIMA EXIGIDA.APLICAÇÃO DO ART. 7º, XXXIII, DA CONSTITUIÇÃO FEDERAL.EXERCICIO DO CARGO CONDICIONADO AO*

[376] BRASIL. Tribunal Regional Federal da 5ª Região. 9698 AL 0004834-14.2009.4.05.8000. Segunda Turma Turma, Relator Desembargador Federal Francisco Barros Dias. Acórdão publicado no DJ de 22/04/2010.

ATINGIMENTO DOS DEZOITO ANOS. 1.7ºXXXIIICONSTITUIÇÃO FEDERALA hipótese é de mandado de segurança em que se buscou assegurar a posse e execicio em cargo público sem a exigência do requisito da idade mínima de 18 (dezoito) anos. 2. Cumpre observar que à época em que foi proferida a sentença recorrida (23 de outubro de 2009) o apelado já havia tomado posse no cargo em 08/09/2009 e entrado em exercicio no aludido cargo público ao atingir 18 anos de idade, em 22 de setembro de 2009. 3. Nestas circunstância, em face da ocorrência de tal fato superveniente qual seja, atingimento da idade minima para a investidura no cargo público, restou cessado o impedimento legal. 4. Precedente:TRF4, Terceira Turma, REO 200670000061418, Relator: Des. Federal LUIZ CARLOS DE CASTRO LUGON, julg. 14/11/2006, publ. DE: 31/07/2007, decisão unânime). 5. Ademais, nos termos do art. 13,parágrafo 1º, da Lei nº. 8.112/90, a não concretização do ato de posse do candidato poderá inviabilizar seu reconhecimento como servidor público perante a Administração caso haja desobediência à determinação prevista no ordenamento. 6. Embora o mesmo diploma legal estipule a idade mínima necessária para investidura no cargo público, qual seja, 18 (dezoito) anos de idade, em seu art. 5º, inciso V, do Estatuto dos Servidores Públicos Civis, tal requisito deve ser aplicado ao caso com certa ressalva. 7. Indiscutível que a investidura em cargo público se dá mediante a posse do candidato aprovado no referido cargo, entretanto, apenas a partir do efetivo exercício é que se configurará a relação concreta entre o servidor e a Administração Pública, quando se poderá exigir do servidor público o atendimento a todas obrigações, deveres e responsabilidades inerentes ao cargo por ele ocupado. 8. No caso dos autos, o Agravante, embora aprovado no concurso para provimento em cargo de Assistente Técnico Administrativo da Receita Federal, na data limite para a posse (08.09.2009), ainda não contará com a idade mínima exigida para se qualificar como servidor público. 9. Entretanto, o interessado obteve a maioridade no subseqüente dia 22/09/09, quando completou os 18 (dezoito) anos necessários para a concretização do ato de investidura. 10. Não obstante se trate de direitos assegurados aos trabalhadores urbanos e rurais, a norma inserta no art. 7º, caput se entende que merece aplicabilidade ao caso o disposto no inciso XXXIII, na medida em que há menção expressa à possibilidade de trabalho do menor de 18 (dezoito) anos, previsão inexistente no texto constitucional em relação aos servidores públicos. Dispõe o inciso mencionado que se proíbe o trabalho noturno, perigoso ou insalubre aos menores de 18 (dezoito) anos, negando-se o direito a qualquer trabalho apenas aos menores de 16 (dezesseis) anos. 11. O referido dispositivo constitucional se configura como princípio sobre a acessibilidade do emprego aos jovens, estipulando os parâmetros que devem ser considerados na oferta de atividade laborativa aos menores de idade. 12. Considerando que no caso em destaque, o menor candidato aprovado em concurso público conta com mais de 17 (dezessete) anos, não se poderia cogitar diante das disposições constitucionais a oferta de emprego ou cargo, seja ele público ou particular, que resultasse em exercício laborativo noturno, perigoso ou insalubre. 13. A aprovação no concurso público se deu para o cargo de Assistente Técnico Administrativo da Receita Federal, de onde se pode deduzir e até mesmo concluir que nenhuma das ressalvas que o legislador constitucional previu para o trabalho os jovens entre 16 (dezesseis) e 18 (dezoito) anos se configurará no trabalho que venha a ser desempenhado pelo jovem aprovado. Trata-se, pois, de cargo a ser exercido em área burocrática e administrativa, não se olvidando ou cogitando qualquer atividade que possa colocar em risco a saúde, a formação e o bem-estar do interessado. 14. De qualquer maneira, mesmo amparado na garantia constitucional de acesso ao trabalho, há de se considerar também que no caso específico apresentado nos autos, o jovem possuindo 17 anos, 11 meses e alguns dias, completando 18 (dezoito) anos dentro dos quinze dias posteriores à data final possível para sua posse, pode-se invocar, até mesmo, a própria Lei nº 8.112/90, que em seu art. 15, parágrafo 1º prevê o prazo de 15 (quinze) dias para o servidor empossado entrar em exercício. 15. Assim, não há que se falar em impossibilidade do jovem interessado assumir todas as responsabilidades civis, penais e administrativas decorrentes de sua condição de servidor público, já que muito embora a investidura se dê com a posse, apenas com o efetivo exercício se atribuirá todos os direitos e deveres inerentes à condição de integrante do funcionalismo público federal. 16. Deste modo entendo que não se pode deixar de reconhecer o direito ao jovem candidato em assumir o cargo público almejado pois implicaria em submetê-lo a eventuais danos irreversíveis à sua eventual condição de servidor público e sua carreira como integrante do funcionalismo público federal, já que se estaria influenciando em seu detrimento na contagem do tempo de serviço público, bem como no proveito econômico dele decorrente. 17. Assim, há de se manter a sentença que trilhou o entendimento por mim firmado na referida decisão deferitória da liminar no aludido agravo de instrumento por mim proferida para reconhecer o direito do autor em tomar posse no cargo de Assistente Técnico Administrativo no Ministério da Fazenda, no último dia do prazo, qual seja, 08.09.2009, mas restringindo sua entrada no exercício do referido cargo apenas a partir do dia 22.09.2009, quando já terá completado os (dezoito) anos de idade. 18. Apelação e remessa oficial improvidas."

Entendemos, todavia, que a exigência da idade mínima de 18 anos está mais atrelada ao Direito Penal do que ao Direito Civil e serve para evitar que pessoas, ainda que emancipadas, possam, durante os últimos momentos de suas fases de inimputabilidade penal, praticar crimes contra a Administração Pública, razão pela qual, em princípio, discordamos dos julgados que afastam tal exigência para que pessoas menores de 18 anos possam ser investidas em funções públicas.

A colação de grau em curso superior teoricamente também emancipa o graduado. Ocorre, porém, que, somados todos os anos de ensinos fundamental, médio e superior, seria quase impossível que alguém lograsse êxito em se graduar antes dos 18 anos.

Por fim, o estabelecimento civil ou comercial, ou a existência de relação de emprego, desde que, em função deles, o menor com 16 anos completos tenha economia própria também são hipóteses de emancipação legal. Vale lembrar que a norma civil objetiva contemplar todos os casos em que o menor lance-se ao trabalho, seja por iniciativa própria, seja por haver sido contratado por terceiro, mas que, em qualquer caso, consiga o rendimento necessário para a própria sobrevivência.

Atente-se para o fato de que o Código frisa a ideia de se estabelecer civil ou comercialmente como ponto fulcral para a aquisição da plena capacidade, quando se trata de iniciativa própria do emancipado, somado ao fato de obter ganhos que o permitam desvencilhar-se da renda paterna. Deriva a previsão da emancipação tácita reconhecida em nosso direito pré-codificado, por meio da qual o filho, ao se afastar do lar paterno, estabelecia economia doméstica própria, desvencilhada do seus genitores[377].

Podemos pensar, nos dias de hoje, para tal caso, no exemplo de jovens empreendedores que, hábeis na arte da informática, estabeleçam-se como empresários individuais ou montem sua própria sociedade de desenvolvimento de *softwares*, retirando os dividendos necessários para arcar com suas despesas. Lembremos, porém, que o objetivo do artigo não é apenas tratar de emancipar o menor que seja sócio de determinada pessoa jurídica. Esse fato, aliás, por si, nada afeta a capacidade de fato do jovem púbere. Repita-se: dois fatores completam o suporte fático da mencionada emancipação – o lavor próprio do menor e a aferição de numerário capaz de fazer frente às suas despesas básicas.

O trabalho do menor nem sempre se faz em estabelecimento por ele erigido. Autoriza a Constituição Federal que o menor, a partir de 16 anos, trabalhe livremente para terceiros, desde que não assuma atividades noturnas, perigosas ou insalubres (artigo 7º, XXXIII da Carta Maior, permitindo,

[377] LOUREIRO, Lourenço Trigo de. Instituições de Direito Civil Brasileiro – t. I. Rio de Janeiro: B. L. Garnier, 1871, p. 98.

todavia, e sem implicar a emancipação, o trabalho do menor, a partir de 14 anos, como aprendiz). Enfim, sendo o jovem púbere contratado para trabalhar e logrando êxito em se sustentar, estará automaticamente emancipado.

Frise-se, por fim, que a mudança nas situações que levaram à emancipação legal do menor não o retornam ao estado anterior de incapacidade. Portanto, se uma jovem, com 17 anos, puser fim ao seu matrimônio, mesmo assim será plenamente capaz. Igualmente o jovem demitido de seu emprego, que era capaz de se sustentar antes da extinção do vínculo laboral, não retornará ao estado de relativa incapacidade.

Apreciados, pois, os principais aspectos sobre a capacidade da pessoa natural, avancemos para o estudo dos direitos de personalidade.

Capítulo 7
Direitos de Personalidade

Aspectos introdutórios

O estudo da personalidade nos remete a imprescindível tópico para a sua compreensão: a análise dos direitos de personalidade.

Em plástica metáfora, Adriano de Cupis[378] afirma que a personalidade é uma ossatura e os tecidos destinados a dar conteúdo a ela são os chamados direitos de personalidade. Compreendemos, portanto, que o núcleo básico de direitos subjetivos que dão consistência à personalidade, sem a qual ela não faria sentido, são denominados "direitos de personalidade".

Assim, negar a existência de direitos de personalidade significa repudiar a personalidade em si, seja física ou jurídica. Mal andou, portanto, o Enunciado 286, da IV Jornada de Direito Civil, organizada pelo Conselho da Justiça Federal, em Brasília, ao pugnar:

> *"Os direitos da personalidade são direitos inerentes e essenciais à pessoa humana, decorrentes de sua dignidade, não sendo as pessoas jurídicas titulares de tais direitos."*

Expliquemo-nos. As pessoas físicas têm natureza distinta das pessoas jurídicas, nem por isso, as últimas deixam de ser *pessoas*. Retornando ao conceito de direitos de personalidades, não podemos limitá-los apenas àqueles que decorrem da dignidade da pessoa humana. Não! O conceito não é esse! Direitos de personalidade são aqueles sem os quais não se poderia pensar em personalidade, por integrarem sua essência. Assim, a

[378] Cupis, Adriano de Pietro. *Os Direitos de Personalidade*. Lisboa: Livraria Morais. 1961, p. 15/17.

essência da personalidade natural é diferente da essência da personalidade jurídica. Não há que se pensar em personalidade natural sem o respeito à dignidade do agente. Logo, a dignidade da pessoa humana é a raiz dos direitos de personalidade dos ***seres humanos***. Esse fato, por si, não exclui a existência de direitos de personalidade que digam respeito à essência das pessoas jurídicas e que, por isso, não devam derivar da dignidade ***da pessoa humana***.

O equívoco, aliás, parece derivar da leitura que se faz da obra de Pietro Perlingieri[379], quando o mencionado autor assevera:

> *"257. Os chamados direitos da personalidade e pessoas jurídicas. É possível remover o equívoco sobre a extensão dos direitos da pessoa humana às pessoas jurídicas. Se a tutela da pessoa humana afunda suas raízes no princípio geral presente no art. 2 Const. e qualquer aspecto ou interesse concernente à pessoa é tutelado na medida em que sejam essenciais para seu pleno e livre desenvolvimento, também é verdade que qualquer interesse, referido às pessoas jurídicas, não apenas assume diferentes significados, mas recebe também uma tutela que encontra um fundamento diverso. Para as pessoas jurídicas o recurso ao princípio geral de tutela dos «direitos invioláveis» do homem constituiria uma referência totalmente injustificada, expressão de uma mistificadora interpretação extensiva fundada em um silogismo: a pessoa física é sujeito que tem tutela; a pessoa jurídica é sujeito; ergo, deve-se aplicar a mesma tutela à pessoa jurídica. Daí uma concepção dogmática e unitária da subjetividade como fato neutro. O valor do sujeito pessoa física é, todavia, diverso daquele do sujeito pessoa jurídica.*
>
> *É necessário adquirir consciência da identidade apenas aparente de problemáticas como, por exemplo, o sigilo, a privacidade e a informação. Estes aspectos assumem valor existencial unicamente para a pessoa humana; nas pessoas jurídicas eles exprimem interesses diversos, geralmente de natureza patrimonial."*

A visão de Luís A. Carvalho Fernandes[380] acerca dos direitos de personalidade da pessoa jurídica merece aplausos e caminha em sentido mais lúcido:

> *"A referência específica a estes direitos, que poderia ter lugar no estudo genérico da pessoa jurídica, justifica-se, fundamentalmente, pela circunstância de eles serem essen-*

[379] PERLINGIERI, Pietro. *O Direito Civil na Legalidade Constitucional*. Rio de Janeiro: Renovar. 2008, p.772/773

[380] FERNANDES, Luís A. Carvalho. Teoria Geral do Direito Civil – v. I. 2 ed. Lisboa: Lex, 1995, p. 188.

ciais à própria noção de personalidade, de que constituem o conteúdo mínimo. Neste sentido se diz, justamente, que tais direitos são inerentes à personalidade, incidindo sobre os seus bens fundamentais, como sejam a vida, a honra, o nome. Deste modo, num plano formal, esta categoria de direitos faz ainda algum sentido quanto às pessoas colectivas, embora num plano ajustado à sua natureza e sem o sentido transcendental que ela reveste em relação às pessoas singulares."

Assim, é açodada a crítica formulada por Pietro Perlingieri de que a proteção ao sigilo, à intimidade e privacidade das pessoas jurídicas não passa da defesa de seus interesses patrimoniais. Exemplo contundente para desfazer o engano repousa nas próprias entidades religiosas. Um Concílio responsável pela escolha do Papa é evento que diz respeito a número limitadíssimo de membros da Igreja Católica. Suponha-se que alguém grave as discussões entre os Cardeais e que elas eventualmente venham a abalar a imagem da própria Igreja. A violação à milenar tradição de sigilo poderia sim, no exemplo dado, acarretar danos que não são patrimoniais, mas, à toda evidência, morais. Repita-se: não é pelo fato dos direitos de personalidade das pessoas jurídicas não terem a mesma extensão daquele reconhecido às pessoas naturais, que inexistiriam.

Há que se reconhecer, porém, a posição central que o ser humano ocupa no estudo do Direito Civil, o que faz, como visto, a amplitude dos direitos de personalidade das pessoas singulares ser infinitamente maior do que o das pessoas coletivas. Isso porém, repita-se, não nos autoriza a negá-los aos entes morais.

Breve histórico

Os direitos de personalidade são uma construção teórica relativamente recente, embora se tenham *"tornados possíveis a partir da descoberta da pessoa, que (...) só surge com o pensamento greco-cristão, e muito particular com o contributo deste último"*[381]. Não se pense, todavia, que, mesmo na ausência de uma formulação abstrata que os disciplinassem, deixassem tais direitos de existir nas civilizações mais antigas. O seu regramento, porém, era casuístico e alternava regras protetivas de cunho penal e civil. As Institutas

[381] Ascensão, José de Oliveira. Direito Civil – Teoria Geral – v. I. 2 ed. Coimbra: Coimbra, 2000, p. 72.

de Justiniano[382] trazem um claro exemplo de proteção à honra da pessoa ao abordar, em título próprio, a questão "das injúrias", definindo-a como a imposição de ultrajes a uma pessoa. Assevera que, em toda espécie de injúria, pode ser intentada ação civil ou criminal, consistindo a pena, na primeira, em quantia estimada para compensar o dano[383].

Entender o nascimento dos direitos de personalidade como categoria abstrata demanda, como adverte Rabindranath V. A. Capelo de Sousa[384], passa por reconhecer que a caracterização do "percurso e do futuro histórico do homem" está referenciada por duas linhas de forças, em certa medidas antagônicas, a saber: *a)* de um lado, existem "vetores de especialização de tarefas e de diferenciação entre os homens, pontuadas mais por relações de dominação pessoal, grupal ou classista do que por lados de solidariedade social" e, de outro lado, *b)* emergem vetores libertários e igualitários, "decorrentes inclusivamente de postura algo diversas (como a revolta ou o amor) face ao real do processo histórico". As duas forças se reinscrevem gradualmente na consciência humana e na consciência cultural e jurídica da comunidade, guiando-nos ao estágio atual em que se encontra o tratamento jurídico do ser humano e, consequentemente, dos direitos de personalidade. Importante, pois, no dialético entrechoque de tais forças, compreender as contribuições trazidas pelo cristianismo (em virtude da ideia de dignidade da pessoa humana), pelo jusnaturalismo (em decorrência da concepção da existência de direitos inatos) e pelo iluminismo (pela valorização do indivíduo frente ao Estado)[385].

Tem-se assentado, pois, que o estabelecimento dos direitos de personalidade como categoria abstrata confunde-se com a exacerbação da proteção ao homem, fruto de uma convergência de significativas mudanças sociais, bem sintetizadas nas lições de César Fiúza[386]:

> *"(...) a evolução do capitalismo industrial, a concentração, a massificação, os horrores da Segunda Guerra Mundial, com o desenvolvimento da tecnologia, principalmente da biotecnologia etc., a perspectiva muda. O paradigma do Estado Liberal é substituído*

[382] Inst. 4,4.

[383] Inst. 4, 4, 10.

[384] CAPELO DE SOUZA, Rabindranath V. A. *O Direito Geral de Personalidade.* Coimbra: Coimbra. 1995, p. 28

[385] FIÚZA, César. *Direito Civil – curso completo.* 8 ed. Belo Horizonte: Del Rey, 2004, p.158

[386] FIÚZA, César. *Direito Civil – curso completo.* 8 ed. Belo Horizonte: Del Rey, 2004, p.158

pelo do Estado Social intervencionista, protetor do mais fraco. Os direitos de personalidade passam a integrar a esfera privada, protegendo o indivíduo, sua dignidade, contra a ganância e o poderio dos mais fortes. Ao lado desse prisma privatístico, continua a subsistir o público, em socorro do indivíduo contra o Estado. Tendo em vista essa duas esferas, privada e pública, os direitos de personalidade pertencem a ambas. Na esfera privada, fala-se em direitos de personalidade, terminologia cunhada por Otto Gierke. Na esfera pública, em direitos humanos e em direitos fundamentais, apesar de esses dois últimos grupos terem maior amplitude, englobando também as garantias políticas."

Todos esses movimentos sociais enfatizaram, em nossa consciência jurídica o inadiável dever de se conferir ao homem proteção mais condizente com a sua dignidade. Desenvolveram-se, pois, como duas faces da mesma moeda, normas de tutela de valores caros ao ser humano, inicialmente, por meio da teorização dos direitos fundamentais, no plano constitucional, para depois, no plano privado, erigir-se uma rica literatura sobre os direitos de personalidade, fenômeno que, aliás, coincidiu com a sua inclusão em códigos civis de todo o mundo, como, por exemplo, o alemão (artigo 823, 1), o italiano (artigos 5º ao 10), o português (artigos 70º ao 81º) e o brasileiro (artigos 11 a 21). Aprofundemos, pois, as diferenças entre os direitos fundamentais e os direitos de personalidade.

Os direitos fundamentais e os direitos de personalidade

Esclarece Canotilho[387] que muitos direitos fundamentais são direitos de personalidade mas nem todos os direitos fundamentais o são, pois os últimos abarcariam os direitos de estado (cidadania), os direitos sobre a própria pessoa (vida, integridade física, moral e privacidade), os direitos distintivos da personalidade (identidade pessoal, direito à informática) e diversos direitos de liberdade (como o de expressão), enquanto, além deles, os primeiros englobariam os direitos fundamentais políticos e os direitos a prestações. Reconhece, porém, o autor que os mencionados direitos cada vez mais tendam a se confundir.

Vislumbramos, também, inúmeros pontos de contato entre os direitos de personalidade e os direitos fundamentais, reconhecendo, como fez o mencionado constitucionalista, a maior amplitude dos últimos.

Ressaltamos, porém, que diferenças existem. Ora, e no que se assentariam? Bem, como já visto, os direitos de personalidade servem de fonte

[387] CANOTILHO. J. J. Gomes, *Direito constitucional*. 6 ed. Coimbra: Almedina, 1993, p. 520/521.

para a inserção, nas relações privadas, de faculdades indispensáveis à proteção das pessoas. Ocorre, porém, que os direitos fundamentais irradiam sua incidência não apenas sobre a órbita privada, mas também sobre as searas penal, administrativa e tributária, entre outras.

Os direitos de personalidade são, portanto, mais uma peça na ampla rede de proteção que se confere à pessoa pela Constituição. Tomemos um exemplo: o direito à vida. O mencionado direito é tutelado na Constituição Federal (artigo 5º, *caput*). No entanto, seus tentáculos se fazem sentir em normas civis (Código Civil, artigo 15), penais (Código Penal, artigo 121) e voltadas para o Estado na formulação de políticas públicas (Estatuto da Criança e do Adolescente, artigo 7º).

Em certa medida, quando abordamos, no Capítulo V da obra, a aplicação dos direitos fundamentais às relações privadas, mencionamos que havia defensores tanto da sua incidência imediata, quanto mediata. Nesse sentido, quer-nos parecer que os direitos de personalidade são um bem sucedido exemplo de mediação legislativa para a aplicação da Constituição às relações privadas, sem que isso exclua a concomitante incidência dos mesmos preceitos sobre outras órbitas infraconstitucionais, como o direito penal, administrativo e tributário (no regramento, ***v.g.***, da questão do sigilo).

A questão do direito geral de personalidade

Esclarece Karl Larenz que a proteção da personalidade por meio de direitos especiais tipificados (vida, integridade física, nome, entre outros) foi estimada como insuficiente após a Segunda Guerra, em grande medida pelas atrocidades praticadas contra seres humanos não apenas pelo Estado, como por diversas entidades privadas. A jurisprudência, portanto, não esperaria que todos os direitos de personalidade fossem tipificados, porquanto as inúmeras possibilidades de violações aceleravam-se com o avanço da ciência humana. Assim, os tribunais houveram por bem invocar os artigos 1º e 2º da Lei Fundamental tedesca, que ressaltam o papel da dignidade da pessoa humana, combinados com a parte final do artigo 823, 1 do Código Civil alemão, para proclamar a existência de um direito geral de personalidade[388].

[388] LARENZ, Karl. Derecho Civil – Parte General. Madri: Revista de Derecho Privado, 1978, p. 160/161.

No mesmo sentido, esclarece Carlos Alberto da Mota Pinto[389] que a consagração do direito geral de personalidade permite tutelar bens pessoais não tipificados, possibilitando a proteção de circunstâncias cuja lesão ou ameaça só o devir poderia descortinar.

José de Oliveira Ascensão[390], após revelar a aceitação da tese sobre a existência de um direito geral de personalidade pela Faculdade de Direito de Coimbra e a sua rejeição pela Faculdade de Direito de Lisboa, posiciona-se contrário ao instituto por entender que, no direito geral de personalidade, o homem apareceria como objeto de si mesmo, o que seria uma impossibilidade lógica. Revela-se, todavia, favorável ao pensamento de que os direitos de personalidade, embora especiais (vale dizer, não encerrados em fórmula geral), não se arrolam em ***numerus clausus*** no Código Civil. Afirma, ainda, que a adoção do direito geral de personalidade não favoreceria a tipificação de novas modalidades especiais de direitos de personalidade, o que atentaria contra a segurança jurídica.

Entendemos, em realidade, que as duas teorias expostas (a da existência do direito geral de personalidade e a teoria dos direitos especiais de personalidade em ***numerus apertus***) conduzem a resultados práticos muito semelhantes. O que não se pode tolerar é que se defenda a ideia de que os direitos de personalidade representariam um rol tipificado exaustivamente ***(numerus clausus)*** de valores protegidos pela lei civil.

Posicionando-nos sobre a controvérsia, entretanto, concordamos com o José de Oliveira Ascensão de que não se precisa recorrer à existência de um direito geral de personalidade, desde que se opte pela compreensão de que o rol presente em lei, dos direitos especiais de personalidade, é meramente enunciativo.

Características dos direitos de personalidade – a oponibilidade *erga omnes*

Os direitos de personalidade são dotados de importantes características que, tomadas isoladamente, nada dizem, mas que, reunidas, informam a dimensão correta do instituto ora traçado.

[389] PINTO, Carlos Alberto da Mota. Teoria geral do direito civil. 3 ed. Coimbra: Coimbra, 1999, p. 207/208.

[390] ASCENSÃO, José de Oliveira. Direito Civil – Teoria Geral – v. I. 2 ed. Coimbra: Coimbra, 2000, p. 86/88.

Assim, em primeiro lugar, temos que os direitos de personalidade são direitos absolutos, na medida em que são oponíveis a todos. Vale lembrar que a oponibilidade ***erga omnes*** não é uma exclusividade de tal espécie de direitos, ocorrendo também nos direitos reais. Oportuna, portanto, a ressalva feita por José de Oliveira Ascensão[391], ao frisar que a expressão "direito absoluto" não significa "direito ilimitado", sendo, em realidade, o antônimo de "direito relativo", esse último significando o direito que se insere em relação jurídica específica, em que há dois polos, sem que nenhum deles se confunda com toda a comunidade. Assim, um direito de crédito, por opor um credor determinado (por exemplo, João) a devedor certo (Pedro), é um direito relativo. Já a propriedade, ou o direito à vida, são direitos absolutos, na medida em que podem ser opostos a toda a comunidade.

A indisponibilidade

Os direitos de personalidade são também indisponíveis, porquanto irrenunciáveis e intransmissíveis. Essa característica deriva da própria leitura do artigo 11 do Código Civil, que dispõe:

> *"Art. 11. Com exceção dos casos previstos em lei, os direitos da personalidade são intransmissíveis e irrenunciáveis, não podendo o seu exercício sofrer limitação voluntária."*

Assim, sendo inconcebível que alguém venha a se despir da própria personalidade, é também incompreensível que possa fragilizá-la ao ponto de nulificá-la pela alienação ou renúncia dos direitos que lhe dão consistência. As discussões mais sérias, porém, residem na limitação que se pode impor aos direitos de personalidade. Enfrentemo-las.

José de Oliveira Ascensão[392] percebe, ao lado de restrições negociais, duas ordens de limites mais intensos aos direitos de personalidade: os limites intrínsecos e os limites extrínsecos. Os primeiros referem-se aos conteúdos legais demarcados para cada direito de personalidade, ao passo que os últimos decorrem da conjugação entre os direitos de personalidade de titulares diferentes.

[391] ASCENSÃO, José de Oliveira. Direito Civil – Teoria Geral – v. I. 2 ed. Coimbra: Coimbra, 2000, p. 92.

[392] ASCENSÃO, José de Oliveira. Direito Civil – Teoria Geral – v. I. 2 ed. Coimbra: Coimbra, 2000, p. 92.

O artigo 11 do Código Civil, em nosso ordenamento, parece admitir tais limitações aos direitos de personalidade, desde que previstas em lei. Elas, porém, não podem conduzir ao esvaziamento do núcleo essencial de tais bens imateriais. É, em última análise, a aplicação do Princípio da Proteção do Núcleo Essencial dos direitos fundamentais, que tranquilamente se pode transplantar para o estudo dos direitos de personalidade, porquanto inseridos no âmbito de incidência dos direitos fundamentais, e cuja explicação se encontra nas seguintes lições de Gilmar Ferreira Mendes[393]:

> "1.2.2.3 Princípio da Proteção do Núcleo Essencial
>
> Alguns ordenamentos constitucionais consagram a expressa proteção do núcleo essencial, como se lê no art. 19, II da Lei Fundamental alemã de 1949 e na Constituição portuguesa de 1976 (art. 18, III). Cuida-se, talvez, de preocupação exagerada do constituinte, pois, é fácil ver que a proteção do núcleo essencial dos direitos fundamentais deriva da supremacia da Constituição e do significado dos direitos fundamentais na estrutura constitucional dos países dotados de Constituições rígidas. Se se admitisse que a lei poderia restringir ilimitadamente direitos fundamentais, ter-se-ia a completa supressão do efeito vinculante desses direitos em relação ao legislador.
>
> De ressaltar, porém, que enquanto princípio expressamente consagrado na Constituição ou enquanto postulado constitucional imanente, o princípio da proteção do núcleo essencial (Wesensgehaltsgarantie) destina-se a evitar o esvaziamento do conteúdo do direito fundamental mediante estabelecimento de restrições descabidas, desmesuradas ou desproporcionais".

Assim, tolera-se o transplante de órgãos, pois, embora seja uma violação à integridade física do doador, é prevista em lei e não agride o núcleo básico de proteção à vida e à dignidade do doador. E o que dizer da prática esportiva (lutas, como boxe, MMA, entre outras) que podem implicar severa restrição à integridade física dos atletas? Elas seriam toleráveis pela nossa legislação? Entendemos que sim, desde que inseridas no espírito do artigo 3º da Lei nº 9.615/98, porquanto resguardado o núcleo essencial do direito à vida, que dispõe:

[393] MENDES, Gilmar Ferreira. Direitos Fundamentais e Controle de Constitucionalidade. 2 ed. São Paulo: Celso Bastos, 1999, p. 38/39.

"Art. 3º O desporto pode ser reconhecido em qualquer das seguintes manifestações:

I – desporto educacional, praticado nos sistemas de ensino e em formas assistemáticas de educação, evitando-se a seletividade, a hipercompetitividade de seus praticantes, com a finalidade de alcançar o desenvolvimento integral do indivíduo e a sua formação para o exercício da cidadania e a prática do lazer;

II – desporto de participação, de modo voluntário, compreendendo as modalidades desportivas praticadas com a finalidade de contribuir para a integração dos praticantes na plenitude da vida social, na promoção da saúde e educação e na preservação do meio ambiente;

III – desporto de rendimento, praticado segundo normas gerais desta Lei e regras de prática desportiva, nacionais e internacionais, com a finalidade de obter resultados e integrar pessoas e comunidades do País e estas com as de outras nações."

Nessa linha, as mais intensas polêmicas quanto à relativa impossibilidade de limitações ao direito de personalidade se situam no estudo do direito à imagem e à privacidade, levando a imensas disputas judiciais, como doravante será apreciado.

Em nossa jurisprudência, ecoou o caso de modelo brasileira que, na praia de Cádiz, na Espanha, foi clandestinamente flagrada por um *paparazzo* em tórridas cenas de amor com o seu namorado. Divulgadas as filmagens para todo o mundo, as partes indevidamente filmadas aviaram ação em que se pretendia o reconhecimento de obrigação de não fazer, no sentido de que não mais fossem divulgadas as imagens pela rede mundial de computação.

O Juízo de primeiro grau houve por bem julgar improcedente a demanda, porquanto avaliou ter a modelo assumido o risco de se expor, ao protagonizar tão fortes cenas em meio público. Inconformada, a parte autora manejou apelação, que foi distribuída ao Desembargador do Tribunal de Justiça de São Paulo Ênio Santarelli Zuliani, que, anteriormente, em sede de agravo, já havia determinado a suspensão liminar da veiculação das imagens. Merece transcrição parte do ilustrado voto do relator do caso[394]:

"Apesar da ressalva sobre a impertinência de impugnar o Acórdão, cabe uma palavra sobre o direito de X e da própria Y que, ao contrário do que foi reproduzido pela mídia, continua perseguindo a exclusão do vídeo, conforme ela própria menciona na petição de

[394] BRASIL. Tribunal de Justiça de São Paulo. Apelação Cível 0120050-80.2008.8.26.0000. Voto do Desembargador Ênio Santarelli Zuliani. Publicado no DJ de 18/07/2008.

fl. 662/663. A sentença é muito transparente ao estabelecer um limite para a transgressão do direito de imagem dos jovens que foram flagrados fazendo sexo na praia. É necessário acabar com essa exposição e tudo o que se escreveu sobre uma suposta legalidade de se punir libertinagem, retransmitindo o vídeo ad aeternum e sem cortes, encarna o fútil propósito de uma significativa parcela de opiniões em defesa do sacrifício de valores dos culpados pelos erros de conduta. Não se justifica perpetuar esse castigo moral que está sendo impingido aos autores, porque não é justo ou jurídico manter, indefinidamente, uma parte da vida deles exposta ao público, como se estivessem expiando um pecado digno da execração pública.

O Acórdão atentou para um valor fundamental da dignidade humana [art. 1o, III, da CF], optando pela consagração de um enunciado jurídico que estabeleça um basta contra essa atividade criminosa e que se caracteriza pela retransmissão, contra a vontade das pessoas filmadas clandestinamente, de imagens depreciativas e que humilham os protagonistas, seus conhecidos, os parentes e suas futuras gerações. De todas as manifestações que foram emitidas em jornais e revistas, com o sensacionalismo imprudente dos jejunos do direito,não há uma voz que aponte uma boa razão para que a intimidade do casal permaneça devassada, como foi, até porque são cenas delituosas. A quem interessa isso, perguntei, quando relatei o Acórdão, e não foi dada resposta. Não é, que fique bem claro, preocupação com essa ou outra pessoa, notória ou simples, mas, sim, defesa de uma estrutura da sociedade, na medida em que a invasão de predicamentos íntimos constitui assunto que preocupa a todos, até porque a imprevisibilidade do destino poderá reservar, em algum instante, esses maus momentos para nós mesmos ou pessoas que nos são próximas e caras.

O relator não determinou que fosse bloqueado o site YOUTUBE, tendo isso ocorrido por uma equivocada interpretação do Juízo de Primeiro Grau, que, traduzindo de forma errada o que constou do despacho, expediu ofícios para que se interditasse o site por completo. O nome desse juiz foi citado, indevidamente, como defensor da censura, o que constitui uma leviandade, porque contraria tudo o já escrevi sobre o assunto [Ênio Santarelli Zuliani, Comentários à Lei de Imprensa, RT, coordenação de Luiz Manoel Gomes Júnior,2007, p. 54]:

(...)

O YOUTUBE articula-se, para justificar a inserção do vídeo e o acesso irrestrito, com a analogia, pretendendo convencer de que determinadas situações, mesmo que teoricamente ofensivas a direitos da personalidade, ganham licitude quando conhecidas [domínio público das obras literárias]. Uma coisa é esvaziar o direito autoral de um poema ou canção centenária festejada pelo povo como se fosse patrimônio da humanidade; outra, bem diferente, é pretender que o banalizar da vulgaridade conquiste a legalidade. Não. Ainda que testemunhemos a mediocridade e com ela nos resignemos, jamais poderemos admitir que o enfraquecimento dos costumes transforme o ilícito em assunto de rotina dos lares, o que anima escrever que a multiplicidade do replay do filme do casal não imuniza os infratores que teimam em divulgá-lo."

A tônica de todas as manifestações do Relator do feito, nas diversas oportunidades em que foram colhidas, foi a mesma, o direito à imagem, à intimidade podem ceder frente ao interesse público pela notícia. Ocorre, porém, que a reprodução do vídeo não tinha nenhum caráter informativo, longe disso, tão somente vulnerava a imagem dos então namorados que foram flagrados.

Não se está a defender a atitude do casal. Busca-se apenas chamar à reflexão sobre um fato: seria lícito imaginar que, ao produzir tórridas cenas de sexo em ambiente público, abriram, por completo, mão de sua intimidade. Estariam perpetuamente condenados por esse erro? Mas, se assim fosse, estaríamos a admitir a renúncia completa a um direito de personalidade, aviltando uma de suas mais básicas características: a indisponibilidade.

Outro intrigante assunto, ainda referente ao uso da imagem, se dá com a possibilidade de se entabularem determinados negócios que versem sobre tais direitos. O Código Civil do Brasil disciplina a matéria no artigo 20:

"Art. 20. Salvo se autorizadas, ou se necessárias à administração da justiça ou à manutenção da ordem pública, a divulgação de escritos, a transmissão da palavra, ou a publicação, a exposição ou a utilização da imagem de uma pessoa poderão ser proibidas, a seu requerimento e sem prejuízo da indenização que couber, se lhe atingirem a honra, a boa fama ou a respeitabilidade, ou se se destinarem a fins comerciais.

Parágrafo único. Em se tratando de morto ou de ausente, são partes legítimas para requerer essa proteção o cônjuge, os ascendentes ou os descendentes."

Melhor haveríamos andado se estabelecêssemos uma cláusula geral sobre restrições negociais aos direitos de personalidade, como fez o Código Civil de Portugal, em seu artigo 81º:

"ARTIGO 81º

(Limitação voluntária dos direitos de personalidade)

1. Toda a limitação voluntária ao exercício dos direitos de personalidade é nula, se for contrária aos princípios da ordem pública.

2. A limitação voluntária, quando legal, é sempre revogável, ainda que com obrigação de indemnizar os prejuízos causados às legítimas expectativas da outra parte."

A leitura dos dispositivos transcritos nos faz compreender que, no Brasil, é possível, desde que autorizado, o uso da imagem do agente. Assim, *reality shows* cercam-se de cuidados, a fim de lograrem a autorização dos candidatos para a veiculação de suas imagens. Como visto, nada há de irregular nessa conduta.

Segundo nossa lei, porém, alguns cuidados devem ser levados em consideração quanto ao uso de imagem alheia. Assim, a lei estabelece que o uso não autorizado da imagem pode ser obstado se atingir a honra, a respeitabilidade, a boa fama do agente, ou caso se destine a fins comerciais. Algumas variáveis devem ser apreciadas, portanto a partir da leitura dos artigos 20 e 21 do Código Civil:

a) havendo autorização, pode ocorrer uso de imagem alheia com fins comerciais (como sói acontecer nos *reality shows)*;

b) logo, tratando-se ainda de uso comercial, porém sem autorização da parte, mesmo que não se atinja a boa fama, a honra ou a respeitabilidade do agente, a proibição da utilização, somada à indenização pelo mal uso da imagem, são cabíveis, ambas calcadas na vedação ao enriquecimento sem causa de quem mal utiliza a imagem alheia, e à proteção ao núcleo essencial do direito de personalidade ora versado para se locupletar;

c) um uso não comercial, ainda que não autorizado, é permitido, desde que não atinja a honra, a boa fama e a respeitabilidade da pessoa. Utiliza-se, como exemplo, uma matéria para telejornal, no qual, casualmente, filma-se um transeunte, que, em estado plenamente normal, aparece ao fundo da imagem, sem que nada depreciativo lhe seja associado;

d) o uso comercial que afete a honra, a boa fama e a respeitabilidade são passíveis de proibição, por possível violação ao núcleo essencial do direito fundamental do titular, restando debater, como faremos no próximo tópico, se o controle à veiculação poderá ser preventivo ou se necessariamente será repressivo. Lembre-se apenas que a leitura constitucional do artigo 20 e 21 permite a veiculação de matérias, ainda que violadoras da boa fama do agente, desde que calcadas no interesse público de informação (como ocorre nas notícias envolvendo prisões preventivas de políticos e empresários, suspeitos de corrupção);

e) a autorização para o uso de imagem concedida pode, em regra, ser revogada, sob pena de se caracterizar ato de disposição definitiva do direito de personalidade do agente, e desde de que o direito de revogação não seja exercido abusivamente, cabendo a quem a revoga indenizar os prejuízos advindos de seu arrependimento.

Nessa esteira, um caso muito interessante, a versar justamente sobre a possibilidade de revogação de autorização para uso de imagem, ocorreu no Rio de Janeiro, onde três participantes de *reality show* cujo objetivo seria descobrir novos talentos musicais, almejavam que as cenas de suas respectivas eliminações não fossem ao ar.

O Desembargador Alexandre Freitas Câmara, indeferiu o pleito monocraticamente[395]. Merece também transcrição trecho de seu entendimento:

> *"Os agravantes inscreveram-se para participar de um programa televisivo desses que têm sido chamados de reality shows. Uma vez inscritos, passam a disputar uma competição para cujos vencedores são oferecidos vultosos prêmios. Ocorre que, tendo sido eliminados os agravantes, não querem agora submeter-se a ver sua imagem exposta em rede nacional de televisão. Para isso, postulam a desconstituição do contrato que celebraram, apontando cláusulas (especialmente a 9ª) que violariam princípios gerais do direito brasileiro, como a boa-fé e a dignidade da pessoa humana.*
>
> *Da cláusula impugnada extrai-se o seguinte trecho, destacado pelos recorrentes:*
>
> *'(...) o participante entende que poderá revelar e que outras partes poderão revelar informações sobre ele de natureza pessoal, particular, vergonhosa e não favorável. Entende que a contribuição ao programa poderá ser explorada de forma pejorativa, vergonhosa e/ou de forma desfavorável (...)'.*
>
> *Sobre o tema, vale trazer à colação ensinamento do eminente constitucionalista, professor titular da Faculdade de Direito da Universidade de SãoPaulo, Virgílio Afonso da Silva ('Direitos fundamentais e relações entre particulares', in Revista DireitoGV, vol. 1, n. 1, maio 2005, pp. 176 – 177):*
>
> *'(...) aqueles que participam dos chamados reality shows, tão em voga nas emissoras de televisão no Brasil e no mundo, o fazem com base no exercício de sua autonomia da*

[395] BRASIL. Tribunal de Justiça do Rio de Janeiro. Agravo de Instrumento 0015710 – 75.2011.8.19.0000. Decisão Monocrática do Desembargador Alexandre Freitas Câmara, datada de 11/04/2011.

vontade. Esse exercício acarreta, sem dúvida, restrições a direitos fundamentais, especialmente ao de privacidade. A desigualdade material entre, por exemplo, a Rede Globo, uma das maiores empresas de comunicação do mundo, e os participantes de seu reality show é inegável. Isso não significa, contudo, que haja uma necessidade de intervir nessa relação para proteger direitos fundamentais restringidos: a desigualdade material não interfere, necessariamente, na autenticidade das vontades.

'Com isso, quero salientar que o recurso a desigualdades (fática e material), ainda que possa ser usado como elemento da argumentação jurídica nesse âmbito, deve ser encarado com extrema reserva. Parece-me que o decisivo é a sinceridade no exercício da autonomia privada, que não necessariamente terá alguma relação com desigualdades externas a ela'.

Ora, não pode haver dúvida de que os agravantes sabiam, exatamente, no que estavam se inscrevendo ao lançar-se como candidatos do reality show. Além disso, manifestaram sinceramente suas vontades, tanto que não buscam a anulação do negócio jurídico por vício de consentimento, mas sua 'rescisão'. E quem se inscreve em um reality show sabe, exatamente, o que lhe espera. A exposição a que seriam submetidos era conhecida, e a ela sinceramente se submeteram. Devem, pois, arcar agora com as consequências de seus atos."

A decisão certamente é polêmica, pois, se os direitos de personalidade são indisponíveis, a autorização para veiculação da imagem deveria, em tese, ser, a qualquer tempo revogável. Repita-se, em tese!

A leitura, porém, mais cuidadosa do ***decisum*** revela o seu acerto, pois, no caso concreto, inibe que autorizações dadas na mais absoluta boa-fé entre as partes, sejam imotivadamente revogadas, frustrando justas expectativas criadas entre os partícipes. Nessas hipóteses, as revogações das autorizações concedidas seriam um verdadeiro abuso de direito. Tal ponderação, todavia, só poderá ser feita caso a caso, tendo-se em mente que, na dúvida, a possibilidade de revogação haverá de prevalecer.

A extrapatrimonialidade, a vitaliciedade e a defesa dos direitos de personalidade

Os direitos de personalidade não são dotados de valoração econômica prévia, sendo, pois, extrapatrimoniais. Não significa pensar, porém, que, na hipótese de sua violação, não se possa fixar uma justa indenização para reparar os danos morais ou estéticos advindos do aviltamento de tão caros valores para a personalidade.

O Código Civil, aliás, trata da proteção aos direitos de personalidade no artigo 12, que dispõe:

> *"Art. 12. Pode-se exigir que cesse a ameaça, ou a lesão, a direito da personalidade, e reclamar perdas e danos, sem prejuízo de outras sanções previstas em lei.*
>
> *Parágrafo único. Em se tratando de morto, terá legitimação para requerer a medida prevista neste artigo o cônjuge sobrevivente, ou qualquer parente em linha reta, ou colateral até o quarto grau."*

A leitura da mencionada norma traz algumas inquietações, que merecem enfrentamento. A primeira delas diz respeito às medidas cabíveis para a eficaz proteção dos direitos de personalidade.

A exigência de interrupção da ameaça ou lesão a direito de personalidade envolve o primeiro conjunto de medidas cabíveis. Via de regra, tais providências são deduzidas judicialmente, por meio de ações inibitórias que imponham um ***non facere*** a quem quer que esteja violando os atributos da vítima. Em outras palavras: seria possível uma atuação preventiva do Poder Judiciário ou apenas repressiva?

Certamente, quanto a direitos de personalidade como vida e integridade física, é de todo conveniente que se evite seja perpetrada a agressão aos mencionados direitos de personalidade. E quanto à imagem e privacidade? No tópico anterior analisamos hipóteses do que consistiria a vulneração aos ditos atributos, ressaltando ser inconcebível a violação aos respectivos núcleos essenciais.

O tema já bateu às portas de nossa Suprema Corte. Note-se que o direito à informação é um dos pilares das sociedades que se reconhecem verdadeiramente democráticas. Por outro lado, é bem sabido que notícias açodadas podem irremediavelmente macular a honra daquele que estiver sob os holofotes da imprensa. A grande questão é: o Poder Judiciário haverá de fazer, quando provocado, como regra, a censura da notícia? Note-se que, na própria jurisprudência do Supremo Tribunal Federal, pôde-se encontrar julgado em que a proibição prévia da veiculação da matéria foi chancelada[396]:

> *"EMENTA: LIBERDADE DE IMPRENSA. Decisão liminar. Proibição de reprodução de dados relativos ao autor de ação inibitória ajuizada contra empresa jornalística.*

[396] BRASIL. Supremo Tribunal Federal. Reclamação 9428. Tribunal Pleno. Relator Ministro César Peluso. Divulgado DJe de 24/06/2010.

Ato decisório fundado na expressa invocação da inviolabilidade constitucional de direitos da personalidade, notadamente o da privacidade, mediante proteção de sigilo legal de dados cobertos por segredo de justiça. Contraste teórico entre liberdade de imprensa e os direitos previstos nos arts. 5º, incs. X e XII, e 220, caput, da CF. Ofensa à autoridade do acórdão proferido na ADPF nº 130, que deu por não recebida a Lei de Imprensa. Não ocorrência. Matéria não decidida na ADPF. Processo de reclamação extinto, sem julgamento de mérito. Votos vencidos. Não ofende a autoridade do acórdão proferido na ADPF nº 130, a decisão que, proibindo a jornal a publicação de fatos relativos ao autor de ação inibitória, se fundou, de maneira expressa, na inviolabilidade constitucional de direitos da personalidade, notadamente o da privacidade, mediante proteção de sigilo legal de dados cobertos por segredo de justiça."

No entanto, o debate só se pôs claramente perante a Corte Constitucional do Brasil quando se indagou sobre a constitucionalidade dos já transcritos artigos 20 e 21 do Código Civil na ADI 4.815. A dúvida era: qualquer um pode lançar uma biografia de terceiro, ainda que não tenha por ele sido autorizado, ou, pelo contrário, só poderá fazê-lo se for previamente permitido pela personagem biografada ou sua família?

A relatora, Ministra Carmen Lúcia[397], assim balizou a matéria:

78. Pelo exposto, julgo procedente a presente ação direta de inconstitucionalidade para dar interpretação conforme à Constituição aos arts. 20 e 21 do Código Civil, sem redução de texto, para, a) em consonância com os direitos fundamentais à liberdade de pensamento e de sua expressão, de criação artística, produção científica, declarar inexigível o consentimento de pessoa biografada relativamente a obras biográficas literárias ou audiovisuais, sendo por igual desnecessária autorização de pessoas retratadas como coadjuvantes (ou de seus familiares, em caso de pessoas falecidas); b) reafirmar o direito à inviolabilidade da intimidade, da privacidade, da honra e da imagem da pessoa, nos termos do inc. X do art. 5º da Constituição da República, cuja transgressão haverá de se reparar mediante indenização."

A preferência, como se pode depreender da leitura do voto, é que o controle acerca da violação (ou não) dos direitos de personalidade do biografado/noticiado se dê de forma inibitória e não prévia, pois poderíamos estar

[397] BRASIL. Supremo Tribunal Federal. ADI 4815. Voto da Ministra Carmen Lúcia. Disponível em http://www.stf.jus.br/arquivo/cms/noticiaNoticiaStf/anexo/ADI4815relatora.pdf, acesso em 04 de julho de 2015.

a subverter a ideia de proteção, transmutando-a em censura. Nessa linha, convém transcrever as razões apresentadas pelo Ministro Luís Roberto Barroso[398] no mesmo julgamento:

> "3. *A mentira dolosa e deliberada, com o intuito de fazer mal a alguém, pode ser fundamento para considerar-se ilegítima a divulgação de um fato. Por exemplo, às vésperas de uma eleição se imputa falsamente a alguém a condição de pedófilo. Mas, de novo, a interferência do Judiciário há de ser a posteriori, com autocontenção máxima. Só casos excepcionais e raríssimos devem justificar a intervenção. Mas ninguém pode impedir que quem se considere lesado vá ao Judiciário, como assegura a Constituição (art. 5º, XXXV). Repito, porém: a regra absolutamente geral é a do controle posterior. Em casos excepcionalíssimos, extremos, teratológicos e justificados por um exame de proporcionalidade que considere a posição preferencial.*"

Podemos, pois, concluir que os artigos 20 e 21 do Código Civil continuam vigentes. A proibição prévia à veiculação, portanto, será a absoluta exceção. Não se pense, porém, que, havendo violação à honra do noticiado, nada será feito. Inúmeros remédios repressivos estão disponíveis: direito de resposta, a exigência de correção da notícia, a indenização e a responsabilização penal.

Cabe lembrar ainda, que, se a ofensa à imagem da pessoa se der por veículo de comunicação social, *a posteriori*, ser-lhe-á assegurado o direito de resposta, na forma da Lei nº 13.188/15, que considera "matéria qualquer reportagem, nota ou notícia divulgada por veículo de comunicação social, independentemente do meio ou da plataforma de distribuição, publicação ou transmissão que utilize, cujo conteúdo atente, ainda que por equívoco de informação, contra a honra, a intimidade, a reputação, o conceito, o nome, a marca ou a imagem de pessoa física ou jurídica identificada ou passível de identificação." Em tais hipóteses, o direito de resposta deverá ser exercido no prazo decadencial de 60 dias, por meio de pedido ao órgão responsável pela notícia. Deixando o responsável pela matéria de ofertar a retificação ou resposta almejada, no prazo posterior de sete dias à apresentação do pedido pelo prejudicado, nascerá o interesse jurídico para propositura da ação de fazer, consistente na veiculação do desagravo, que

[398] BRASIL. Supremo Tribunal Federal. ADI 4815. Voto do Ministro Luís Roberto Barroso. Disponível em http://www.stf.jus.br/arquivo/cms/noticiaNoticiaStf/anexo/ADI4815LRB.pdf, acesso em 04 de julho de 2015.

segue rito especial, em conformidade que a urgência que a mitigação ao abalo de imagem demanda.

Enfatize-se, porém, que a ordem inibitória contra a medida aviltante do direito de personalidade, seja qual for, inclusive por órgão de comunicação social, não exclui, como menciona o artigo 12 do Código Civil, a reparação pecuniária pelos danos morais já experimentados, talvez a providência mais recorrente em nossas cortes. É uma solução muito próxima à preconizada pelo Código Português. Vejamos:

> *"ARTIGO 70º*
>
> *(Tutela geral da personalidade)*
>
> *1. A lei protege os indíviduos contra qualquer ofensa ilícita ou ameaça de ofensa à sua personalidade física ou moral.*
>
> *2. Independentemente da responsabilidade civil a que haja lugar, a pessoa ameaçada ou ofendida pode requerer as providências adequadas às circunstâncias do caso, com o fim de evitar a consumação da ameaça ou atenuar os efeitos da ofensa já cometida.*
>
> *ARTIGO 71º*
>
> *(Ofensa a pessoas já falecidas)*
>
> *1. Os direitos de personalidade gozam igualmente de protecção depois da morte do respectivo titular.*
>
> *2. Tem legitimidade, neste caso, para requerer as providências previstas no nº 2 do artigo anterior o cônjuge sobrevivo ou qualquer descendente, ascendente, irmão, sobrinho ou herdeiro do falecido."*
>
> *3. Se a ilicitude da ofensa resultar da falta de consentimento, só as pessoas que o deveriam prestar têm legitimidade, conjunta ou separadamente, para requerer as providências a que o número anterior se refere.*

Percebe-se, da leitura dos dois Códigos – do Brasil e de Portugal – que as duas atitudes preconizadas para a defesa dos direitos de personalidade são muito semelhantes:a adoção de medidas acautelatórias, que façam cessar a lesão e o estabelecimento, quando o for caso, de indenização pelos danos já perpetrados.

Ocorre que, em Portugal, intenso debate doutrinário foi travado quanto à proteção aos direitos de personalidade de pessoa já falecida (artigo 71º da lei lusitana e parágrafo único do artigo 12 da brasileira). As dúvidas são muitas – vão desde quem seria o verdadeiro titular do direito desrespeitado, até as consequências exatas advindas da violação (se inibitórias ou indenizatórias) e foram bem resumidas no voto proferido pelo Juiz

Salvador da Costa[399] em julgado processado perante o Supremo Tribunal de Justiça de Portugal. Analisemos um trecho do aresto:

"3.

Façamos agora a análise da particularidade da ofensa à memória das pessoas falecidas.

A a ofensa a pessoas falecidas, para além de integrar o tipo criminal do artigo 185º do Código Penal, a que já se fez referência, também encontra tutela no artigo 71º do Código Civil.

Expressa o último dos referidos artigos, por um lado, que os direitos de personalidade gozam igualmente de protecção depois da morte do respectivo titular (nº 1).

E, por outro, terem legitimidade para requerer as providências previstas no nº 2 do artigo anterior o cônjuge sobrevivo ou qualquer descendente, ascendente, irmão, sobrinho ou herdeiro do falecido (nº 2).

Recorde-se que o nº 2 do artigo 70º deste Código, para o qual o nº 2 do artigo em análise remete, expressa que, independentemente da responsabilidade civil a que haja lugar, a pessoa ameaçada ou ofendida pode requerer as providências adequadas às circunstâncias do caso, com o fim de evitar a consumação da ameaça ou atenuar os efeitos da ofensa já cometida.

A doutrina está dividida a propósito da interpretação dos nºs 1 e 2 do artigo 71º do Código Civil, ou seja, quanto às questões de saber, por um lado, se a protecção que envolvem se reporta ainda a direitos de personalidade das pessoas falecidas ou das pessoas a que se refere o último dos mencionados normativos.

E, por outro, na segunda hipótese, se as referidas pessoas têm ou não direito a indemnização ou compensação no quadro da responsabilidade civil, ou apenas a faculdade de requererem em juízo as mencionadas providências no âmbito do processo de jurisdição voluntária a que se reportam os artigos 1474º e 1475º do Código de Processo Civil.

PIRES DE LIMA e ANTUNES VARELA, no 'Codigo Civil Anotado', volume I, Coimbra, 1987, página 105, e DIOGO LEITE DE CAMPOS, 'Lições de Direitos de Personalidade', Coimbra, 1995, páginas 44 e 45, entendem, os primeiros que em certa medida a protecção em causa constitui um desvio à regra do artigo 68º do Código Civil, e o último que a personalidade se prolonga para depois da morte, e defenderem os parentes e herdeiros do falecido um interesse deste, em nome dele, e não um interesse próprio.

Diverso é o entendimento de JOSÉ DE OLIVEIRA ASCENSÃO, 'Direito Civil, Teoria Geral, volume I, Introdução, As Pessoas, Os Bens', Coimbra, 1998, páginas 89

[399] PORTUGAL. Supremo Tribunal de Justiça. Processo 07B355. Voto do Juiz Salvador da Costa. Acórdão de 18/10/2007.

a 91, de LUIS A. CARVALHO FERNANDES, 'Teoria Geral do Direito Civil', Lisboa, 1995, páginas 179 a 181, e de HEINRICH EWALD HORSTER. 'A Parte Geral do Código Civil Português, Teoria Geral do Direito Civil', Coimbra, 1992, páginas 259 a 263.

O primeiro entende que o prolongamento para além da morte apenas ocorre em relação ao valor pessoal e que a protecção da lei se reporta apenas à memória do falecido, e que não há direito a indemnização nem para o finado nem para as pessoas a que se reporta o nº 2 do artigo 71º do Código Civil.

O segundo, por seu turno, entende que a lei protege o interesse das pessoas previstas no artigo 71º, nº 2, do Código Civil, em função da dignidade do falecido, mas que não têm direito a indemnização, limitando-se a tutela às providências mencionadas naquele preceito, e o terceiro considera que as aludidas pessoas exercem um direito próprio no interesse de outrem, mas que não têm direito a indemnização.

De modo diverso dos últimos mencionados autores entendem RABINDRANATH VALENTINO ALEIXO CAPELO DE SOUSA, 'Direito Geral de Personalidade', Coimbra, 1995, páginas 10 a 19, PEDRO PAIS DE VASCONCELOS, 'Teoria Geral do Direito Civil', Coimbra, 2007, páginas 86 e 87 e 'Direito de Personalidade', Coimbra, 2006, páginas 118 a 123, CARLOS ALBERTO MOTA PINTO, 'Teoria Geral do Direito Civil', Coimbra, 2005, páginas 206 a 213, ANTÓNIO MENEZES CORDEIRO, 'Tratado de Direito Civil Português', I, Parte Geral, Tomo III, Pessoas, Coimbra, 2004, páginas 461 a 467, e JOÃO DE CASTRO MENDES, 'Teoria Geral do Direito Civil', volume I, Lisboa, 1978 páginas 109 a 111. Estes últimos autores consideram que a personalidade cessa com a morte da pessoa; mas enquanto o primeiro considera que alguns dos bens nela integrados permanecem no mundo das relações jurídicas e são autonomamente protegidos em termos de tutela depois da morte, os restantes interpretam a lei no sentido de que a tutela legal se refere aos direitos das pessoas previstas no nº 2 do artigo 71º do Código Civil, em cuja titularidade se inscrevem os direitos de personalidade.

Acresce que todos eles entendem que as mencionadas pessoas têm direito a indemnização ou compensação por virtude da ofensa à memória do falecido, verificados os respectivos pressupostos.

Ora, a solução para o caso há-de assentar, como é natural, na interpretação do disposto nos artigos 71º, nºs 1 e 2, do Codigo Civil, tendo em conta o que se prescreve no artigo 9º daquele diploma, e na sua aplicação ao quadro de facto que as instâncias deram por assentes em sede de condensação e que não foi posto em causa no âmbito dos recursos. Resulta da lei que a personalidade se adquire com o nascimento completo e com vida e que cessa com a morte (artigos 66º, nº 1 e 68º, nº 1, do Código Civil).

Assim, não obstante o primeiro dos referidos normativos expressar que a personalidade jurídica cessa com a morte, o terceiro artigo seguinte – o nº 1 do artigo 71º – expressa que os direitos de personalidade gozam de protecção depois da morte do respectivo titular.

Na fixação do sentido e do alcance da lei, deve o intérprete presumir ter o legislador consagrado as soluções mais acertadas e sabido exprimir o seu pensamento em termos adequados (artigo 9º, nº 3, do Código Civil).

A expressão igualmente que consta no nº 1 do artigo 71º do Código Civil decorre da circunstância de no nº 1 do artigo anterior se estabelecer proteger a lei os indivíduos contra qualquer ofensa à sua personalidade física ou moral.

Ora, como o nº 1 do artigo 70º do Código Civil se reporta, naturalmente, as pessoas com personalidade jurídica, isto é aos vivos, salientando o desvio àquele preceito, foi inserido no nº 1 do artigo 71º do mesmo diploma a expressão igualmente.

Tendo em conta o elemento literal do nº 1 do artigo 71º do Codigo Civil, a par do seu escopo finalístico de protecção da memória das pessoas falecidas ou do respeito dos mortos, impõe-se a conclusão no sentido de que, embora a personalidade jurídica cesse com a morte, alguns dos direitos que a integravam continuam a ser protegidos depois do decesso da pessoa. Nesta perspectiva, não se configura contraditória a cessação da personalidade jurídica com a morte das pessoas com a protecção de alguns dos direitos que a integravam, como valores pessoais que se destacam sob a motivação do respeito pela memória de quem terminou de viver.

(...)

6.

Finalmente, atentemos na síntese da solução para o caso decorrente dos factos declarados assentes nas instâncias e da lei, o direito à liberdade de expressão e de informação por via da imprensa não prevalece, em regra, sobre o direito das pessoas à honra, bom nome e consideração social.

Os recorridos ofenderam ilícita e culposamente a memória do já falecido ascendente dos recorrentes, que a lei protege, não obstante a respectiva personalidade jurídica haver cessado com a morte.

A referida ofensa, pela sua natureza e estrutura, não afectou directamente os direitos de personalidade dos recorridos, certo que só afectou aspectos destacados da personalidade do seu ascendente.

O nº 2 do artigo 71º não atribui às pessoas a que se reporta um direito próprio de indemnização lato sensu, mas tão só a legitimidade de requerer as providências previstas no nº 2 do artigo 70º, ambos do Código Civil.

Os recorrentes não têm, por isso, no confronto dos recorridos, o direito de lhe exigir a pretendida compensação por danos não patrimoniais."

A rica leitura proporcionada pela transcrição do trecho acima indica o vulto das polêmicas que rondam a defesa do direito de personalidade das pessoas falecidas. A primeira discussão orbita ao redor do eventual prolongamento da própria personalidade, como decorrência do reconhecimento da proteção dos direitos ora versados ***post mortem***.

O problema pode ser assim assentado: como não existem direitos sem sujeitos, há quem não possa imaginar os direitos de personalidade do morto, sem que exista um titular que, eventualmente, poderia ser o próprio falecido.

Ocorre, porém, que não vislumbramos precisamente um ***direito subjetivo de personalidade*** quando tratamos da memória de pessoas falecidas. Imaginamos que o que está em risco é um dos valores mais caros da civilização humana: o respeito aos que não estão vivos. Mais do que uma proteção que demande o reconhecimento de um direito, subjetivamente deferido a certo titular, percebemos a existência, na espécie, de ***interesse legítimo*** de toda a sociedade, para a defesa de um dos pilares de nossa sociedade, o respeito aos mortos.

No entanto, o Código de Processo Civil exige, no seu artigo 18, que, para se pleitear, em nome próprio, direito alheio, há necessidade de autorização legal. Pois bem, ei-la no artigo 12 do nosso Código Civil. Vislumbramos dessa forma, na última norma, apenas uma autorização legislativa ao cônjuge sobrevivente, ou qualquer parente em linha reta, ou colateral até o quarto grau, para substituir toda a comunidade na defesa do bom nome de seu ente querido pré-morto. Não entendemos estar encerrada nela qualquer passaporte para obtenção de automática indenização, na hipótese de violação a direito de personalidade de pessoa já falecida.

Ocorre, porém, que não são poucos os julgados que vislumbram, no mencionado dispositivo, a sede material, ao nosso ver equivocadamente, do pleito indenizatório para os parentes do morto ofendido. Eis interessante exemplo extraído de nossa jurisprudência[400]:

> *"DIREITO CONSTITUCIONAL E CIVIL AÇÃO DE CONHECIMENTO. INDENIZAÇÃO POR DANOS MORAIS. PRELIMINAR DE ILEGITIMIDADE ATIVA NÃO CONHECIDA. PUBLICAÇÃO DE FOTO. FINITITUDE*

[400] BRASIL. Tribunal de Justiça do Distrito Federal e Territórios. Apelação Cível *20090810077158*. 5ª Turma Cível. Relator Desembargador João Egmont. Divulgado DJe de 10/05/2011 p. 144.

DO DIREITO DE HUMANIDADE. IMAGEM DE PESSOA FALECIDA, VÍTIMA DE HOMICIDIO, COM OS SEGUINTES DIZERES: PRESIDIÁRIO MORTO A CAMINHO DE CASA. EQUÍVOCO DA MANCHETE SENSACIONALISTA. AUSÊNCIA DE AUTORIZAÇÃO E VEICULAÇÃO DE INFORMAÇÕES DEGRADANTES. OFENSA À DIGNIDADE HUMANA. EXCESSO NO DIREITO DE INFORMAÇÃO. DEVER DE REPARAR. VALOR DA INDENIZAÇÃO. CONDIÇÃO ECONÔMICA DAS PARTES. PECULIARIDADES DO CASO. 1. O art. 12, parágrafo único, do Código de Civil prevê que em se tratando de pessoa morta, o cônjuge sobrevivente, ou qualquer parente em linha reta, ou colateral até o quarto grau tem legitimação para exigir que cesse a ameaça, ou a lesão, a direito da personalidade, bem como reclamar perdas e danos, sem prejuízo de outras sanções previstas em lei.

1.1 'A tutela dos objetos do direito de personalidade e, por conseguinte, a proteção integral do sujeito que titulariza os direitos que decorrem dessa situação jurídica, podem revelar a necessidade de cuidado jurídico mesmo após a morte de quem, por primeiro, deles foi titular. É certo que as potências e atos da natureza humana podem criar situações jurídicas de vantagem para o seu titular e, depois, para os seus descendentes e, por isso nada obsta que se permita a tutela de um direito de personalidade, após a morte de seu titular' (in Código Civil Comentado, 7ª Ed. RT, p. 225).

2. Quando a reportagem tem conteúdo meramente informativo, procurando esclarecer o público a respeito de assunto de interesse geral, sem enveredar na vida privada do cidadão, ou seja, quando há apenas o animus narrandi, não se vislumbra a existência de culpa ou dolo, ainda que a matéria objeto da reportagem contrarie os interesses da pessoa ali referida. 3. Apenas a publicação de notícia em jornal que ultrapasse os limites da divulgação de informação, da expressão de opinião e da livre discussão de fatos, afrontando a honra e integridade moral de pessoas, deve ser passível de reparação de ordem moral.

4. Enseja o dever de indenizar a publicação de foto extremamente forte de pessoa falecida, estendida no chão, com a face embebida em sangue, quando feita sob manchete sensacionalista, sem qualquer ressalva quanto à imagem do de cujus, acusando-o de ter várias passagens pela polícia por porte de droga, tentativa de homicídio e furto qualificado, em situação que devassa sua intimidade e honra.

5. A responsabilidade civil, nestes casos, advém do abuso perpetrado em colisão com os direitos de personalidade (honra, imagem e vida privada) da vítima e de seus familiares, já que a atividade jornalística, mesmo que seja livre para informar, não é absoluta, devendo ser reprimida quando importar em abusos.

5.1 Enfim. 'A mera publicação desautorizada das fotos do cadáver do pai dos Autores já ensejaria a violação aos direitos de intimidade, honra subjetiva e vida privada dos Autores (art.5º, inciso X, da Constituição Federal), mas o Réu foi além, e veiculou imagens chocantes, com informações imprecisas, denotando que ali se tratava de um preso, sendo que, apesar de condenado, o de cujus à época da morte era trabalhador e, portanto, já ressocializado (fl. 34). Logo, a noticia foi capaz, também, de violar a honra objetiva e a imagem do de cujus, o que merece ainda mais censura por este Julgador' (Juiz de Direito Dr. Josmar Gomes de Oliveira). 6. Presentes os pressupostos ensejadores da responsabilidade civil, quais sejam, o dano experimentado pela família, a conduta lesiva praticada pelo veículo de imprensa e o nexo de causalidade entre ambos, impõe-se a condenação do ofensor como forma de se mitigar a dor e o sofrimento experimentados em virtude da injusta e macabra exposição do pai em manchete sensacionalista de periódico.

7. A fixação do valor da indenização precisa considerar as condições pessoais e econômicas das partes, de modo que o arbitramento seja feito com moderação e razoabilidade, dentro das peculiaridades de cada caso, de forma a evitar-se tanto o enriquecimento indevido do ofendido como a abusiva reprimenda do ofensor.

8. Recurso não provido."

Ora, é de indagar-se, então estaríamos a defender, ao contrário do julgado transcrito, que a indenização ao parente do falecido pela desonra ao seu nome seria inviável? É claro que não! Defendemos apenas a tese de que a sede material a sustentar o pleito não é o parágrafo único do artigo 12 do Código Civil, ou, em outras palavras, que a indenização não é benefício automaticamente outorgado a qualquer parente indicado no citado dispositivo legal, mas seu cabimento deverá ser demonstrado caso a caso. Expliquemo-nos.

Sabe-se que a ofensa a ente querido morto ***pode*** ou ***não*** engendrar danos morais a seus parentes vivos, mormente aos mais distantes, como um primo ou um sobrinho-neto (colaterais em quarto grau). Não há uma correlação automática, repita-se, entre a agressão à memória do falecido e a violação a direitos de personalidades dos parentes ainda vivos. Tomemos um exemplo.

João, pessoa batalhadora, na adolescência, migrou do sertão do Nordeste do Brasil para Brasília, a fim de tentar se estabelecer profissionalmente. Durante 50 anos lograra experimentar relativo sucesso profissional e, no mencionado período, nunca entrou em contato com os irmãos, sobrinhos e sobrinhos-netos, vindo, por causas naturais, a falecer. Após a sua morte, fora veiculada matéria difamatória em informativo de clube social ao qual era associado, maculando-lhe o bom nome. É de indagar-se: em que medida se pode imaginar que sobrinhos-netos (colaterais em quarto grau) do falecido haveriam sido afetados pela notícia, circunscrita apenas a associados do clube? Como pensar que o artigo 12, parágrafo único, do Código Civil, estaria assegurando a tão distantes pessoas o direito à indenização? A resposta é uma só: não assegura. O que a lei civil fez foi apenas assegurar a tais sobrinhos-netos a condição de substitutos processuais, na forma do artigo 18 do novo Código de Processo Civil, para que busquem a tutela inibitória quanto à caluniosa matéria de nosso exemplo.

Em realidade, a ofensa a morto capaz de gerar indenização aos entes queridos circunscreve-se ao plano do dano "em ricochete", assim compreendido como aquela situação em que "uma pessoa que sofre o 'reflexo' de um dano causado a outra pessoa"[401], vale dizer, a ofensa jurídica é voltada contra o agente morto, mas afeta a esfera jurídica de seus parentes vivos.

É o reconhecimento do dever de indenizar por violação à esfera pessoal dos parentes vivos da vítima, que reflexamente sofreram pelo agravo. Ocorre que a sede material do pleito indenizatório é a mesma de qualquer pedido de reparação civil: a combinação do artigo 186 com o artigo 927, ambos do Código Civil.

Assim, a conclusão mais razoável é a de que o parágrafo único do artigo 12 de nossa Lei Civil assegura tão somente a adoção, pelos legitimados extraordinários, das medidas inibitórias definidas no ***caput***. A possibilidade ou não de indenização dos mencionados parentes circunscreve-se à aplicação de diversos dispositivos do Código Civil (artigos 186 e 927).

Seja, porém, a indenização lastreada na incidência do artigo 12 ou dos artigos 186, combinado com 927, outro grave problema tem atormentado nossos julgadores. Imaginemos que a memória de determinada pessoa falecida tenha sido aviltada por determinado incauto. Seria possível, apesar de seu erro, admitir-se que respondesse a diversas ações, em diversas cidades, em tempos diferentes, a fim de indenizar um por um, os parentes que se tenham sentido ofendidos?

A preocupação se repete em tema muito próximo: o homicídio, doloso ou culposo, de parente próximo. Seria admissível a pulverização de demandas, agravando-se sobremaneira o ***quantum*** indenizatório e a logística de defesa do Réu? Em interessante estudo, aduz Antônio Jeová Santos[402]:

[401] PEREIRA, Caio Mário da Silva. "Responsabilidade Civil". 8 ed.. Rio de Janeiro: Forense, 1998, p. 43.

[402] SANTOS, Antônio Jeová. Dano Moral Indenizável. 4 ed. São Paulo: RT, 2001, p. 469/470.

"A ação de indenização por dano moral *tem certa peculiaridade. Tome-se uma família composta por sete pessoas, seis irmãos e a mãe. se o pai morreu em um acidente de trânsito, por exemplo, se a mãe e dois dos filhos intentarem a ação, ao depois, não poderão os demais tentarem receber novas indenizações. o montante pecuniário é um só. Apenas aqueles que ajuizaram a demanda serão indenizados. os demais não poderão pulverizar vários pedidos e receber múltiplas indenizações.*

Levada ao paroxismo a idéia de que todos que padecem dano moral *estão legitimados para a postulação da indenização, ter-se-ia uma gama enorme de demandas contra apenas uma pessoa, a responsável pelo evento. os amigos íntimos, os admiradores, o namorado, os vizinhos, todos poderiam alegar ruptura no equilíbrio espiritual pela saudade deixada pelo* de cujus *e aforar inúmeras ações. Se todos os que sentiram pela morte de John Kennedy, norte-americanos e estrangeiros, resolvessem processar Lee Oswald por danos morais, ter-se-ia um sem número de demandas, o que mostra quão infundada é estender a possibilidade de várias pessoas se intitularem parte legítima em ações diversas para postular dano extrapatrimonial"*

(...)

Não pode deixar de ser considerado que a morte de alguém atinge não só os parentes diretos, aqueles que estão mais diuturnamente com a vítima, mas também os amigos, vizinhos, parentes mais distantes e outros. Se todos eles resolvessem, individualmente, pedir indenização, o agressor jamais teria sossego diante da possibilidade de, a qualquer momento, ser molestado com mais uma demanda. É tão esdrúxula essa situação que a legislação teria de pôr freio a essa possibilidade, a essa realidade.

Como não existe lei, é o juiz que tem suprir a lacuna e encontrar soluções adequadas quando diante de situações como as que vêm sendo retratadas."

A questão já foi levada ao Superior Tribunal de Justiça, em julgado no qual parentes distintos de duas pessoas, falecidas no mesmo acidente aéreo, propuseram ações autônomas e pulverizadas almejando a indenização pela perda dos respectivos entes queridos. A Corte, num primeiro momento, apoiou-se nas razões apontadas no voto do Ministro Luis Felipe Salomão e concluiu que, no caso de morte de familiares, a indenização deveria ser globalmente fixada[403]:

[403] BRASIL. Supremo Tribunal Federal. REsp 1127913. Voto do Ministro Luis Felipe Salomão. Acórdão publicado no DJe de 30/10/2012.

"(...)

5. Assim, a solução de simplesmente multiplicar o valor que se concebe como razoável pelo número de autores, tem a aptidão de tornar a obrigação do causador do dano demasiado extensa e distante de padrões baseados na proporcionalidade e razoabilidade.

Considero que a solução que adota como razoável determinado valor e apenas multiplica-o pelo número de autores está apoiada unicamente em uma das extremidades da relação jurídica advinda do fato danoso. Salvo erro de minha percepção, analisa-se tão somente a extensão do dano para o arbitramento da indenização, desconsiderando o outro extremo da relação, que é a conduta do causador do dano, com a valoração de sua reprovabilidade e, ademais, todas as circunstâncias do caso concreto.

A solução que julgo adequada deve, a um só tempo, sopesar a extensão do dano e a conduta de seu causador, e, nesse passo, em boa verdade, muito embora por vezes os atingidos pelo fato danoso sejam vários, a conduta do réu é única, e sua reprovabilidade é igualmente uma só, e isso, a meu juízo, deve ser considerado na fixação da indenização por dano moral.

Por isso, alinho-me aos precedentes que atribuem a indenização por morte à família do morto de forma global – com apenas uma ressalva da qual tratarei adiante -, sem olvidar que, deveras, como bem assinalou o relator na sessão de julgamento inicial, há precedentes em sentido contrário.

(...)

6. Feito esse breve retrospecto da jurisprudência – sem olvidar de que há, deveras, entendimento em sentido contrário, como noticiado pelo eminente Relator -, cumpre salientar que a doutrina também tem sufragado a conclusão de que a indenização por danos morais, em razão da morte de parente próximo, deve ser arbitrada de forma global, entendida, portanto, como um montante destinado à família, valor este que, de regra, é rateado igualmente entre os integrantes do grupo.

Embora por outros fundamentos, este também é o entendimento de Humberto Theodoro Junior:

No caso, por exemplo, de ofensa a um pai de família, não é razoável atribuir uma indenização de monta a cada um dos membros do conjunto familiar, mormente quando este esteja integrado por menores de pequena idade, ainda sem o discernimento necessário para dar ao evento urna dimensão moral maior. É preferível ver-se, na hipótese, o núcleo familiar corno uma unidade ou urna comunidade, cuja honra foi ofendida e que, assim, se faz merecedora de reparação geral, em benefício conjunto de todos os seus integrantes. Não que urna criança não tenha honra a ser tutelada, mas é que a sua imaturidade não justificaria urna reparação isolada, fora do contexto maior da família (THEODORO

JUNIOR, Humberto. Comentários ao novo código civil. Volume 3. Sálvio de Figueiredo Teixeira (Coord.). Rio de Janeiro: Forense, 2003 . p. 49).

7. Não se desconhece que o dano moral é uma violação individualmente experimentada por cada pessoa, portanto, da mesma forma, deve ser considerada em sua individualidade.

Porém, a solução que ora se contrapõe àquela apresentada pelo Relator, considera, a um só tempo, tanto a individualidade dos atingidos pelo dano, quanto a conduta do causador, a qual, repita-se, é uma só.

(...)

Quanto à preocupação de que outros legitimados sejam impedidos de pleitear indenizações, o problema é apenas aparente e, a meu juízo, é contornado pela solução proposta, uma vez que ela não afasta essa possibilidade.

Se para o arbitramento da indenização deve ser considerado o número de autores, certamente uma ação proposta apenas por parte dos legitimados conduzirá a indenização de menor valor. Assim, tendo sido a indenização fixada em valor reduzido em uma hipótetica primeira ação, nada impede que futuramente outros legitimados proponham sua pretensão, de modo que a soma atingida pelas duas – se bem conduzidas as condenações – não atinja patamares desarrazoados."

O arrojado entendimento, contudo, foi superado no julgamento dos embargos de divergência opostos ao transcrito recurso especial. Válida a leitura de parte da ementa[404]:

"(...)

4. Nessa linha, a fixação de valor reparatório global por núcleo familiar – nos termos do acórdão embargado – justificar-se-ia apenas se a todos os lesados (que se encontram em idêntica situação, diga-se de passagem) fosse conferido igual tratamento, já que inexistem elementos concretos, atrelados a laços familiares ou afetivos, que fundamentem a discriminação a que foram submetidos os familiares de ambas as vítimas."

Ainda assim, a virtude do julgado foi lançar luzes ao debate. De nossa parte, entendemos que se a família da vítima era muito numerosa, uma grande quantidade de ações exacerbará o caráter punitivo da responsabilidade civil. Assim, ainda que a indenização não seja fixada globalmente,

[404] BRASIL. Superior Tribunal de Justiça. EREsp 1127913/RS, Rel. Ministro NAPOLEÃO NUNES MAIA FILHO, CORTE ESPECIAL, julgado em 04/06/2014, DJe 05/08/2014.

acreditamos que o número de agentes pretensores à reparação civil é critério que se deve levar em consideração ao se fixar o valor da indenização, aos quais agregamos mais alguns:

a) sempre que possível, o magistrado deverá determinar a conexão dos feitos, a fim de julgá-los numa única assentada, a fim de pontuar se a indenização estará ou não sendo extorsiva;
b) sendo impossível a conexão, um dos aspectos a serem considerados, e que poderá, não raro, ser colhida da própria certidão de óbito do falecido, é se existem outros possíveis legitimados para a demanda. Tal informação balizará o ***quantum*** a ser pago em hipotética primeira ação;
c) deverão os interessados ainda atentar para o prazo prescricional para a propositura dos feitos indenizatórios que, no Brasil, é de três anos (Código Civil, art. 206, § 3º, inciso V), lembrando que a propositura da ação por um dos legitimados não interrompe a prescrição para os outros.

O estabelecimento, porém, de valor global de indenização a ser pago a um ou alguns membros familiares demandaria intervenção legislativa, transformando aquele ou aqueles que acionassem o Réu em primeiro lugar em substituto processual dos demais, algo que não se verifica no texto atual de nossa lei civil. Assim, ainda que o magistrado deva, na fixação individual do valor da reparação, quando possível, raciocinar globalmente, ele não está autorizado a estabelecer o valor a ser pago ao grupo familiar, dividindo-o pela quota de cada parente litigante.

Apreciados, pois, os aspectos mais genéricos acerca dos direitos de personalidade, façamos enfrentamento mais pontual do tratamento que recebem na lei e na doutrina.

Direitos de personalidade. Direito à vida

Talvez o mais intuitivo dos direitos de personalidade seja o direito à vida. Nelson Rosenvald e Cristiano Chaves de Farias[405] advertem que o mencionado direito se completa pela ideia de dignidade da pessoa humana.

[405] FARIAS, Cristiano Chaves de, e ROSENVALD, Nelson. *Direito Civil – Teoria Geral.*9 ed. Rio de Janeiro: Lumen Juris, 2011, p. 179.

Assim, ao nos referirmos ao mencionado instituto, o correto seria tratar do "direito à vida digna".

As grandes inquietações acerca do direito à vida parecem se referir sobretudo aos seus limites, porquanto, nos dias de hoje, inadmissível se mostra afirmar que um dado direito de personalidade, ainda que seja à vida, seja, ***a priori***, mais importante do que outros. Assim, tratar do direito à vida demanda enfrentar as situações limítrofes, nas quais, em tese, poderia ser eclipsado por outros valores.

Elegemos, entre tantas, algumas situações concretas em que tal dilema pode ocorrer. A primeira delas diz respeito à adoção de tratamentos médicos que garantam a sobrevida de paciente debilitado por algum mal. Não raro, médicos sentem-se compelidos a sujeitar pacientes, mesmo contra as vontades dos últimos, a procedimento nos quais nem os profissionais de saúde acreditam[406], tão somente com o objetivo de garantir sobrevida ao doente. O Conselho Federal de Medicina, sensível ao dilema ético ao qual se sujeitam os profissionais por ele regidos, editou a Resolução nº 1.995/2012, que regulou instrumento jurídico que pode minorar tais angústias: o chamado testamento vital.

O instituto não é inédito e já era regrado em outras nações. Ele já se encontra regulado, por exemplo, na Espanha, desde 2002, por meio da Lei nº 41/2012. No artigo 11 do mencionado diploma, está assentado[407]:

> *"1. Pelo documento de instruções prévias, uma pessoa maior, capaz e livre manifesta antecipadamente sua vontade, com o fim de que esta se cumpra no momento em que chegue a situações em cujas circunstâncias não seja capaz de expressá-la pessoalmente, sobre os cuidados e o tratamento de sua saúde ou, uma vez falecendo, sobre o destino de seu corpo e órgãos. O outorgante do documento pode designar, ademais, um representante*

[406] Colhe-se essa informação em interessante matéria veiculada pelo Conselho Federal de Medicina na página http://portal.cfm.org.br/index.php?option=com_content&view=article&id=23202:testamento-vital-permitira-as-pessoas-definirem-limites-terapeuticos-na-manutencao-da-vida&catid=3, acesso em 05 de novembro de 2012.

[407] Tradução livre do texto original: *"1. Por el documento de instrucciones previas, uma persona mayor de edad, capaz y libre, manifiesta anticipadamente su voluntad, con objeto de que ésta se cumpla en el momento en que llegue a situaciones em cuyas circunstancias no sea capaz de expresarlos personalmente, sobre los cuidados y el tratamiento de su salud o, una vez llegado el fallecimiento, sobre el destino de su cuerpo o de los órganos del mismo. El otorgante del documento puede designar, además, un representante para que, llegado el caso, sirva como interlocutor suyo con el médico o el equipo sanitario para procurar el cumplimiento de las instrucciones previas".*

para que, chegado o momento, sirva como seu interlocutor com o médico ou a equipe de saúde para dar cumprimento às instruções prévias."

Na Argentina, em maio de 2012, foi aprovada a chamada "Lei da Morte Digna", que, acolheu, em terras plantinas, a prática do testamento vital. Dispõe a mencionada norma, que acrescentou o artigo 11 à Lei nº 26.529/2009[408]:

> *"Artigo 11: Diretivas antecipadas. Toda pessoa capaz, maior, pode dispor diretivas antecipadas sobre sua saúde, podendo consentir ou rueepudiar determinados tratamentos médicos, preventivos ou paliativos, e decisões relativas à sua saúde. As diretivas deverão ser aceitas pelo médico encarregado, salvo as que implicarem desenvolver práticas eutanásicas, hipótese em que se terão como inexistentes."*

Emblemático, no país platino, caso posto , à apreciação de sua Corte Suprema em julho de 2015. Trata-se da história de paciente que se encontrava em estado vegetativo, há 20 anos, como reflexo de complicações que se originaram a partir de acidente de motocicleta. Pois bem, não existiam instruções escritas dadas pelo paciente antes de sofrer as severas restrições ao seu quadro clínico. Ocorre, porém, que seus familiares foram firmes ao afirmar que o mencionado senhor enfermo manifestara, quando consciente, que desejaria interromper o tratamento, na hipótese de severa deterioração ao seu quadro clínico. A Corte Suprema, então, acatou o pleito, por entender que não se estava a vindicar uma eutanásia, mas a simples e digna interrupção de tratamento que artificialmente estendia a vida de pessoa em estado vegetativo[409].

[408] Tradução livre do texto original: *"Artículo 11: Directivas anticipadas. Toda persona capaz mayor de edad puede disponer directivas anticipadas sobre su salud, pudiendo consentir o rechazar determinados tratamientos médicos, preventivos o paliativos, y decisiones relativas a su salud. Las directivas deberán ser aceptadas por el médico a cargo, salvo las que impliquen desarrollar prácticas eutanásicas, las que se tendrán como inexistentes."*.

[409] O periódico platino La Nacíon, em seu sítio eletrônico, tratou do posicionamento da corte, a saber: *"Em su fallo, la Corte,con los votos de Ricardo Lorenzetti, Elena Highton de Nolasco y Juan Carlos Maqueda, precisó que la Ley de Derechos del Paciente ya contempla situaciones como la de Diez, imposibilitado de expresar su consentimiento informado, y ratifica el derecho de sus familiares a dar testimonio de la voluntad del paciente respecto de los tratamientos médicos que éste quiere o no recibir. El tribunal también aclaró que no se estaba frente a un caso de eutanasia o muerte asistida y pidió evitar las "judicializaciones innecesarias de decisiones relativas al cese de prácticas médicas". La Corte subrayó*

Não difere muito o texto argentino da lei portuguesa sobre o tema (Lei nº 25/2012), de 16 de julho de 2012. Afirma-se, no 2º artigo da norma:

> *"Artigo 2º*
> *Definição e conteúdo do documento*
> *1 — As diretivas antecipadas de vontade, designadamente sob a forma de testamento vital, são o documento unilateral e livremente revogável a qualquer momento pelo próprio, no qual uma pessoa maior de idade e capaz, que não se encontre interdita ou inabilitada por anomalia psíquica, manifesta antecipadamente a sua vontade consciente, livre e esclarecida, no que concerne aos cuidados de saúde que deseja receber, ou não deseja receber, no caso de, por qualquer razão, se encontrar incapaz de expressar a sua vontade pessoal e autonomamente."*

Os regramentos citados não representam uma autorização para a prática da eutanásia ativa, na qual há intervenção médica para que se abrevie a vida do doente. Vale, aliás, diferenciar tal conceito do relativo à ortotanásia[410]. Na ortotanásia, do grego *orthos* (reto) e *thanatos* (morte), ocorre a morte ao seu tempo. Não se atua proativamente a fim de se abreviar o óbito, apenas se põe fim a tratamentos que perderam a indicação pelo grau em que se encontra a doença. Nesse sentido, há quem vislumbre também diferença em relação à eutanásia passiva, esta última implicando a suspensão de medidas que seriam adequadas para o caso, abreviando, por omissão, a vida do agente. É de se ressaltar, porém, serem a ortotanásia e eutanásia passiva, para outros autores, expressões sinônimas[411].

Controvérsias etimológicas à parte, temos que o verdadeiro debate foi bem traçado pelos médicos americanos Tom L. Beauchamp e James F. Childress[412]:

> ***"Quando matar não é moralmente diferente de deixar morrer***
> *Podemos tratar agora de nossa terceira questão: 'Há uma diferença moral entre matar e deixar morrer?' Afirmar (como fazemos) que matar não é moralmente diferente*

que el pedido de las hermanas de Diez constituye sólo "una abstención terapéutica" que se encuentra contemplada en la jurisprudencia."

410 VILLAS-BÔAS. Maria Elisa. "Da eutanásia ao prolongamento artificial da vida". Rio de Janeiro: Forense, 2005, p. 73/74.

411 GODINHO, Adriano Marteleto. *Testamento vital e o ordenamento brasileiro.* ***Jus Navigandi,*** Teresina, ano 15, n. 2545, 20 jun 2010. Disponível em http://jus.com.br/revista/texto/15066.

412 BEAUCHAMP, Tom L. e CHILDRESS, James F. Princípios de ética biomédica. São Paulo: Loyola, 2002, p. 250/251.

de deixar morrer significa simplesmente dizer que qualificar um ato, corretamente, como um ato de 'matar' ou de 'deixar morrer' não acarreta em si nenhuma determinação de se uma ação é melhor ou pior, mais ou menos justificada, do que a outra. Alguns atos particulares de matar (um assassinato brutal, por exemplo) podem ser piores do que alguns atos de deixar morrer (a omissão de um tratamento para um paciente que está em estado vegetativo permanente, digamos), mas alguns atos particulares de deixar morrer (não ressuscitar um paciente que poderia ser salvo, por exemplo) também podem ser piores do que alguns casos particulares de matar (como uma morte piedosa a pedido do paciente). Não há nada em 'matar' e 'deixar morrer' que implique julgamentos acerca do caráter certo ou errado das ações, ou acerca de sua beneficência ou não-maleficência. O que é certo e o que é errado dependem do mérito da justificação que está por trás da ação, e não do tipo de ação. Portanto, nem matar nem deixar morrer são em si errados, e no tocante a isso tais ações devem ser distinguidas do assassinato, que é errado por si. Tanto matar como deixar morrer são errados ***prima facie****, mas, em algumas circunstâncias, podem ser justificados.*

Seria absurdo aceitar todos os casos de deixar morrer como justificados, e é não menos absurdo considerar injustificadas todas as situações em que se mata (por exemplo, matar em autodefesa). Para um julgamento de que um ato de matar ou de deixar morrer é justificado ou injustificado é necessário que se saiba sobre o caso algo além dessas características. Precisamos saber algo sobre o motivo do autor (se é benevolente ou de má-fé, por exemplo), o desejo do paciente e as consequências do ato. Somente esses fatores adicionais permitirão que localizemos a ação num mapa moral e que façamos um julgamento normativo sobre ele. Para se determinar a sua aceitabilidade, portanto, todos os casos de matar e deixar morrer têm de satisfazer critérios independentes, como o balanço das vantagens e desvantagens para o paciente"

Nessa linha, sabemos que a eutanásia é prática proibida no Brasil, restando a possibilidade apenas de se conjugar a vontade do agente à boa prática da ortotanásia. Valendo-se das palavras dos médicos citados, matar, ainda que por piedade, no país, é conduta típica, antijurídica e punível. Resta saber se deixar que a pessoa morra, segundo estritos parâmetros terapêuticos, antecipadamente traçados, representaria uma ilicitude ou não.

Novamente a resposta parece repousar na análise do conflito de direitos fundamentais: de um lado o direito à vida e, de outro, a questão da liberdade individual e da dignidade da pessoa humana. A legislação argentina mediou o conflito de forma interessante – as decisões do paciente deverão ser aceitas, salvo as que representarem eutanásia, aqui compreendida a conduta que acelera a morte natural por meio de condutas médicas. Na linguagem de Tom L. Beauchamp e James F. Childress os platinos parecem haver prestigiado o "deixar morrer", repudiando o "matar", ainda que a última conduta se faça com a mais nobre das intenções.

No Brasil, carentes ainda de lei sobre o tema, o CFM resolveu traçar balizas éticas a serem observadas pelos médicos nas situações ora em debate, insculpidas na Resolução nº 1.995/2012, que dispõe:

> *"Art. 1º Definir diretivas antecipadas de vontade como o conjunto de desejos, prévia e expressamente manifestados pelo paciente, sobre cuidados e tratamentos que quer, ou não, receber no momento em que estiver incapacitado de expressar, livre e autonomamente, sua vontade.*
>
> *Art. 2º Nas decisões sobre cuidados e tratamentos de pacientes que se encontram incapazes de comunicar-se, ou de expressar de maneira livre e independente suas vontades, o médico levará em consideração suas diretivas antecipadas de vontade.*
>
> *§ 1º Caso o paciente tenha designado um representante para tal fim, suas informações serão levadas em consideração pelo médico.*
>
> *§ 2º O médico deixará de levar em consideração as diretivas antecipadas de vontade do paciente ou representante que, em sua análise, estiverem em desacordo com os preceitos ditados pelo Código de Ética Médica.*
>
> *§ 3º As diretivas antecipadas do paciente prevalecerão sobre qualquer outro parecer não médico, inclusive sobre os desejos dos familiares.*
>
> *§ 4º O médico registrará, no prontuário, as diretivas antecipadas de vontade que lhes foram diretamente comunicadas pelo paciente.*
>
> *§ 5º Não sendo conhecidas as diretivas antecipadas de vontade do paciente, nem havendo representante designado, familiares disponíveis ou falta de consenso entre estes, o médico recorrerá ao Comitê de Bioética da instituição, caso exista, ou, na falta deste, à Comissão de Ética Médica do hospital ou ao Conselho Regional e Federal de Medicina para fundamentar sua decisão sobre conflitos éticos, quando entender esta medida necessária e conveniente."*

O Código Civil do Brasil, embora não tenha tratado diretamente do assunto, parece estar em harmonia com o espírito da resolução ao dispor:

> *"Art. 15. Ninguém pode ser constrangido a submeter-se, com risco de vida, a tratamento médico ou a intervenção cirúrgica."*

Depreende-se, da norma, que a vontade do agente não é elemento dispensável, quando se trata de terapêuticas intrusivas, porquanto autorizado que o paciente não possa a ser constrangido a tratamentos que impliquem, segundo a linguagem codificada, "riscos de vida". Sabe-se, porém, que os tratamentos que representem tais riscos não são os únicos que devem ser repudiados. Assim o são aqueles que afrontam o seu direito à morte digna.

A falta de lei seria, assim, um óbice à aplicação do testamento vital no país? Temos que não, pois, conforme mencionado alhures, os direitos de personalidade positivados integram um rol meramente exemplificativo. É reconhecido por lei ser da essência da personalidade humana não ser submetido a tratamentos que impliquem riscos de vida. Ocorre, porém, que, sendo a dignidade da pessoa humana um dos pilares de nossa sociedade, deduz-se do sistema ser também vedado submeter o paciente a terapias que afrontem a sua dignidade, hipótese, aliás, que alberga a proteção às testemunhas de Jeová que não almejam receber transfusão de sangue de outras pessoas. Os adeptos dessa tradicional religião poderão, doravante, valer-se do testamento vital para indicar aos seus médicos, nas hipóteses de inconsciência, que não aceitam a sujeição a qualquer terapêutica que envolva a transfusão de sangue. Os profissionais da saúde, ao seu turno, podem acatar a vontade do paciente sem o temor de responderem por falta ética perante o respectivo Conselho.

Uma última observação, porém, faz-se necessária. Todas as conclusões às quais chegamos dizem respeito à aplicação do testamento vital a pessoas plenamente capazes. É ato personalíssimo e, na hipótese de inconsciência do paciente, prevalecerá sobre a vontade dos familiares.

Pergunta interessante, porém, é:os familiares podem, na ausência de testamento vital, determinar o tratamento que deverá ou não ser aplicado ao ente querido? Acreditamos que os limites da disposição da vida alheia sejam mais estreitos do que o da própria. Logo, se uma pessoa, testemunha de Jeová, não antecipou nenhuma diretiva quanto às transfusões sanguíneas (em testamento vital), estando inconsciente, ela será reputado absolutamente incapaz, na forma do inciso III do artigo 3º do Código Civil. Nesse aspecto, na dúvida, haverá necessidade de se prestigiar a vida do paciente. Situação distinta, porém, é aquela em que o paciente, por exemplo, já se encontra em situação de morte cerebral e se indaga à família se os aparelhos que artificialmente mantêm ativas algumas funções vitais podem ser desligados. Nesse caso, a vontade da família, inclusive quanto à realização de transplantes, supondo inexistente qualquer diretiva dada pelo paciente, haverá de prevalecer.

A integridade física e a disposição do corpo em vida e *post mortem*

O Código Civil brasileiro determina, quanto à possibilidade de disposição de órgãos e tecidos:

> *"Art. 13. Salvo por exigência médica, é defeso o ato de disposição do próprio corpo, quando importar diminuição permanente da integridade física, ou contrariar os bons costumes.*
>
> *Parágrafo único. O ato previsto neste artigo será admitido para fins de transplante, na forma estabelecida em lei especial.*
>
> *Art. 14. É válida, com objetivo científico, ou altruístico, a disposição gratuita do próprio corpo, no todo ou em parte, para depois da morte.*
>
> *Parágrafo único. O ato de disposição pode ser livremente revogado a qualquer tempo."*

A questão da disposição do próprio corpo remonta novamente ao embate entre a autonomia privada e a proteção à integridade física das pessoas. Atos corriqueiros ilustram o conflito que, nos extremos, é de fácil deslinde. Assim, ninguém deverá operar qualquer objeção pela doação de tecidos renováveis, como o cabelo (para fins estéticos) ou o sangue (para manutenção de estoques em casas de saúde). Igualmente incontroversa seria a ***inviabilidade*** de se doar, antes da caracterização da morte encefálica, algum órgão vital como o coração.

As questões limítrofes referem-se a pontos de grande relevância psicológica, como a mudança de sexo, ou a manifestação de certas síndromes que promovem certas mutilações corporais. Quanto à primeira delas, a sociedade experimentou profundas transformações, sendo, atualmente, regulada pela Resolução do Conselho Federal de Medicina, nº 1955/10, que determina:

> *"Art. 4º Que a seleção dos pacientes para cirurgia de transgenitalismo obedecerá a avaliação de equipe multidisciplinar constituída por médico psiquiatra, cirurgião, endocrinologista, psicólogo e assistente social, obedecendo os critérios a seguir definidos, após, no mínimo, dois anos de acompanhamento conjunto:*
>
> *1) Diagnóstico médico de transgenitalismo;*
>
> *2) Maior de 21 (vinte e um) anos;*
>
> *3) Ausência de características físicas inapropriadas para a cirurgia."*

Preocupa-se a resolução com decisões açodadas, que representem efêmeros impulsos de desastrosas consequências, porquanto levariam à irremediável mutilação de certos órgãos sexuais.

Assim, a indicação do procedimento se dá para a adequação do sexo psicológico ao sexo biológico. Sendo um imperativo da dignidade humana, a mudança de sexo implicará alteração de todos os dados constantes do registro de nascimento da pessoa, inclusive quanto ao prenome e ao sexo. Nesse sentido, cabe apreciar o seguinte julgado do Superior Tribunal de Justiça[413]:

> *"Direito civil. Recurso especial. Transexual submetido à cirurgia de redesignação sexual. Alteração do prenome e designativo de sexo.*
>
> *Princípio da dignidade da pessoa humana.*
>
> *– Sob a perspectiva dos princípios da Bioética – de beneficência, autonomia e justiça –, a dignidade da pessoa humana deve ser resguardada, em um âmbito de tolerância, para que a mitigação do sofrimento humano possa ser o sustentáculo de decisões judiciais, no sentido de salvaguardar o bem supremo e foco principal do Direito: o ser humano em sua integridade física, psicológica, socioambiental e ético-espiritual.*
>
> *– A afirmação da identidade sexual, compreendida pela identidade humana, encerra a realização da dignidade, no que tange à possibilidade de expressar todos os atributos e características do gênero imanente a cada pessoa. Para o transexual, ter uma vida digna importa em ver reconhecida a sua identidade sexual, sob a ótica psicossocial, a refletir a verdade real por ele vivenciada e que se reflete na sociedade.*
>
> *– A falta de fôlego do Direito em acompanhar o fato social exige, pois, a invocação dos princípios que funcionam como fontes de oxigenação do ordenamento jurídico, marcadamente a dignidade da pessoa humana – cláusula geral que permite a tutela integral e unitária da pessoa, na solução das questões de interesse existencial humano.*
>
> *– Em última análise, afirmar a dignidade humana significa para cada um manifestar sua verdadeira identidade, o que inclui o reconhecimento da real identidade sexual, em respeito à pessoa humana como valor absoluto.*
>
> *– Somos todos filhos agraciados da liberdade do ser, tendo em perspectiva a transformação estrutural por que passa a família, que hoje apresenta molde eudemonista, cujo alvo é a promoção de cada um de seus componentes, em especial da prole, com o insigne propósito instrumental de torná-los aptos de realizar os atributos de sua personalidade e afirmar a sua dignidade como pessoa humana.*

[413] BRASIL. Superior Tribunal de Justiça. REsp 1008398/SP, Rel. Ministra Nancy Andrighi, TERCEIRA TURMA, julgado em 15/10/2009, DJe 18/11/2009 REsp 1127913.

– A situação fática experimentada pelo recorrente tem origem em idêntica problemática pela qual passam os transexuais em sua maioria: um ser humano aprisionado à anatomia de homem, com o sexo psicossocial feminino, que, após ser submetido à cirurgia de redesignação sexual, com a adequação dos genitais à imagem que tem de si e perante a sociedade, encontra obstáculos na vida civil, porque sua aparência morfológica não condiz com o registro de nascimento, quanto ao nome e designativo de sexo.

– Conservar o 'sexo masculino' no assento de nascimento do recorrente, em favor da realidade biológica e em detrimento das realidades psicológica e social, bem como morfológica, pois a aparência do transexual redesignado, em tudo se assemelha ao sexo feminino, equivaleria a manter o recorrente em estado de anomalia, deixando de reconhecer seu direito de viver dignamente.

– Assim, tendo o recorrente se submetido à cirurgia de redesignação sexual, nos termos do acórdão recorrido, existindo, portanto, motivo apto a ensejar a alteração para a mudança de sexo no registro civil, e a fim de que os assentos sejam capazes de cumprir sua verdadeira função, qual seja, a de dar publicidade aos fatos relevantes da vida social do indivíduo, forçosa se mostra a admissibilidade da pretensão do recorrente, devendo ser alterado seu assento de nascimento a fim de que nele conste o sexo feminino, pelo qual é socialmente reconhecido.

– Vetar a alteração do prenome do transexual redesignado corresponderia a mantê--lo em uma insustentável posição de angústia, incerteza e conflitos, que inegavelmente atinge a dignidade da pessoa humana assegurada pela Constituição Federal. No caso, a possibilidade de uma vida digna para o recorrente depende da alteração solicitada. E, tendo em vista que o autor vem utilizando o prenome feminino constante da inicial, para se identificar, razoável a sua adoção no assento de nascimento, seguido do sobrenome familiar, conforme dispõe o art. 58 da Lei nº 6.015/73.

– Deve, pois, ser facilitada a alteração do estado sexual, de quem já enfrentou tantas dificuldades ao longo da vida, vencendo-se a barreira do preconceito e da intolerância. O Direito não pode fechar os olhos para a realidade social estabelecida, notadamente no que concerne à identidade sexual, cuja realização afeta o mais íntimo aspecto da vida privada da pessoa. E a alteração do designativo de sexo, no registro civil, bem como do prenome do operado, é tão importante quanto a adequação cirúrgica, porquanto é desta um desdobramento, uma decorrência lógica que o Direito deve assegurar.

– Assegurar ao transexual o exercício pleno de sua verdadeira identidade sexual consolida, sobretudo, o princípio constitucional da dignidade da pessoa humana, cuja tutela consiste em promover o desenvolvimento do ser humano sob todos os aspectos, garantindo que ele não seja desrespeitado tampouco violentado em sua integridade psicofísica. Poderá, dessa forma, o redesignado exercer, em amplitude, seus direitos civis, sem restri-

ções de cunho discriminatório ou de intolerância, alçando sua autonomia privada em patamar de igualdade para com os demais integrantes da vida civil. A liberdade se refletirá na seara doméstica, profissional e social do recorrente, que terá, após longos anos de sofrimentos, constrangimentos, frustrações e dissabores, enfim, uma vida plena e digna.

- De posicionamentos herméticos, no sentido de não se tolerar 'imperfeições' como a esterilidade ou uma genitália que não se conforma exatamente com os referenciais científicos, e, consequentemente, negar a pretensão do transexual de ter alterado o designativo de sexo e nome, subjaz o perigo de estímulo a uma nova prática de eugenia social, objeto de combate da Bioética, que deve ser igualmente combatida pelo Direito, não se olvidando os horrores provocados pelo holocausto no século passado.

Recurso especial provido."

Questão ainda mais dramática é a da promoção de alterações corporais, algumas derivadas de síndromes diversas, como explana Mariana Alves Lara[414]:

"Em sentido oposto, a destruição de parte da neuromatriz pode ocasionar a perda da sensação de posse de parte do corpo. Por exemplo, após um trauma cerebral, tumor ou acidente vascular cerebral que venha a causar lesões em um dos lobos parietal, o paciente pode desenvolver a síndrome da hemiagnosia, tornando-se indiferente a todo um lado do corpo. Nesses casos, a pessoa nega que os membros desse lado esquecido pertençam ao seu corpo.

Também existe a síndrome conhecida por 'Body Integrity Identity Disorder' (BIID),responsável por gerar uma incompatibilidade entre a experiência corporal do indivíduo e a atual estrutura do seu corpo. Os wannabes, como são conhecidos os indivíduos que sentem essa discrepância entre o corpo real e o vivenciado, desenvolvem desejos de amputação de membros saudáveis e indesejados por considerarem-nos estranhos ao corpo."

A questão é saber até onde se pode tolerar a mutação corporal pelo impulso volitivo do indivíduo. O artigo 13 do Código Civil, já transcrito, permite, nessa linha, qualquer manipulação corporal que deixe de implicar *diminuição permanente da integridade física*. Logo, pequenas intervenções, como a colocação de brincos que alargam o lobo da orelha, ou "piercings" em determinadas regiões do corpo, são plenamente aceitáveis.

414 LARA, Mariana Alves. *O Direito à Liberdade de Uso e (Auto)Manipulação do Corpo*. Disponível em http://www.bibliotecadigital.ufmg.br/dspace/bitstream/handle/1843/BUOS-8XTP7G/disserta__o_mariana_alves_lara.pdf?sequence=1, acesso em 20 de novembro de 2012.

Assim, salvo os já apreciados casos de transgenitalização, ou outros em que a saúde psíquica imponha o justificável sacrifício de algum órgão do agente, mutilações permanentes de partes do corpo não poderão ser toleradas.

Por outro lado, como visto, embora a letra fria do artigo em análise proíba alterações corporais permanentes, o bem estar psíquico, no caso de transgenitalização, após a ponderação de valores constitucionais a serem preservados (integridade física X integridade psíquica), poderá apontar para certas mutações corporais que, embora permanentes, atendam a reclamos de saúde do agente.

A questão do nome

O nome é o traço de identificação do sujeito que o vincula a uma família. A sua compreensão importa para o indivíduo, porquanto se está a tratar de importante direito de personalidade, mas também goza de relevo social tendo em vista que a realização de qualquer negócio jurídico demanda a perfeita identificação das partes envolvidas.

Logo, os principais aspectos a serem abordados, no presente tópico, orbitam ao redor da composição do nome e da possibilidade de sua alteração. Enfrentemo-los.

A Lei de Registros Públicos (Lei 6.015/73), especialmente nos artigos 54 e seguintes, indica os elementos constitutivos do nome civil, a saber:

> *"Art. 54. O assento do nascimento deverá conter:*
>
> *(...)*
>
> *4º) o nome e o prenome, que forem postos à criança;*
>
> *(...)*
>
> *6º) a ordem de filiação de outros irmãos do mesmo prenome que existirem ou tiverem existido;*
>
> *7º) Os nomes e prenomes, a naturalidade, a profissão dos pais, o lugar e cartório onde se casaram, a idade da genitora, do registrando em anos completos, na ocasião do parto, e o domicílio ou a residência do casal.*
>
> *8º) os nomes e prenomes dos avós paternos e maternos;"*

Depreende-se da leitura que a norma designa como prenome o elemento primeiro, aquele que se escolhe livremente pelos pais. Essa designação, todavia, é limitada, porquanto, segundo o parágrafo único do artigo 55 da Lei de Registros Públicos, os "oficiais do registro civil não registrarão prenomes suscetíveis de expor ao ridículo os seus portadores. Quando os pais não se conformarem com a recusa do oficial, este submeterá por escrito o caso, independente da cobrança de quaisquer emolumentos, à decisão do Juiz competente."

O segundo elemento do nome civil é o sobrenome. Nelson Rosenvald e Cristiano Chaves de Farias[415] lembram a falta de uniformidade do legislador ao se referir a esse componente do nome. Com efeito, enquanto a Lei de Registros Públicos se vale das expressões "prenome e nome" para tratar das partes que integram a nomenclatura do sujeito, outras, como A Lei de Registros Públicos, refere-se a ele apenas pela expressão "nome". Como bem salientado pelos autores, outras normas alteram o padrão de se referir ao sobrenome da forma como o faz a Lei de Registros Públicos. Com efeito, a Lei nº 5.478/68 (Lei de Alimentos) prefere valer-se da própria expressão "sobrenome" para indicar os apelidos de família, como o fazem também a Lei nº 8.069/90 (Estatuto da Criança e do Adolescente) e a Lei nº 9.504/97 (que estabelece normas para eleições). Vejamos:

> *"Lei nº 5.478/68 – Art. 2º. O credor, pessoalmente, ou por intermédio de advogado, dirigir-se-á ao juiz competente, qualificando-se, e exporá suas necessidades, provando, apenas o parentesco ou a obrigação de alimentar do devedor, indicando seu* ***nome e sobrenome****, residência ou local de trabalho, profissão e naturalidade, quanto ganha aproximadamente ou os recursos de que dispõe." (grifo não constante do original)*
>
> *"Lei nº 8.069/90 – Art. 143. E vedada a divulgação de atos judiciais, policiais e administrativos que digam respeito a crianças e adolescentes a que se atribua autoria de ato infracional.*
>
> *Parágrafo único. Qualquer notícia a respeito do fato não poderá identificar a criança ou adolescente, vedando-se fotografia, referência a nome, apelido, filiação, parentesco, residência e, inclusive, iniciais do* ***nome e sobrenome****." (Redação dada pela Lei nº 10.764, de 12.11.2003 – grifo não constante do original)*
>
> *"Lei nº 9.504/97 – Art. 12. O candidato às eleições proporcionais indicará, no pedido de registro, além de seu nome completo, as variações nominais com que deseja ser registrado, até o máximo de três opções, que poderão ser o* ***prenome, sobrenome****, cognome, nome abreviado, apelido ou nome pelo qual é mais conhecido, desde que não se estabeleça dúvida quanto à sua identidade, não atente contra o pudor e não seja ridículo ou irreverente, mencionando em que ordem de preferência deseja registrar-se.*

[415] Farias, Cristiano Chaves de, e Rosenvald, Nelson. *Direito Civil – Teoria Geral*.9 ed. Rio de Janeiro: Lumen Juris, 2011, p. 255.

§ 1º Verificada a ocorrência de homonímia, a Justiça Eleitoral procederá atendendo ao seguinte:

I – havendo dúvida, poderá exigir do candidato prova de que é conhecido por dada opção de nome, indicada no pedido de registro;

II – ao candidato que, na data máxima prevista para o registro, esteja exercendo mandato eletivo ou o tenha exercido nos últimos quatro anos, ou que nesse mesmo prazo se tenha candidatado com um dos nomes que indicou, será deferido o seu uso no registro, ficando outros candidatos impedidos de fazer propaganda com esse mesmo nome;

III – ao candidato que, pela sua vida política, social ou profissional, seja identificado por um dado nome que tenha indicado, será deferido o registro com esse nome, observado o disposto na parte final do inciso anterior;

IV – tratando-se de candidatos cuja homonímia não se resolva pelas regras dos dois incisos anteriores, a Justiça Eleitoral deverá notificá-los para que, em dois dias, cheguem a acordo sobre os respectivos nomes a serem usados;

V – não havendo acordo no caso do inciso anterior, a Justiça Eleitoral registrará cada candidato com o ***nome e sobrenome*** *constantes do pedido de registro, observada a ordem de preferência ali definida.*

§ 2º A Justiça Eleitoral poderá exigir do candidato prova de que é conhecido por determinada opção de nome por ele indicado, quando seu uso puder confundir o eleitor." (grifos não constantes do original)"

O prenome, conforme mencionado, é escolhido pelos genitores, enquanto o sobrenome necessariamente repete todos ou alguns daqueles pertencentes aos ascendentes imediatos. Tradicionalmente, mas não de forma obrigatória, no Brasil, o sobrenome é inaugurado pelo apelido de família materno e finalizado pelo paterno.

Estabelecido, no assento de nascimento, o nome completo do indivíduo, este somente será alterado em hipóteses excepcionais. Lembre-se que o nome, por ser importante traço distintivo da pessoa, interessa a terceiros, razão pela qual não se pode banalizar a sua mudança. Imagine-se, por exemplo, um estelionatário. Fora fácil a mudança de sua designação, a cada golpe, oficialmente alteraria o prenome e os apelidos de família, tornando muito difícil a sua identificação.

Nessa esteira, tem-se que o nome pode ser modificado em hipóteses muito estreitas. A primeira delas está consubstanciada no artigo 56 da Lei de Registros Públicos (Lei 6.015:

"Art. 56. O interessado, no primeiro ano após ter atingido a maioridade civil, poderá, pessoalmente ou por procurador bastante, alterar o nome, desde que não prejudique os apelidos de família, averbando-se a alteração que será publicada pela imprensa."

A leitura isolada do dispositivo poderia levar a conclusões absurdas. Em primeiro lugar, a modificação disposta no artigo não prescinde de intervenção judicial. Assim, não basta comparecer, quando se completam os 18 anos, ao Cartório onde constam os assentos de nascimento, para alterar-se o nome. Não funciona assim! Necessário que se encete procedimento, a tramitar perante a Vara de Registros Públicos, tendente a modificar a designação.

Outro ponto que se deve ter cuidado é com a extensão da aludida alteração. Açodada leitura pode fazer o operador do direito imaginar que qualquer mudança seria aceitável. Não é assim! A primeira aparente restrição é quanto à alteração do prenome. O artigo 58 da Lei de Registros Públicos diz que esse componente do nome é ***definitivo***. Lembremos, por outro lado, que a mesma lei utiliza a expressão "nome" para referir-se aos apelidos de família. Conclui-se, portanto, que o artigo 56 da LRP não faculta alteração de prenome, mas apenas do sobrenome e, ainda assim, quando não se comprometer a identificação do sujeito que almejou a mudança, por supressão de patronímicos que o vinculem às famílias paterna ou materna. Assim, a hipótese mais comum de incidência do artigo 56 é o acréscimo de sobrenome de pais, mães ou avós que, por algum motivo, não constou do assento de nascimento. Importante a leitura de julgados do Superior Tribunal de Justiça a respeito da matéria:

"RECURSO ESPECIAL – INTERPOSIÇÃO PELA PROCURADORIA DE JUSTIÇA – POSSIBILIDADE – AUTONOMIA FUNCIONAL (ART. 127, §1º, DA CF/88) – OBSERVÂNCIA – REGISTRO CIVIL – ALTERAÇÃO – PATRONÍMICO MATERNO – ACRÉSCIMO – POSSIBILIDADE – RESPEITO A ESTIRPE FAMILIAR – IDENTIFICAÇÃO, NA ESPÉCIE – RECURSO ESPECIAL PROVIDO.

I – Admite-se o manejo de recurso especial interposto pelo Procurador de Justiça por força do princípio da autonomia funcional (art. 127, §1º, da CF/88).

II – O sistema jurídico exige que a pessoa tenha os patronímicos que identifiquem sua condição de membro de sua família e o prenome que a individualize entre seus familiares.

III – Portanto, a alteração do nome deve preservar os apelidos de família, respeitando, dessa forma, a sua estirpe, nos exatos termos do artigo 56, da Lei n. 6.015/73. Identificação, na espécie.

IV – Recurso especial provido."[416]

"REGISTRO CIVIL. NOME DE FAMÍLIA. SUPRESSÃO POR MOTIVOS RELIGIOSOS. AUSÊNCIA DE PREVISÃO LEGAL. INADMISSIBILIDADE.

1. O pedido formulado pelos recorrentes tem por objeto a supressão do patronímico paterno – utilizado para identificar a família, composta por um casal e três menores de idade – em virtude das dificuldades de reconhecimento do sobrenome atual dos recorrentes como designador de uma família composta por praticantes do Judaísmo.

2. As regras que relativizam o princípio da imutabilidade dos registros públicos não contemplam a possibilidade de exclusão do patronímico paterno por razões de ordem religiosa – especialmente se a supressão pretendida prejudica o apelido familiar, tornando impossível a identificação do indivíduo com seus ascendentes paternos. Art. 56 da Lei 6.015/73.

3. O art. 1.565, §1º, do CC/02 em nenhum momento autoriza a supressão ou substituição do sobrenome dos nubentes. Apenas faculta a qualquer das partes o acréscimo do sobrenome do outro cônjuge aos seus próprios patronímicos.

4. Recurso especial a que se nega provimento."[417]

DIREITO CIVIL. ALTERAÇÃO DO ASSENTAMENTO DE NASCIMENTO NO REGISTRO CIVIL APÓS A MAIORIDADE. ACRÉSCIMO DO SOBRENOME DOS PAIS DE CRIAÇÃO.

ARTIGO 56 DA LEI Nº 6.015/73. ADMISSIBILIDADE.

I – Não é absoluto o princípio da imutabilidade do nome de família, admitindo-se, excepcionalmente, a alteração do patronímico, desde que presentes a justa motivação e a prévia intervenção do Ministério Público. No caso dos autos, presentes os requisitos autorizadores, já que pretende a recorrente, tão-somente, prestar uma homenagem àqueles que a criaram, acrescendo ao seu assento de nascimento o nome de família daqueles que considera seus pais verdadeiros, nada obsta que se autorize a alteração.

Recurso conhecido e provido, com as ressalvas do relator. [418]

[416] BRASIL. REsp 1256074/MG, Rel. Ministro MASSAMI UYEDA, TERCEIRA TURMA, julgado em 14/08/2012, DJe 28/08/2012.

[417] BRASIL. REsp 1189158/SP, Rel. Ministra NANCY ANDRIGHI, TERCEIRA TURMA, julgado em 14/12/2010, DJe 11/02/2011.

[418] BRASIL. REsp 605.708/RJ, Rel. Ministro CASTRO FILHO, TERCEIRA TURMA, julgado em 16/08/2007, DJe 05/08/2008.

Esse posicionamento, aliás, é abraçado por Sílvio de Salvo Venosa[419], ao asseverar:

> *"No tocante ao art. 56, deve o interessado respeitar a imutabilidade do prenome, de acordo com o art. 58, bem como os* apelidos de família *(sobrenome). Afora isso, poderá acrescentar novos nomes intermediátios, como, por exemplo, inserir um apelido pelo qual ficou conhecido, colocar o nome dos avós etc. Para isso, tem o interessado o prazo de decadência de um ano após ter atingido a maioridade. Os apelidos de família são adquiridos* ***ipso iure,*** *nos termos dos arts. 55,* ***caput,*** *59 e 60."*

Questão diversa é a alteração de prenome ou sobrenome por motivos socialmente relevantes. Assim, erros gráficos evidentes, homonímias depreciativas, nomes que exponham o titular ao ridículo, ou até mesmo a exclusão do sobrenome de pais que se mostraram muito ausentes tem sido toleradas jurisprudencialmente. Vejamos interessante caso ilustrativo da última hipótese[420]:

> *"CIVIL. REGISTRO PUBLICO. NOME CIVIL. PRENOME. RETIFICAÇÃO.POSSIBILIDADE. MOTIVAÇÃO SUFICIENTE. PERMISSÃO LEGAL. LEI 6.015/1973, ART. 57. HERMENEUTICA. EVOLUÇÃO DA DOUTRINA E DA JURISPRUDENCIA. RECURSO PROVIDO.*
>
> *I – O nome pode ser modificado desde que motivadamente justificado. No caso, alem do abandono pelo pai, o autor sempre foi conhecido por outro patronímico.*
>
> *II – A jurisprudência, como registrou Benedito Silvério Ribeiro, ao buscar a correta inteligência da lei, afinada com a 'lógica do razoavel', tem sido sensível ao entendimento de que o que se pretende com o nome civil é a real individualização da pessoa perante a família e a sociedade."*

Outras causas ainda podem ensejar a alteração de nome: *a)* a inclusão de apelido público notório (Xuxa, Pelé, Didi, Lula, entre outras personalidades brasileiras), como facultado pelo artigo 58 e respectivo parágrafo único da Lei de Registros públicos; *b)* a adoção (Estatuto da Criança e do Adolescente, artigo 47, parágrafos 5º e 6º, c – determinando-se a utilização, pelo adotado, do patronímico dos adotantes e facultando-se a substitui-

[419] Venosa, Sílvio de Salvo. *Direito Civil – v. I.* 5 ed. São Paulo: Atlas. 2005, p.223

[420] BRASIL. REsp 66643/SP, Rel. Ministro SÁLVIO DE FIGUEIREDO TEIXEIRA, QUARTA TURMA, julgado em 21/10/1997, DJ 09/12/1997, p. 64707.

ção do prenome antigo por um novo); *c)* a acréscimo ou substituição[421] do sobrenome pelo do outro cônjuge, em virtude de casamento (artigo 1565, § 1º do Código Civil) ou união estável; *d)* adoção do nome de solteiro após a separação judicial, divórcio (artigo 1571, § 2º e 1578 do Código Civil), anulação ou declaração de nulidade do casamento; *e)* acréscimo do sobrenome do padrasto ou madrasta, nas hipóteses de união estável e desde que haja concordância destes (Lei de Registros Públicos, artigo 57, § 8º).

Por fim, cabe registrar que o pseudônimo, quando utilizado para atividades lícitas, goza da mesma proteção que o nome (artigo 19 do Código Civil). A razão é óbvia. Tanto o nome, quanto o pseudônimo, assumem o papel de individualizar o sujeito perante sua família, amigos e sociedade. Os mesmos bens jurídicos que seriam aviltados pela má utilização do nome o serão pela do pseudônimo. Bem andou, portanto, o legislador ao equipará-los para fins de proteção.

Acreditamos, assim, haver abordado relevantes aspectos dos direitos de personalidade, lembrando que, como visto, o seu rol não exaustivo torna inesgotável a análise do tema. As linhas ora traçadas servirão, portanto, apenas como introito para aqueles que realmente almejarem se debruçar sobre tão complexo assunto.

[421] Embora o Código Civil, no parágrafo 1º do artigo 1.565 permita apenas o acréscimo do sobrenome do nubente, a susbtituição também é possível, como se depreende da leitura do seguinte julgado: "DIREITO CIVIL. RECURSO ESPECIAL. CASAMENTO. NOME CIVIL. SUPRESSÃO DE PATRONÍMICO. POSSIBILIDADE. DIREITO DA PERSONALIDADE. Desde que não haja prejuízo à ancestralidade, nem à sociedade, é possível a supressão de um patronímico, pelo casamento, pois o nome civil é direito da personalidade. Recurso especial a que não se conhece. (REsp 662799/MG, Rel. Ministro Castro Filho, TERCEIRA TURMA, julgado em 08/11/2005, DJ 28/11/2005, p. 279).

Capítulo 8
Pessoa Jurídica

Aspectos introdutórios

A civilização moderna seria inconcebível sem a existência das pessoas jurídicas. Elas conservam posição de destaque nas diversas relações humanas, empregando milhões de pessoas, movimentando fabulosas quantias anualmente, dinamizando extraordinariamente o comércio no globo.

Pessoa é um vocábulo de origem latina cujo significado primitivo ***(persona)*** era máscara[422]. Inicialmente usada para designar um instrumento de uso de atores nos teatros romanos, por um processo de evolução linguística, passou a denominar, em primeiro lugar, os seres humanos em geral e, hodiernamente, todos os atores do "palco" jurídico, inclusive os entes morais. Estes, há que se frisar, derivaram da própria necessidade dos indivíduos de se organizarem em coletividades para alcançarem escopos comuns, impossíveis de serem concretizados por um único homem, sendo, pois, uma evolução natural e não uma criação humana artificial.

Possível, assim, conceituar, para início de análise, as pessoas jurídicas, segundo o Diego Espín Canovas[423] como " (...) a coletividade de pessoas ou conjunto de bens que, organizada para a realização de um fim permanente, obtém o reconhecimento pelo Estado como sujeito de Direito"

[422] MONTEIRO, Washington de Barros. Curso de Direito Civil – v. I. 41 ed. São Paulo: Saraiva, 2007, p. 61.

[423] ESPÍN CANOVAS, Diego. Manual de Derecho Civil Español – v. I, 2 ed. Madri: Revista de Derecho Privado, 1959, p. 290: "*Persona jurídica es, pues, la coletividad de personas o conjunto de bienes que, organizado para la realización de un fin permanente, obtiene el reconocimiento por el Estado como sujeto de derecho*".

A definição de pessoa jurídica assim lançada pode falsamente nos induzir à conclusão de não estarmos tratando de uma questão tormentosa. Lembra Francisco Amaral[424], com a precisão que lhe é habitual, que o conceito em apreço é de elaboração moderna, situada entre os séculos XVIII e XIX. E, mesmo assim, como acentua Francesco Ferrara[425], experimentou grande variação histórica.

Nessa esteira, sabe-se que, em Roma, as pessoas jurídicas não eram tratadas como uma categoria abstrata, passível de teorização pelos juristas. Todavia, os princípios por eles criados, generalizados, serviram de base para as modernas formulações[426]. De qualquer sorte, os romanos entenderam, a partir do direito clássico, que entidades poderiam existir com direitos distintos dos seus integrantes. Inicialmente, esse pensamento se desenhou a respeito de certas pessoas de direito público, dotadas de alguma soberania, como o Estado – o *populus romanus* – as *civitates* e as *coloniae*. Em relação aos municípios (comunidades agregadas às tribos romanas, sem soberania), as relações eram regidas tipicamente pelo direito privado, sendo considerados, pois, os embriões das demais entidades de base corporativa[427], estendendo-se o seu modelo a outros entes livremente formados pela associação de pessoas: os *collegia*[428], em que preponderava a figura dos sócios ou associados, e que também eram chamados de *universitatis, societates, corpora*. Eram, pois, corporações, assim tratadas como coletividades às quais se reconhecia capacidade jurídica. Concedia-se, a tais figuras, o chamado ***corpus habere***, ou seja, poderiam possuir uma espécie de estabelecimento e uma representação em juízo[429].

Já as atuais fundações não contavam com tal denominação no Direito Romano. Irretorquível, todavia, a existência, no direito pós-clássico, de determinadas entidades que a elas muito se assemelhavam, possuindo base patrimonial, como as igrejas, os conventos, os hospitais, os hospícios

[424] AMARAL, Francisco. Direito civil – introdução. 6 ed. Rio de Janeiro: Renovar, 2003, p. 277.
[425] FERRARA, Francesco. Trattato di diritto civile italiano. Roma: Athenaeum, 1921, p. 598/599.
[426] CORREIA, Alexandre e SCIASCIA, Gaetano. Manual de direito romano – v. I. 2 ed. São Paulo: Saraiva, 1953, p. 51.
[427] ALVES, José Carlos Moreira. Curso de Direito Romano – v. I. 13 ed. Rio de Janeiro: Forense, 2000, p. 133.
[428] CORREIA, Alexandre e SCIASCIA, Gaetano. Manual de direito romano – v. I. 2 ed. São Paulo: Saraiva, 1953, p. 51.
[429] FERRARA, Francesco. Trattato di diritto civile italiano. Roma: Athenaeum, 1921, p. 600.

e estabelecimentos de beneficência. Podiam, inclusive, herdar[430], embora nos lembre Moreira Alves[431] que não há, nos textos romanos, fontes seguras que indiquem, a despeito de tal tratamento, serem compreendidas como verdadeiras pessoas jurídicas.

Em realidade, a conformação das fundações radica-se na Idade Média, influenciada pela forma de organização da Igreja. Afirma Ferrara, opinião, de certo modo, compartilhada por Paulo Nader[432], que a Igreja, pelo direito canônico medieval, não era concebida como a soma dos fiéis (*universitas fidelium*). Esse modelo jurídico deixava, assim, de dar destaque para a base corporativa da pessoa, passando a ressaltar a Igreja como o império de Deus sobre a terra, sendo, pois, uma unidade mística, invisível, e todos os institutos eclesiásticos consideravam-se como entes ideais, fundados por uma vontade superior. Cada ente eclesiástico era tratado, portanto, como uma unidade autônoma. Assim se desenvolveu a ideia hodierna de fundação autônoma, como sujeito de natureza ideal e transcendental. A universalidade seria um ***corpus mysticum***, um ***nomen iuris***.

Ainda na Idade Média, tem-se que os germânicos, não criaram um ente ideal para designar a coletividade organizada. Sua base era sobretudo materialista, ao contrário dos canonistas, e consideravam todos os bens doados às igrejas, não como partes integrantes de massa patrimonial sob a titularidade de algum ente abstrato, mas como propriedades dos santos aos quais eram dedicadas[433]. Todas essas diversas concepções existentes, tão diferentes, entrechocaram-se e amoldaram-se na Idade Moderna, em verdadeiro caos[434].

Mais recentemente, já no século XIX, as pessoas jurídicas passaram a interessar ao legislador, vez que associações e fundações eclesiásticas, bem como as pias, acumularam grande patrimônio impossibilitado de ser comerciado (mão morta). Normas foram, então, ditadas para mitigarem a proliferação de pessoas eclesiásticas, impedindo a reconstituição da mão morta[435].

[430] CHAMOUM, Ebert. Instituições de direito romano. 5 ed. Rio de Janeiro: Forense, 1968, p. 71.

[431] ALVES, José Carlos Moreira. Curso de Direito Romano – v. I. 13 ed. Rio de Janeiro: Forense, 2000, p. 133.

[432] NADER, Paulo. Curso de Direito Civil – v. I. Rio de Janeiro: Forense, 2003, p. 229.

[433] HATTENHAUER, Hans. Conceptos Fundamentales del Derecho Civil. Barcelona: Ariel, 1987, p. 31.

[434] FERRARA, Francesco. Trattato di diritto civile italiano. Roma: Athenaeum, 1921, p. 601.

[435] FERRARA, Francesco. Trattato di diritto civile italiano. Roma: Athenaeum, 1921, p. 601.

Com essa regulamentação, passou-se a indagar se o Estado criaria as pessoas jurídicas, se apenas atestaria a sua existência, ou mesmo se conferiria roupagem jurídica a uma formação social. Assim, várias teorias surgiram para explicar o fenômeno da personalidade moral, sendo três as concepções das quais estas derivavam[436].

Teorias explicativas da pessoa jurídica

Conforme noticiado, há três grandes conjuntos que agregam as diversas explicações para as pessoas jurídicas. O primeiro deles congrega aquelas cuja premissa é a de que ***apenas homens podem ser sujeitos de direito***. Derivam desse entendimento a teoria da ficção e a do patrimônio afetado a um fim.

A primeira indica que, sendo apenas os homens sujeitos de direito, as pessoas jurídicas seriam criadas pela lei como uma ficção, uma abstração[437]. A capacidade jurídica de tais entes (abstratos) restringir-se-ia a relações patrimoniais. Essa teoria, que tem como grandes nomes Savigny e Putcha, não pôde ser aceita, não apenas pela falsidade da premissa, mas também porque não explica como um sujeito abstrato seria apenas uma "larva" de sujeito (na linguagem de Francesco Ferrara). Não se pode, afirma o civilista italiano ao citar Brinz, fingir prender o cabelo em um prego imaginário na parede, tal qual não se pode fingir haver um sujeito de direito se ele realmente não existir[438].

Entre nós, Orlando Gomes abraçou a teoria ficcionista. Embora discordemos de suas conclusões, imperiosa a leitura de seus apontamentos[439]:

> *"Compreende-se, pelo exposto, que as pessoas jurídicas têm sua base na realidade social. Mas a personalidade, isto é, a atribuição de capacidade jurídica, à semelhança do que ocorre com as pessoas naturais, é uma* ficção de Direito, *porque não passa de simples processo técnico. O temor de dizê-lo, para evitar mal-entendidos, constitui, provavelmente, a razão determinante da afirmação de que as pessoas jurídicas têm* realidade técnica. *A expressão, bem analisada, não tem sentido. A técnica jurídica é o conjunto de processos por meio dos quais a* política jurídica *se realiza. Dentre esses processos, encontra-se a ficção, que é eminentemente artificial, consistindo, como consiste, em*

436 FERRARA, Francesco. Trattato di diritto civile italiano. Roma: Athenaeum, 1921, p. 602.
437 NADER, Paulo. Curso de Direito Civil – v. I. Rio de Janeiro: Forense, 2003, p. 235.
438 FERRARA, Francesco. Trattato di diritto civile italiano. Roma: Athenaeum, 1921, p. 601.
439 GOMES, Orlando. Introdução ao Direito Civil. 4 ed. Rio de Janeiro: Forense, 1974, p. 211.

apresentar, como verdadeira, situação imaginária. A atribuição de personalidade *ao agrupamento de indivíduos sob os pressupostos já mencionados é, essencialmente, esse processo técnico da ficção, pelo qual se imagina esse grupo como individualidade. Em si, a personalização é uma* ficção. *Tanto assim que certos grupos, como, v. g., a família, e certos núcleos concentrados de interesse, como v. g., a herança jacente, também não a possuem. A chamada realidade técnica nada explica se tem o significado que lhe emprestam."*

Caio Mário da Silva Pereira, entretanto, refuta acertadamente tais apontamentos[440]:

"Uma concepção desta sorte [Teoria da Ficção] *nem explica satisfatoriamente nem soluciona o problema existente da pessoa jurídica na ciência jurídica. Teixeira de Freitas já estranhava que ainda sobrevivesse na ciência jurídica, e apontava a falsidade da premissa fundamental da doutrina: não há* realidade *apenas na matéria ou no que é perceptível pelos sentidos; o direito moderno não tem necessidade de usar os mesmos recursos do direito romano, no qual o pretor ia reformando o direito vigente fingindo que o conservava e respeitava. Por outro lado, se se parte da ideia de que somente o homem pode ser sujeito de direito, nada se lucra com a ficção, pois que o ente abstrato continuaria igualmente insuscetível daquele poder, e então seria fictício, igualmente, o direito, constituído sobre a ideia de que o sujeito é uma criação intelectual sem existência. Acresce que a mais importante dessas pessoas é o Estado, se este como pessoa jurídica é mera ficção, então a lei, que cria a pessoa jurídica como ficção, seria por sua vez a manifestação de um ente fictício, e o direito jamais conseguiria conciliação para esta abstrusa construção: a lei cria a pessoa jurídica como ente fictício; mas a lei emana do Estado, que é uma ficção; e, se à criação da pessoa jurídica deve preceder a vontade da lei, fica sem explicação a personalidade do Estado, que sendo fictício dependeria da preexistência de algo que o reconhecesse."*

As críticas sobre a teoria da ficção levaram a uma nova, porém, negando mesmo a existência da personalidade dos entes morais (teoria do patrimônio afetado a um fim). Certamente, sendo a pessoa jurídica uma ficção, ela verdadeiramente não existiria. Faltando uma pessoa, forçoso admitir que haveria patrimônio sem sujeito. O escopo, portanto, seria o centro sobre o qual orbita todo um patrimônio. Os problemas da teoria tratada são inúmeros. Reduz indevidamente a participação das pessoas físicas no ente

440 PEREIRA, Caio Mário da Silva. Instituições de directo civil – v. I. 22 ed. Rio de Janeiro: Forense, 2008, p.303.

moral, não explicando a existência de pessoas jurídicas sem patrimônio e, tampouco, logra fazê-lo quanto às pessoas jurídicas de direito público[441].

Outras teorias, entretanto, partem do princípio de que além dos homens, há organismos sociais que podem ser sujeitos de direito. Entre elas, a teoria da realidade. Gierke está entre os próceres de tal pensamento.

Essa teoria – organicista – supõe que o ente jurídico estudado é realidade distinta da figura dos seus associados, isto é, daqueles que a compõem. Nesse sentido, os adeptos da teoria defendem como aplicável tanto aos homens quanto às pessoas morais a ideia de Claude Bernard de que o organismo é um todo vivente, composto igualmente de seres vivos[442]. Surgiriam pelo fato histórico ou pelo voluntário associativo, não sendo criadas pelo Estado, mas declaradas por ele.

Esse raciocínio, entretanto, padece do vício de ser mais sociológico do que propriamente jurídico, sendo uma concepção transcendental do fenômeno. Sua vantagem, entretanto, foi haver reconhecido a personalidade dos entes morais, alargando seu conceito da esfera patrimonial às relações de direito público, fortalecendo ainda o movimento tendente à liberdade de associação.

A terceira teoria, também realista (defendida por Ferrara, Geny, entre outros) é a da realidade técnica, ou seja, a personificação de tais entes seria construção da técnica jurídica, correspondendo a uma necessidade social de criação de pessoas coletivas, dotadas de patrimônio próprio, imbuídas de certos fins. Enquanto a teoria organicista não passou de uma simples analogia, verifica-se que a teoria da realidade técnica, ao mostrar que o exercício da atividade jurídica é indispensável à existência das mesmas, evidencia que essas pessoas não podem ser reduzidas a simples criações artificiais das leis. Diego Espín Canova [443] resume as virtudes dessa teoria:

> *"A nosso juízo, esta construção formalista responde à verdadeira essência das pessoas jurídicas. Estas têm uma existência real, derivada dos fins sociais que as dão nascimento, e o Direito, em atenção a essa realidade dirigida a um fim lícito que se considera digno de proteção, as investe de personalidade jurídica, que, enquanto categoria jurídica, não*

[441] Ferrara, Francesco. Trattato di diritto civile italiano. Roma: Athenaeum, 1921, p. 602/603.

[442] Oliveira Toro, Jorge. Manual de Derecho Administrativo. 3. ed, Porrúa, 1972, pág. 266.

[443] Espín Canovas, Diego. Manual de Derecho Civil Español – v. I, 2 ed. Madri: Revista de Derecho Privado, 1959, p. 292.

pode emanar senão do ordenamento jurídico. Por isso a estrutura das pessoas jurídicas consta, como diz FERRARA, *de um duplo elemento: o substrato que se personifica e o reconhecimento do Estado".*

A pedra de toque da teoria, portanto, dá-se quanto ao nascimento da pessoa jurídica. Ela apenas irá existir se reunir duas mínimas condições: o substrato (conjunto de bens e pessoas, que a torna uma realidade) e o reconhecimento do Estado (no Brasil, por meio do registro no competente cartório), a formalizar o seu nascimento. Aderimos ao entendimento de que a terceira teoria, ora explanada, é a que melhor ilustra a criação de pessoas coletivas.

Outro grupo de doutrinadores, ao seu turno, parte da premissa de que ***as pessoas jurídicas se reduzem sempre a homens, associados ou ordenados, mas os sujeitos de direitos seriam os últimos***. Entre estes, destacam-se Jhering, Heuvel, Meurer, Binder e Kelsen. O último nos fornece um panorama geral de tal pensamento[444]:

> *"Os deveres e direitos têm sempre – como já acentuamos – a conduta de determinados indivíduos como conteúdo. Quando a ordem jurídica estadual impõe deveres e direitos de uma corporação, quando se fala de deveres e direitos de uma corporação, apenas se pode tratar de deveres cujo cumprimento ou violação é operada através da conduta de indivíduos, e de cujo exercício se processa igualmente por meio da conduta de indivíduos – indivíduos que pertencem à corporação."*

Outras duas teorias situam-se ao lado da última negando existência aos entes morais. São elas a teoria do patrimônio destinado a um fim, já citada, e a teoria da propriedade coletiva. Essas teorias, por óbvio, devem ser afastada, visto que há um véu que separa a órbita de atuação das pessoas jurídicas e das pessoas físicas que compõem os seus quadros. As críticas que se dirigem, portanto, aos ficcionistas, servem igualmente para repudiar a aplicação das teorias negativistas.

Assim, temos por abordada a natureza da personalidade jurídica, ressaltando que a teoria da realidade técnica (chamada de formalista por Diego Espín Canovas) é a que melhor explica os entes ora estudados. Observaremos, doravante, como, segundo o direito do Brasil, esses entes são classi-

[444] KELSEN, Hans. Teoria Pura do Direito. 5 ed. São Paulo: Martins Fontes, 1996, p. 199.

ficados, nascem, são extintos, se organizam e quais os abusos passíveis da sua utilização, bem como os remédios aplicáveis a tais males.

Classificação das pessoas jurídicas – pessoas jurídicas de direito público

As pessoas jurídicas podem ser classificadas, inicialmente, em dois grandes conjuntos: as pessoas jurídicas de direito público e as pessoas jurídicas de direito privado, como se pode deduzir da leitura dos artigos 41 e 44 do Código Civil.

As pessoas jurídicas de direito público, ao seu turno, podem ser de direito internacional (os Estados soberanos, as entidades a eles equiparados, como a Santa Sé, e as organizações internacionais, como a ONU), ou de direito interno (a União, os Estados, os Territórios, o Distrito Federal, os Municípios, as autarquias, as fundações públicas e as associações públicas).

O foco da presente obra não é a detida análise de tais entes. Algumas confusões terminológicas devem, no entanto, ser afastadas nessas linhas introdutórias. Assim, quando se afirma que os Estados soberanos são pessoas jurídicas de direito internacional público, tem-se que a República Federativa do Brasil é quem ostenta tal titularidade. Entretanto, a nossa forma de Estado é federal, existindo, portanto, pessoas jurídicas de direito público interno, sem soberania, mas que detêm *autonomia* para, nos limites das competências estabelecidas na Constituição Federal, organizarem-se e editarem normas próprias. Enquadram-se nessa hipótese: a União, os Estados, o Distrito Federal, os Territórios e os Municípios.

Atente-se para o fato de que as funções de Chefe de Estado, que induz legitimidade para representação do Estado brasileiro perante outras pessoas de direito internacional público, e de Chefe de Governo da União, relativas ao exercício interno das competências federais reservadas a essa pessoa de direito público interno, condensam-se na figura do Presidente da República, como se deduz da leitura do artigo 84 da Carta Federal. Não podemos pensar, porém, que pela concentração de poderes nas mãos do Presidente da República, que República Federativa do Brasil e União são a mesma pessoa, porquanto aquela congrega outros entes de direito público interno (Estados, Distrito Federal, Territórios e Municípios), enquanto a última é apenas parte integrante da primeira.

Pois bem, outra confusão terminológica que se deve abandonar ocorre entre Administração Pública e pessoas jurídicas de direito público interno, eis que aquela é também integrada por pessoas jurídicas de direito privado. Tampouco as pessoas jurídicas de direito público se confundem com os "Governos". Convém, nesse específico tópico, conferir os apontamentos de Edimir Netto de Araújo[445], que explica o significado das expressões que buscamos extremar do conceito de pessoa jurídica de direito público:

> *"Os serviços públicos são prestados predominantemente pela Administração Pública, seja em sua forma direta, por seus órgãos e entidades, seja delegando tais serviços a outras pessoas jurídicas.*
>
> *A palavra **'administração'** é um vocábulo* análogo *(mesma grafia, diversos significados, mas inter-relacionados), com vários sentidos: conjunto de órgãos administrativos, atividade de gerir bens ou interesses públicos ou privados, disciplina de certas atividades, etc. O sentido técnico-jurídico, que nos interessa, é oposto ao de propriedade: concerne a poderes de* gerência *e* conservação, *ao invés de poderes de* disponibilidade *e* alienação.
>
> *Administração **privada** (ou de empresas, sociedades etc.) é a gerência de bens ou interesses privados ou particulares. Já quando os fins se referem ao Estado, é administração **pública,** que pode ser sinônimo de **'Administração',** grafada com 'A' maiúsculo (máquina administrativa do Estado, seus órgãos e entidades), ou então **'administração',** grafada com 'a' minúsculo (atividade de administrar, atividades administrativas).*
>
> *Um dos sentidos da palavra administrar é o de 'governar', por isso **Administração** e **Governo** muitas vezes se confundem, até mesmo como sinônimos. Mas, **materialmente,** Governo é o conjunto de funções estatais básicas, e Administração é o conjunto de funções/atribuições necessárias aos serviços públicos, a serem desempenhadas por órgãos ou entidades do Estado.*
>
> *Por isso, **formalmente,** Governo é o conjunto de órgãos e poderes constitucionais (com seus agentes políticos), e Administração é o conjunto de órgãos ou entidades (com seus servidores e empregados) instituídos para a realização dos objetivos do Governo; **operacionalmente,** governar é conduzir politicamente os negócios e serviços públicos, e administrar é desempenhar regular e continuamente os serviços do Estado."*

Assim, as lições acima nos fazem notar que a Administração Federal, por exemplo, é uma só, ao longo dos anos, mesmo que sua feição interna se altere de tempos em tempos. Os governos, por outro lado, no regime republicano, nela se alternam, buscando, assim esperamos, concretizar o bem comum.

[445] ARAÚJO, Edimir Netto de. Curso de Direito Administrativo. 5 ed. São Paulo: Saraiva, 2010, p. 149.

Nessa esteira, sabemos que a Administração se biparte em Administração Direita (União, Estados, Distrito Federal, Territórios e Municípios) e Administração Indireta. A última é integrada por entes dotados de personalidade jurídica própria, criados ou mantidos pela União, Estados, Distrito Federal, e Municípios, dentro de suas respectivas esferas de competências, para prestarem serviços públicos, ou de interesse público delegáveis, ou, em certas hipóteses, para agirem na esfera econômica[446]. A Administração Indireta pode ser composta por pessoas de direito público interno (autarquias, fundações públicas e associações públicas), bem como por pessoas de direito privado (sociedades de economia mista, empresas públicas, associações privadas compostas por Entes públicos e fundações de direito privado instituídas por Entes Públicos).

As pessoas jurídicas de direito público interno integrantes da Administração Indireta decorrem da ideia de que a descentralização de competências entre entidades distintas pode prover o Estado de maior agilidade para a consecução de serviços públicos. Muitas vezes, o fenômeno da repartição de atribuições no seio da Administração Pública inicia-se com o fenômeno da desconcentração (criação de órgãos dentro da ***mesma pessoa jurídica***). Assim, a União, para cuidar das telecomunicações, no passado, houve por bem, em determinado momento, criar um importante órgão, ainda existente, denominado Ministério das Comunicações. Note-se que o Ministério nada mais é do que uma parte da pessoa jurídica União. Logo, quando se demandar contra um ato praticado no seio do órgão, o réu da demanda não será o Ministério das Comunicações, mas a própria pessoa jurídica União.

No entanto, a Lei Geral de Telecomunicações transferiu parte das competências originariamente reconhecidas ao Ministério das Comunicações, acrescidas de novas atribuições, para uma autarquia criada em 1997, chamada de ANATEL, cabendo, após a norma, ao Ministério das Comunicações, formular políticas públicas que orientassem a conduta da Agência Nacional de Telecomunicações, enquanto esta assumia o papel de ente regulador das telecomunicações e braço fiscalizador da prestação de tais serviços.

Percebe-se, do exemplo, a finalidade das autarquias. O termo vem de "poder próprio" e indica uma pessoa jurídica de direito público, sem subor-

446 FARIA, Edimur Ferreira de. Curso de Direito Administrativo Positivo. 4 ed. Belo Horizonte: Del Rey, 2001, p. 79.

dinação hierárquica aos Entes da Administração Pública Direta (a ANATEL não é subordinada ao Ministério das Comunicações, sendo mesmo dotada de discricionariedade técnica para agir dentro de suas atribuições, ainda que desagrade à União), dotada de competência para a prestação de certos serviços públicos. As fundações públicas, por outro lado, em nada diferem das autarquias, havendo pelo próprio Supremo Tribunal Federal, em distintos julgados, sido denominadas como uma espécie do gênero autárquico[447]. Trata-se de verdade tão cristalina que, embora seja a USP uma autarquia, e a UnB uma fundação pública, não existe, entre elas, uma significativa divergência.

As associações públicas, por outro lado, são uma nova espécie de pessoa jurídica de direito público interno e são constituídas a partir do consórcio de diferentes Entes Federados para a consecução de fins comuns entre si, cuja operacionalização seja facilitada pela criação de uma pessoa jurídica de direito público. São basicamente autarquias "interfederativas". Decorrem da autonomização de certos serviços públicos que, muito embora pudessem ser prestados conjuntamente por Entes diversos, mandam boas práticas de organização para que se crie uma pessoa jurídica de direito público apta a melhor conduzir os esforços comuns.

Os Entes Federados, após a opção pela constituição das pessoas sob exame, em protocolo de intenções, ratificarão seus intentos por meio de leis aprovadas pelos respectivos Poderes Legislativos. Assim procedendo, farão nascer, consoante o disposto na Lei Federal nº 11.107/05, as entidades ora abordadas.

Exemplos interessantes existem para ilustrar tais pessoas. O primeiro deles foi a necessidade de coordenar a atuação das Administrações federal, estadual fluminense e municipal do Rio de Janeiro para a organização das Olimpíadas do Rio de Janeiro de 2016. Coroando objetivo proposto, editou-se a Lei Federal nº 12.396/2011, que criou uma verdadeira Associação Pública, de natureza autárquica, denominada Autoridade Pública Olímpica – APO. Outro exemplo interessante nos é fornecido por municípios baianos, que criaram o CISSUDOESTE – Consórcio Intermunicipal de Saúde do Sudoeste Baiano. A cláusula quarta do protocolo de intenções

[447] BRASIL. Supremo Tribunal Federal. Conflitos de Jurisdição 6853 e 6816, por exemplo.

para criação da associação, assim a definiu[448] – "CISSUDOESTE é constituído como associação pública, com personalidade jurídica de direito público e natureza autárquica que integra a administração indireta de todos os entes da Federação consorciados, para estabelecer relações de cooperação federativa, inclusive a realização de objetivos comuns."

Lembremos, por outro lado, que a Administração Pública também é integrada por pessoas jurídicas de direito privado. Nesse caso, a forma de constituição obedecerá o disposto no tópico seguinte.

Pessoas jurídicas de direito privado – disposições comuns

As pessoas jurídicas de direito privado, são arroladas no artigo 44 do Código Civil:

> *"Art. 44. São pessoas jurídicas de direito privado:*
> *I – as associações;*
> *II – as sociedades;*
> *III – as fundações.*
> *IV – as organizações religiosas; (Incluído pela Lei nº 10.825, de 22.12.2003)*
> *V – os partidos políticos. (Incluído pela Lei nº 10.825, de 22.12.2003)*
> *VI – as empresas individuais de responsabilidade limitada. (Incluído pela Lei nº 12.441, de 2011)*
> *§ 1º São livres a criação, a organização, a estruturação interna e o funcionamento das organizações religiosas, sendo vedado ao poder público negar-lhes reconhecimento ou registro dos atos constitutivos e necessários ao seu funcionamento. (Incluído pela Lei nº 10.825, de 22.12.2003)*
> *§ 2º As disposições concernentes às associações aplicam-se subsidiariamente às sociedades que são objeto do Livro II da Parte Especial deste Código. (Incluído pela Lei nº 10.825, de 22.12.2003)*
> *§ 3º Os partidos políticos serão organizados e funcionarão conforme o disposto em lei específica. (Incluído pela Lei nº 10.825, de 22.12.2003)"*

Muito embora existam, pelo Código Civil, seis espécies de pessoas jurídicas de direito privado, certo é que elas se separam em dois gran-

[448] Texto integral do protocolo de intenções disponível em http://www.tmunicipal.org.br/prefeitura/bomjesusdaserra/publicacao/abre_documento.cfm?arquivo=_repositorio/_publicacoes/_documentos/_ato_oficial/49/04F20687-F3AC-1008-F69EAC4E6A-014AFC25022010084522.pdf, acesso em 06 de fevereiro de 2013.

des grupos: as pessoas jurídicas de base corporativa e as pessoas jurídicas de base patrimonial. No primeiro grupo, relevo maior se dá aos membros da entidade, ao seu ***corpo*** social, donde provém o nome "corporação". Enquadram-se, na hipótese, as associações, as sociedades, os partidos políticos, as empresas individuais e, na maior parte dos casos, as organizações religiosas. Já nas pessoas jurídicas de base patrimonial (as fundações e, eventualmente, algumas organizações religiosas), avulta a existência de um conjunto de bens voltados para a consecução de finalidades específicas.

Abordemos, porém, antes de ingressarmos na organização de cada uma das mencionadas espécies, as disposições comuns a todas elas aplicáveis.

O primeiro dispositivo aplicado igualmente a todas as pessoas jurídicas de direito privado diz respeito ao seu "nascimento". Determina o Código:

> *"Art. 45. Começa a existência legal das pessoas jurídicas de direito privado com a inscrição do ato constitutivo no respectivo registro, precedida, quando necessário, de autorização ou aprovação do Poder Executivo, averbando-se no registro todas as alterações por que passar o ato constitutivo.*
>
> *Parágrafo único. Decai em três anos o direito de anular a constituição das pessoas jurídicas de direito privado, por defeito do ato respectivo, contado o prazo da publicação de sua inscrição no registro."*

O artigo transcrito indica claramente a adoção, entre nós, da teoria da realidade técnica. Com efeito – as pessoas jurídicas são constituídas a partir do substrato formado pela comunhão de bens e pessoas ao redor de determinada finalidade (a indicar, entre os interessados, a firme intenção de constituir um ente privado, a chamada *affectio societatis*), mas não apenas dele. Necessita-se, ademais, de um ato estatal formal que crive no tempo o seu nascimento: o seu registro na Junta Comercial ou no respectivo Cartório de Registro.

Tome-se um exemplo para bem ilustrar a situação: um certo número de amigos da faculdade cria um grupo, muito organizado, de estudos. Cada membro deve contribuir mensalmente para aquisição de livros e periódicos, bem como para o aluguel de uma sala de estudos, onde poderão debater os temas de interesse comum. Observe-se que existe um substrato para a criação de uma pessoa jurídica, mas ela ainda não nasceu, por faltar-lhe, na linguagem de Diego Espín Canova [449] o "reconhecimento estatal". Este apenas ocorrerá se houver, algum dia, o registro de seus atos constitutivos. Até lá, estaremos diante apenas de uma associação de fato, mas não de direito.

Ocorre, por outro lado, que amadurecida a ideia de constituição de entidade voltada ao fomento do saber, os amigos decidem criar uma associação, elaborando seu estatuto e levando-o a registro. Nesse momento, nasce uma nova pessoa jurídica.

O leitor mais atento poderá estar indagando sobre os reflexos práticos dos apontamentos traçados. Deverá estar recordando que o novo Código de Processo Civil, a exemplo do antigo, indica algumas entidades que detêm legitimidade para figurar em juízo. São elas:

> *"Art. 75. Serão representados em juízo, ativa e passivamente:*
>
> *(...)*
>
> *V – a massa falida, pelo administrador judicial;*
>
> *VI – a herança jacente ou vacante, por seu curador;*
>
> *VII – o espólio, pelo inventariante;*
>
> *(...)*
>
> *IX – a sociedade e a associação irregulares e outros entes organizados sem personalidade jurídica, pela pessoa a quem couber a administração de seus bens;*
>
> *(...)*
>
> *XI – o condomínio, pelo administrador ou síndico."*

A pergunta mais frequente seria: as entidades acima descritas seriam, pois, pessoas jurídicas, uma vez que detêm capacidade para estar em juízo? A resposta mais adequada é não! Não existe, em seu âmbito, a ***afectio societatis*** necessária para a constituição da pessoa, tampouco, em muitos outros casos, o "reconhecimento estatal" necessário para que sejam tratados como entes dotados de personalidade.

Pois bem, o registro, apto a levar ao nascimento da pessoa jurídica, declarará, segundo o artigo 46 do Código Civil: *a)* a denominação, os fins, a sede, o tempo de duração e o fundo social, quando houver, *b)* o nome e a individualização dos fundadores ou instituidores, e dos diretores, *c)* o modo por que se administra e representa, ativa e passivamente, judicial

[449] Espín Canovas, Diego. Manual de Derecho Civil Español – v. I, 2 ed. Madri: Revista de Derecho Privado, 1959, p. 292.

e extrajudicialmente, *d)* se o ato constitutivo é reformável no tocante à administração, e de que modo, *e)* se os membros respondem, ou não, subsidiariamente, pelas obrigações sociais e, *f)* as condições de extinção da pessoa jurídica e o destino do seu patrimônio, nesse caso.

Uma vez constituída, exsurge uma indagação: as pessoas jurídicas respondem ou não pelos atos de seus administradores? O Código Civil fornece as seguintes respostas:

> *"Art. 47. Obrigam a pessoa jurídica os atos dos administradores, exercidos nos limites de seus poderes definidos no ato constitutivo.*
>
> *(...)*
>
> *Art. 1.015. No silêncio do contrato, os administradores podem praticar todos os atos pertinentes à gestão da sociedade; não constituindo objeto social, a oneração ou a venda de bens imóveis depende do que a maioria dos sócios decidir.*
>
> *Parágrafo único. O excesso por parte dos administradores somente pode ser oposto a terceiros se ocorrer pelo menos uma das seguintes hipóteses:*
>
> *I – se a limitação de poderes estiver inscrita ou averbada no registro próprio da sociedade;*
>
> *II – provando-se que era conhecida do terceiro;*
>
> *III – tratando-se de operação evidentemente estranha aos negócios da sociedade."*

Dois problemas se desenham de forma bem clara a partir da leitura dos dispositivos transcritos: um trata da responsabilização da pessoa jurídica quando o administrador age dentro dos limites que lhe são permitidos pelos atos constitutivos e outro é o problema da responsabilização quando se extrapolam tais poderes.

No primeiro caso, não há dúvida. O administrador é órgão da pessoa jurídica, por isso é a sua voz, fazendo-a presente nas relações jurídicas, vinculando-a quando atua dentro dos limites que lhe foram expressamente deferidos.

As querelas mais acaloradas colocam-se quando o administrador extrapola tais poderes. É de indagar-se: responsabilizar-se-ia a pessoa jurídica? Duas poderiam ser as respostas à indagação. A primeira decorreria da interpretação literal do Código Civil. Expliquemo-la.

Como visto, o artigo 47 do Código Civil trata da atuação dos administradores da pessoa jurídica nos limites impostos pelos estatutos, ao passo que o artigo 1.015, embora se refira especificamente às sociedades, poderia ser analogicamente utilizado para o enfrentamento da problemática suscitada para ***todas as pessoas jurídicas***, a partir do excesso na utilização dos poderes deferidos aos que devem geri-la. Pois bem, o último dispositivo parte da regra geral de que o excesso de poderes, por parte do administrador, vincula a sociedade perante terceiros, excetuando, porém, três hipóteses: *a)* se a limitação de poderes estiver inscrita ou averbada no registro próprio da sociedade; *b)* provando-se que era conhecida do terceiro; e, *c)* tratando-se de operação evidentemente estranha aos negócios da sociedade (chamados de atos *ultra vires).*

A ideia contida na lei parece ser de fácil explicação. Como as pessoas jurídicas, para nascerem, demandam o registro de seus atos constitutivos, as informações sobre os poderes que podem ser exercidos por seus administradores e o seu objeto seriam, em tese, facilmente obtidas junto ao competente cartório ou junta comercial. Eis a explicação para as exceções contidas no inciso I e III do parágrafo único do artigo 1.015. Assim, uma pessoa diligente, antes de celebrar negócios jurídicos com a sociedade, buscaria conhecer os seus atos constitutivos, para saber se o administrador está ou não agindo conforme os poderes que lhe são delegados. A outra exceção, por outro lado, parte da premissa de que a ninguém é dado beneficiar-se da própria torpeza. Assim, se o terceiro demonstrar que conhecia, por qualquer modo, o excesso de poderes, a sociedade estaria desvinculada do ato praticado pelo administrador malicioso.

Ocorre, porém, que o dado de realidade indica que poucas são as pessoas que, antes de celebrarem negócios jurídicos com as sociedades, buscam conhecer os atos constitutivos das últimas. Além disso, a operacionalização dos dispositivos contidos no artigo 1.015, parágrafo único, do Código Civil, mostra-se tormentosa. Desenha-se, assim, a segunda resposta possível ao questionamento sobre a validade dos atos praticados em excesso de representação pelos administradores.

Marlon Tomazette[450], com precisão que lhe caracteriza a pena, alerta que "a modernidade e a massificação das relações impõem nesse caso a aplicação da teoria da aparência, pela qual se o ato parece regular é dessa forma que ele deve ser tratado". Não por outro motivo, já entendeu o Superior Tribunal de Justiça[451]:

[450] TOMAZETTE, Marlon. Curso de direito empresarial: teoria geral e sociedades. São Paulo: Atlas, 2008, v. 1, p. 302.

[451] BRASIL. Superior Tribunal de Justiça. REsp 704.546/DF, Rel. Ministro LUIS FELIPE SALOMÃO, QUARTA TURMA, julgado em 01/06/2010, DJe 08/06/2010.

"DIREITO COMERCIAL. SOCIEDADE POR QUOTAS DE RESPONSABILIDADE LIMITADA. GARANTIA ASSINADA POR SÓCIO A EMPRESAS DO MESMO GRUPO ECONÔMICO. EXCESSO DE PODER. RESPONSABILIDADE DA SOCIEDADE. TEORIA DOS ATOS ULTRA VIRES. INAPLICABILIDADE. RELEVÂNCIA DA BOA-FÉ E DA APARÊNCIA. ATO NEGOCIAL QUE RETORNOU EM BENEFÍCIO DA SOCIEDADE GARANTIDORA.

1. Cuidando-se de ação de declaração de nulidade de negócio jurídico, o litisconsórcio formado no pólo passivo é necessário e unitário, razão pela qual, nos termos do art. 320, inciso I, do CPC [Art. 345, I do Novo CPC], *a contestação ofertada por um dos consortes obsta os efeitos da revelia em relação aos demais. Ademais, sendo a matéria de fato incontroversa, não se há invocar os efeitos da revelia para o tema exclusivamente de direito.*

2. Não há cerceamento de defesa pelo simples indeferimento de produção de prova oral, quando as partes, realmente, litigam exclusivamente em torno de questões jurídicas, restando incontroversos os fatos narrados na inicial.

3. A partir do Código Civil de 2002, o direito brasileiro, no que concerne às sociedades limitadas, por força dos arts. 1.015, § único e 1.053, adotou expressamente a ultra vires doctrine.

4. Contudo, na vigência do antigo Diploma (Decreto nº 3.708/19, art. 10), pelos atos ultra vires, ou seja, os praticados para além das forças contratualmente conferidas ao sócio, ainda que extravasassem o objeto social, deveria responder a sociedade.

4. No caso em julgamento, o acórdão recorrido emprestou, corretamente, relevância à boa-fé do banco credor, bem como à aparência de quem se apresentava como sócio contratualmente habilitado à prática do negócio jurídico.

5. Não se pode invocar a restrição do contrato social quando as garantias prestadas pelo sócio, muito embora extravasando os limites de gestão previstos contratualmente, retornaram, direta ou indiretamente, em proveito dos demais sócios da sociedade fiadora, não podendo estes, em absoluta afronta à boa-fé, reivindicar a ineficácia dos atos outrora praticados pelo gerente.

6. Recurso especial improvido."

Em perfeita sintonia com o julgado, editou-se o Enunciado nº 11 pela I Jornada de Direito Empresarial, organizada pelo Conselho da Justiça Federal. Vejamos o seu teor:

"11. A regra do art. 1.015, parágrafo único, do Código Civil deve ser aplicada à luz da teoria da aparência e do primado da boa-fé objetiva, de modo a prestigiar a segurança do tráfego negocial. As sociedades se obrigam perante terceiros de boa-fé."

Embora prefiramos a vertente interpretativa que prima pela aplicação da teoria da aparência, temos que a sua incidência torna letra morta o artigo 1.015 do Código Civil. A única explicação possível para isso é que, diante do caso concreto, entenda-se que a literalidade da norma, ao ferir o dado de realidade e o postulado da boa-fé objetiva, seria de aplicação inconstitucional, por violação ao princípio da proporcionalidade.

Ora, a proporcionalidade, conforme discutido alhures, é composta por três subprincípios[452]: adequação (avaliação se a norma efetivamente conduz ao fim de interesse público visado), necessidade (ponderação se a medida preconizada pela lei excede os limites indispensáveis à proteção do bem jurídico almejado) e proporcionalidade em sentido estrito (a evitar a utilização de medidas que, embora adequadas e necessárias, sejam exageradas pelos mínimos benefícios que trarão diante dos sacrifícios impostos).

Nessa esteira, cumpre indagar: qual o objetivo do parágrafo único do artigo 1.015? A resposta parece ser simples: proteger as sociedades de administradores inescrupulosos, sem vulnerar demasiadamente os interesses daqueles que negociam com as ditas pessoas jurídicas, o que poderia comprometer o tráfego jurídico.

Pois bem, partindo-se de tal postulado, entender que o excesso de poderes, por parte do administrador, vincula a sociedade perante terceiros, excetuando, porém, apenas três hipóteses (se a limitação de poderes estiver inscrita ou averbada no registro próprio da sociedade; provando-se que era conhecida do terceiro; e, tratando-se de operação evidentemente estranha aos negócios da sociedade) é solução demasiadamente tímida, protegendo desmesuradamente a sociedade, em detrimento dos interesses de terceiros que com ela negociam. A dita proteção vulnera o subprincípio da necessidade na medida em que só se justifica proteger as sociedades para fomentar o tráfego jurídico. Ocorre que, desvinculá-las dos atos praticados em excesso de poderes, mas aparentemente corretos, termina por vulnerar o mencionado tráfego. Assim a medida preconizada pela lei (parágrafo único do artigo 1.015 do Código Civil) excede os limites indispensáveis à proteção do bem jurídico almejado (proteção às sociedades empresariais, para conservação e fomento do tráfego jurídico). Acreditamos, portanto, que a aplicação da teoria da aparência, em detrimento da

[452] BONAVIDES, Paulo. Curso de direito constitucional. 22 ed. São Paulo: Malheiros, 2008, p. 396/398.

literal aplicação do artigo 1.015 do Código Civil, é a medida mais acertada do ponto de vista constitucional.

Ainda a respeito dos atos de administração, determina o artigo 48 do Código Civil:

> *"Art. 48. Se a pessoa jurídica tiver administração coletiva, as decisões se tomarão pela maioria de votos dos presentes, salvo se o ato constitutivo dispuser de modo diverso.*
>
> *Parágrafo único. Decai em três anos o direito de anular as decisões a que se refere este artigo, quando violarem a lei ou estatuto, ou forem eivadas de erro, dolo, simulação ou fraude."*

O Código consagra a regra democrática da administração segundo a vontade da maioria. Ressalte-se que o dispositivo em análise opera no silêncio dos atos constitutivos, que podem optar por estrutura mais complexa de administração, dividindo competências entre diretorias e gerências, por exemplo. É de se notar, ainda, o parágrafo único, que estabelece o direito de anular as decisões a que se refere o artigo abordado dentro do prazo de três anos, quando violarem a lei ou estatuto, ou forem eivadas de erro, dolo, simulação ou fraude. Percebe-se, como se verá no capítulo dedicado ao estudo das nulidades, que a regra representa dupla exceção. Inicialmente, quanto aos demais negócios jurídicos, o prazo para a anulação decorrente de erro, dolo e fraude é de quatro anos (artigo 171). Quanto à simulação, a regra é ainda mais excepcional, porquanto, segundo o Código Civil de 2002, quanto aos demais negócios jurídicos, a consequência da simulação é a nulidade, sendo portanto insuscetível de convalidação pela decadência. Ocorre, porém, que, tratando-se de simulação em deliberações administrativas da pessoa jurídica, o defeito passa a representar uma mera anulabilidade, passível de ser sanada pelo decurso de prazo.

Por fim, encerrando os dispositivos a respeito da administração da pessoa jurídica, o Código, no artigo 49, aduz que se a administração da pessoa jurídica vier a faltar, o juiz, a requerimento de qualquer interessado, nomear-lhe-á administrador provisório. Cabe frisar que, via de regra, nas pessoas jurídicas de estrutura mais elaborada, o dispositivo é de rara aplicação, tendo em vista as disposições internas sobre desempenho de competências nas hipóteses de ausência dos respectivos administradores.

Analisados, assim, os principais aspectos sobre a administração da pessoa jurídica, necessário que se enfrente um dos mais fascinantes temas relacionados ao estudo encetado: a desconsideração da personalidade jurídica.

A desconsideração da personalidade jurídica: colocação do problema

As pessoas jurídicas nascem com a inscrição do seu ato constitutivo no Cartório ou órgão público competente. O seu traço característico é a autonomia patrimonial. Imaginemos uma sociedade anônima. Caso estivesse atada à figura de seus acionistas para agir, para negociar, para responder em juízo, enfim, para praticar todos os atos da vida civil, certamente estaria inviabilizada, e consigo, a civilização moderna.

Ademais, como se explanou, a personalidade jurídica é uma realidade técnica; logo, devem os entes coletivos serem encarados de forma distinta das pessoas e bens que compõem o seu substrato.

Qualquer tese que mitigue desmesuradamente essa realidade deve ser absorvida com reservas, pois, se a teoria das pessoas morais é indispensável à atual civilização tal qual a conhecemos, não podemos permitir que a sua desconsideração se transforme em regra, esvaziando sobremaneira a sua utilidade. Atento a isto, o Código Civil dispôs:

> *"Art. 50. Em caso de abuso da personalidade jurídica, caracterizado pelo desvio de finalidade, ou pela confusão patrimonial, pode o juiz decidir, a requerimento da parte, ou do Ministério Público quando lhe couber intervir no processo, que os efeitos de certas e determinadas relações de obrigações sejam estendidos aos bens particulares dos administradores ou sócios da pessoa jurídica."*

A adoção da teoria da realidade técnica e sua harmonização com o estudo da desconsideração da personalidade jurídica a partir das lições de Rolf Serick

Como enfatizado, a doutrina mais razoável acerca da realidade jurídica é a esposada, entre outros, por Francesco Ferrara, sendo denominada de teoria da realidade técnica.

Recorramos, pois, às lições do civilista Italiano[453]:

> *"126. As pessoas jurídicas resultam de dois elementos, um material, outro formal, isto é a existência de um substrato e a concessão de personalidade. A constituição se*

[453] FERRARA, Francesco. Trattato di diritto civile italiano. Roma: Athenaeum, 1921, p. 610, afirma textualmente: *126. Le persone giuridiche risultano da due elementi, uno materiale, l'altro formale, cioè l'esistenza di un substrato e la concessione di personalità. La costituzione si svolge in due fasi distinte di personalità. in un processo di formazione dell'ente sociale, sia associativo od istituzionale, ed in un secondo stadio che suggella giuridicamente l'ente formato e lo accoglie nel campo del diritto. La persona giuridica anzi a rigore non nasce che nella seconda fase, con l'intervento del diritto obbiettivo, ma poichè questo noc cade nel vuoto, presuppone già la formazione d'un substrato.*

desenvolve, portanto, em duas fases distintas, num processo de formação do ente social, seja associativo ou institucional, e em um segundo estágio que confirma juridicamente o ente formado e o acolhe no campo do direito. A pessoa jurídica não nasce, a rigor, antes da segunda fase, com a intervenção do direito objetivo, mas para evitar que este não caia no vazio, pressupõe já a formação de um substrato".

É justamente essa bipartição lógica que viabiliza a teoria da desconsideração da personalidade jurídica. Ora, o Estado faz incidir o Direito sobre o substrato, dotando-o de personalidade jurídica. Se assim o faz, é para que o ente aja conforme o direito, jamais abusando da forma e das garantias que se lhe concedem para trazer prejuízos a outrem.

O Poder Público, nessa esteira, não pode compactuar com a fraude que seria possibilitada pela incidência da lei e de garantias da personalidade jurídica (como a autonomia entre a figura dos sócios e da sociedade) a proteger sócios inescrupulosos que se valessem do aparato legal de regência para perpetrarem fraudes. Resta, então, nesses casos excepcionalíssimos, levantar o véu jurídico que protegeria o substrato, para impedir que se alimente torpeza sob os olhos complacentes do Estado. Assim, inicialmente, consagrou-se que a teoria da desconsideração da personalidade jurídica deveria ter lugar nos casos de abuso de direito ou fraude, ou quando fosse imperativo ao ordenamento jurídico que se levantasse o véu da pessoa jurídica.

Rolf Serick[454], em detalhado estudo acerca do tema, sistematizou o que ora se defende, construindo a teoria em apreço a partir da análise de casos concretos da jurisprudência americana. Vejamos:

> *"O presente estudo demostrou que a estrutura formal da pessoa jurídica pode ser deconsiderada em dois casos: um deles, quando ela é utilizada abusivamente para fins ilícitos, e outra para subsumir determinadas normas à pessoa jurídica. Em ambos os casos se penetra até alcançar o substrato pessoal ou real que a constitue, seja para evitar o abuso, seja para buscar a realização do sentido contido na norma de cuja aplicação se trata."*

[454] Serick, Rolf. Aparencia y Realidad en las Sociedades Mercantiles, Barcelona: Ariel, 1958, p. 253: *"El presente estudio ha demostrado que la estructura formal de la persona jurídica puede ser desestimada en dos casos: una de ellas, cuando se la utiliza abusivamente para fines ilícitos, y otra para enlazar determinadas normas con la persona jurídica. En ambos os casos se penetra hasta alcanzar el substrato personal o real que la constituye, ya sea para evitar el abuso, ya se procure la realización del sentido contenido en la norma de cuya aplicación se trata."*

Assim, o jurista alemão chegou a quatro importantes conclusões em seu estudo. A primeira delas é a de que[455]:

> *"Se a estrutura formal da pessoa jurídica se utiliza de manera abusiva, o juiz poderá descartá-la para que fracasse o resultado contrário ao Direito que se persegue, para o qual prescindirá da regra fundamental que estabelece uma radical separação entre a sociedade e os sócios"*

Talvez esta seja a mais importante contribuição de Rolf Serick, a qual decorre logicamente até mesmo da teoria sobre a personalidade dos entes morais como uma realidade técnica, tal qual esposada por Ferrara. Coloca, dessarte, o abuso como a pedra de toque para a desconsideração da personalidade do ente, desde que os sócios se escondam atrás do véu da personalidade para deixarem de cumprir um imperativo legal, ou, simplesmente, para lesar terceiros.

Albertino Daniel de Melo[456], ao analisar as lições do Jurista Alemão, afirma:

> *"Mas, um intuito de fraudar é requisito para a configuração subjetiva do abuso. Serick apresenta dois exemplos em que a solução afirmando existência de fraude irá depender de que fique provado o intuito de fraudar a lei: (...).Em qualquer caso, a fraude à lei coincide com um fato pessoal pelo qual o sujeito de direito procura se esquivar à incidência de normas, utilizando institutos – personalidade jurídica, sociedade – contrariamente aos fins que lhes são próprios.*
>
> *Utilizar um tipo societário de responsabilidade limitada com intuito de beneficiar um sócio (verdadeiro sócio-dominador) é um negócio indireto. Se outro intento não vier a viciar gravemente a constituição societária, não se pode dizer que há abuso de sociedade."*

As opiniões expressadas nas linhas anteriores merecem alguma reflexão, o que será feito pela discussão das formas de abuso do direito societário frente à necessidade de desconsideração da personalidade jurídica.

455 SERICK, Rolf. Aparencia y Realidad en las Sociedades Mercantiles, Barcelona: Ariel, 1958, p. 241: *"Si la estructura formal de la persona jurídica se utiliza de manera abusiva, el juez podrá descartarla para que fracase el resultado contrario a Derecho que se persigue, para lo cual prescindirá de la regla fundamental que establece una radical separación entre la sociedad y los socios."*

456 MELO, Albertino Daniel de. *Sanção Civil por Abuso de Sociedade.* Belo Horizonte: Del Rey, 1997, p.77.

Assim, em primeiro lugar, haveria de se perguntar: quando se verificaria a fraude à lei?

Francesco Messineo[457] não deixou lacunas ao explicar o que seria a fraude à lei, contrapondo-a ao negócio ilegal, como se pode notar:

> *"3 – Por outro lado, não se confunda com o negócio ilegal o negócio fraudulento, ou em fraude à lei imperativa, embora também esta última seja considerada pelo código, como tendo causa ilícita (cfr. 1344); em verdade, sobre tais configurações do negócio fraudulento, havia reservas avançadas.*
>
> *Em ambos os casos, a norma, contra a qual o negócio jurídico se erige, é uma norma imperativa; mas, enquanto o negócio jurídico ilegal viola abertamente a norma, o negócio em fraude à lei é caracterizado pela circunstância que este respeita a letra da lei, enquanto, na verdade, tenta iludi-la a aplicação e transgredi-la o escopo com meios indiretos. Mais precisamente, é ilícito o negócio que objetiva conseguir um resultado análogo, ou seja, praticamente equivalente àquele previsto e vedado por uma norma proibitiva e que não se pode conseguir; o resultado, perseguido com o negócio fraudulento, é, além disso, tal que satisfaz a exigência do autor do negócio, mas sem fazê-lo incorrer na sanção que é atribuída, para o caso de aberta violação da mesma norma."*

Dessa maneira, diferenças devem ser feitas quanto à fraude à lei e à violação aberta à lei, que gera nulidade **ipso facto**. Assim, quanto a uma pessoa jurídica constituída de maneira a violar-se abertamente a letra da lei, não se precisa aplicar a teoria da desconsideração da personalidade jurídica, porque o que existe aí é um simples substrato sobre o qual não incidiu o reconhecimento do Estado, porquanto nulo ou inexistente.

[457] MESSINEO, Francesco. *Manuale di Diritto Civile e Commerciale*, 9 ed. Milão: Dott. A. Giuffrè, 1957, *p. 602: "3- Peraltro, non va scambiato col negozio illegale il negozio fraudolenteo, o in frode alla legge imperative, sebbene anche quet'ultimo sia considerato dal codice, come avente causa illecita (cfr. 1344); invero, su tale configurazione del negozio fraudolento, sono state avanzate riserve. In ambi i casi, la norma, contro cui il negozio si erige, è una norma imperativa; senonchè, mentre il negozio illegale viola apertamente la norma, il negozio in frode alla legge è caratterizzato dalla circostanza che esso rispetta la lettera della legge, mentre, in fatto, tenta di eludere l'applicazione e di contravvenirne lo scopo con mezzi indiretti (1344) (cfr., anche, 1526 terzo comma; 2097 capov.; 2744; 2115 terzo comma.) Piu precisamente, è illecito il negozio che mira a conseguire un risultado analogo, ossia praticamente equivalente, a quello previsto e vietato da una norma proibitiva e che non si può conseguirel; il risultato, perseguito col negozio fraudolento, è, inoltre, tale, da soddisfare le esigenze dell'autore del negozio, ma senza far-lo incorrer nella sanzione che è irrogata, per il caso di aperta violazione della norma medesima."*

Pode ocorrer, entretanto, que a personalidade jurídica seja utilizada apenas para fraudar a lei. É o caso típico do direito americano o qual passamos a narrar.

Sabe-se que, a partir, de 1889, pelo ***Iterstate Commerce Act*** de 1889, complementado pelo ***Elkin Act*** de 1903, proibiu-se que uma empresa de transporte concedesse a alguma corporação uma preferência indevida frente as demais.

Ocorre que uma certa companhia, ***Pabst Brewing Co.***, criou uma segunda empresa, a ***Milwakee Refrigerator Transit Co.***, que negociava o transporte das mercadorias da primeira com sociedades transportadoras.

Em cada negócio intermediado, a ***Milwakee Refrigerator Transit Co.***, recebia uma comissão. Acontece que a dita comissão, já que tanto ela como a ***Pabst Brewing Co.*** eram praticamente o mesmo ente, funcionava como verdadeiro abatimento no transporte dos produtos da última. Conseguia-se, portanto, um fim, por maneira oblíqua, que era vedado diretamente pelo ***Interstate Commerce Act*** e pelo ***Elkin Act***, devendo, como o foi, ser desconsiderada a personalidade jurídica das pessoas envolvidas.

Mas a fraude à lei não é a única modalidade possível. Há ainda a fraude contra credores que seria, consoante doutrina Caio Mário da Silva Pereira[458]:

> *"a manobra engendrada com o fito de prejudicar terceiro; e tanto se insere no ato unilateral (caso em que macula o negócio ainda que dela não participe outra pessoa), como se imiscui no ato bilateral (caso em que a maquinação é concertada entre as partes)."*

A desconsideração da personalidade jurídica, nesse ponto, deve ser aplicada com reservas, uma vez esgotados os meios próprios de se reverter o negócio anulável pela Ação Pauliana. Só frustrada essa tentativa, quiçá pela impossibilidade de desconstituição dos efeitos do ato fraudulento (**v.g.** para proteção da boa-fé de terceiros que adquiriram um imóvel originariamente alienado em fraude a credores) seria razoável admitir-se a desconstituição da personalidade jurídica, para se buscar no patrimônio dos sócios a garantia às dívidas da empresa.

Diferem, entretanto, os vícios abordados dos chamados negócios jurídicos indiretos, como bem notou Albertino Daniel de Melo, inexistindo, nos últimos, a vontade dirigida de fraudar terceiros.

[458] Pereira, Caio Mário da Silva. Instituições de Direito Civil – v. I. 5 ed. Rio de Janeiro: Forense. p. 370.

Façamos, no entanto, um reparo quanto ao exemplo dado pelo autor. Segundo ele, a utilização de um tipo societário de responsabilidade limitada com intuito de beneficiar um sócio (verdadeiro sócio-dominador) seria um negócio indireto. Discordamos dessa conclusão.

O negócio indireto, consoante, Francesco Messineo[459] é aquele para o qual se escolhe via transversa em lugar da que seria usual e se produz uma dissonância entre o meio usado (negócio típico) e a finalidade almejada (como sói acontecer quando um devedor outorga uma procuração ao credor, a fim de que este, dela munido, cobre dívidas em que o primeiro figura como credor, para que, após o recebimento do numerário, fique quitado o débito existente entre as partes originárias).

Assim, quando uma sociedade limitada é constituída, atribuindo-se 99% (noventa e nove por cento das quotas) para um sócio e o restante para outro, simula-se a sua existência para que se albergue o funcionamento de sociedade unipessoal de responsabilidade limitada. Forçoso concluir, portanto, que, diferentemente do afirmado por Albertino Daniel de Melo[460], trata a hipótese de simulação e não de negócio indireto. A simulação, porém, na constituição da pessoa jurídica, leva à invalidade do ato constitutivo e não à episódica aplicação da teoria da desconsideração, como adiante veremos.

Com efeito, não olvidemos que o negócio indireto, como ressaltou Messineo, é efetivo e não aparente, como seria uma sociedade por quotas de responsabilidade limitada, criada para beneficiar unicamente seu verdadeiro dono (o possuidor, por exemplo, de 95%), sendo este o único a auferir lucros e integralizar o capital social. Esse é um caso de simulação, voltamos a repetir, embora nem sempre objetive lesar a terceiros.

Feitas tais observações, podemos seguir com o estudo, analisando a segunda proposição de Serick[461], segundo a qual:

---

[459] MESSINEO, Francesco. *Manuale di Diritto Civile e Commerciale,* 9 ed. Milão: Dott. A. Giuffrè, 1957, p. 581.

[460] MELO, Albertino Daniel de. *Sanção Civil por Abuso de Sociedade.* Belo Horizonte: Del Rey, 1997, p.77.

[461] SERICK, Rolf. Aparencia y Realidad en las Sociedades Mercantiles, Barcelona: Ariel, 1958, p.. 246: *No basta alegar que si no se descarta la forma de la persona jurídica no podrá lograrse la finalidad de una norma o de un negocio jurídico. Sin embargo, cuando se trate de la eficacia de una regla del Derecho de sociedades de valor tan fundamental que no deba encontrar obstáculos ni de manera indirecta, la regla general formulada en el párrafo anterior debe sufrir una excepción.*

"Não basta alegar que se não se desconsiderar a forma da persona jurídica não se poderá obter a finalidad duma norma ou dum negocio jurídico.

Sem embargo, quando se trata da eficácia duma regra de Direito de sociedades de valor tão fundamental que no deva encontrar obstáculos nem de maneira indirecta, a regra geral formulada no páragrafo anterior [de que a desconsideração depende de abusos ou fraudes] *deve sofrer uma exceção."*

Embora o princípio da desconsideração da personalidade jurídica esteja intimamente relacionado ao abuso e à fraude, casos existem em que estes são dispensados, quando assim decorrer da vontade lei. É o caso do artigo 28, § 5º do Código de Defesa do Consumidor, que será analisado adiante, e que determina:

"Art. 28. (...)

§ 5º Também poderá ser desconsiderada a pessoa jurídica sempre que sua personalidade for, de alguma forma, obstáculo ao ressarcimento de prejuízos causados aos consumidores."

A terceira conclusão[462] a que chega o Autor alemão é a de que:

"As normas que se fundam em qualidades ou capacidades humanas ou que consideram valores humanos também devem aplicar-se às pessoas jurídicas quando a finalidade da norma corresponda à desta classe de pessoas. Neste caso, poder-se-á penetrar até os homens situados sob a pessoa jurídica, para comprovar se é verificável a hipótese da qual depende a eficácia da norma."

Com tal enunciado, deseja esclarecer o autor alemão que as regras concernentes a pessoas físicas podem, em determinadas hipóteses, ser aplicadas às jurídicas. Com efeito, por óbvio, não há que se falar em raça, estado civil ou sexo da pessoa jurídica. Pode ocorrer, entretanto, que a pessoa jurídica seja criada justamente para mitigar normas relativas a direito empresarial, de família ou mesmo de personalidade. Possível vislumbrar, como exemplo suscitado por Serick, a hipótese em que se afirma estar ***casado*** um ente

[462] SERICK, Rolf. Aparencia y Realidad en las Sociedades Mercantiles, Barcelona: Ariel, 1958, p. 251: *"Las normas que se fundan en cualidades o capacidades humanas o que consideran valores humanos también deben aplicarse a las personas jurídicas cuando la finalidad de la norma corresponda a la de esta clase de personas. En este caso podrá penetrarse hasta los hombres situados detrás de la persona jurídica para comprobar si concurre la hipótese de que depende la eficacia de la norma".*

moral com um ser humano para fins de aplicação da lei empresarial (jamais com relação aos aspectos de direito de família). Poderíamos lembrar como hipótese julgados atuais da jurisprudência brasileira, em que, em ação de divórcio, constata-se que o marido, já pensando em se separar, constitui uma pessoa jurídica para a qual carreia todo o novo patrimônio adquirido. Esses bens, no entanto, serão partilhados, segundo o regime de bens vigente, desconsiderando-se a personalidade do ente constituído, tratando-lhes como se do marido fossem. É a chamada, entre nós, desconsideração inversa.

A última proposição de Serick[463] assim pode ser colocada:

> *"Se a forma da pessoa jurídica se utiliza para ocultar que, de fato, existe identidade entre as pessoas que intervêm num ato determinado, poderá quedar descartada a forma da dita pessoa quando a norma que se deva aplicar pressuponha que a identidade ou diversidade dos sujeitos interessados, não é puramente nominal, senão verdadeiramente efetiva."*

Tal hipótese se verifica quando a lei exige diversidade de pessoas a realizarem um negócio jurídico, configurando-se o ato levado a cabo pelo ente moral e individual, como praticado entre uma única pessoa (exemplo: compra e venda de um ser para si mesmo). Logo, quando a personalidade jurídica for utilizada ***apenas*** para "forçar" a existência de segunda entidade no pólo da relação jurídica, ela deve ser desconsiderada.

Colocados esses princípios que, de maneira geral, norteiam a teoria da desconsideração da personalidade jurídica, passemos a breves considerações sobre a ***disregard doctrine*** no direito brasileiro.

A desconsideração da personalidade jurídica no direito brasileiro

No direito brasileiro, assentou-se a ideia de que a teoria da desconsideração da personalidade jurídica se biparte em teoria maior e teoria menor. A consagração do dito entendimento se deu após o julgado a seguir transcrito, do Superior Tribunal de Justiça[464]:

463 SERICK, Rolf. Aparencia y Realidad en las Sociedades Mercantiles, Barcelona: Ariel, 1958, p. 256: *"Si la forma de la persona jurídica se utiliza para ocultar que de hecho existe identidad entre las personas que intervienen en un acto determinado, podrá quedar descartada la forma de dicha persona cuando la norma que se deba aplicar presuponga que la identidad o diversidad de los sujetos interesados no es puramente nominal, sino verdaderamente efectiva."*

464 BRASIL. Superior Tribunal de Justiça. *REsp 279.273/SP, Rel. Ministro ARI PARGENDLER, Rel. p/ Acórdão Ministra Nancy Andrighi, Terceira Turma, julgado em 04/12/2003, DJ 29/03/2004, p. 230.*

"Responsabilidade civil e Direito do consumidor. Recurso especial.

Shopping Center de Osasco-SP. Explosão. Consumidores. Danos materiais e morais. Ministério Público. Legitimidade ativa. Pessoa jurídica. Desconsideração. Teoria maior e teoria menor. Limite de responsabilização dos sócios. Código de Defesa do Consumidor.

Requisitos. Obstáculo ao ressarcimento de prejuízos causados aos consumidores. Art. 28, § 5º.

– Considerada a proteção do consumidor um dos pilares da ordem econômica, e incumbindo ao Ministério Público a defesa da ordem jurídica, do regime democrático e dos interesses sociais e individuais indisponíveis, possui o Órgão Ministerial legitimidade para atuar em defesa de interesses individuais homogêneos de consumidores, decorrentes de origem comum.

– A teoria maior da desconsideração, regra geral no sistema jurídico brasileiro, não pode ser aplicada com a mera demonstração de estar a pessoa jurídica insolvente para o cumprimento de suas obrigações.

Exige-se, aqui, para além da prova de insolvência, ou a demonstração de desvio de finalidade (teoria subjetiva da desconsideração), ou a demonstração de confusão patrimonial (teoria objetiva da desconsideração).

– A teoria menor da desconsideração, acolhida em nosso ordenamento jurídico excepcionalmente no Direito do Consumidor e no Direito Ambiental, incide com a mera prova de insolvência da pessoa jurídica para o pagamento de suas obrigações, independentemente da existência de desvio de finalidade ou de confusão patrimonial.

– Para a teoria menor, o risco empresarial normal às atividades econômicas não pode ser suportado pelo terceiro que contratou com a pessoa jurídica, mas pelos sócios e/ou administradores desta, ainda que estes demonstrem conduta administrativa proba, isto é, mesmo que não exista qualquer prova capaz de identificar conduta culposa ou dolosa por parte dos sócios e/ou administradores da pessoa jurídica.

– A aplicação da teoria menor da desconsideração às relações de consumo está calcada na exegese autônoma do § 5º do art. 28, do CDC, porquanto a incidência desse dispositivo não se subordina à demonstração dos requisitos previstos no caput do artigo indicado, mas apenas à prova de causar, a mera existência da pessoa jurídica, obstáculo ao ressarcimento de prejuízos causados aos consumidores.

– Recursos especiais não conhecidos."

Podemos concluir, a partir da leitura da ementa transcrita, que a regra inserida no artigo 50 do Código Civil representaria a teoria maior da desconsideração. A teoria maior, ao seu turno, pode ser subjetiva ou objetiva.

Na primeira hipótese, teoria maior subjetiva, decorreria da utilização da pessoa jurídica para o cometimento de fraudes, ou em virtude do abuso de direito societário. Chamamos a atenção, porém, para peculiar aspecto.

As fraudes perpetradas, a gerarem a incidência da teoria estudada, são levadas a cabo no ***curso*** do funcionamento da pessoa, dando lugar à desconsideração dos episódicos atos cometidos de forma reprovável. A personalidade, para todos os outros fins, distintos dos negócios abusivos, persistirá. Hipótese distinta, todavia, acontecerá se o próprio ato constitutivo da pessoa estiver viciado. É o caso, por exemplo, da simulação, dolo ou coação na criação da pessoa. Estes afetariam o plano da validade e levariam à desconstituição da própria personalidade.

Quanto à teoria maior objetiva, ela deriva da ausência de distinção entre patrimônio do sócio e da sociedade. Ocorre quando o sócio adquire bens em nome da sociedade e a sociedade o faz em nome do sócio. Logo, os credores de cada um não saberão, ao certo, quem executar para cobrar suas dívidas, eis que o acervo de bens da pessoa jurídica e física terminam por se confundir. A única solução possível, pois, seria a desconsideração para evitar prejuízos aos credores.

Interessante notar que a desconsideração da personalidade jurídica (seja por fraude ou abuso de personalidade, seja por confusão patrimonial) pode ocorrer de maneira inversa. Vejamos o julgado[465]:

> *"PROCESSUAL CIVIL. EMBARGOS DE TERCEIRO. AÇÃO DE EXECUÇÃO. DESCONSIDERAÇÃO DA PERSONALIDADE JURÍDICA NA FORMA INVERSA. CONFUSÃO PATRIMONIAL. EMPRESA CONSTITUÍDA APENAS PARA EMISSÃO DE NOTA FISCAL.*
>
> *1. Permite-se, em caráter excepcional, a desconsideração da personalidade jurídica na forma inversa, se constatada a confusão patrimonial com o objetivo de frustrar a execução da dívida, mormente quando a empresa foi unicamente constituída para a emissão de notas fiscais pelos serviços prestados pelos seus sócios, na qualidade de pessoas físicas.*
>
> *2. Recurso não provido."*

[465] BRASIL. Tribunal de Justiça do Distrito Federal e Territórios. 20080110743970APC, Relator Des. Cruz Macedo, 4ª Turma Cível, Data de Julgamento: 09/06/2010, Publicado no DJE: 29/06/2010. Pág.: 130.

Resta, ainda, analisar a teoria menor da personalidade jurídica. Informa o Superior Tribunal de Justiça[466] incidir "*com a mera prova de insolvência da pessoa jurídica para o pagamento de suas obrigações, independentemente da existência de desvio de finalidade ou de confusão patrimonial*". Verifica-se, excepcionalmente, no direito ambiental e no direito do consumidor, possuindo, nesta seara, sede material no parágrafo quinto do artigo 28 do Código de Defesa do Consumidor:

> *"Art. 28. (...)*
> *§ 5º Também poderá ser desconsiderada a pessoa jurídica sempre que sua personalidade for, de alguma forma, obstáculo ao ressarcimento de prejuízos causados aos consumidores."*

É fato que a teoria menor da desconsideração, ora versada, alarga as fronteiras do instituto da desconsideração, tal qual originariamente preconizado. Ocorre, entretanto, que a facilitação da desconsideração em lides consumeristas foi uma opção legislativa, não cabendo aos Tribunais refrear o alcance legal ao aplicar os requisitos clássicos da teoria maior. Bem andou, portanto, o Tribunal de Justiça do Distrito Federal e Territórios ao proferir o seguinte julgado[467]:

> *AGRAVO DE INSTRUMENTO. CUMPRIMENTO DE SENTENÇA. EXECUÇÃO. DESCONSIDERAÇÃO DA PERSONALIDADE JURÍDICA. RELAÇÃO DE CONSUMO. TEORIA MENOR. ART. 28, § 5º DO CDC. 1. A DESCONSIDERAÇÃO DA PERSONALIDADE JURÍDICA CONSTITUI MEDIDA DE CARÁTER EXCEPCIONAL, CUJA ADOÇÃO EXIGE O ATENDIMENTO DOS PRESSUPOSTOS LEGAIS ESPECÍFICOS. EM SE TRATANDO DE RELAÇÕES DE CONSUMO, APLICA-SE A TEORIA MENOR DA DESCONSIDERAÇÃO, CUJA APLICAÇÃO EXIGE APENAS A INSOLVÊNCIA DO FORNECEDOR. 2. O ART. 28, § 5º DO CDC, COM O OBJETIVO DE ASSEGURAR O PLENO RESSARCIMENTO DOS DANOS CAUSADOS AOS CONSUMIDORES, AUTORIZA AO JULGADOR, A PAR DAS SITUAÇÕES DESCRITAS NO*

[466] BRASIL. Superior Tribunal de Justiça. *REsp 279.273/SP, Rel. Ministro ARI PARGENDLER, Rel. p/ Acórdão Ministra Nancy Andrighi, Terceira Turma, julgado em 04/12/2003, DJ 29/03/2004, p. 230.*

[467] BRASIL. Tribunal de Justiça do Distrito Federal e Territórios. 20130020271144AGI, Relator: Ana Cantarino, 6ª Turma Cível, Data de Julgamento: 15/01/2014, Publicado no DJE: 21/01/2014. Pág.: 188.

CAPUT DO ART. 28, A "TAMBÉM" PROMOVER A DESCONSIDERAÇÃO DA PERSONALIDADE JURÍDICA QUANDO A PERSONALIDADE DO FORNECEDOR FOR, DE ALGUMA FORMA, OBSTÁCULO AO RESSARCIMENTO DE PREJUÍZOS IMPUTADOS. 3. AGRAVO CONHECIDO E PROVIDO.

Por fim, a jurisprudência tem se defrontado com casos de encerramento irregular das operações da pessoa jurídica, sem a devida baixa nos órgãos de registro e, algumas vezes, por tal hipótese, vem empregando a desconsideração da personalidade de quem assim age. Vejamos, a respeito, o entendimento consagrado em dois julgados. No primeiro deles, levantou-se o véu da personalidade no caso narrado[468]:

"AGRAVO REGIMENTAL NO AGRAVO DE INSTRUMENTO. PROCESSUAL CIVIL. ADMISSIBILIDADE. DISSÍDIO JURISPRUDENCIAL. TRANSCRIÇÃO DE EMENTAS. AUSÊNCIA DE PREQUESTIONAMENTO. SÚMULA Nº 282/STF. NEGATIVA DE PRESTAÇÃO JURISDICIONAL. NÃO OCORRÊNCIA. CIVIL. DESCONSIDERAÇÃO DA PERSONALIDADE JURÍDICA. DISSOLUÇÃO IRREGULAR. OCORRÊNCIA. REVISÃO. SÚMULA Nº 7/STJ.

1. A divergência jurisprudencial com fundamento na alínea 'c' do permissivo constitucional, nos termos do art. 541, parágrafo único, do CPC [Art. 1.029 do Novo CPC] *e do art. 255, § 1º, do RISTJ, exige que se comprove e demonstre, com a transcrição dos trechos dos julgados que configurem o dissídio, mencionando-se as circunstâncias que identifiquem ou assemelhem os casos confrontados, não sendo bastante a simples reprodução de ementas sem o necessário cotejo analítico a evidenciar a similitude fática entre os casos apontados e a divergência de interpretações.*

2. Não há falar em negativa de prestação jurisdicional se o tribunal de origem motiva adequadamente sua decisão, solucionando a controvérsia com a aplicação do direito que entende cabível à hipótese, apenas não no sentido pretendido pela parte.

3. Ausente o prequestionamento, até mesmo de modo implícito, de dispositivos apontados como violados no recurso especial, incide o disposto na Súmula nº 282 do STF: 'É inadmissível o recurso extraordinário, quando não ventilada, na decisão recorrida, a questão federal suscitada'.

4. Ainda que tivesse sido prequestionado o art. 472 do CPC [Art. 506 do Novo CPC], *in casu, o deferimento da desconsideração da pessoa jurídica se deu em sede de execução da sentença proferida nos autos de indenização em virtude de acidente automo-*

[468] BRASIL. Superior Tribunal de Justiça. *AgRg no Ag 668.190/SP, Rel. Ministro* Ricardo Villas Bôas Cueva, *Terceira Turma, julgado em* 13/09/2011, DJe 16/09/2011)

bilístico envolvendo as partes litigantes ocorrido em 9.4.1991, e, portanto, em momento anterior ao noticiado desligamento da sócia, reconhecido por sentença trânsita, ocorrido em 8.10.1991.

5. A desconsideração da personalidade jurídica, com a consequente invasão no patrimônio dos sócios para fins de satisfação de débitos da empresa, é medida de caráter excepcional sendo apenas admitida em caso de evidente caracterização de desvio de finalidade, confusão patrimonial ou, ainda, conforme reconhecido por esta Corte Superior, nas hipóteses de dissolução irregular sem a devida baixa na junta comercial (Precedentes: REsp 1.169.175/DF, Rel. Ministro Massami Uyeda, Terceira Turma, julgado em 17/2/2011, DJe 4/4/2011; AgRg no Ag 867.798/DF, Rel. Ministro Luis Felipe Salomão, Quarta Turma, julgado em 21/10/2010, DJe 3/11/2010) 6. Evidenciada a dissolução irregular da empresa, matéria cuja revisão revela-se inviável em sede de recurso especial tendo em vista o óbice da Súmula nº 7/STJ, merece ser mantido o redirecionamento.

7. Agravo regimental não provido."

Ocorre que, em sentido contrário, o mesmo Superior Tribunal de Justiça decidiu[469]:

"CIVIL E PROCESSUAL CIVIL. AGRAVO. RECURSO ESPECIAL. CUMPRIMENTO DE SENTENÇA. DESCONSIDERAÇÃO DA PERSONALIDADE JURÍDICA. ENCERRAMENTO IRREGULAR. INSUFICIÊNCIA.

– A mera demonstração de insolvência da pessoa jurídica ou de dissolução irregular da empresa sem a devida baixa na junta comercial, por si sós, não ensejam a desconsideração da personalidade jurídica.

– Agravo não provido."

Recorramos novamente às precisas observações de Marlon Tomazette[470], com as quais concordamos, para quem a dissolução irregular da sociedade, quando muito, pode ser considerada uma modalidade de desvio de função da pessoa jurídica, sendo enquadrada, portanto, como um exemplo fático de desconsideração albergada pela teoria maior subjetiva. O simples encerramento irregular, sem outros indícios de abuso de direito societário (indícios como, por exemplo, a criação de uma nova pessoa jurí-

[469] BRASIL. Superior Tribunal de Justiça. AgRg no REsp 1173067/RS, Rel. Ministra Nancy Andrighi, Terceira Turma, julgado em 12/06/2012, DJe 19/06/2012)

[470] TOMAZETTE, Marlon. Curso de direito empresarial: teoria geral e sociedades. 5. ed. São Paulo: Atlas, 2013, v. 1, p. 253.

dica, pretensamente livre das dívidas pretéritas) não seria capaz de ensejar o levantamento do véu da personalidade, a menos que, com o dito encerramento, consumidores sejam lesados. Vejamos:

"A princípio, não há nenhuma ilicitude na criação de uma nova pessoa jurídica. Todavia, quando se cria um novo ente em detrimento dos credores da sociedade primitiva, dissolvida irregularmente, há claramente um desvio da função da pessoa jurídica. Ora, se os sócios pretendiam continuar a atividade exercida, o melhor caminho seria na sociedade já existente. A criação de um novo ente representa claramente um mau uso do instituto da pessoa jurídica."

Enfatizemos, ainda, que, quanto ao procedimento da desconsideração, ordinariamente ela se dava de forma incidental, sem a intimação dos sócios ou da sociedade para se manifestarem sobre o pedido. Ocorre, porém, que o novo Código de Processo Civil estabeleceu nova dinâmica para que se levante o véu da personalidade. Assim, de acordo com o artigo 133 e seguintes da lei processual, salvo se requerida na própria petição inicial, a desconsideração deverá ser deduzida por meio de incidente próprio, no qual será citada a pessoa jurídica ou seu sócio e demonstrados os requisitos legais que autorizam o deferimento do pleito. Até que se decida sobre o levantamento ou não do véu da personalidade, deverá permanecer suspenso o processo principal.

Apreciados, portanto, os principais aspectos acerca da desconsideração da personalidade jurídica, cabe, ainda que brevemente, enfrentar a questão atinente à sua extinção.

A extinção das pessoas jurídicas de direito privado

O Código Civil determina em seu artigo 51:

"Art. 51. Nos casos de dissolução da pessoa jurídica ou cassada a autorização para seu funcionamento, ela subsistirá para os fins de liquidação, até que esta se conclua.

§ 1º Far-se-á, no registro onde a pessoa jurídica estiver inscrita, a averbação de sua dissolução.

§ 2º As disposições para a liquidação das sociedades aplicam-se, no que couber, às demais pessoas jurídicas de direito privado.

§ 3º Encerrada a liquidação, promover-se-á o cancelamento da inscrição da pessoa jurídica."

A extinção da pessoa jurídica, ou sua dissolução em sentido lato, é representada por todo o procedimento que leva ao seu término. A dissolução em sentido estrito, por sua vez, guarda outro significado[471], representado pelo ato específico que desencadeia o processo de extinção ou de saída do sócio.

Assim, como adverte o ***caput*** do artigo 51, a personalidade do ente moral perdurará mesmo depois de ocorrido o ato que desencadeou o processo de extinção (a dissolução em sentido estrito), estendendo-se até que a sua liquidação se complete, oportunidade na qual, conforme determinado pelo terceiro parágrafo do artigo em apreço, ocorrerá o cancelamento da inscrição da pessoa jurídica. Só então, do ponto de vista formal, desaparecerá a pessoa jurídica.

O artigo 51 do Código Civil manda aplicar, no que couber, as hipóteses de extinção das sociedades às demais pessoas jurídicas. Nesta esteira, determinam os artigos 1.033 (dissolução de pleno direito) e 1.034 (dissolução judicial) de nossa Norma Civil:

> *"Art. 1.033. Dissolve-se a sociedade quando ocorrer:*
>
> *I – o vencimento do prazo de duração, salvo se, vencido este e sem oposição de sócio, não entrar a sociedade em liquidação, caso em que se prorrogará por tempo indeterminado;*
>
> *II – o consenso unânime dos sócios;*
>
> *III – a deliberação dos sócios, por maioria absoluta, na sociedade de prazo indeterminado;*
>
> *IV – a falta de pluralidade de sócios, não reconstituída no prazo de cento e oitenta dias;*
>
> *V – a extinção, na forma da lei, de autorização para funcionar.*
>
> *Parágrafo único. Não se aplica o disposto no inciso IV caso o sócio remanescente, inclusive na hipótese de concentração de todas as cotas da sociedade sob sua titularidade, requeira no Registro Público de Empresas Mercantis a transformação do registro da sociedade para empresário individual, observado, no que couber, o disposto nos arts. 1.113 a 1.115 deste Código. (Incluído pela lei Complementar nº 128, de 2008)*
>
> *Art. 1.034. A sociedade pode ser dissolvida judicialmente, a requerimento de qualquer dos sócios, quando:*
>
> *I – anulada a sua constituição;*
>
> *II – exaurido o fim social, ou verificada a sua inexeqüibilidade."*

[471] COELHO, Fábio Ulhoa. Manual de Direito Comercial – Direito Empresarial. 22 ed. São Paulo: Sarairva, 2010, v. 1, p. 169.

Determinada a dissolução em sentido estrito da pessoa por qualquer das hipóteses acima sugeridas, inaugura-se uma segunda etapa: a liquidação. Nessa ocasião, os ativos da pessoa são apurados, a fim de que, honrados os débitos, seja dado ao patrimônio remanescente o destino previsto na lei ou estatuto. Concluída essa fase, cancela-se o registro e a pessoa deixa de existir formalmente.

Análise mais detalhada, porém, dos procedimentos acima descritos tocará mais adequadamente aos doutrinadores do direito empresarial brasileiro.

As pessoas jurídicas de direito privado introdução ao estudo de suas espécies

O Código Civil de 1916 tratava apenas de três espécies de pessoas jurídicas: *a)* as sociedades civis, religiosas, pias, morais, científicas ou literárias, as associações de utilidade pública; *b)* as sociedades mercantis e; *c)* os partidos políticos. O Código Civil de 2002, todavia, iniciara sua vigência tratando apenas das seguintes modalidades: as fundações, as associações e as sociedades. Deduzia-se, portanto, que algumas das espécies tratadas na lei anterior, especialmente, as "sociedades religiosas" e os "partidos políticos", teriam sido absorvidos pelo modelo preconizado para as associações.

Observando a alteração pela óptica estritamente jurídica, nada havia de errado com a inovação, afinal, ela atendia à tradicional classificação das pessoas jurídicas de direito privado quanto ao elemento preponderante de seu substrato: as pessoas jurídicas de direito privado de base corporativa (associações e sociedades) e as pessoas jurídicas de direito privado de base patrimonial (fundações).

Ocorre, porém, do ponto de vista sociológico, que inúmeros temores foram percebidos nos seios de grupos religiosos. O fenômeno fora bem apreendido por Ricardo Mariano[472], como se pode perceber da leitura:

> *"Evangélicos de diferentes igrejas, de modo geral, ficaram descontentes com a mudança legal. Mas, como frisamos, disseminaram-se insatisfações e temores mais preocupantes a respeito dos efeitos da nova legislação que o mero mal-estar. No fórum de debates do JesusSite, um participante indaga: 'Afinal, há ou não uma 'conspiração'*

[472] MARIANO, Ricardo. A reação dos evangélicos ao novo Código Civil. Disponível em http://revistaseletronicas.pucrs.br/ojs/index.php/civitas/article/viewFile/57/57, acesso em 07 de março de 2013.

para que cada vez mais a igreja seja submetida ao Estado?' Miguel Reale, supervisor da comissão elaboradora e revisora do novo Código Civil, em artigo publicado em O Estado de S. Paulo, dia 5 de julho de 2003, reconhece o problema: 'As relações entre o Estado e a Igreja têm criado, no Brasil, problemas às vezes de difícil solução, como está acontecendo com o novo Código Civil, acusado de ter reduzido as Igrejas a meras 'associações civis', sujeitas a mandamentos estatais.' Essas acusações foram efetuadas sobretudo por pentecostais. David Tavares Duarte (2003, p. 2-3), presidente da comissão jurídica da Convenção Geral das Assembléias de Deus no Brasil, constata que 'a igreja como associação civil [...], num mundo temporal, cada vez mais secular, pelos seus legítimos representantes há de entender o espírito da secularização que impera no momento e, por conseguinte, responder através de uma estratégia racional, que sua bandeira é de ordem e respeito ao legal' (grifos meus). Não obstante rejeite o 'espírito de secularização', o pastor assembleiano mostrou-se resignado e disposto a respeitar a nova ordem jurídica. Essa, em princípio, constituiu a reação predominante nesse meio religioso.

Entre as principais inovações estatuídas pelo Código Civil está o Artigo 50. Seu objetivo precípuo consiste em disciplinar os administradores das associações 'em caso de abuso de personalidade, caracterizado pelo desvio de finalidade ou pela confusão patrimonial'. Na ocorrência desse abuso, o juiz pode decidir, a requerimento da parte ou do Ministério Público, que a pena incida sobre os 'bens particulares dos administradores' da associação Daí o fato de esse artigo ter constado como um dos mais temidos pelos pastores pentecostais. O que tornava o Artigo 50 ainda mais ameaçador para vários dirigentes evangélicos era a possibilidade de intervenção do Ministério Público, cujos poder, atuação e rigor em nossa sociedade se ampliaram muito nos últimos anos religiosa – presidente, vice-presidentes, secretários e tesoureiros. Penhora, confisco, multa e até prisão foram algumas das sanções previstas por advogados evangélicos para os responsáveis por tal delito. Para o juiz cível Leonel Carlos da Costa, do Foro de Santana, em São Paulo, se houver desvio de finalidade ou confusão do patrimônio da associação com bens particulares, 'os administradores poderão pagar o prejuízo do próprio bolso, ter seus bens confiscados, ser destituídos e mesmo ir para a cadeia'.

O Artigo 57 também causaria importantes mudanças no estatuto e no funcionamento das igrejas, ao estabelecer que 'a exclusão do associado só é admissível havendo justa causa, obedecido o disposto no estatuto'. Essa norma implica que o estatuto, cujo conteúdo deve ser de livre acesso a todos os associados, tem que definir objetivamente as transgressões passíveis de penalidade bem como o teor e os critérios de sua aplicação, observando-se sempre, quando aplicada a pena, o princípio da proporcionalidade. Sendo o estatuto omisso nesse aspecto, continua o texto do referido artigo, a exclusão 'poderá também ocorrer se for reconhecida a existência de motivos graves, em deliberação fun-

damentada, pela maioria absoluta dos presentes à assembléia geral especialmente convocada para esse fim'. Seu parágrafo único prevê que, uma vez decretada a exclusão, ao excluído 'caberá sempre recurso à assembléia geral', que decide se a punição ao associado é procedente ou não. Mais que isso: o Código permite que o acusado, sentindo-se vítima de discriminação ou das ações de um poder discricionário, pleiteie na Justiça reparação, inclusive indenizatória, pelos danos sofridos."

Assim, aos olhos de inúmeros religiosos, o Código Civil de 2002 mostrou-se demasiadamente intrusivo, caso aceita a tese de que as entidades das quais faziam parte eram, em realidade, associações. Natural e legítimo, portanto, que houvesse uma movimentação no Parlamento, a fim de que elas fossem objeto de regramento jurídico próprio. Dessa forma, após inúmeras discussões, o Projeto nº 634/03, da Câmara dos Deputados, foi convertido em lei dando ao artigo 44 do Código Civil sua atual redação.

O sistema criado pela modificação legal respeita a separação entre Estado e Igreja. Decorre da compreensão de que, em especial, os artigos 59 a 63 do Código Civil trariam inúmeros embaraços às entidades religiosas e também aos partidos políticos. Assim, optou-se por desvinculá-los formalmente do texto legal usado para regrar as associações.

Não se pense, contudo, que o modelo associativo foi abandonado por tais espécies de pessoas jurídicas. Não, subsidiariamente, os estatutos das Igrejas poderão valer-se do modelo ideal preconizado para as associações ou mesmo para as fundações a fim de se organizarem. Acontece, porém, que tal vinculação não será obrigatória e não se negará registro a uma entidade religiosa que assim não agir, organizando-se de forma absolutamente diferente daquela estatuída pelo Código Civil para as associações e fundações.

A III Jornada de Direito Civil, entretanto, no seu Enunciado 143, declarou: "A liberdade de funcionamento das organizações religiosas não afasta o controle de legalidade e legitimidade constitucional de seu registro, nem a possibilidade de reexame pelo Judiciário da compatibilidade de seus atos com a lei e com seus estatutos."

Assenta-se, assim, a ideia de que, embora não jungida aos ditames do Código Civil, as entidades religiosas não estão acima da lei ou da Constituição. Pensamos, porém, ser necessária extrema prudência ao se tentar realizar o controle judicial de legalidade e constitucionalidade dos atos de registro das Igrejas sugerido pelo Enunciado.

Ora, a própria Constituição cria importantes premissas para o funcionamento das entidades religiosas: a liberdade de culto e a liberdade associativa. Tais valores constitucionais somente poderão ser afastados se, em juízo de ponderação, ficar evidente que o estatuto de uma Igreja viola, por exemplo, direitos fundamentais dos seus fiéis. Nessa hipótese, ao menos em tese, o controle judicial seria possível, embora, na prática, se deva ter acentuada cautela para não desbordar para o controle ideológico das entidades religiosas por agentes estatais.

Quanto aos partidos políticos, embora também não se prendam ao modelo associativo e fundacional do Código Civil, a liberdade de organização de tais agremiações não goza da mesma amplitude das entidades religiosas, como se pode deduzir do disposto na Lei nº 9.096/95:

> *"Art. 14. Observadas as disposições constitucionais e as desta Lei, o partido é livre para fixar, em seu programa, seus objetivos políticos e para estabelecer, em seu estatuto, a sua estrutura interna, organização e funcionamento.*
>
> *Art. 15. O Estatuto do partido deve conter, entre outras, normas sobre:*
>
> *I – nome, denominação abreviada e o estabelecimento da sede na Capital Federal;*
>
> *II – filiação e desligamento de seus membros;*
>
> *III – direitos e deveres dos filiados;*
>
> *IV – modo como se organiza e administra, com a definição de sua estrutura geral e identificação, composição e competências dos órgãos partidários nos níveis municipal, estadual e nacional, duração dos mandatos e processo de eleição dos seus membros;*
>
> *V – fidelidade e disciplina partidárias, processo para apuração das infrações e aplicação das penalidades, assegurado amplo direito de defesa;*
>
> *VI – condições e forma de escolha de seus candidatos a cargos e funções eletivas;*
>
> *VII – finanças e contabilidade, estabelecendo, inclusive, normas que os habilitem a apurar as quantias que os seus candidatos possam despender com a própria eleição, que fixem os limites das contribuições dos filiados e definam as diversas fontes de receita do partido, além daquelas previstas nesta Lei;*
>
> *VIII – critérios de distribuição dos recursos do Fundo Partidário entre os órgãos de nível municipal, estadual e nacional que compõem o partido;*
>
> *IX – procedimento de reforma do programa e do estatuto.*
>
> *Art. 15-A. A responsabilidade, inclusive civil e trabalhista, cabe exclusivamente ao órgão partidário municipal, estadual ou nacional que tiver dado causa ao não cumprimento da obrigação, à violação de direito, a dano a outrem ou a qualquer ato ilícito, excluída a solidariedade de outros órgãos de direção partidária. (Redação dada pela Lei nº 12.034, de 2009)"*

Trata, ainda, o Código Civil, no artigo 44, das empresas individuais de responsabilidade limitada. Disciplinadas pelo artigo 980-A do Código Civil, essas pessoas jurídicas têm a peculiar característica de serem unipessoais, ou seja, dotadas de sócio único. Primam, no entanto, pela separação patrimonial entre o acervo de bens particulares do sócio único e aqueles que integram a atividade empresarial. Eventuais dívidas da EIRELI são suportadas pelo seu próprio patrimônio, sem que se avance sobre o acervo patrimonial do sócio. O mencionado dispositivo legal assim normatiza:

> *"Art. 980-A. A empresa individual de responsabilidade limitada será constituída por uma única pessoa titular da totalidade do capital social, devidamente integralizado, que não será inferior a 100 (cem) vezes o maior salário-mínimo vigente no País.*
>
> *§ 1º O nome empresarial deverá ser formado pela inclusão da expressão 'EIRELI' após a firma ou a denominação social da empresa individual de responsabilidade limitada.*
>
> *§ 2º A pessoa natural que constituir empresa individual de responsabilidade limitada somente poderá figurar em uma única empresa dessa modalidade.*
>
> *§ 3º A empresa individual de responsabilidade limitada também poderá resultar da concentração das quotas de outra modalidade societária num único sócio, independentemente das razões que motivaram tal concentração.*
>
> *§ 4º (VETADO).*
>
> *§ 5º Poderá ser atribuída à empresa individual de responsabilidade limitada constituída para a prestação de serviços de qualquer natureza a remuneração decorrente da cessão de direitos patrimoniais de autor ou de imagem, nome, marca ou voz de que seja detentor o titular da pessoa jurídica, vinculados à atividade profissional.*
>
> *§ 6º Aplicam-se à empresa individual de responsabilidade limitada, no que couber, as regras previstas para as sociedades limitadas."*

Parece-nos claro que a norma transcrita teve a virtude de possibilitar ao empreendedor, que não almejasse se unir a outros sócios, albergar-se sob o escudo da limitação patrimonial de uma pessoa jurídica. Antes da alteração do Código Civil, com a inserção do artigo 980-A, o mesmo objetivo era alcançado com a inclusão de sócio demasiadamente minoritário (com 1% das quotas, por exemplo) a compor determinada *sociedade* limitada. Não se pense, todavia, que a criação de uma EIRELI é simples.

O seu capital social deverá estar integralizado no ato de sua constituição, e será de consideráveis cem salários mínimos, o que diminui o rol de pessoas físicas financeiramente capacitadas para criarem o ente em questão. Assim, caso o interessado não possua o capital estabelecido em lei, ou procurará um sócio para constituir uma pessoa jurídica, ou necessariamente continuará a exercer a atividade empresarial como pessoa física, na qualidade de empresário individual (sem gozar da limitação de responsabilidade).

Cremos, assim, que, sucintamente, as espécies mais novas de pessoas jurídicas foram tratadas. Passemos ao enfrentamento das questões que sempre interessaram mais detidamente à Parte Geral do Direito Civil, relativos às associações e às fundações.

As associações

As associações são pessoas jurídicas de base corporativa, portanto, nelas sobreleva a figura dos seus associados. Diferem de outro modelo de pessoas jurídicas de base corporativa – as sociedades – por existir, nas últimas, a pretensão de divisão de lucros entre os sócios. Nesse ponto, oportuna a ressalva elaborada por Gustavo Tepedino, Heloisa Helena Barboza e Maria Celina Bodin de Moraes[473] no sentido de que mal andou o Código Civil ao estabelecer que as associações não possuíam finalidade econômica, porquanto seus associados se unem para extrair delas vantagens que podem sim derivar da exploração de serviços dotados de natureza econômica. A pedra de toque, todavia, repita-se,é que não haverá repartição de lucros entre os seus membros. Vejamos, pois, o que dispõe o artigo 53 do Código Civil:

> *"Art. 53. Constituem-se as associações pela união de pessoas que se organizem para fins não econômicos.*
>
> *Parágrafo único. Não há, entre os associados, direitos e obrigações recíprocos."*

Termina o dispositivo transcrito, em seu parágrafo, por enfatizar a ideia de que, entre os associados, não há direitos e deveres recíprocos. A relação, pois, se desenha sempre entre a associação e seus membros. Logo, por exemplo, se um dos associados atrasar o pagamento da mensalidade devida à pessoa jurídica, os demais, que a pagam pontualmente, não estarão legitimados a moverem a competente ação de cobrança. Essa faculdade

[473] Bodin de Moraes, Maria Celina; Barbosa, Heloisa Helena e Tepedino, Gustavo. Código Civil Interpretado – conforme a Constituição da República – v. I. Rio de Janeiro: Renovar, 2004, p. 136/137.

reserva-se apenas a quem trava relações jurídicas com o associado, no sentido de cumprir o respectivo estatuto, vale dizer, a associação.

O artigo 54, ao seu turno, determina:

> *"Art. 54. Sob pena de nulidade, o estatuto das associações conterá:*
>
> *I – a denominação, os fins e a sede da associação;*
>
> *II – os requisitos para a admissão, demissão e exclusão dos associados;*
>
> *III – os direitos e deveres dos associados;*
>
> *IV – as fontes de recursos para sua manutenção;*
>
> *V – o modo de constituição e de funcionamento dos órgãos deliberativos; (Redação dada pela Lei nº 11.127, de 2005)*
>
> *VI – as condições para a alteração das disposições estatutárias e para a dissolução.*
>
> *VII – a forma de gestão administrativa e de aprovação das respectivas contas. (Incluído pela Lei nº 11.127, de 2005)"*

Perceba-se que a ausência de qualquer dos elementos acima apontados pode redundar na nulidade do estatuto, medida, aliás, que reputamos exagerada. Ora, a nulidade é remédio extremo, insuscetível de convalescimento por decurso de tempo ou por correção posterior (confirmação do negócio). Logo, parece estapafúrdio pensar que uma associação que funcione de forma proba, cumprindo todos os seus deveres, por haver omitido, no estatuto, a forma de aprovação das contas, tenha o ato constitutivo considerado ***nulo***, sendo impreterivelmente despersonalizada. Melhor andaria a Lei Civil, caso considerasse apenas a ausência de apenas alguns dos requisitos insculpidos no artigo 54 como causa de nulidade, conservando, para a grande maioria deles, como consequência, a anulabilidade. Ocorre, porém, que, como assim não fez o legislador, não há outra hipótese, senão a de consideremos, de fato, nulo o estatuto omisso. Por outro lado, caso haja interesse na inclusão de aspectos outros não versados no artigo transcrito, não haverá qualquer óbice, desde que, é claro, mantenham-se nos limites tolerados pelo ordenamento jurídico.

Outro dispositivo intrigante do Código Civil é o artigo 55, que afirma possuírem os associados iguais direitos, facultando, todavia, ao estatuto, instituir categorias com vantagens especiais. O enigmático dispositivo poderia descambar para duas possíveis interpretações. A primeira delas indica que, ***a priori***, no silêncio do estatuto, os associados teriam iguais direitos. Estaria, no entanto, facultada a criação de categorias especiais em que alguma diferenciação fosse tolerada, desde que prevista no estatuto. Seria o caso dos sócios remidos[474].

A segunda linha interpretativa, com a qual concordamos, não usa o silêncio ou não do estatuto como o parâmetro para diverso tratamento entre associados. Antes, busca diferenciar, em tese, direitos (que não poderiam ser tratados de forma distinta entre associados) de vantagens, que poderiam. Estariam enquadrados entre os últimos todos aqueles em que a distinção entre categorias de membros fosse assentada em dados "razoáveis, objetivos e dignos de tutela pelo ordenamento pátrio"[475].

Temos, assim, que o próprio Estatuto possui liberdade para estabelecer, ***a priori***, quais seriam os direitos dos associados que devem primar, nesse capítulo, pela igualdade entre todos os membros. Entre tais prerrogativas, pensamos enquadrar-se o direito à ampla defesa e ao contraditório antes da aplicação de qualquer sanção, o direito de votar, que, embora possam ser extremados assuntos em que o voto fosse assegurado apenas a determinadas categorias de sócios (como aquelas em que pudessem se manifestar apenas os associados com mais de dez anos de tempo de associação) jamais poderá ser suprimido por completo, por exemplo privando um associado da participação de toda e qualquer assembleia para deliberação de assuntos diversos.

Quanto às vantagens especiais, poderíamos lembrar a aquisição de títulos de sócios remidos (no qual se dispensa o pagamento de contribuições adicionais para a Associação, além dos valores gastos na aquisição do título), a composição de determinados conselhos da Associação apenas por sócios mais antigos, ou que mais contribuam, entre outras hipóteses.

O ***caput*** do artigo 56, por outro lado, trata do caráter personalíssimo, em regra da qualidade de associado, que pode ser afastado pelo estatuto da Associação. Vejamos:

> *"Art. 56. A qualidade de associado é intransmissível, se o estatuto não dispuser o contrário."*

[474] OLIVEIRA, J. M. Leoni Lopes de. Novo Código Civil Anotado (arts. 1º a 232). 3 ed. Rio de Janeiro: Lumen Juris, 2006, p. 121.

[475] TEPEDINO, Gustavo. BARBOZA, Heloisa Helena e BODIN DE MORAES, Maria Celina. Código Civil Interpretado – Conforme a Constituição da República – v. 1. Rio de Janeiro: Renovar, 2004, p. 142.

O parágrafo único do citado artigo, ao contrário da clareza do ***caput***, traz enigmático comando. Afirma que se "*o associado for titular de quota ou fração ideal do patrimônio da associação, a transferência daquela não importará, de per si, na atribuição da qualidade de associado ao adquirente ou ao herdeiro, salvo disposição diversa do estatuto*".

A correta compreensão do comando demanda, preliminarmente, o enfrentamento da bipartição entre a condição de associado e de titular de quota ou fração ideal do patrimônio da pessoa jurídica. O fenômeno não é inédito e já vem preocupando os estudiosos do Direito Empresarial, especialmente quando abordam as sociedades em que a condição de sócio, legal ou estatutariamente, for intransmissível. Importante a leitura das lições de Marlon Tomazette[476] acerca das sociedades simples, em que o caráter personalíssimo da participação societária, como regra, também está presente:

> "*A sociedade simples é uma sociedade eminentemente de pessoas, na qual os sócios não podem ser substituídos nas suas funções sem o consentimento dos demais. Ademais, em geral, os sócios terão uma qualificação profissional específica, dada a natureza não empresarial da atividade desenvolvida. Em virtude disso, seria estranho que a quota de um sócio fosse penhorada e alienada judicialmente, havendo aquisição por um terceiro, que ingressaria na sociedade. Assim, à luz de tal raciocínio, não haveria como os credores particulares do sócio lançarem mão de qualquer medida que afetaria a sociedade.*
>
> *Todavia é certo que a quota representa direitos patrimoniais do sócio, os quis têm valor econômico e integram o seu patrimônio pessoal. E, de acordo com o artigo 591 do CPC, 'o devedor responde, para o cumprimento de suas obrigações, com todos os seus bens presentes e futuros, salvo as restrições estabelecidas em lei.' Assim sendo, a quota, como bem integrante do patrimônio do sócio devedor, pode estar sujeita à constrição judicial, para satisfazer os direitos dos credores.*
>
> *Há, pois, um conflito entre o direito do credor e o direito dos demais sócios, de não aceitarem uma pessoa estranha. O STJ, em relação às limitadas, firmou uma orientação privilegiando o direito do credor, asseverando a penhorabilidade da cota, mas atentando a princípios do direito societário, ao assegurar que 'havendo restrição ao ingresso do credor como sócio, deve-se facultar à sociedade, na qualidade de terceira interessada, remir a execução, remir o bem ou concedê-la e aos demais sócioes a preferência na aquisição das cotas, a tanto por tanto (CPC, arts. 1.117, 1.118 e 1.119), assegurando-se ao*

[476] TOMAZETTE, Marlon. Curso de direito empresarial: teoria geral e sociedades. São Paulo: Atlas, 2008, v. 1, p. 294/295.

credor, não ocorrendo solução satisfatória, o direito de requerer a dissolução total ou parcial da sociedade'.

Nas sociedades simples, uma solução similar é consagrada pelo Código Civil de 2002 com mais concessões aos princípios de direito societário. A quota está sim, sujeita aos credores particulares do sócio, mas não haverá possibilidade do ingresso de estranhos na sociedade, nem temporariamente. O artigo 1.026 assevera que, na ausência de outros bens, os credores do sócio poderão fazer recair a execução sobre o direito do sócio aos lucros, ou sobre o direito do sócio sobre o patrimônio social em caso de liquidação. Neste último caso, haverá a dissolução parcial da sociedade, com a exclusão de pleno direito do sócio e o depósito em juízo, em 90 dias, do valor em dinheiro equivalente à sua parte na sociedade."

Urge, no entanto, adaptar tais conclusões ao estudo das associações. Nelas, nem sempre o associado será titular de quota ou fração ideal sobre o patrimônio da pessoa jurídica. Muitas vezes, a associação pode funcionar lastreada nas contribuições periódicas dos associados, sem a aquisição de bens corpóreos, de caráter patrimonial, prestando, tão somente, serviços aos seus membros. Imaginemos, por exemplo, uma associação de estudiosos de direito privado. Esta, mesmo sem a constituição de um acervo patrimonial palpável, pode funcionar bem no papel de intermediação na contratação de palestrantes de alto nível para colóquios mensais com seus membros, a partir das mensalidades recolhidas dos associados. Nesse caso, não se vislumbra a necessidade de se atribuir ao associado um ***quota*** ou ***fração ideal*** sobre o patrimônio da pessoa jurídica.

Pensemos, no entanto, numa associação de apoio ao treinamento de atletas, cujo objetivo maior seja a aquisição de modernos equipamentos para aprimoramento de suas habilidades. Nessa hipótese, possível imaginar a atribuição estatutária de ***quotas*** ou ***frações ideais*** aos atletas sobre o valioso patrimônio.

Assim, uma importante peculiaridade se faz sentir no tratamento das associações, quando comparadas às sociedades. Nestas, necessariamente o capital social será dividido em quotas, que encarnam a participação patrimonial dos membros na pessoa jurídica. Subsiste, ao lado de tal participação, o reconhecimento de direitos pessoais, como o de votar e ser votado nas assembleias, ou mesmo de fiscalizar os atos de administração da pessoa jurídica[477]. Nas associações, porém, como visto, ***é possível, mas***

[477] TOMAZETTE, Marlon. Curso de direito empresarial: teoria geral e sociedades. São Paulo: Atlas, 2008, v. 1, p. 291.

não necessário, que se reconheçam, ao lado dos direitos pessoais do associado (sempre existentes, seja qual for o modelo associativo), ***quotas*** e, portanto, participação do membro no patrimônio da pessoa jurídica. Assim, no nosso primeiro exemplo, da associação de estudiosos de direito privado, serão reconhecidos aos membros apenas direitos pessoais, ao passo que, no segundo exemplo, da associação de atletas, direitos patrimoniais (quotas) e pessoais.

Urge asseverar, porém, que a existência de quotas ou frações ideais reconhecidas ao associado deverá ser expressa, constando, assim, do estatuto da associação. Pois bem, apenas nesse último modelo associativo, ou seja, quando constar do estatuto a participação do associado no acervo patrimonial da pessoa jurídica (por meio de quotas) é que se poderá admitir a incidência do parágrafo único do artigo 56 do Código Civil. Nessa hipótese, havendo autorização do estatuto, a transferência da quota implicará a transmissão da qualidade de associado. Caso contrário, inexistindo tal autorização, a transferência dos direitos patrimoniais do associado, caso ocorra, não implicará a correspectiva transmissão da sua qualidade de associado. Percebe-se aqui apenas a constituição de um direito eventual do adquirente das quotas sobre o patrimônio da associação, sem que haja o seu ingresso nos quadros associativos.

E qual o regime jurídico seria aplicável a terceiro adquirente de quotas da associação, mas que não tenha se transformado em associado? Ora, da mesma forma que já se vem admitindo a penhora de quotas de sócios em sociedades simples a ensejar a ***dissolução parcial da pessoa jurídica***, a transferência de quotas pelo associado levará a semelhante desfecho nas associações, por combinação do disposto no artigo 51, parágrafo segundo e no parágrafo único do artigo 1.026, ambos do código Civil, que, como bem sabido, dispõem:

> *"Art. 51. Nos casos de dissolução da pessoa jurídica ou cassada a autorização para seu funcionamento, ela subsistirá para os fins de liquidação, até que esta se conclua.*
>
> *(...)*
>
> *§ 2º As disposições para a liquidação das sociedades aplicam-se, no que couber, às demais pessoas jurídicas de direito privado.*
>
> *(...)*
>
> *Art. 1.026. O credor particular de sócio pode, na insuficiência de outros bens do devedor, fazer recair a execução sobre o que a este couber nos lucros da sociedade, ou na parte que lhe tocar em liquidação.*

Parágrafo único. Se a sociedade não estiver dissolvida, pode o credor requerer a liquidação da quota do devedor, cujo valor, apurado na forma do art. 1.031, será depositado em dinheiro, no juízo da execução, até noventa dias após aquela liquidação."

Outra inquietante questão sobre as associações diz respeito ao artigo 57 de nossa Lei Civil, que estabelece:

Art. 57. A exclusão do associado só é admissível havendo justa causa, assim reconhecida em procedimento que assegure direito de defesa e de recurso, nos termos previstos no estatuto. (Redação dada pela Lei nº 11.127, de 2005)

O dispositivo transcrito, cuja redação foi dada em 2005, representou a incorporação, quanto às associações, do preceito constitucional da ampla defesa e do contraditório. Vale lembrar que a redação original da norma preconizava:

"Art. 57. A exclusão do associado só é admissível havendo justa causa, obedecido o disposto no estatuto; sendo este omisso, poderá também ocorrer se for reconhecida a existência de motivos graves, em deliberação fundamentada, pela maioria absoluta dos presentes à assembleia geral especificamente convocada para este fim".

Nesse sentido, a aplicação literal do texto original indicava que a exclusão de associado poderia se fazer apenas lastreada em justa causa, preestabelecida no estatuto, ou em motivos graves deliberados pela assembleia geral. Em nenhum momento, porém, estava disciplinado o exercício da ampla defesa e do contraditório pelo excluído, bastando que sua expulsão tivesse o unilateral reconhecimento da justa causa pelo órgão associativo competente.

Pois bem, certa feita, no Rio de Janeiro, associação de compositores decidiu, no estrito cumprimento de seu estatuto, nomear uma comissão para apurar transgressões cometidas por associado, a fim de excluí-lo. Levado a efeito tal mister, determinou-se a saída do associado, que, irresignado, buscou o Poder Judiciário sob o argumento de que a malfadada comissão não lhe assegurara a ampla defesa e o contraditório. A questão, após galgar todos os níveis de apreciação judicial, subiu ao Supremo Tribunal Federal, que determinou a reintegração do associado, como se depreende da leitura do julgado[478].

[478] BRASIL. Supremo Tribunal Federal. RE 201819, Relator(a): Min. ELLEN GRACIE, Relator(a) p/ Acórdão: Min. GILMAR MENDES, Segunda Turma, julgado em 11/10/2005, DJ 27-10-2006 PP-00064 EMENT VOL-02253-04 PP-00577 RTJ VOL-00209-02 PP-00821.

"EMENTA: SOCIEDADE CIVIL SEM FINS LUCRATIVOS. UNIÃO BRASILEIRA DE COMPOSITORES. EXCLUSÃO DE SÓCIO SEM GARANTIA DA AMPLA DEFESA E DO CONTRADITÓRIO. EFICÁCIA DOS DIREITOS FUNDAMENTAIS NAS RELAÇÕES PRIVADAS. RECURSO DESPROVIDO. I. EFICÁCIA DOS DIREITOS FUNDAMENTAIS NAS RELAÇÕES PRIVADAS. As violações a direitos fundamentais não ocorrem somente no âmbito das relações entre o cidadão e o Estado, mas igualmente nas relações travadas entre pessoas físicas e jurídicas de direito privado. Assim, os direitos fundamentais assegurados pela Constituição vinculam diretamente não apenas os poderes públicos, estando direcionados também à proteção dos particulares em face dos poderes privados. II. OS PRINCÍPIOS CONSTITUCIONAIS COMO LIMITES À AUTONOMIA PRIVADA DAS ASSOCIAÇÕES. A ordem jurídico-constitucional brasileira não conferiu a qualquer associação civil a possibilidade de agir à revelia dos princípios inscritos nas leis e, em especial, dos postulados que têm por fundamento direto o próprio texto da Constituição da República, notadamente em tema de proteção às liberdades e garantias fundamentais. O espaço de autonomia privada garantido pela Constituição às associações não está imune à incidência dos princípios constitucionais que asseguram o respeito aos direitos fundamentais de seus associados. A autonomia privada, que encontra claras limitações de ordem jurídica, não pode ser exercida em detrimento ou com desrespeito aos direitos e garantias de terceiros, especialmente aqueles positivados em sede constitucional, pois a autonomia da vontade não confere aos particulares, no domínio de sua incidência e atuação, o poder de transgredir ou de ignorar as restrições postas e definidas pela própria Constituição, cuja eficácia e força normativa também se impõem, aos particulares, no âmbito de suas relações privadas, em tema de liberdades fundamentais. III. SOCIEDADE CIVIL SEM FINS LUCRATIVOS. ENTIDADE QUE INTEGRA ESPAÇO PÚBLICO, AINDA QUE NÃO-ESTATAL. ATIVIDADE DE CARÁTER PÚBLICO. EXCLUSÃO DE SÓCIO SEM GARANTIA DO DEVIDO PROCESSO LEGAL.APLICAÇÃO DIRETA DOS DIREITOS FUNDAMENTAIS À AMPLA DEFESA E AO CONTRADITÓRIO. As associações privadas que exercem função predominante em determinado âmbito econômico e/ou social, mantendo seus associados em relações de dependência econômica e/ou social, integram o que se pode denominar de espaço público, ainda que não-estatal. A União Brasileira de Compositores – UBC, sociedade civil sem fins lucrativos, integra a estrutura do ECAD e, portanto, assume posição privilegiada para determinar a extensão do gozo e fruição dos direitos autorais de seus associados. A exclusão de sócio do quadro social da UBC, sem qualquer garantia de ampla defesa, do contraditório, ou do devido processo constitucional, onera consideravelmente o recorrido, o qual fica impossibilitado de perceber os direitos autorais relativos à execução de

suas obras. A vedação das garantias constitucionais do devido processo legal acaba por restringir a própria liberdade de exercício profissional do sócio. O caráter público da atividade exercida pela sociedade e a dependência do vínculo associativo para o exercício profissional de seus sócios legitimam, no caso concreto, a aplicação direta dos direitos fundamentais concernentes ao devido processo legal, ao contraditório e à ampla defesa (art. 5º, LIV e LV, CF/88). IV. RECURSO EXTRAORDINÁRIO DESPROVIDO."

O Código Civil, sob o impacto da decisão, foi, então, alterado, passando-se a exigir a concessão de ampla defesa e do contraditório antes de se excluir o associado por justa causa. O procedimento, porém, para a concessão de tais direitos pode ser traçado pelos atos internos da pessoa jurídica, desde que não violem o núcleo essencial da cláusula da ampla defesa e do contraditório.

E como fazer para se aferir se o estatuto fere ou não a essência de tais direitos constitucionais? Necessário que se analise se os três subprincípios da ampla defesa e do contraditório estão presentes. São eles[479]:

"– Direito de informação (Recht auf Information), que obriga o órgão julgador a informar a parte contrária dos atos praticados no processo e sobre os elementos dele constantes;

– Direito de manifestação (Recht auf Ausserung), que assegura ao defendente a possibilidade de manifestação oralmente ou por escrito sobre os elementos fáticos e jurídicos constantes no processo;

– Direito de ver seus argumentos considerados (Recht auf Beruckschtigung) que exige do julgador capacidade e isenção de ânimo (aufnahmefahigkert und Aufnahmebeitschuaft) para contemplar as razões apresentadas (Cp. Pieroth e Schink Guindrechke Stratsrechket II, Heidelberg, 1988, p. 281, Battis e Jusy, Einfunhrung in das Staatsrechk, heidelberg, 1991, p. 363, 364, Ver, também, Durg/Assmann, in Maung Surg, Grundgeset, Kommentar, art. 103, vol. IV, nº 97".

A leitura acima nos remete à necessidade de não nos conformamos com o aspecto meramente ***formal*** da ampla defesa. Essa não se contempla apenas pelo fato de se dar conhecimento das eventuais acusações ao interessado, tampouco pela singela chance de manifestação ao último garantida sobre o que se lhe imputa. Nada disso fará sentido sem que se assegure a

[479] MENDES, Gilmar Ferreira. Significado do Direito de Defesa. **ADV Advocacia Dinâmica**: informativo semanal, v. 13, n. 35, p. 438-437, set. 1993.

quem se defende o direito de ver considerados os próprios argumentos. O atendimento a esse requisito só ocorrerá caso decisões ***fundamentadas*** indiquem cabalmente o acolhimento ou rejeição do que fora suscitado pelo defendente. Repita-se: ampla defesa e contraditório, no sentido material, só ocorrerão caso os três direitos (informação, manifestação e faculdade de ver considerados os próprios argumentos) sejam respeitados. De outra forma, estaremos diante de pálido arremedo do princípio sob análise, como não raro se verifica em diversos processos administrativos e judiciais, nos quais, infelizmente, a ampla defesa e o contraditório são garantidos apenas sob o ponto de vista formal.

O artigo 58 do Código Civil, por outro lado, determina:

> *"Art. 58. Nenhum associado poderá ser impedido de exercer direito ou função que lhe tenha sido legitimamente conferido, a não ser nos casos e pela forma previstos na lei ou no estatuto."*

A hipótese em comento versa sobre a impossibilidade de restrição aos direitos e funções dos associados. Assim, o direito à participação em assembleia não pode ser limitado arbitrariamente pelo presidente da associação, mas pode o estatuto determinar que aqueles que não tenham as mensalidades em dia sejam privados de voz em tais eventos.

As assembleias gerais, ao seu turno, estão disciplinadas no artigo 59 do Código Civil. Esse dispositivo, a exemplo de outros relativos às associações, foi modificado, a fim de se tornar menos intrusivo. Comparemos as duas redações, a começar pela original:

> *Art. 59. Compete privativamente à assembléia geral:*
> *I – eleger os administradores;*
> *II – destituir os administradores;*
> *III – aprovar as contas;*
> *IV – alterar o estatuto.*
> *Parágrafo único. Para as deliberações a que se referem os incisos II e IV é exigido o voto concorde de dois terços dos presentes à assembléia especialmente convocada para esse fim, não podendo ela deliberar, em primeira convocação, sem a maioria absoluta dos associados, ou com menos de um terço nas convocações seguintes.*

A redação atual, ao seu turno, dispõe:

"Art. 59. Compete privativamente à assembléia geral: (Redação dada pela Lei nº 11.127, de 2005)

I – destituir os administradores; (Redação dada pela Lei nº 11.127, de 2005)

II – alterar o estatuto. (Redação dada pela Lei nº 11.127, de 2005)

Parágrafo único. Para as deliberações a que se referem os incisos I e II deste artigo é exigido deliberação da assembléia especialmente convocada para esse fim, cujo quorum será o estabelecido no estatuto, bem como os critérios de eleição dos administradores. (Redação dada pela Lei nº 11.127, de 2005)"

Os temas privativamente sujeitos à apreciação da assembleia geral foram reduzidos após a edição da Lei nº 11.127/2005. Continuam, após a alteração legislativa, sendo objeto de sua apreciação única a destituição de administradores e a alteração de estatuto. Ocorre, porém, que a eleição de administradores e a aprovação de contas puderam ser delegadas a outros órgãos, como colégios eleitorais, na primeira hipótese, e conselhos fiscais, na segunda.

Outro objeto de mudança foi o quórum para que os assuntos de apreciação exclusiva da assembleia pudessem ser votados. Na redação original do Código, apenas dois terços dos presentes à assembleia poderiam deliberar pela alteração de estatuto ou destituição de administradores. A assembleia, por outro lado, só poderia ser instalada em segunda convocação, com a presença mínima de um terço dos associados.

Tais exigências atribulavam muito o funcionamento de grandes associações de âmbito nacionais, que, num país de dimensões continentais como o Brasil, dificilmente seriam capazes de congregar pelo menos um terço dos seus membros em assembleia geral. Assim, a fim de evitar o imobilismo de tais entes, a alteração no Código Civil, delegando o quórum deliberativo para o estatuto, mostrou-se salutar.

Igualmente positiva a nova redação do artigo 60 do Código Civil, que, a partir de 2005, remeteu ao estatuto a forma de convocação dos órgãos colegiados das associações, mas permitiu, em qualquer hipótese, que a solicitação de 1/5 dos associados pudesse convocar não apenas uma assembleia geral, mas serviria para forçar a deliberação por qualquer órgão colegiado de temas previamente postos à análise.

Finalmente, temos o artigo 61 do Código Civil que disciplina o destino dos bens da associação na hipótese de sua extinção. Vejamos:

"Art. 61. Dissolvida a associação, o remanescente do seu patrimônio líquido, depois de deduzidas, se for o caso, as quotas ou frações ideais referidas no parágrafo único do art. 56, será destinado à entidade de fins não econômicos designada no estatuto, ou, omisso este, por deliberação dos associados, à instituição municipal, estadual ou federal, de fins idênticos ou semelhantes.

§ 1º Por cláusula do estatuto ou, no seu silêncio, por deliberação dos associados, podem estes, antes da destinação do remanescente referida neste artigo, receber em restituição, atualizado o respectivo valor, as contribuições que tiverem prestado ao patrimônio da associação.

§ 2º Não existindo no Município, no Estado, no Distrito Federal ou no Território, em que a associação tiver sede, instituição nas condições indicadas neste artigo, o que remanescer do seu patrimônio se devolverá à Fazenda do Estado, do Distrito Federal ou da União."

A compreensão da norma em comento nos remete novamente ao parágrafo único do artigo 56, que trata da possibilidade do associado ser titular de quota ou fração ideal do patrimônio associativo. Nessa hipótese, a extinção da pessoa jurídica levará em conta os interesses patrimoniais do associado, encarnados na quota sobre o patrimônio da Associação. Deliberada a extinção da Associação e realizada a sua liquidação, será pago o seu passivo, na forma do artigo 1.108 do Código Civil. O remanescente poderá ter destino diverso, consoante cada situação a seguir tratada. Inicialmente, apurar-se-á a fração ideal de cada associado sobre o patrimônio da pessoa jurídica, de acordo com a sua contribuição histórica. Se o saldo, após o abatimento das dívidas da associação, for suficiente para cobrir o montante de todas as frações ideais, elas serão pagas aos membros da pessoa jurídica extinta, não podendo, repita-se, superar o valor atualizado das contribuições históricas. Havendo ainda saldo, o excedente será destinado à entidade de fins não econômicos designada no estatuto, ou, omisso este, por deliberação dos associados, à instituição municipal, estadual ou federal, de fins idênticos ou semelhantes.

Na hipótese, todavia, de não se garantir ao associado participação sobre o acervo patrimonial da associação por meio de quotas ou frações ideais, ainda assim, será possível, como indica o parágrafo primeiro do artigo 61, que os seus membros, por cláusula do estatuto ou, no seu silêncio, por deliberação deles, antes da destinação do remanescente referida nesse artigo, recebam em restituição, atualizado o respectivo valor, as contribuições que tiverem prestado ao patrimônio da associação.

Inexistindo, por derradeiro, no Município, no Estado, no Distrito Federal ou no Território, em que a associação tiver sede, instituição municipal, estadual ou federal, de fins idênticos ou semelhantes aos da associação extinta, e caso já se tenham pago, se for o caso, os associados, na forma das linhas anteriores, o remanescente do patrimônio, se houver, se devolverá à Fazenda do Estado, do Distrito Federal ou da União.

Apreciados, assim, os tópicos mais importantes sobre as associações, passemos à abordagem do derradeiro assunto acerca da pessoa jurídica: as fundações.

As fundações

O derradeiro modelo de pessoa jurídica a ser estudado diz respeito às fundações, que são entes cuja ênfase recai a vinculação do acervo patrimonial à consecução de finalidades pré-estabelecidas, e não sobre sua base corporativa, como ocorre nos demais modelos estudados. Dois, portanto, são seus traços fundamentais[480]: *a)* conjunto de bens; *b)* uma finalidade a ser concretizada para qual são direcionados os bens constantes do acervo patrimonial.

Outra não pode ser a conclusão que se extrai do artigo 62 do Código Civil, que determina:

> *"Art. 62. Para criar uma fundação, o seu instituidor fará, por escritura pública ou testamento, dotação especial de bens livres, especificando o fim a que se destina, e declarando, se quiser, a maneira de administrá-la.*
>
> *Parágrafo único. A fundação somente poderá constituir-se para fins religiosos, morais, culturais ou de assistência."*

A leitura do dispositivo demanda breves comentários. Em primeiro lugar, quanto à natureza do ato de instituição, Pontes de Miranda[481] assevera ser negócio jurídico unilateral e não receptício, podendo ou não ser ***inter vivos***. No caso de negócio ***inter vivos*** será irrevogável, ao passo que, na segunda hipótese, poderá ser revogado, tanto que se revogue o testamento.

Importante, porém, frisar que o instituidor não é *membro* da fundação, podendo, quando muito, integrar os seus órgãos de administração[482]. Suas

[480] NADER, Paulo. Curso de Direito Civil – v. I. Rio de Janeiro: Forense, 2003, p. 277.

[481] PONTES DE MIRANDA, Francisco Cavalcanti. Tratado de Direito Privado – tomo I. Campinas: Bookseller, 1999, p. 529/532.

[482] COELHO, Fábio Ulhoa. Curso de Direito Civil – v. I. São Paulo: Saraiva, 2003, p. 254.

principais finalidades foram arroladas no parágrafo único do artigo 62, a saber: "I – assistência social, II – cultura, defesa e conservação do patrimônio histórico e artístico, III – educação, IV – saúde, V – segurança alimentar e nutricional, VI – defesa, preservação e conservação do meio ambiente e promoção do desenvolvimento sustentável, VII – pesquisa científica, desenvolvimento de tecnologias alternativas, modernização de sistemas de gestão, produção e divulgação de informações e conhecimentos técnicos e científicos, VIII – promoção da ética, da cidadania, da democracia e dos direitos humanos; IX – atividades religiosas". Elas, todavia, embora bastante completas, podem não ser as únicas, eis que, como muito bem sentido pelo Enunciado 8, da I Jornada de Direito Civil: "A constituição de fundação para fins científicos, educacionais ou de promoção do meio ambiente está [estavam] compreendida no Código Civil, art. 62, parágrafo único", ainda quando não faziam parte do rol do parágrafo único do art. 62, que foi ampliado pela Lei nº 13.125/15 a fim de adotar sua hodierna formatação.

Relevante, porém, destacar-se que não se pode admitir como finalidade plausível a distribuição de lucro entre os integrantes dos órgãos da fundação, embora, como muito bem sentido por Fábio Ulhoa Coelho, nada impede que fundações universitárias cobrem mensalidades de seus alunos, a fim de poderem bem desempenhar seus misteres[483].

O artigo 63 do Código Civil, ao seu turno, determina:

> *"Art. 63. Quando insuficientes para constituir a fundação, os bens a ela destinados serão, se de outro modo não dispuser o instituidor, incorporados em outra fundação que se proponha a fim igual ou semelhante."*

O Código Civil de 1916 dispunha de forma diversa. Determinava que, sendo insuficientes para constituir a fundação, os bens doados seriam convertidos em títulos da divida pública, se outra coisa não se dispusesse pelo instituidor, até que, aumentados com os rendimentos ou novas dotações, perfizessem capital bastante para o funcionamento da nova pessoa jurídica.

Percebe-se como bem andou o legislador pátrio ao alterar a antiga estipulação. Ora, e se novas dotações de bens jamais ocorressem? Permaneceria a fundação em estado de maturação, sem jamais se converter em pessoa jurídica? E, nesse tempo, o que seria da consecução de suas finalidades básicas?

[483] COELHO, Fábio Ulhoa. Curso de Direito Civil – v. I. São Paulo: Saraiva, 2003, p. 255.

Assim, na hipótese de insuficiência de bens para constituição imediata da nova fundação, a reversão dos já dotados para outra já existente revela uma concessão do Código de 2002 aos princípios da operabilidade e da socialidade, pois, sem delongas, o patrimônio disposto pelo instituidor estará a serviço dos altruísticos fins que inspiraram a tentativa de criação da frustrada fundação.

Duas observações se fazem necessárias. A primeira delas é a de que, se o instituidor preferir a sistemática preconizada pelo Código de 1916, ele pode abraçá-la, desde que o faça de forma expressa no testamento ou na escritura pública de instituição. A segunda observação é a de que, sendo insuficientes os bens, a sua reversão para outra fundação deverá ser solicitada ao Juízo competente pelo órgão do Ministério Público competente para zelar pelas fundações privadas.

De qualquer sorte, o simples negócio jurídico de instituição é bastante para fazer nascer a obrigação ao instituidor de transferir o domínio dos bens dotados à nova fundação, como preconiza o artigo 64 do Código Civil. Em outras palavras, não se admite revogação do ato, tampouco arrependimento posterior. Assim, se o instituidor permanecer inerte quanto à dita transferência, ou Órgão Ministerial (caso não definitivamente constituída a nova pessoa), ou a própria fundação, caso já existente, poderão manejar a ação de obrigação de fazer, que objetive a transferência judicial da coisa dotada.

O leitor atento, porém, deve ter percebido que, ao tratarmos de ato de instituição, ainda não estamos nos referindo ao momento em que já adquire personalidade a fundação. Não. Seu estatuto deve ser elaborado, aprovado e, só então, registrado, o que, então, marcará o início da existência do ente privado.

Pois bem, a elaboração do estatuto pode ser direta, pelo instituidor, ou fiduciária, quando conferida a terceiro. Trata-se de ato vinculado às finalidades básicas traçadas pelo instituidor, como leciona José Eduardo Sabo Paes[484], sendo admissíveis apenas detalhamentos de tais fins, sem modificações substanciais.

Nas duas hipóteses (elaboração direta ou fiduciária), o texto final do estatuto deverá ser submetido ao Ministério Público, que, por igual, será

[484] PAES, José Eduardo Sabo. *Fundações, associações e entidades de interesse social*. 6ª ed. Brasília: Brasília Jurídica, 2006. p. 349.

chamado a opinar caso se pretenda fazer futuras alterações no mencionado documento (art. 67 do Código Civil). Em casos extremos, se o estatuto não for elaborado no prazo assinado pelo instituidor, ou, não havendo prazo, em 180 dias, a incumbência de redigir o respectivo texto tocará ao Ministério Público.

Insta frisar que não são poucos os exemplos disponíveis na própria internet com modelos sugeridos de tais documentos pelos próprios Ministérios Públicos dos Estados do Brasil, o que, de certa forma, facilita a análise dos respectivos textos pelas autoridades competentes[485]. Urge mencionar que, caso não aprovado o texto inicial pelo Órgão Ministerial, é cabível, a pedido do interessado, a intervenção judicial, a fim de que o modelo sugerido (e recusado pelo Ministério Público) seja levado a registro.

A competência ministerial em relação às fundações não se restringe à análise inicial do estatuto. Deve ainda zelar pelo funcionamento dos mencionados entes, a fim de evitar que se afastem de suas disposições estatutárias e, principalmente, das finalidades traçadas pelo seus respectivos instituidores. Nesse sentido, determina o artigo 66 do Código Civil:

> *"Art. 66. Velará pelas fundações o Ministério Público do Estado onde situadas.*
>
> *§ 1º Se funcionarem no Distrito Federal, ou em Território, caberá o encargo ao Ministério Público Federal.*
>
> *§ 2º Se estenderem a atividade por mais de um Estado, caberá o encargo, em cada um deles, ao respectivo Ministério Público."*

Quanto à alteração do estatuto, além das observações já levadas a cabo a respeito da necessária intervenção ministerial, tem-se que, para além do requisito citado, ela apenas será possível caso, concomitantemente, a reforma seja deliberada por dois terços dos competentes para gerir e representar a fundação; e não contrarie ou desvirtue o fim desta.

Não bastasse tamanho cuidado para se autorizar a mudança no ato normativo interno da fundação, garante-se também, em apreço ao direito

[485] Modelos de estatutos de fundações podem, por exemplo, ser colhidos nas seguintes páginas: http://www.mpba.mp.br/atuacao/caocif/fundacoes/pecas/modelo_estatuto_fundacao.pdf, http://www.mp.ce.gov.br/orgaos/CAOFURP/modelos/Modelo.de.Estatuto.-.Fundacao.doc e http://www.mp.ma.gov.br/index.php/promotoria-de-fundacoes/84-promotorias/promotorias-especializadas/promotoria-de-fundacoes/promotoria-fundacoes-paginas-estaticas/5571-modelo-de-estatuto-para-fundacoes, acessos no dia 27 de maio de 2013.

de fiscalização da lisura do ato pela minoria discordante, que os administradores da fundação, ao submeterem o estatuto ao órgão do Ministério Público, deem ciência aos dissonantes para que impugnem a alteração, se quiserem, em dez dias. Como a impugnação judicial da alteração é uma opção aos que com ela não concordarem, temos que se trata, na espécie, de litisconsórcio facultativo unitário, em que qualquer membro integrante da minoria vencida estará legitimado a propor a ação referida no artigo 68 da Lei Civil.

Por fim, preceitua o artigo 69 do Código Civil que, tornando-se ilícita, impossível ou inútil a finalidade a que visa a fundação, ou vencido o prazo de sua existência, o órgão do Ministério Público, ou qualquer interessado, lhe promoverá a extinção, incorporando-se o seu patrimônio, salvo disposição em contrário no ato constitutivo, ou no estatuto, em outra fundação, designada pelo juiz, que se proponha a fim igual ou semelhante. Ora, outra não podia ser a solução. Como bem sabido, as fundações são pessoas jurídicas de base patrimonial (não corporativa). Seria um contrassenso, pois, tolerar que o patrimônio existente ao tempo de sua extinção fosse partilhado entre seus dirigentes ou regressasse ao patrimônio do instituidor.

Assim, temos por analisados os principais aspectos sobre as pessoas jurídicas. Avancemos, pois, ao estudo do domicílio.

Capítulo 9
Domicílio

Aspectos introdutórios

A sedentarização é fenômeno comum entre as diversas sociedades humanas. O indivíduo, após fixar-se em determinado lugar, mantém uma rede de interesses e negócios em torno de si, que têm na referência geográfica um dos mais importantes elementos.

O reflexo jurídico desse fenômeno foi a construção do conceito legal de domicílio. Fustel de Coulanges[486] fornece interessante apanhado histórico sobre a origem comum do domicílio (que etimologicamente deriva de *domus*, ou seja, a casa onde o homem habita[487]) e de propriedade nas sociedades antigas, especialmente, na romana:

> *"Há três coisas que, desde as mais antigas eras, encontram-se fundadas e solidamente estabelecidas nas sociedades grega e itálica: a religião doméstica, a família, o direito de propriedade; três coisas que tiveram entre si, na origem, uma relação evidente, e que parecem terem sido inseparáveis.*
>
> *A ideia de propriedade privada fazia parte da própria religião. Cada família tinha seu lar e seus antepassados. Esses deuses não podiam ser adorados senão por ela, e não protegiam senão a ela; eram sua propriedade exclusiva.*
>
> *Ora, entre esses deuses e o solo, os homens das épocas mais antigas divisavam uma relação misteriosa. Tomemos, em primeiro lugar, o lar; esse altar é o símbolo da vida sedentária, como o nome bem o indica. Deve ser colocado sobre a terra, e, uma vez cons-*

[486] Fustel de Coulanges, Numa-Denys. A Cidade Antiga. Disponível em http://www.ebooksbrasil.org/eLibris/cidadeantiga.html , acesso em 29/03/2013.

[487] Ferrara, Francesco. Trattato di diritto civile italiano. Roma: Athenaeum, 1921, p. 548.

truído, não o devem mudar mais de lugar. O deus da família deseja possuir morada fixa; materialmente, é difícil transportar a terra sobre a qual ele brilha; religiosamente, isso é mais difícil ainda, e não é permitido ao homem senão quando é premido pela dura necessidade, expulso por um inimigo, ou se a terra não o puder sustentar por ser estéril. Quando se constrói o lar, é com o pensamento e a esperança de que continue sempre no mesmo lugar. O deus ali se instala, não por um dia, nem pelo espaço de uma vida humana, mas por todo o tempo em que dure essa família, e enquanto restar alguém que alimente a chama do sacrifício. Assim o lar toma posse da terra; essa parte da terra torna-se sua, é sua propriedade.

E a família, que por dever e por religião fica sempre agrupada ao redor desse altar, fixa-se ao solo como o próprio altar. A ideia de domicílio surge naturalmente. A família está ligada ao altar, o altar ao solo; estabelece-se estreita relação entre a terra e a família. Aí deve ter sua morada permanente, que jamais abandonará, a não ser quando obrigada por força superior. Como o lar, a família ocupará sempre esse lugar. Esse lugar lhe pertence, é sua propriedade; e não de um homem somente, mas de toda uma família, cujos diferentes membros devem, um após outro, nascer e morrer ali.

Sigamos o raciocínio dos antigos. Dois lares representam duas divindades distintas, que nunca se unem ou se confundem; isso é tão verdade, que o casamento entre duas famílias não estabelece aliança entre seus deuses. O lar deve ser isolado, isto é, separado claramente de tudo o que não lhe pertence; os estranhos não devem aproximar-se dele no momento em que se celebram as cerimônias do culto; não devem nem mesmo sê-lo; por isso os manes são conhecidos como deuses ocultos, mychioi ou deuses interiores penates. Para que essa regra religiosa seja rigorosamente cumprida, é necessário que ao redor do altar, a certa distância, haja uma cerca. Pouco importa que seja uma paliçada, uma sebe ou um muro de pedras. Seja qual for, ela marca a divisa que separa o domínio de um lar. Esse recinto é considerado sagrado. Ultrapassá-lo, é ato de impiedade. O deus vela sobre ele, e toma-o sob sua guarda; por isso dão a esse deus o epíteto de erkéios. Essa linha divisória traçada pela religião, e por ela protegida é o emblema mais certo, a marca mais irrecusável do direito de propriedade."

A rica leitura aponta que historicamente os deuses "lares" eram cultuados em altares domésticos, iluminados por uma chama que não se podia apagar. Interessante notar que, por evolução linguística, o local da casa destinado a se acender uma fogueira (hoje com finalidade estética e de aquecimento) é a "lareira".

De toda a sorte, era a partir da fixação do deus lar em seu altar que a família não apenas se apoderava do local, como o cercava, fazendo nascer dois institutos jurídicos da maior relevância: o domicílio e a propriedade imobiliária.

É certo que, nos dias de hoje, a finalidade da constituição do domicílio é bem distinta da Antiguidade, período em que não havia nítida distinção entre religião, moral e direito. Urge, portanto, que avancemos na análise do atual conceito de domicílio.

Conceito atual de domicílio

O domicílio é a sede estável da pessoa[488], dedutível de sua intenção de fixação com ânimo definitivo. Esse entendimento, aliás, deriva da própria leitura do artigo 70 do Código Civil:

> *"Art. 70. O domicílio da pessoa natural é o lugar onde ela estabelece a sua residência com ânimo definitivo."*

Pertinente, portanto, que se estabeleça uma diferença entre institutos muito assemelhados que, por vezes, são pressupostos uns dos outros: a morada, a residência e o domicílio, assim dispostos em razão diretamente proporcional à estabilidade do vínculo entre o indivíduo e o lugar ocupado.

Assim, a morada é a mais acidental relação entre um indivíduo e o local onde se encontra. Cinge-se a hipóteses transitórias, como, por exemplo, uma breve temporada em que, acabando de sair de casa por se separar da esposa, um sujeito se alberga na casa de um amigo, até constituir nova residência.

A residência, por sua vez, indica o local onde o agente se estabelece, com ou sem ânimo definitivo. No primeiro caso, podemos lembrar a hipótese em que um professor, domiciliado em Brasília, vai fazer um doutorado no Rio de Janeiro. O objetivo é apenas de completar o seu curso, e não ficar, em definitivo, no Rio de Janeiro. Logo, ainda que alugue um apartamento, terá apenas uma residência nessa cidade.

Suponhamos, porém, que o mencionado Professor tenha recebido um convite para lecionar no Rio de Janeiro, decidindo lá permanecer. Nesse momento, revela-se a sua intenção de fixar-se, com ânimo definitivo, na Cidade Maravilhosa, fato que implicaria a constituição de novo domicílio.

Assim, o conceito tradicional de domicílio encerra duplo elemento – um objetivo (fixação de residência) e outro subjetivo (com a intenção de

[488] FERRARA, Francesco. Trattato di diritto civile italiano. Roma: Athenaeum, 1921, p. 549.

lá permanecer – o chamado ânimo definitivo). Percebe-se, pois, que a residência é um dos elementos do conceito de domicílio, embora prescindível em algumas hipóteses como adiante abordaremos.

Espécies de domicílio

A primeira espécie de domicílio é o geral, também chamado de voluntário, constante do já abordado artigo 70 do Código Civil. Urge ressaltar que um sujeito pode possuir mais de uma residência onde esteja fixado com ânimo definitivo. Nesse caso, possuirá mais de um domicílio (artigo 71 do Código Civil). Nessa esteira, não são raras as hipóteses em que pessoas possuem uma pluralidade de domicílios, como sói acontecer a um fazendeiro que se alterne, durante a mesma semana, entre a sede de sua fazenda, situada, por exemplo, no interior de Goiás, e Brasília, onde tem apartamento e os filhos estudam.

Seja como for, único ou plural, a pessoa natural pode cambiar de domicílio. Basta, na forma do artigo 74, declarar a intenção de mudar de domicílio, após alteração de sua residência, às municipalidades dos lugares, que deixa, e para onde vai, ou, se tais declarações não fizer, da própria mudança, com as circunstâncias que a acompanharem. Lembra Paulo Nader[489] tratarem-se as malfadadas declarações daqueles comunicados feitos às empresas de água, luz, telefone, entre outros, da mudança efetivada.

A lei reconhece, de outra banda, hipótese em que o indivíduo, embora não tenha residência, possua domicílio, como pode acontecer com determinados artistas circenses ou com alguns andarilhos. Nessa hipótese, será considerado, a teor do artigo 73 do Código, como domicílio da pessoa natural, que não tenha residência habitual, o lugar onde for encontrada. Este é o chamado domicílio ocasional ou eventual.

Ao lado dos casos estudados, determina ainda o Código Civil que é "também domicílio da pessoa natural, quanto às relações concernentes à profissão, o lugar onde esta é exercida" (artigo 72 do Código Civil). Frisa, ainda, que, "se a pessoa exercitar profissão em lugares diversos, cada um deles constituirá domicílio para as relações que lhe corresponderem". Tais regras assumem especial importância no direito processual do trabalho, servindo de parâmetro para a determinação do foro competente para o

489 NADER, Paulo. Curso de Direito Civil – v. I. Rio de Janeiro: Forense, 2003, p. 208.

ajuizamento de demandas trabalhistas, usualmente propostas no local da prestação do serviço.

Tem-se, ainda, o chamado domicílio negocial, local eleito pelas partes de determinado contrato para, na forma do artigo 78 do Código Civil, serem cumpridas obrigações oriundas da avença. Comumente, a cláusula é identificada com o chamado foro de eleição. Na realidade, ela é mais ampla, pois a última (foro de eleição) diz tão somente respeito à escolha do local onde judicialmente serão dirimidas as controvérsias nascidas da interpretação ou do descumprimento do contrato, ao passo que a primeira determina em que local as obrigações contratuais serão adimplidas (que poderá ser distinto do domicílio de ambas as partes).

Seja como for, Carlos Roberto Gonçalves suscita duas questões que não merecem ser olvidadas a respeito do foro de eleição[490]. A primeira delas diz respeito à obrigatoriedade ou não de propositura da ação no foro de eleição, pela parte que busque o Poder Judiciário para dirimir controvérsias envolvendo avença em que conste tal cláusula. Seria possível, nesse caso, o litigante valer-se do foro geral (domicílio do Réu), para propor a ação? Carlos Roberto Gonçalves entende que sim. Seu pensamento se guia por julgados como o ilustrativo acórdão do Tribunal de Justiça do Distrito Federal[491]:

> *"AGRAVO DE INSTRUMENTO. AÇÃO DE BUSCA E APREENSÃO PROPOSTA NO DOMICÍLIO DO DEVEDOR E NÃO NO FORO DE ELEIÇÃO. 1. 'O FORO DE ELEIÇÃO POR CLÁUSULA CONTRATUAL NÃO OBSTA A PROPOSITURA DE AÇÃO NO FORO DO DOMICÍLIO DO RÉU, NÃO CABENDO A ESTE EXCEPCIONAR O JUÍZO' (CF. RT.508/151). 2. RECURSO IMPROVIDO"*

Ocorre, porém, que essa solução não parece haver sido abonada pelo Superior Tribunal de Justiça. Vejamos o que se determinou no seguinte aresto[492]:

[490] Gonçalves, Carlos Roberto. Direito Civil Brasileiro – Parte Geral – v. I. 3 ed. São Paulo: Saraiva, 2006, p. 146/147.

[491] BRASIL. Superior Tribunal de Justiça. REsp 1087471/MT, Rel. Ministro Sidnei Beneti, TERCEIRA TURMA, julgado em 14/06/2011, DJe 17/06/2011.

[492] BRASIL. Tribunal de Justiça do Distrito Federal. AG: 20060020033711 DF , Relator: Antoninho Lopes, Data de Julgamento: 24/05/2006, 1ª Turma Cível, Data de Publicação: DJU 12/09/2006 Pág. : 93.

"DIREITO PROCESSUAL CIVIL. EXCEÇÃO DE INCOMPETÊNCIA. AÇÃO DE REPARAÇÃO DE DANOS. RESPONSABILIDADE CONTRATUAL. FORO DE ELEIÇÃO. CONTRATO DE FRANQUIA. LOCAL DO DANO. LOCAL DO DOMICÍLIO DO RÉU. COMPETÊNCIA TERRITORIAL RELATIVA. RECURSO ESPECIAL PROVIDO. JULGAMENTO CONJUNTO COM O RESP 930.875/MT.

1.- A competência para a ação que visa à reparação de danos, fundada em responsabilidade contratual ou extra-contratual, deve ser proposta no local onde se produziu o dano não no domicílio do réu.

Trata-se, no entanto, de competência territorial relativa que, portanto, pode ser derrogada por contrato, de modo a prevalecer o foro de eleição.

2.- Não desfaz a validade do foro de eleição a circunstância do ajuizamento da ação, decorrente de contrato de franquia, como ação indenizatória, porque esta sempre tem como antecedente a lide contratual.

3.- Inaplicável o Código de Defesa do Consumidor ao contrato de franquia, não se admite a alegação de abusividade da cláusula de eleição de foro ao só argumento de tratar-se de contrato de adesão.

4.- Recurso especial provido, com determinações e imediata remessa dos autos ao Juízo do foro de eleição (Rio de Janeiro), realizado o julgamento em conjunto com o REsp 930.875/MT."

Atente-se, porém, que o foro de eleição não será sempre admitido. Eis a segunda questão suscitada por Carlos Roberto Gonçalves. Temos, nessa esteira, que existem freios para a escolha de foro para a resolução judicial de conflitos contratuais. Ilustrativo, a respeito, o seguinte julgado[493]:

"Competência. Ação ordinária de anulação de negócio jurídico c/c restituição de valores e indenização por danos morais proposta no foro do domicilio do autor. Réu que tem sua sede em outra Comarca. Acolhimento de exceção de incompetência arguida pelo réu. Validade da cláusula de eleição de foro. Ausência de abusividade da cláusula de eleição de foro. Critérios objetivos para sua aferição: a) intelecção para entender o sentido e o alcance da cláusula de eleição; b) dificuldade no acesso ao Judiciário; c) obrigatoriedade de adesão. Aplicação mesmo quando em causa relação de consumo. Produto destinado a público restrito de 'colecionador' de veículos raros e de alto valor no mercado.

[493] BRASIL. Tribunal de Justiça de São Paulo. AI: 1755789420118260000 SP 0175578-94.2011.8.26.0000, Relator: Kioitsi Chicuta, Data de Julgamento: 08/09/2011, 32ª Câmara de Direito Privado, Data de Publicação: 09/09/2011.

Agravante que não se enquadra como sendo a parte mais fraca ou mesmo sem condições de acompanhar o processo na capital mineira. Recurso desprovido. A cláusula de eleição de foro só não prevalece quando abusiva e que é constatada por critérios objetivos: a) intelecção para entender o sentido e o alcance da cláusula de eleição; b) dificuldade de acesso ao Judiciário; c) obrigatoriedade da adesão. Não existe abusividade quando o agravante, dada sua condição pessoal e ao fato do produto adquirido ser próprio de público restrito e com reconhecimento da condição de 'colecionador' de veículos de alto valor de mercado, não fazendo jus ao reconhecimento como sendo a parte mais fraca ou mesmo sem condições de acompanhar adequadamente o processo na capital mineira."

Concordamos, em linhas gerais, com a impossibilidade de admissão de foros de eleição abusivamente inseridos nas avenças, como pode ocorrer nas hipóteses suscitadas no julgado acima transcrito, a saber: *a)* quando houver dificuldade de intelecção para entender o sentido e o alcance da cláusula de eleição; *b)* dificuldade de acesso ao Judiciário; *c)* obrigatoriedade da adesão. A única ressalva é que a terceira hipótese (obrigatoriedade de adesão) sugere que a cláusula de eleição seria nula em qualquer contrato de adesão. Ocorre, porém, que tal nulidade se circunscreve às hipóteses nas quais exista vulnerabilidade de uma das partes, como pode se dar nas relações de consumo, ou em que não se haja evidente prejuízo para a defesa do aderente. Nas demais hipóteses, seria admissível a inserção do foro de eleição. Enfim: o norte para o reconhecimento da invalidade da citada cláusula é a vulneração aos princípios constitucionais da ampla defesa, bem como a da inafastabilidade da apreciação de conflitos pelo Poder Judiciário (CF, artigo 5º, inciso XXXV).

Por fim, há hipóteses em que a lei estabelece um domicílio para o agente. Tais hipóteses estão tratadas no artigo 76 do Código Civil:

"Art. 76. Têm domicílio necessário o incapaz, o servidor público, o militar, o marítimo e o preso.

Parágrafo único. O domicílio do incapaz é o do seu representante ou assistente; o do servidor público, o lugar em que exercer permanentemente suas funções; o do militar, onde servir, e, sendo da Marinha ou da Aeronáutica, a sede do comando a que se encontrar imediatamente subordinado; o do marítimo, onde o navio estiver matriculado; e o do preso, o lugar em que cumprir a sentença."

Poucas observações devem ser feitas a respeito do domicílio necessário. A primeira delas é a de que nada impede a coexistência entre o domicílio voluntário e o domicílio necessário, determinado pela norma, pois, conforme já mencionado, entre nós, prevalece a regra da pluralidade de domicílios. Assim, um servidor público lotado em Brasília, mas que resida em Luziânia/GO (cidade do entorno do Distrito Federal) possuirá um domicílio voluntário (Luziânia), ao lado do seu domicílio necessário (Brasília).

A segunda é a de que o estabelecimento de domicílio necessário para o servidor público apenas ocorrerá nas hipóteses em que ele exerça permanentemente as suas funções, o que exclui da hipótese os servidores comissionados e os servidores ainda não estáveis. Quanto ao preso, este só será dotado de domicílio necessário quando cumprir sentença. Assim, uma prisão cautelar (temporária ou provisória) não implicará a criação de domicílio necessário para a pessoa trancafiada.

Outra questão relativa ao domicílio, que merece ser enfrentada, é a da alegação de extraterritorialidade pelo agente diplomático brasileiro citado no exterior. O artigo 77 do Código Civil dispõe:

> *"Art. 77. O agente diplomático do Brasil, que, citado no estrangeiro, alegar extraterritorialidade sem designar onde tem, no país, o seu domicílio, poderá ser demandado no Distrito Federal ou no último ponto do território brasileiro onde o teve."*

A alegação de extraterritorialidade diz respeito, em realidade, aos chamados privilégios diplomáticos. Determina a Convenção de Viena (1961) que, quando em missão diplomática, os membros dessa carreira (embaixadores a terceiros-secretários) ou do quadro administrativo e técnico, desde que, no último caso, oriundos do Estado acreditante (ou seja, não recrutados no Estado onde funciona a embaixada), gozarão de ampla imunidade penal e civil[494].

Nessa esteira, caso sejam demandados no Estado onde estejam desempenhando sua missão, poderão invocar os seus privilégios diplomáticos, suscitando sejam demandados no Brasil. Assim, o autor poderá optar entre dois foros para acionar o diplomata em solo nacional: o Distrito Federal ou o último ponto do território nacional onde o Réu tenha fixado domicílio.

Domicílio da pessoa jurídica

O Código Civil disciplina de forma precisa o domicílio das pessoas jurídicas, tanto de direito público, quanto privado:

[494] Rezek, José Francisco. Direito Internacional Público. 5 ed. São Paulo: Saraiva, p. 171.

Art. 75. Quanto às pessoas jurídicas, o domicílio é:

I – da União, o Distrito Federal;

II – dos Estados e Territórios, as respectivas capitais;

III – do Município, o lugar onde funcione a administração municipal;

IV – das demais pessoas jurídicas, o lugar onde funcionarem as respectivas diretorias e administrações, ou onde elegerem domicílio especial no seu estatuto ou atos constitutivos.

§ 1º Tendo a pessoa jurídica diversos estabelecimentos em lugares diferentes, cada um deles será considerado domicílio para os atos nele praticados.

§ 2º Se a administração, ou diretoria, tiver a sede no estrangeiro, haver-se-á por domicílio da pessoa jurídica, no tocante às obrigações contraídas por cada uma das suas agências, o lugar do estabelecimento, sito no Brasil, a que ela corresponder.

A leitura do dispositivo acima nos faz perceber que o domicílio da União é o Distrito Federal. Isso não significa, porém, que as demandas contra esse Ente da Federação necessariamente sejam propostas em Brasília. Em realidade, quando a União for autora, ela deverá mover a ação na seção judiciária onde tiver domicílio (artigo 109, § 1º da Constituição Federal). Quando for ré, as ações poderão ser aforadas na seção judiciária em que for domiciliado o autor, naquela onde houver ocorrido o ato ou fato que deu origem à demanda ou onde esteja situada a coisa, ou, ainda, no Distrito Federal (artigo 109, § 2º da Constituição Federal).

Os estados, por sua, vez terão como domicílio suas respectivas capitais e os municípios, os locais onde funcionarem as suas administrações. As demais pessoas jurídicas, o lugar onde funcionarem as respectivas diretorias e administrações, ou onde elegerem domicílio especial no seu estatuto ou atos constitutivos. A grande questão diz respeito aos parágrafos primeiro e segundo do artigo 75. Ela versa sobre a pluralidade de domicílio da pessoa jurídica, vinculando-o ao conceito de estabelecimento.

Nesta esteira, o artigo 1.142 do Código Civil assevera:

"Art. 1.142. Considera-se estabelecimento todo complexo de bens organizado, para exercício da empresa, por empresário, ou por sociedade empresária."

Corriqueira a confusão entre estabelecimento e local de funcionamento da sociedade empresarial. Ocorre, em realidade, que o estabelecimento é um complexo de bens, e não o local onde se assentam tais bens[495]. A localização do estabelecimento apenas servirá de parâmetro para a caracterização de múltiplos domicílios da pessoa jurídica.

As pessoas jurídicas sediadas no estrangeiro poderão ter estabelecimentos no Brasil. Não se confunde tal situação, porém, com sociedades regularmente constituídas no Brasil, ainda que conte, como acionistas, com sociedades estrangeiras. As chamadas multinacionais seguem muito esse modelo. Embora sejam constituídas originariamente em outras nações, subscrevem majoritariamente o capital social de empresas sediadas no Brasil, que recebem a sua denominação, via de regra seguida da expressão "(...) do Brasil".

A tais pessoas jurídicas (constituídas no Brasil ainda que por capital social subscrito por pessoas jurídicas estrangeiras) aplica-se a regra geral do domicílio, insculpida no inciso IV do artigo 75 do Código Civil. Já às pessoas jurídicas genuinamente estrangeiras, que não constituam pessoas jurídicas no Brasil, mas que aqui apenas tenham filiais, verdadeiros escritórios de representação, aí sim, será aplicável o parágrafo segundo do artigo 75 da Lei Civil, a determinar que "se a administração, ou diretoria, tiver a sede no estrangeiro, haver-se-á por domicílio da pessoa jurídica, no tocante às obrigações contraídas por cada uma das suas agências, o lugar do estabelecimento, sito no Brasil, a que ela corresponder".

Assim, as inúmeras relações jurídicas travadas pelas pessoas jurídicas ou naturais estarão umbilicalmente atreladas à ideia de domicilio, cujos contornos gerais temos por analisados.

[495] TOMAZETTE, Marlon. Curso de direito empresarial: teoria geral e sociedades. São Paulo: Atlas, 2008, v. 1, p. 88.

Capítulo 10
Bens

Aspectos introdutórios

Afirmamos alhures que o Código Civil, em sua Parte Geral, disciplinava uma relação jurídica. O primeiro elemento, os seus sujeitos, já foram analisados quando estudamos as pessoas físicas e jurídicas.

Inauguramos, nesse capítulo, a abordagem sobre o segundo elemento da relação jurídica: o seu objeto, tratado genericamente pela Lei Civil quando ela aborda os "Bens". Atente-se ao fato de que o Código Civil optou por tratar de forma distinta bens e coisas. Limitaremos a nossa análise ao conceito jurídico dos institutos ora tratados (bens).

Nessa esteira, temos que bem é gênero e coisa espécie. A própria abordagem dos institutos, pelo Código Civil, reforça a ideia, porquanto o primeiro é disciplinado na Parte Geral de nossa lei, ao passo que o último o é no livro específico dedicado aos direitos reais. Conquanto reconheçamos a multiplicidade de critérios distintivos, adotamos o pensamento de Orlando Gomes[496], segundo o qual bem pode abranger objetos de direito sem valor econômico, ao passo que coisa se restringe a utilidades patrimoniais. Em sentido ainda mais restrito, utilização que, na realidade preferimos, o vocábulo "coisa" se usa apenas para designar objetos corpóreos.

A coisa, aduz o festejado jurista[497], para assim ser considerada, deve, pois, reunir os seguintes atributos: *a)* economicidade; *b)* permutabilidade e, *c)* limitabilidade, ou seja, deve ser valorado economicamente, sendo passí-

[496] Gomes, Orlando. Introdução ao Direito Civil. 4 ed. Rio de Janeiro: Forense, 1974, p. 222.
[497] Gomes, Orlando. Introdução ao Direito Civil. 4 ed. Rio de Janeiro: Forense, 1974, p. 222.

vel de troca. Tem, ademais, que ser apropriável, o que induz a sua limitabilidade, porquanto apenas podemos trocar objetos quando forem definidos, restritos, dotados de valor certo. É inimaginável alguém, ao menos no aspecto privatístico, incluir como objeto da relação jurídica o ar atmosférico, senão quando, por exemplo, envazado em cilindros para mergulho. Em resumo: a noção restringe-se ao que pode ser objeto de domínio e posse. Abordemos, com mais vagar, o tema.

A coisa como objeto do direito de propriedade

Conforme salientamos, a coisa deve ser objeto de posse e domínio. Assim, indaguemos: seria possível a apropriação de objetos incorpóreos?

O Código Civil da Alemanha[498] não parece deixar espaço para dúvidas ao determinar:

> ***"Seção 90***
> *Conceito de coisa*
> *Apenas obejtos corpóreos são legalmente coisas."*

O Código Civil de Portugal, ao seu turno, parece enfrentar o tema de forma ligeiramente diversa:

> ***"ARTIGO 1302º***
> ***(Objecto do direito de propriedade)***
> *Só as coisas corpóreas, móveis ou imóveis, podem ser objecto do direito de propriedade regulado neste código."*
> ***ARTIGO 1303º***
> ***(Propriedade intelectual)***
> *1. Os direitos de autor e a propriedade industrial estão sujeitos a legislação especial.*
> *2. São, todavia, subsidiariamente aplicáveis aos direitos de autor e à propriedade industrial as disposições deste código, quando se harmonizem com a natureza daqueles direitos e não contrariem o regime para eles especialmente estabelecido."*

A leitura da lei portuguesa nos faz presumir, naquela Nação, a existência de "coisas" corpóreas e "coisas" incorpóreas. A grande discussão se coloca quanto à "propriedade" sobre objetos (coisas) incorpóreos. Ora, embora o

[498] Tradução livre da versão inglesa do BGB, disponível em http://www.fd.ul.pt/LinkClick.aspx?fileticket=KrjHyaFOKmw%3D&tabid=505, acesso em 15 de julho de 2013.

artigo 1302º do Código de Portugal sugira que o direito de propriedade, tratado ***nessa*** norma, deva incidir sobre bens corpóreos, parece, o artigo seguinte, admitir que formas diferentes de propriedade (imaterial) sejam disciplinados por legislação extravagante, sobre a qual incidirão subsidiariamente os comandos do Código Civil.

José de Oliveira Asecensão[499] nos brinda com lúcida compreensão da norma portuguesa, ao esclarecer que a interpretação literal do Código Civil de Portugal não parece ser a mais adequada. Afirma que os direitos do autor (assim como a propriedade industrial) sequer podem ser considerados direitos reais, porquanto não se submetem ao domínio exclusivo de um só.

A forma como se coloca a questão é apropriada. Quando somos donos de um carro, ao exercermos sobre ele os poderes derivados da propriedade (usar, fruir e dispor), tal utilização da coisa exclui o concomitante uso por terceiros. A oponibilidade *erga omnes* do direito real seria uma face da moeda, enquanto a exclusividade, a outra.

Igual fenômeno não ocorre com os direitos imateriais. O fato de haver publicado um livro em Brasília não impede que a obra seja indevidamente copiada em outra cidade do Brasil. A exclusividade, portanto, que exsurge do simples manejo das faculdades do domínio, não se verificaria quanto aos direitos do autor e quanto à propriedade industrial.

Conclui Ascensão[500], assim, que a chamada propriedade imaterial cuidaria de direitos de monopólio. Seriam, portanto, direitos pessoais e em nada se mostrariam enfraquecidos por essa constatação. Artificial seria vislumbrá-los como uma propriedade, passível, por exemplo, de aquisição por usucapião. E nem mesmo a sua defesa possessória seria oportuna. Hoje contamos com contundentes instrumentos processuais, como a antecipação de tutela na obrigação de não fazer, que garantiriam uma eficaz proteção dos institutos tratados.

Assim, mesmo a lei brasileira não tendo esclarecido se a expressão "coisas" se restringe a bens materiais, temos que sim, pela singularidade de que elas são objetos de direitos reais e estes demandam exclusividade no

[499] Ascensão, José de Oliveira. Direito Civil – Teoria Geral – v. I. 2 ed. Coimbra: Coimbra, 2000, p. 353/354.

[500] Ascensão, José de Oliveira. Direito Civil – Teoria Geral – v. I. 2 ed. Coimbra: Coimbra, 2000, p. 353/354.

manejo das suas faculdades, o que só se verifica, como visto, quanto a objetos corpóreos.

Ressaltamos, entretanto, que o Superior Tribunal de Justiça tem se mostrado vacilante quanto ao tema. Em julgado que versa sobre propriedade industrial, admitiu o exercício de propriedade sobre uma patente. Vejamos[501]:

> *"CIVIL - INTERDITO PROIBITORIO - PATENTE DE INVENÇÃO DEVIDAMENTE REGISTRADA - DIREITO DE PROPRIEDADE.*
>
> *I - A doutrina e a jurisprudencia assentaram entendimento segundo o qual a proteção do direito de propriedades, decorrente de patente industrial, portanto, bem imaterial, no nosso direito, pode ser exercida atraves das ações possessórias.*
>
> *II - O prejudicado, em casos tais, dispõe de outras ações para coibir e ressarcir-se dos prejuizos resultantes de contrafação de patente de invenção. Mas tendo o interdito proibitorio índole, eminentemente, preventiva, inequivocamente, é ele meio processual mais eficaz para fazer cessar, de pronto, a violação daquele direito.*
>
> *III - Recurso não conhecido."*

Ocorre, porém, que, ao tratar de direito autoral, negou o manejo das ações possessórias[502]:

> *"Agravo regimental. Recurso especial. Direitos autorais. Interdito proibitório cumulado com perdas e danos.*
>
> *1. O descabimento, quanto aos direitos autorais, do interdito proibitório não afasta o direito à indenização postulado com base no mesmo fato, qual seja a utilização de obras musicais sem a devida contraprestação financeira. Assim, repelida a proteção possessória, pode a ação prosseguir no tocante ao pedido indenizatório, igualmente formulado.*
>
> *2. Agravo regimental improvido."*

Reforçamos nossa adesão ao último entendimento. Ações fundadas em posse ou no domínio devem recair sobre coisas corpóreas, como decorrência do princípio da exclusividade do manejo dos poderes de usar, fruir e dispor do objeto.

[501] BRASIL. Superior Tribunal de Justiça. REsp 7196/RJ, Rel. Ministro Waldemar Zveiter, TERCEIRA TURMA, julgado em 10/06/1991, DJ 05/08/1991, p. 9997.

[502] BRASIL. Superior Tribunal de Justiça. AgRg no REsp 256.132/RS, Rel. Ministro Carlos Alberto Menezes DIREITO, TERCEIRA TURMA, julgado em 25/09/2000, DJ 20/11/2000, p. 292.

Superado, porém, o debate, passemos à classificação dos bens no Direito do Brasil.

Classificação dos bens

Os bens podem ser classificados segundo dois grandes critérios. No primeiro caso, consideramo-los tomados isoladamente. Assim, usemos como exemplo uma caneta. Podemos pensar na classificação de tal bem isoladamente. Nessa hipótese, iremos observá-la – e apenas ela – sendo possível, a partir disso, indagar se ela seria um bem móvel ou imóvel, consumível ou inconsumível, divisível ou indivisível. Note-se que as respostas demandadas exigirão apenas que se pense na caneta, sem que seja necessário compará-la com qualquer outro bem. Assim, nos deparamos com a classificação dos bens tomados em si mesmos.

Ocorre, todavia, que poderíamos indagar a respeito da mesma caneta. Ela é um bem principal ou acessório? Tal resposta seria impossível de ser dada, caso levemos em consideração apenas o dito utensílio. Com efeito, se compararmos a caneta à sua tampa, certamente ela será um bem principal, mas se compararmos a caneta ao Escritório à qual pertence, ela será um acessório. Assim, um bem só pode ser principal ou acessório em relação a outro objeto. Não por outro motivo, estamos diante da classificação dos bens reciprocamente considerados. Inauguremos, pois, nossa abordagem pela análise dos bens tomados em si mesmos.

Os bens tomados em si mesmos: Bens materiais e imateriais

A presente classificação já era conhecida pelos romanos. Nas Institutas de Justiniano[503], afirmava-se que as coisas eram corpóreas quando pudessem ser tocadas, como, entre outros objetos, um terreno, um escravo, um vestido, ouro, prata. As incorpóreas, ao seu turno, seriam aquelas que não se poderiam tocar, como, por exemplo, a herança, as obrigações, o usufruto e o uso.

Atualmente a classificação, embora não legislada, foi levemente aperfeiçoada, sendo certo que os bens materiais, ou corpóreos, são aqueles que podem ser apreendidos pelos sentidos, ao passo que incorpóreos são os que não podem. Assim, um carro e um prédio são obviamente bens materiais. A energia elétrica, igualmente, é corpórea, porquanto se pode senti-la. Os direitos e as prestações, por outro lado, são bens imateriais.

[503] Inst. 2, 2.

A classificação ora estudada é importante pois, como já debatido, o conceito de coisas e bens orbita em torno da materialidade do objeto. Não bastasse isso, os bens imateriais, salvo na hipótese de transmissão em virtude de morte, transmite-se pela simples cessão, ao passo que os objetos corpóreos, além do negócio jurídico de transmissão (como, por exemplo, a compra e venda) se aperfeiçoam pela tradição da coisa ou pelo seu registro, na hipótese de alienação de bens imóveis.

Bens imóveis

A importância de determinados bens para um grupo social pode determinar a forma como se opera a sua transmissão: mais ou menos solene.

Especula-se que, em Roma, durante o século VI a. C., foram definidas coisas que deveriam ser declaradas no censo, estabelecido pelo Sexto Rei de Roma – Sérvio Túlio, e que serviriam de parâmetro para o cálculo da riqueza do cidadão[504]. Esses bens eram chamados de *res mancipi* e a forma de sua transmissão era solene *(mancipatio* e *in iure cessio).* Como a sociedade romana, nos primórdios, era essencialmente agrícola, enquadravam-se entre tais coisas o *ager Romanus* (designação do solo onde se assentou Roma), os *praedia ilatica* (imóveis itálicos), as casas, as servidões prediais rústicas, os escravos, os animais de carga e tração (salvo camelos e elefantes, desconhecidos dos romanos nas suas origens) [505].

A distinção acima mencionada foi sendo abandonada à medida que o direito pretoriano passava a permitir a transmissão de *res mancipi* sem que se observasse a solenidade exigida para esse tipo de operação, de tal sorte que, ao tempo de Justiniano, já houvera caído a dita classificação em completo desuso, sendo, assim, substituída pela divisão das coisas em móveis e imóveis[506].

Pois bem, como acentuado, à medida em que um determinado bem ganha relevância social, são aprimorados os mecanismos de identificação

[504] Serafini, Filippo. Diritto Romano. 10 ed. Roma: Athenaeum, 1920, p. 179, traduz essa idéia ao afirmar: "Non è facile conoscere com precisione il critério che separava le *res mancipi.* La spegazione più probabile sembra la seguinte. Se cose mancipabili erano quelle che dovevano essere dichiarate nel censo, introdotto da Servio Tullio, per calcolare la ricchezza dei cittadini ed assegnare ai medesimi la classe rispettiva in cui dovevano votare nei comizi.".

[505] Alves, José Carlos Moreira. Curso de Direito Romano – v. I. 13 ed. Rio de Janeiro: Forense, 2000, p. 146/147.

[506] Correia, Alexandre e Sciascia, Gaetano. Manual de direito romano – v. I. 2 ed. São Paulo: Saraiva, 1953, p. 57/58.

de seus titulares e solenização de sua transmissão. Nos últimos séculos, vivemos o apogeu da riqueza imobiliária, realidade que se arrefece com a expansão da atividade industrial e tecnológica, pois a organização das pessoas jurídicas em sociedades por quotas e por ações faz com que tais papéis sejam o volátil, porém dinâmico, vetor da riqueza contemporânea.

Ainda assim, os bens imóveis são dotados de grande importância social e econômica, fato que justifica o tratamento a eles dados pela nossa lei. Já os bens móveis, no afã de se estimular a circulação de riquezas, merecem disciplina facilitadora do tráfego jurídico.

Mas qual seria a grande diferença, aos olhos da lei, entre bens móveis e imóveis, para que assim sejam classificados? O principal critério para distinção entre eles – mas não o único – prende-se ao aspecto naturalístico e se refere às consequências do deslocamento da coisa para a sua própria substância. Assim, caso seja transportada e isso não a afete, será considerada móvel; na hipótese contrária, imóvel, como se pode deduzir da leitura conjunta dos artigos 79 e 82 do Código Civil:

> *"Art. 79. São bens imóveis o solo e tudo quanto se lhe incorporar natural ou artificialmente.*
>
> *(...)*
>
> *Art. 82. São móveis os bens suscetíveis de movimento próprio, ou de remoção por força alheia, sem alteração da substância ou da destinação econômico-social."*

Deduz-se, portanto, que o solo é o bem imóvel por excelência. Sua natureza, todavia, transmite-se a tudo que natural ou artificialmente se lhe incorporar – são as chamadas acessões. Já abordamos, então, três tipos de imóveis: os imóveis por natureza (o solo), os imóveis por acessão natural (acréscimos de terra a determinado imóvel, sem a participação humana, como ilhas naturalmente formadas, aluvião e avulsão) e imóveis por acessão artificial (plantações e construções feitas pelo homem).

Quanto aos imóveis por natureza, não olvidemos que o artigo 1.229 estabelece que a propriedade imobiliária estende-se ao espaço aéreo e ao subsolo a uma altura ou profundidade úteis ao seu exercício. Esse é o denominado princípio da utilidade do exercício. Logo, não há interesse para o proprietário de evitar que um avião trafegue, em elevada altitude, sobre sua casa.

Há, por outro lado, que se observar a ressalva insculpida no artigo 176 da Constituição Federal e no artigo 1.230 do Código Civil, segundo o qual "a propriedade do solo não abrange as jazidas, minas e demais recursos minerais, os potenciais de energia hidráulica, os monumentos arqueológicos e outros bens referidos por leis especiais", a saber, o Código de Águas (Dec. 24.643/34) e o Código de Mineração (Dec.-Lei 227/67).

Bem, ao lado dos imóveis por natureza, temos os imóveis por acessão natural como árvores, arbustos, plantas rasteiras, e, na forma do artigo 1.248 do Código Civil, a aluvião, a avulsão, a formação de ilhas, o álveo abandonado. Paulo Nader[507] assevera que pouco importa se as árvores foram plantadas por seres humanos ou não, elas serão bens imóveis por acessões naturais. Ousamos, após analisarmos o artigo 1.248 do Código Civil, discordar da assertiva. Vejamos a norma:

> *"Art. 1.248. A acessão pode dar-se:*
> *I – por formação de ilhas;*
> *II – por aluvião;*
> *III – por avulsão;*
> *IV – por abandono de álveo;*
> *V – por plantações ou construções."*

A categorização das plantações como acessões artificiais ganha importância à medida que a lei disciplina uma série de relações jurídicas para as hipóteses de plantações ou construções, com sementes e materiais próprios em terrenos alheios, ou com sementes e materiais alheios em terras próprias. Assim, foi a lei, a partir do artigo 1.253 do Código Civil, que equiparou as plantações feitas pelo homem a acessões artificiais.

As acessões, como visto, podem ser também artificiais (construções e plantações realizadas pelos homens). Importante, porém, que haja sempre uma aderência física entre o objeto e o solo. Não entendemos, assim, haver mais espaço para aquilo que o Código Civil de 1916 tratava como acessão intelectual. Expliquemo-nos, tomando como base a redação da norma revogada:

> *"Art. 43. São bens imóveis:*
> *I. O solo com os seus acessórios e adjacências naturais compreendendo a superfície, as árvores e frutos pendentes, o espaço aéreo e o subsolo.*
> *II. Tudo quanto o homem incorporar permanentemente ao solo, como a semente lançada à terra, os edifícios e construções, de modo que se não possa retirar sem destruição, modificação, fratura, ou dano.*

[507] NADER, Paulo. Curso de direito civil – v. I. Rio de Janeiro: Forense, 2003, p. 314.

III. Tudo quanto no imóvel o proprietário mantiver intencionalmente empregado em sua exploração industrial, aformoseamento, ou comodidade."

Os dois primeiros incisos do artigo 43 da Lei Civil pretérita tratavam das acessões físicas (naturais e artificiais), mantidas pelo Código atual. Ocorre, porém, que o terceiro inciso abordava categoria diversa: os bens imóveis por acessão intelectual, assim compreendidos aqueles que o proprietário mantinha intencionalmente empregados em sua exploração industrial, aformoseamento ou comodidade, como ocorria com os móveis da casa, com o trator da fazenda, o armário embutido, a escada justaposta de incêndio, entre outros.

Andou bem o legislador ao extirpar tal categoria da classificação dos bens imóveis. A razão nos parece simples. O bem deve ser classificado como móvel ou imóvel por suas características intrínsecas e não por sua função em relação a outros. Não é por outro motivo que estamos lidando com a classificação dos bens tomados em si mesmos. Ora, se um objeto, para ser tido como imóvel, necessitava da análise de sua destinação em relação a outro, parece-nos que estaríamos a tratar de classificação dos bens ***reciprocamente*** considerados.

A boa técnica foi restaurada quando o legislador civil, nos artigos 93 e 94 do nosso Código, positivou a figura das "pertenças" como espécie de bens reciprocamente considerados. Como observaremos adiante, nessa categoria, podemos enquadrar todos as coisas outrora tidas como bens imóveis por acessão intelectual.

Não se pense, porém, que nas linhas anteriores se esgotam os bens imóveis, pois o Código Civil ainda trata dos que o são por determinação legal. Vejamos:

"Art. 80. Consideram-se imóveis para os efeitos legais:
I – os direitos reais sobre imóveis e as ações que os asseguram;
II – o direito à sucessão aberta."

Clóvis Beviláqua[508] ensina que os direitos, a rigor, por sua natureza, não entrariam no conceito natural de bens móveis, tampouco de imóveis. O legislador, porém, objetivando conferir maior segurança jurídica a deter-

[508] Beviláqua, Clóvis. Código Civil dos Estados Unidos do Brasil comentado – v. I. 9 ed. Rio de Janeiro: Francisco Alves, 1951, p. 286.

minados negócios, classificou alguns bens como imóveis por determinação legal, assim considerados os direitos reais sobre imóveis e as ações que os asseguram, bem como o direito à sucessão aberta e outros como móveis.

Quanto aos primeiros imóveis por destinação legal (os direitos reais sobre imóveis e respectivas ações), sabemos que, ao lado da propriedade, o mais robusto dos direitos reais, outros dela derivam, como o usufruto, a superfície, a servidão, entre outros. A mesma razão econômica para a solenização da transmissão da propriedade do bem imóvel justifica a adoção dos mesmos cuidados para constituição, transmissão e extinção dos demais direitos reais, dela derivados. Assim, da mesma forma que se exige escritura pública para transmissão da propriedade imobiliária quando o bem possuir valor superior a 30 salários mínimos, haverá de se respeitar tal solenidade para a constitiução de um usufruto, ou mesmo do direito de superfície sobre a referida coisa.

De outra banda, a sucessão se considera aberta no momento da morte do ***de cujus***. No exato momento do óbito, opera-se a transmissão dos bens aos herdeiros do falecido (artigo 1.792). Ocorre, porém, que, mesmo fictamente retroagindo a transmissão patrimonial ao momento do passamento, a efetiva divisão dos bens deixados, segundo as quotas cabíveis a cada sucessor, haverá de aguardar o fim do inventário e da partilha. Até lá, a herança deverá ser conservada, evitando-se que se fragmente e se dilapide nas mãos de herdeiros inescrupulosos. A lei, a fim de se implementar esse objetivo, adota alguns cuidados. O primeiro deles é tratar da herança como um todo indivisível, a teor do artigo 1.791 do Código Civil:

> *"Art. 1.791. A herança defere-se como um todo unitário, ainda que vários sejam os herdeiros.*
>
> *Parágrafo único. Até a partilha, o direito dos co-herdeiros, quanto à propriedade e posse da herança, será indivisível, e regular-se-á pelas normas relativas ao condomínio."*

Estabelecida a indivisibilidade da herança, outra medida protetiva para o espólio é que os direitos advindos da sucessão aberta sejam tratados como bens imóveis, solenizando-se sua transmissão. Nesse sentido, ao lado do já transcrito artigo 80 do Código Civil, o artigo 1.793 determina:

> *"Art. 1.793. O direito à sucessão aberta, bem como o quinhão de que disponha o co-herdeiro, pode ser objeto de cessão por escritura pública.*

§ 1º Os direitos, conferidos ao herdeiro em conseqüência de substituição ou de direito de acrescer, presumem-se não abrangidos pela cessão feita anteriormente.

§ 2º É ineficaz a cessão, pelo co-herdeiro, de seu direito hereditário sobre qualquer bem da herança considerado singularmente.

§ 3º Ineficaz é a disposição, sem prévia autorização do juiz da sucessão, por qualquer herdeiro, de bem componente do acervo hereditário, pendente a indivisibilidade."

Por fim, o Código Civil conserva a natureza imobiliária para alguns bens, como estabelece o artigo 81:

"Art. 81. Não perdem o caráter de imóveis:

I – as edificações que, separadas do solo, mas conservando a sua unidade, forem removidas para outro local;

II – os materiais provisoriamente separados de um prédio, para nele se reempregarem."

As edificações, quando fixadas no solo, são classificadas como acessões. Teoricamente, perdendo tal aderência, mobilizar-se-iam. A legislação civil, todavia, conserva fictamente a natureza de imóvel, quando a casa, por exemplo, é destacada como um todo e posta sobre um caminhão para transporte e fixação em outro local.

A mobilização naturalística de certas coisas, sem a correspectiva alteração de seu ***status*** jurídico, é igualmente obstada pelo inciso II do artigo 81 do Código Civil, ao determinar que os "materiais provisoriamente separados de um prédio, para nele se reempregarem", não deixam de ser imóveis. É a hipótese de destacamento de partes integrantes de construções para restaurações, voltando as peças a serem incorporadas à edificação após o procedimento.

O traço coincidente entre os incisos citados é a destinação dos bens destacados. Nos dois casos, eles voltarão naturalisticamente a serem imobilizados, ou como uma edificação fixada no solo (inciso I do artigo 81) ou como partes de uma construção já fixada (inciso II). Em qualquer outra hipótese, os bens mencionados voltarão a ser imóveis.

Bens móveis

Vimos que móveis são aqueles bens "suscetíveis de movimento próprio, ou de remoção por força alheia, sem alteração da substância ou da destinação econômico-social", consoante preceitua o artigo 82 do Código Civil.

Chamam-se os bens suscetíveis de movimento próprio de semoventes, neles incluídos os animais apropriáveis pelos homens (bovinos, suínos, equinos, entre outros). Todos citados no dispositivo, porém, são móveis por natureza, até mesmo os navios e as aeronaves, que são passíveis de serem dados como garantia hipotecária (artigo 1.473, VI e VII do Código Civil). Nessa hipótese, embora não se transformem em imóveis, são a eles equiparados para fins de concessão de garantia real.

Ocorre, ademais, que, a exemplo do que se dá com os imóveis, a lei versa sobre bens intangíveis como móveis. São eles:

> *"Art. 83. Consideram-se móveis para os efeitos legais:*
> *I – as energias que tenham valor econômico;*
> *II – os direitos reais sobre objetos móveis e as ações correspondentes;*
> *III – os direitos pessoais de caráter patrimonial e respectivas ações."*

Ora, se o objetivo do legislador quando pensou a respeito dos imóveis por destinação legal era a solenização de sua constituição, transmissão e extinção, o fim aqui versado é o oposto: almeja-se dinamizar o comércio jurídico, estimulando-se as trocas.

Assim, as energias que tenham valor econômico são um dos motores da moderna economia. Não faria sentido tratá-las de outra forma, senão como bens móveis. Os direitos reais sobre objetos móveis e as ações correspondentes seguem igualmente a mesma lógica pela qual os direitos reais sobre imóveis são também considerados bens imóveis. Ora, se a transmissão da propriedade de um bem móvel se dá pela simples tradição, não haveria motivos para solenizar a constituição, por exemplo, de usufruto sobre a mesma coisa.

Por fim, os direitos pessoais de caráter patrimonial e suas respectivas ações são também tratados como bens móveis. É o caso dos créditos advindos de obrigações pecuniárias. Sua transmissão não demanda nenhuma grande formalidade, pois, do contrário, o comércio jurídico estaria prejudicado.

Por fim, citemos, ao lado dos bens móveis versados no Código Civil, uma modalidade tratada pela doutrina: os bens móveis por antecipação, assim compreendidas aquelas coisas que, embora sejam acessões artificiais ou naturais, e, portanto, sejam imóveis, tenham a sua natureza de bens móveis voluntariamente antecipada para fins de realização de negócios jurídicos. É o que ocorre com a venda antecipada de uma safra. No momento do contrato, os grãos são bens imóveis por acessão artificial, embora já sejam negociados como se destacados do solo fossem, o que anteciparia o seu tratamento como móveis.

Importância da distinção entre bens móveis e imóveis

A principal implicação prática da distinção entre bens móveis e imóveis diz respeito à maneira pela qual suas respectivas transmissões se aperfeiçoam: a dos bens móveis ocorre por meio da tradição e dos imóveis pelo registro da escritura no cartório competente. Além disso, os imóveis podem ser oferecidos como garantia por meio de hipoteca e anticrese, ao passo que os móveis apenas por meio de penhor. Não bastasse isso, alguns negócios jurídicos são previstos especificamente para cada um dos dois tipos de bens: mútuo e depósito, para bens móveis e superfície para imóveis, por exemplo. Por fim, tem-se que, salvo no regime da separação absoluta (artigo 1.647 do Código Civil), a autorização do cônjuge é indispensável para alienar ou gravar de ônus real os bens imóveis.

Bens fungíveis e infungíveis

Chamam-se de fungíveis os bens que podem ser trocados por outros da mesma quantidade, qualidade e espécie, tal como disciplinado artigo 85:

> *"Art. 85. São fungíveis os móveis que podem substituir-se por outros da mesma espécie, qualidade e quantidade."*

Os bens infungíveis, ao seu turno, são aqueles que não podem ser substituídos por outro da mesma espécie, qualidade e quantidade. A ideia que permeia o conceito vem desde Roma.

Resta evidente que o critério de substituição de um bem por outro admite certa dose de subjetividade, o que sobreleva a importância das partes na celebração dos negócios jurídicos. Assim, um frigorífico, ao comprar gado, por mais nobre que sejam as peças adquiridas, estará a adquirir bens fungíveis, avaliados pelo peso e por outros aspectos que não os tornam únicos. Quando se compra, porém, um touro reprodutor, campeão de exposições, seu histórico o torna uma peça única.

O que estamos afirmando é que a singularidade da peça não está apenas em seus aspectos intrínsecos, mas na valoração a ela dada pelos partícipes do negócio jurídico. Assim, uma simples caneta esferográfica de plástico seria, em princípio, um bem fungível. Suponhamos, entretanto, que, com ela, um Presidente da República haja sancionado uma histórica lei. Colecionadores de objetos históricos poderiam ver, nesse fato, um aspecto de singularização a tornar o bem infungível. Outras pessoas, todavia, insensíveis a tais questões, continuarão a enxergar a dita caneta como um bem facilmente substituível por outros da mesma espécie e qualidade.

Bens consumíveis e inconsumíveis

Chamam-se de consumíveis os bens cujo primeiro uso implica sua destruição ou alienação. É o que se pode deduzir do artigo 86 do Código Civil:

> *Art. 86. São consumíveis os bens móveis cujo uso importa destruição imediata da própria substância, sendo também considerados tais os destinados à alienação.*

Poderiam, como lembram os italianos, ser considerados inconsumíveis os bens, ainda que deterioráveis, desde que a destruição da própria substância não seja imediata, vale dizer, no seu primeiro uso[509]. Assim, uma bala seria um bem consumível, como também o seria uma geladeira posta à venda em loja de eletrodomésticos, porquanto, no seu primeiro uso, ela será destinada à alienação. Um automóvel, por outro lado, assim como a geladeira de nossas casas, seriam bens inconsumíveis.

A importância do conceito se reflete sobretudo quando volvemos nossos olhares para o usufruto. Esse direito deve recair preferencialmente sobre bens inconsumíveis, sendo, na hipótese, chamado de usufruto próprio. Caso incida sobre bens consumíveis, haverá o chamado usufruto imprórprioe, ao seu final, em vez de se devolver a própria coisa dada em usufruto, serão devolvidas outras, da mesma espécie, qualidade e gênero, como determina o § 1º do artigo 1.392 do Código Civil.

Bens singulares e coletivos

Afirma o Código Civil (art. 89) que são "*(...) singulares os bens que, embora reunidos, se consideram* ***de per si****, independentemente dos demais.*" Busca, assim, indicar que relações jurídicas podem incidir sobre objetos individualizados. Tal fenômeno acontece corriqueiramente, quando compramos um livro, um carro, uma caneta. A relação jurídica incide sobre o objeto especificado.

509 TRAMONTANO, Luigi. Codice Civile Spiegato. Piacenza: CELT, 2005, p. 480 traduz claramente a ideia: "incomsumabili: quelle che possono usarsi nel tempo ma che sono comunque soggette a deteriorazione d'uso (l'automobile del precedente esempio)"..

Notemos, todavia, que os bens singulares podem ser representados por um todo orgânico (um animal, por exemplo) ou por um todo mecânico, derivado da junção de peças (como um navio) sendo, respectivamente, em cada uma das hipóteses, classificados como simples ou compostos[510]. O critério, pois, erigido por jurisconsultos romanos, leva em conta se as partes integrantes do bem desaparecem ou não como coisas existentes sobre si[511]. No primeiro caso, os objetos serão simples, e, no outro, compostos.

Não raro, porém, em vez de se comprar um boi, por exemplo, há a necessidade de aquisição de um rebanho. Nessa hipótese, estaremos diante de uma única compra ou de tantas quantos forem os animais adquiridos[512]?

O nosso Código, objetivando a simplificação do tráfego jurídico, opta por reconhecer as universalidades de fato ou de direito, permitindo que, sobre elas, quando assim interessar às partes, recaiam relações jurídicas unitárias. É o que se depreende da leitura do artigo 90 do Código Civil que, no entanto, ressalva a possibilidade de que continuem a serem possíveis negócios jurídicos incidentes isoladamente sobre cada bem singular que integra a universalidade. Vejamos:

> *"Art. 90. Constitui universalidade de fato a pluralidade de bens singulares que, pertinentes à mesma pessoa, tenham destinação unitária.*
>
> *Parágrafo único. Os bens que formam essa universalidade podem ser objeto de relações jurídicas próprias."*

As universalidades são, de fato, aquelas em que existe um vínculo finalístico entre os objetos, que possuem destinação unitária. É o caso da biblioteca, da frota de carros, do rebanho de animais. Conhece-se, porém, outro tipo de universalidade: a de direito. Sobre ela dispõe o artigo 91 do Código:

510 ALVES, José Carlos Moreira. Curso de Direito Romano – v. I. 13 ed. Rio de Janeiro: Forense, 2000, p. 142.

511 CORREIA, Alexandre e SCIASCIA, Gaetano. Manual de direito romano – v. I. 2 ed. São Paulo: Saraiva, 1953, p. 60.

512 LARENZ, Karl. Derecho Civil – Parte General. Madri: Revista de Derecho Privado, 1978, p. 377 assim materializa a ideia abordada: "*Cosa unitária y pluralidad de cosas.*—Quien toma em la mano un libro, una cuchara o un lapicero, no duda de que uno de tales objetos es una sola cosa. No obstante, cabe preguntar que sucede en el caso de una serie completa de libros, o de una biblioteca, y si se trata aqui respectivamente de *uma* cosa en la que pudiese existir *un solo* derecho de propiedad susceptible de transmisión por un acto único, o si se trata de tantas cosas y derechos de propiedad en particular como volúmenes existan en la serie o en la biblioteca.".

Art. 91. Constitui universalidade de direito o complexo de relações jurídicas, de uma pessoa, dotadas de valor econômico.

Assim, mesmo havendo grande heterogeneidade entre os bens que a compõem, prefere a lei dar-lhes um único fim, ao menos, até que se realize a respectiva partilha. Nessas hipóteses, estaremos diante das universalidades de direito, como o espólio, a massa falida e o patrimônio. Dediquemos, porém, algumas linhas ao tratar do patrimônio.

O patrimônio

A palavra "patrimônio" tem uso corrente entre os operadores do direito e significa o *"complexo das relações jurídicas de uma pessoa, que tiverem valor econômico"* [513]. Deduz-se do conceito transcrito que as mencionadas relações jurídicas de conteúdo econômico envolvem não apenas as que redundam créditos para o interessado, mas também as que engendram débito. Dessarte, ainda que o sujeito tenha mais dívidas do que outros bens, ainda assim, será titular de patrimônio. Excepcionalmente, porém, a lei poderá exigir como pressuposto de sua incidência a existência de patrimônio líquido, vale dizer, a constatação de saldo positivo entre o acervo de bens e créditos, de um lado, e de débitos do outro. Importante exemplo nos é dado pelo artigo 1711 do Código Civil, ao dispor:

"Art. 1.711. Podem os cônjuges, ou a entidade familiar, mediante escritura pública ou testamento, destinar parte de seu patrimônio para instituir bem de família, desde que não ultrapasse um terço do patrimônio líquido existente ao tempo da instituição, mantidas as regras sobre a impenhorabilidade do imóvel residencial estabelecida em lei especial."

Percebe-se, portanto, dos apontamentos acima delineados que, ao menos originariamente, pelo Direito Civil, fora estabelecida uma correlação entre personalidade e patrimônio. Orlando Gomes extrai da premissa lançada, por ele denominada de teoria clássica do patrimônio, as seguintes consequências[514]:

"1º, só as pessoas, naturais ou jurídicas, podem ter patrimônio;
2º, toda a pessoa tem necessariamente um patrimônio;

513 Beviláqua, Clóvis. Código Civil dos Estados Unidos do Brasil comentado – v. I. 9 ed. Rio de Janeiro: Francisco Alves, 1951, p. 304.

514 Gomes, Orlando. Introdução ao Direito Civil. 4 ed. Rio de Janeiro: Forense, 1974, p. 225.

3º, cada pessoa só pode ter um patrimônio;

4º, o patrimônio é inseparável da pessoa"

Critica, porém, o que chama de subjetivismo da concepção, por entender que confunde duas noções distintas: patrimônio e personalidade. Ressalta que a doutrina moderna do patrimônio se mostra vantajosa por estabelecer um vínculo objetivo entre os bens que compõem o patrimônio: a sua própria destinação. Alia, portanto, ao patrimônio geral, diversos patrimônios especiais. Transcrevamos, pois, seu entendimento[515]:

"No patrimônio geral, os elementos unem-se pela relação subjetiva comum com a pessoa. No patrimônio especial, a unidade resulta objetivamente da unidade do fim para o qual a pessoa destacou, do seu patrimônio geral, uma parte dos bens que o compõem.

A idéia de afetação explica a possibilidade da existência de patrimônios especiais. Consiste numa restrição pela qual determinados bens se dispõem, para servir a fim desejado, limitando-se, por este modo, a ação dos credores."

Caio Mário, por outro lado, cerra fileiras ao lado dos defensores da teoria tradicional, ao assim consignar[516]:

"(...) Os bens existem no patrimônio do titular, ora com o encargo de serem transferidos a outrem, ora sob a condição de o serem em determinadas circunstâncias, e, então, poderão, ou não, ser transmitidos ou permanecer em definitivo. Mas sempre como massa de bens e não como um patrimônio distinto do seu sujeito. Por uma questão de linguagem, às vezes são estes acervos bonitários apelidados de 'patrimônios separados', em atenção aos fins a que se destinam certos bens, ou às circunstâncias de se impor ao sujeito a sua discriminação, ou pela necessidade de se administrarem de maneira especial. Não obstante, porém, a separação de tais acervos ou massas, o patrimônio do indivíduo há de ser tratado como unidade, em razão da unidade subjetiva das relações jurídicas."

Entendemos que nosso legislador acatou o posicionamento de Orlando Gomes, ao acrescentar à Lei nº 4.591/64 os seguintes dispositivos:

515 Gomes, Orlando. Introdução ao Direito Civil. 4 ed. Rio de Janeiro: Forense, 1974, p. 226.

516 Pereira, Caio Mário da Silva. Instituições de directo civil – v. I. 20 ed. Rio de Janeiro: Forense, 2004, p.396.

> *"CAPÍTULO I-A.*
> *DO PATRIMÔNIO DE AFETAÇÃO*
> *(Incluído pela Lei nº 10.931, de 2004)*
> *Art. 31-A. A critério do incorporador, a incorporação poderá ser submetida ao regime da afetação, pelo qual o terreno e as acessões objeto de incorporação imobiliária, bem como os demais bens e direitos a ela vinculados, manter-se-ão apartados do patrimônio do incorporador e constituirão patrimônio de afetação, destinado à consecução da incorporação correspondente e à entrega das unidades imobiliárias aos respectivos adquirentes.(Incluído pela Lei nº 10.931, de 2004)*
> *§ 1º O patrimônio de afetação não se comunica com os demais bens, direitos e obrigações do patrimônio geral do incorporador ou de outros patrimônios de afetação por ele constituídos e só responde por dívidas e obrigações vinculadas à incorporação respectiva. (Incluído pela Lei nº 10.931, de 2004)"*

Assim, em situações específicas, discriminadas em lei, poderão ser expressamente apartados certos bens para constituírem patrimônios específicos, afetados a finalidades previamente estabelecidas.

Não se pense, porém, aí estarem exauridas as formas de se classificar o patrimônio do sujeito. Hodiernamente a teoria civilista, em atenção ao princípio da dignidade da pessoa humana, protege a existência de acervo patrimonial mínimo, capaz de garantir a proteção FUNCIONALIZADA do ser humano. Assim, são estabelecidas regras de impenhorabilidade, por exemplo, que impedem o aviltamento patrimonial do indivíduo[517].

Bens reciprocamente considerados

Apreciada a classificação proposta por nossa lei civil sobre os bens tomados em si mesmos, cabe breve incursão sobre os bens reciprocamente considerados.

Vejamos que a classificação ora versada só faz sentido quando comparamos um bem ao outro. Logo, é um equívoco, do ponto de vista técnico, indagar se uma piscina é um bem principal ou acessório. A pergunta que se deve fazer é: em relação a quê? Em outras palavras, a piscina, em relação à suas próprias raias destacáveis, seria um bem principal? E em relação ao parque aquático onde se localiza, seria ela um bem principal ou acessório?

[517] CARNACCHIONI, Daniel Eduardo. Curso de Direito Civil – Institutos Fundamentais. Rio de Janeiro:Lumen Iuris, 2010, p. 377/378.

Na primeira hipótese, vislumbramos ser um bem principal. Já, na segunda, acessório. A conclusão à qual se pode chegar, portanto, é que uma mesma coisa, a depender da referência tomada, pode ter sua situação alternada entre principal e acessório.

A diferença, pois, entre bem acessório e principal foi assim estabelecida pelo Código Civil:

> *"Art. 92. Principal é o bem que existe sobre si, abstrata ou concretamente; acessório, aquele cuja existência supõe a do principal."*

Repita-se: o critério eleito pela Lei Civil só fará sentido quando comparados bens entre si. Mas, ainda assim, resta explorar o que seria existir "sobre si, abstrata ou concretamente". E o que seria uma existência calcada na suposição de um bem principal?

Talvez um critério seguro tenha sido fornecido por Roberto de Ruggiero ao analisar o tema discutido. Afirma o jurista italiano que a ligação entre o bem principal e acessório é tal que, havendo conjunção entre os dois, o primeiro determinará a função do todo. Logo, pode-se entender que o "existir sobre si", ocorreria quando um bem assumisse uma posição preponderante a ponto de determinar a função econômico-social do todo[518].

Superado esse ponto, é de indagar-se: qual a principal implicação de se classificar um bem como principal ou acessório? A resposta remonta ao brocardo jurídico ***"accessorium sequitur suum principale"***, que significa "o acessório segue o seu principal", conhecida como regra da gravitação jurídica.

É de se notar que, não raro, ao se indagar sobre o conceito de bens acessórios, juristas menos avisados afirmem serem aqueles que seguem a sorte do principal. Mas não é esse o conceito! Estariam a classificar o bem acessório por uma de suas possíveis consequências e não pela causa[519]. Frise-se: uma de suas ***possíveis*** consequências e não uma de suas ***necessárias*** consequências. Sim, seguir a sorte do principal não acontece em ***todos*** os casos. Há hipóteses em que a lei aparta alguns casos da regra geral, como

[518] RUGGIERO, Roberto de. Instituições de Direito Civil – v. II. Campinas: Bookseller, 1999, p. 418/419.

[519] Como mencionado alhures, a causa para se afirmar que um bem é acessório é o fato de supor a existencia de outro – o bem principal.

ocorre nas pertenças (art. 94 do Código Civil) e em algumas acessões (par. único do art. 1.255, art. 1.258 e art. 1.259, todos do Código Civil). Nessas hipóteses, embora estejamos tratando de bens acessórios, houve por bem a lei determinar que não necessariamente seguissem a sorte do principal. Apreciados os aspectos introdutórios, passemos à análise dos bens acessórios em espécie.

Espécie de acessórios – as pertenças

A primeira modalidade de acessórios, segundo nossa Lei Civil são as pertenças. Assim o Código Civil as define:

> *"Art. 93. São pertenças os bens que, não constituindo partes integrantes, se destinam, de modo duradouro, ao uso, ao serviço ou ao aformoseamento de outro."*

Tentemos compreender o conceito legal a partir de um exemplo simples. A tampa de uma caneta não é uma parte integrante do bem principal (a caneta), mas, de forma duradoura, está destinada ao uso, ao serviço e, não raro, ao aformoseamento do último. A tampa da caneta seria, assim, uma pertença sua. Assim também os móveis de uma casa. Não integrariam a estrutura interna do próprio prédio, como o fazem as paredes, mas estão destinados ao uso, ao serviço ou ao aformoseamento da edificação, sendo, portanto, suas pertenças.

Os dois exemplos acima expostos nos fazem notar que a pedra de toque para a compreensão do que vem a ser uma pertença é a sua distinção em relação às partes integrantes. O próprio Código Civil frisa tal aspecto ao asseverar, no artigo 94, serem as pertenças "(...) os *bens que, não constituindo partes integrantes, se destinam, de modo duradouro, ao uso, ao serviço ou ao aformoseamento de outro*".

Convém, portanto, sejam extremadas as pertenças das partes integrantes. Partes integrantes, como se pode deduzir da própria nomenclatura, participam da estrutura interna do bem. Não se pode imaginar a coisa sem as partes que a integram. Seria, assim, concebível um automóvel sem as suas rodas e pneus? É claro que não! Por outro lado, podemos imaginar o mesmo veículo sem o aparelho de som nele instalado posteriormente à compra? A resposta é uma só: sim, podemos! Logo, as rodas e pneus seriam partes integrantes, ao passo que o aparelho de som instalado seria uma pertença.

Outros exemplos se sucederiam: muitos pais de crianças, ao adquirirem livros didáticos para seus filhos, envolvem-nos cuidadosamente com capa plástica para melhor conservá-los ao longo do ano letivo. Assim, folhas de papel, que compõem a estrutura interna do livro, seriam suas partes integrantes, ao passo que a capa plástica aposta para proteger o livro seria uma pertença.

Em resumo: as partes integrantes são os próprios componentes da coisa, ao passo que as pertenças são bens diferentes do principal, mas que são empregadas no seu uso, serviço ou aformoseamento.

Cabe frisar, ainda, que doutrinariamente se tem feito distinção entre partes integrantes essenciais e não essenciais, conceitos transplantados do direito civil germânico. O Código Civil alemão, aliás, dispõe[520]:

> *"Parágrafo 93*
>
> *Partes Essenciais de uma coisa*
>
> *Partes de uma coisa que não podem ser separadas sem que uma ou a outra sejam destruídas ou submetidas à alteração de natureza (partes essenciais) não podem ser objeto de direitos separasos."*

Karl Larenz[521], ao abordar o conceito de partes integrantes essenciais e não essenciais explica que, as primeiras, ao contrário do que o senso comum poderia apontar, não são aquelas de especial relevância para a natureza da coisa, seja para sua identidade, qualidade ou utilidade, mas aquelas que não podem ser destacadas da coisa sem que tal fato acarrete

[520] Tradução livre da versão inglesa do BGB, disponível em http://www.fd.ul.pt/LinkClick.aspx?fileticket=KrjHyaFOKmw%3D&tabid=505, acesso em 15 de julho de 2013.

[521] LARENZ, Karl. Derecho Civil – Parte General. Madri: Revista de Derecho Privado, 1978, p. 379/380 traduz tal pensamento ao assim afirmar: *"d) Partes integrantes de las cosas.— Las partes espacialmente distinguibles de una cosa que debe considerarse como unidad son designadas por la ley como partes integrantes de la misma. Las partes integrantes de una cosa comparten, si no se ha dispuesto de distinta forma, el destino jurídico de la cosa en su totalidad. La venta y la transferência de uma cosa determinada comprenden, por tanto, el conjunto de sus partes integrantes, si no se han exceptuado explicitamente algunas de ellas. Entre las partes integrantes distingue la ley las llamadas «esenciales» y las «no esenciales». Estas denominaciones pueden inducir a error. Respecto a las partes integrantes «esenciales», no se trata de aquellas que son de especial relevancia para la naturaleza de la cosa, ya sea para su identidad, su calidad o su utilidad, sino de aquellas cuja separación (dei resto de la cosa o de las partes que despues quedaren) seria antieconómica. El Código pretende evitar separaciones antieconómicas cuando determina que las denominadas partes integrantes esenciales —en tanto no estén efetivamente separadas entre si— no pueden ser objeto de derechos especiales (art. 93)"*

uma separação antieconômica. Apreendendo de forma muito clara tais ensinamentos, assevera Leonardo Brandelli[522]:

> *"Partes integrantes essenciais são aquelas que não podem ser separadas entre si sem que alguma resulte destruída ou essencialmente modificada.*
>
> *Partes integrantes não essenciais são as que podem ser separadas da coisa sem que isso signifique um prejuízo à sua existência.*
>
> *Note-se que, para auferir se há ou não a possibilidade de separação da coisa sem que seja substancialmente modificada, tomar-se-á em conta um critério econômico-social e não naturalístico, isto é, ver-se-á se a separação seria antieconômica e não se há relevância para a natureza da coisa.*
>
> *Assim, restará modificada na sua essência a parte integrante, quando sua utilidade e o seu valor ficarem reduzidos substancialmente por conseqüência da separação. Isso não ocorre, todavia, com as partes facilmente movíveis e que são tratadas no tráfico como coisas independentes e assim, facilmente substituíveis e novamente utilizáveis.*
>
> *(...)*
>
> *Com efeito, coisas que à primeira vista possam parecer partes integrantes essenciais, após uma melhor análise com vistas ao critério econômico (que é o juridicamente relevante), qualificar-se-ão como partes integrantes não essenciais. É o caso, por exemplo, dos pneus de um automóvel que, para efeitos legais, são uma parte integrante não essencial, mesmo tendo-se em mente que o automóvel não possa circular sem os pneus. Isto ocorre porque o pneu pode facilmente ser substituído, além de ser uma coisa que, mesmo após sua separação, continua tendo valor, isto é, não há uma desvalorização substancial pela separação.*
>
> *(...)*
>
> *As pertenças, da mesma forma que as partes integrantes não essenciais, podem ser objeto de direitos separados e, por isso, nem sempre é fácil distinguí-las na prática. Para tal fim, deve-se adotar o critério da não fundamentalidade para a utilização da coisa principal e o da conservação da individualidade, sempre presentes nas pertenças. As pertenças, ao contrário das partes integrantes não essenciais, não formam com a coisa principal uma unidade."*

Assim, volvendo ao exemplo do carro, o ponto da lataria onde se encontra o chassis seria uma parte integrante essencial, enquanto os pneus

[522] BRANDELLI, Leonardo. A Relação de Pertencialidade no Direito Brasileiro. Disponível em http://fm.cartorios.net/plugins/filemanager/files/1jundiai/artigos/Relacao_de_Pertencialidade_no_Direito_Civil_Brasileiro.pdf, acesso em 11/07/2015.

seriam uma parte integrante não essencial e o aparelho de som do veículo uma pertença. Tal fato se deve à impossibilidade de separar a parte onde se encontra gravado o chassis do resto do veículo sem uma substancial perda de valor, enquanto os pneus podem sê-lo. No entanto, ambos são partes integrantes, pois não se pode imaginar um carro sem chassis ou sem pneus. O som, todavia, segundo os critérios da autonomia e da não fundamentalidade, seria uma pertença, pois conserva sua individualidade frente ao veículo e não é imprescindível à existência do carro (em resumo, não se pode imaginar um carro funcionalmente útil sem pneus, mas podemos fazê-lo sem o aparelho de som).

Feitas tais observações, seria cabível indagar: as pertenças, de fato, seriam bens acessórios? A discussão é justificável, ante o peso daqueles que defendem posições distintas.Ferrara[523], nessa esteira, deixa claro não considera-las como bens acessórios, ao afirmar:

> *"Tem-se, até então, evitado cuidadosamente falar-se em coisas acessórias a propósito das partes integrantes e das pertenças. Ainda assim, a doutrina dominante reconduz a tais categorias as partes constitutivas e as coisas auxiliares, comentendo uma imprecisão*

[523] FERRARA, Francesco. Trattato di diritto civile italiano. Roma: Athenaeum, 1921, p. 795, tradução livre de : *"168. Si è fin qui evitato con ogni cura di parlare di cose accessorie. a propósito delle parti e delle pertinenze. E pure la dottrina dominante riconduce a tale categoria le parti costitutive e le cose ausiliarie, commettendo un' inesattezza per cio che riguarda le prime, e seminando germi di confusione per cio che attiene alle seconde. La nozione di cosa accessoria infatti è indeterminata ed elástica, e comprende nella sua sfera le figure più disparate che hanno solo di comune un certo rapporto di subordinazione e di dipendenza verso la cosa: cosi il frutto è un accessorio dell'albero che lo produce, l'alvius derelictus è accessorio dei fondi rivieraschi, la pertinenza è accessorio della cosa principale. La sella è un accessorio del cavalo, i documenti d'acquisto sono accessori dei diritto, di proprietà trasferito, ed altre infinite applicazioni. Questo concetto straordinariamente vago è per il diritto inservibile, e deve rifiutarsi. Ma deve altresi il concetto di cosa accessoria negarsi là, dove esiste una figura individuata di diritto, com propri caratteri ed effetti, come nel caso di parte costitutiva e pertinenza. II dire che la pertinenza è una cosa accessoria alla principale, non aggiunge niente alla teoria, ma sivvero crea confusioni, in quanto si può essere indotti ad applicare i principi dele pertinenze ad altre cose accessorie. Peraltro, al concetto di cosa accessoria resta un valore giuridico, dove si intenda limitatamente a quegli oggetti, che senza esser parti o pertinenze, pure secundo l'intenzione dei contraenti si considerano come destinati a servire od aggiunti ad un'altra cosa principale, e perciò trasmessi contemporaneamente con quest'ultima. L' idea che presiede alla nozione di accessori è essenzialmente di natura diversa di quella di pertinenza, che è una forma di colleganza reale. Infatti il concetto di cosa accessoria è di natitra puramente subbiettiva : è una colleganza volontaria, presuntira, accidentale, variabile secondo le circunstanze e secondo gli interessi individuali: accessorio è quello che per volontà delle parti, interpetrato anche secondo gli usi dei commercio, ha un valore subordinato rispetto ad un'altra cosa principale, e perciò deve intendersi compreso nell' alienazione di quella."*

no que toca aos primeiros e semeando o germe da confusão no que se refere aos últimos. A noção de coisa acessória é, de fato, indeterminada e elástica, e compreende na sua esfera as figuras mais díspares, que só têm em comum uma certa relação de subordinção e de dependência com a coisa: assim o fruto é um acessório da árvore que o produz, o ***alvius derelictus*** *é acessório dos fundos ribeirinhos, a pertença é acessório da coisa principal, a sela é acessório do cavalo, os documentos de aquisição são acessórios dos direitos de propriedade transferidos e uma infinidade de outras aplicações.*

Esse conceito extraordinariamente vago é inservível para o direito e deve ser refutado. Mas deve outrossim negar-se o conceito de coisa acessória onde houver uma figura jurídica individualizada, com caracteres e efeitos próprios, como no caso das partes integrantes e pertenças. Afirmar-se que a pertença é uma coisa acessória à principal não acrescenta nada à teoria, mas, em verdade, cria confusão, porquanto se pode ser induzido a aplicar os princípios das pertenças a outras coisas acessórias. Por outro lado, sobre o conceito de coisa acessória repousa um valor jurídico, que se circunscreve limitadamente àqueles objetos, que sem ser partes integrantes ou pertenças podem, segundo intenção dos contratantes serem considerados como destinados a servir ou adicionarem--se a uma coisa principal e, por isso, transmitir-se simultaneamente com esta última. A ideia que preside à noção de acessório é de natureza essencialmente diversa daquela da pertença, que é uma forma de ligação real. Na verdade, o conceito de coisa acessória é de natureza puramente subjetiva: é uma ligação voluntária, presumida, acidental, variável segundo as circunstâncais e segundo os interesses individuais: acessório é aquele que por vontade das partes, interpretado, também segundo os usos comerciais, há um valor subordinado referente a uma outra coisa principal e, por isso, deve entender-se compreendido na alienação daquela."

A leitura das contundentes críticas lançadas à teoria dominante nos faz compreender que Ferrara entende as pertenças como um ***tertium genus*** em relação aos bens acessórios e principais. Logo, para o mencionado autor, elas não seriam acessórios, tampouco principais, mas simplesmente... pertenças!

Não obstante o peso da pena de Ferrara, somos obrigados a discordar de suas lições. Ora, a lei brasileira adotou claramente um conceito para acessório e para principal: é acessório aquele bem que, comparado a outro, supõe a existência do último. Assim lançada a premissa, como as pertenças servem ao uso, ao serviço ou ao aformoseamento de outro bem, é óbvio que supõem a existência deste ao qual servem, sendo, assim, bens acessórios.

É fato que as pertenças não seguem, em regra, a sorte do bem principal. Acontece, repita-se, que seguir a sorte do bem principal não é o pressuposto para ser acessório, mas sua mera consequência e que não necessariamente será aplicada a todos os bens acessórios, como discutido alhures.

Espécie de acessórios – os frutos

A segunda modalidade de acessórios, segundo nossa Lei Civil são os frutos, assim tratados por nossa lei:

> *"Art. 95. Apesar de ainda não separados do bem principal, os frutos e produtos podem ser objeto de negócio jurídico."*

Frutos são bens que podem ser destacados do principal sem que tal fato acarrete diminuição de sua substância. Justamente por esse fato, diferem dos produtos, cuja separação da coisa que lhe dá origem acarreta a diminuição do bem principal. Vejamos exemplo simplório da diferença: a extração de ovos da galinha seria a percepção de seus frutos (do ponto de vista biológico), enquanto o seu abate para que se consuma sua carne seria voltado à obtenção de um produto seu. Igualmente, a colheita agrícola de determinada propriedade se enquadra como frutos, ao passo que a extração de areia do solo de produto. Seguindo tal lógica, os exemplos são inúmeros.

Reveste-se de importância a classificação dos frutos. São, quanto à origem, classificados em naturais, industriais e civis, caso provenham, no primeiro caso, espontaneamente do bem principal por sua própria força orgânica (cria dos animais) ou, na segunda hipótese, caso resulte da intervenção humana (brinquedos frutos de uma linha de produção de uma indústria, outros bens manufaturados). Quanto à terceira hipótese, assim são considerados os rendimentos obtidos pela utilização da coisa por terceiro, que não o seu dono, como aluguéis e juros[524].

Quanto ao seu estado, os frutos podem ser: *a)* pendentes, se ainda unidos ao bem principal, *b)* quando destes destacados, podem ser percebidos (caso civis ou industriais) e colhidos (caso naturais), *c)* estantes são aqueles que, mesmo após percebidos ou colhidos, são conservados em determinado local, ainda existindo, *d)* consumidos aqueles que, ao contrário dos últimos, após separados, já não mais existem e, *e)* percipiendos, aqueles que deveriam, mas não foram destacados da coisa principal[525].

[524] RODRIGUES, Sílvio – Direito Civil – Parte Geral v. 1. 32 ed. São Paulo: Saraiva, 2002, p. 140.

[525] BEVILÁQUA, Clóvis. Código Civil dos Estados Unidos do Brasil comentado – v. I. 9 ed. Rio de Janeiro: Francisco Alves, 1951, p. 307.

A grande importância do estudo dos frutos e seu estado é sentida na análise dos efeitos da posse, quando se disciplina a quem eles pertencerão – ao possuidor, ou ao proprietário – conforme a boa-fé ou a má-fé daquele que se apossou do bem principal (art. 1.214 a 1.216 do Código Civil):

> *"Art. 1.214. O possuidor de boa-fé tem direito, enquanto ela durar, aos frutos percebidos.*
>
> *Parágrafo único. Os frutos pendentes ao tempo em que cessar a boa-fé devem ser restituídos, depois de deduzidas as despesas da produção e custeio; devem ser também restituídos os frutos colhidos com antecipação.*
>
> *Art. 1.215. Os frutos naturais e industriais reputam-se colhidos e percebidos, logo que são separados; os civis reputam-se percebidos dia por dia.*
>
> *Art. 1.216. O possuidor de má-fé responde por todos os frutos colhidos e percebidos, bem como pelos que, por culpa sua, deixou de perceber, desde o momento em que se constituiu de má-fé; tem direito às despesas da produção e custeio."*

Espécie de acessórios – as benfeitorias e acessões

As últimas modalidades de acessórios são benfeitorias e as acessões. Aquelas assim são tratadas pelo Código Civil:

> *Art. 96. As benfeitorias podem ser voluptuárias, úteis ou necessárias.*
>
> *§ 1º São voluptuárias as de mero deleite ou recreio, que não aumentam o uso habitual do bem, ainda que o tornem mais agradável ou sejam de elevado valor.*
>
> *§ 2º São úteis as que aumentam ou facilitam o uso do bem.*
>
> *§ 3º São necessárias as que têm por fim conservar o bem ou evitar que se deteriore.*
>
> *Art. 97. Não se consideram benfeitorias os melhoramentos ou acréscimos sobrevindos ao bem sem a intervenção do proprietário, possuidor ou detentor.*

Benfeitorias são obras ou despesas efetuadas em coisa já existente para evitar-lhe a ruína (quando necessárias), aumentar-lhe o proveito econômico (quando úteis) ou tão somente, torná-la mais confortável ou bonita (benfeitorias voluptuárias). A pedra de toque do conceito é que transformam coisa já existente, melhorando-a[526]. Diferem das pertençaspois, ao transformarem a coisa, pois a ela se incorporam, não mantendo sua individualidade, como o fazem as primeiras.

[526] ASCENSÃO, José de Oliveira. Direito Civil – Teoria Geral – v. I. 2 ed. Coimbra: Coimbra, 2000, p. 390/391.

As acessões, por seu turno, representam uma adesão de coisa, que não existia no bem principal, a este. O Código Civil de Portugal, ao contrário do nosso, estabelece-lhes um conceito:

> *SECÇÃO III*
> *Acessão*
> *SUBSECÇÃO I*
> *Disposições gerais*
> *ARTIGO 1325º*
> *(Noção)*
> *Dá-se a acessão, quando com a coisa que é propriedade de alguém se une e incorpora outra coisa que lhe não pertencia.*

É, em realidade, um acréscimo de uma coisa a outra, cujos requisitos são[527]:

> *"1) a existência de duas coisas distintas; 2) sua união material, de tal modo que surja uma outra coisa, diversa das que se unirem; 3) pertencerem as duas coisas a proprietários distintos, pois que, se pertencerem a um só proprietário, não haverá, juridicamente, acessão; 4) entre as soisas, uma acede à outra, vale dizer, que uma seja principal, para, por exclusão, saber-se qual a acedida."*

Há que se observar que as benfeitorias e as acessões não se confundem, pois as primeiras transformam coisas já existentes, enquanto as acessões, por acréscimo de volume derivado, via de regra, da junção natural ou industrial de uma à outra, fazem surgir coisa nova, agregada ao bem principal[528].

E não se pense ser a discussão desprovida de significado prático. A principal consequência reside na indenização a ser paga a quem realizou ou benfeitorias ou acessões em estado de má-fé. Vejamos.

O Código Civil determina:

> *"Art. 1.220. Ao possuidor de má-fé serão ressarcidas somente as benfeitorias necessárias; não lhe assiste o direito de retenção pela importância destas, nem o de levantar as voluptuárias.*
>
> *(...)*

[527] Bessone, Darcy. Direitos Reais. 2 ed. São Paulo: Saraiva, 1996, p. 199.
[528] Gonçalves, Carlos Roberto. Direito Civil Brasileiro – v. I. São Paulo: Saraiva, 2003, p. 265.

Art. 1.255. Aquele que semeia, planta ou edifica em terreno alheio perde, em proveito do proprietário, as sementes, plantas e construções; se procedeu de boa-fé, terá direito a indenização.

Parágrafo único. Se a construção ou a plantação exceder consideravelmente o valor do terreno, aquele que, de boa-fé, plantou ou edificou, adquirirá a propriedade do solo, mediante pagamento da indenização fixada judicialmente, se não houver acordo."

A ideia de nossa lei é a seguinte. Quem, em estado de má-fé, realiza uma benfeitoria necessária, na condição de possuidor e, portanto, em imóvel alheio, fa-lo-á em prédio já existente, pertencente ao proprietário. Assim, ao evitar a ruína de tal prédio, estará agindo na defesa presumida dos interesses do dono da coisa, evitando que a construção já existente pereça. Justo, pois, que seja indenizado, evitando-se o enriquecimento sem causa do proprietário do imóvel.

Situação distinta, porém, é a daquele, que, eivado de má-fé, ergue uma nova construção em terreno alheio. A indagação natural é: quem disse que o proprietário estaria interessado nessa nova obra? Quem pode garantir que ele a desejaria? Assim, natural que a lei não mande indenizar quem ergue coisa nova em terreno alheio.

Tal conclusão, aliás, é albergada pelo Superior Tribunal de Justiça, quando assim decidiu[529]:

"REINTEGRAÇÃO DE POSSE. DIREITO CIVIL. RECURSO ESPECIAL. POSSUIDORA DE MÁ-FÉ. DIREITO À INDENIZAÇÃO. DISTINÇÃO ENTRE BENFEITORIA NECESSÁRIA E ACESSÕES. ALEGADA ACESSÃO ARTIFICIAL. MATÉRIA FÁTICO-PROBATÓRIA. SÚMULA 7/STJ. 1. As benfeitorias são obras ou despesas realizadas no bem, com o propósito de conservação, melhoramento ou embelezamento, tendo intrinsecamente caráter de acessoriedade, incorporando-se ao patrimônio do proprietário. 2. O Código Civil (art. 1.220), baseado no princípio da vedação do enriquecimento sem causa, conferiu ao possuidor de má-fé o direito de se ressarcir das benfeitorias necessárias, não fazendo jus, contudo, ao direito de retenção. 3. Diferentemente, as acessões artificiais são modos de aquisição originária da propriedade imóvel, consistentes em obras com a formação de coisas novas que se aderem à propriedade preexistente (superficies solo cedit), aumentando-a qualitativa ou quantitativamente. 4. Conforme estabelece o art. 1.255 do CC, na acessões, o possuidor que tiver

[529] BRASIL. Superior Tribunal de Justiça. *Resp 1109406/SE, Rel. Ministro* Luis Felipe Salomão, *Quarta Turma, julgado em* 21/05/2013, DJe 17/06/2013)

semeado, plantado ou edificado em terreno alheio só terá direito à indenização se tiver agido de boa-fé. 5. Sobreleva notar a distinção das benfeitorias para com as acessões, sendo que 'aquelas têm cunho complementar. Estas são coisas novas, como as plantações e as construções' (Gomes, Orlando. Direitos reais. 20. ed. Atualizada por Luiz Edson Fachin. Rio de Janeiro: Forense, 2010, p. 81). 6. Na trilha dos fatos articulados, afastar a natureza de benfeitoria necessária para configurá-la como acessão artificial, isentando a autora do dever de indenizar a possuidora de má-fé, demandaria o reexame do contexto fático-probatório dos autos, o que encontra óbice na Súmula n. 07 do STJ. 7. Recurso especial a que se nega provimento."

Analisados, pois, os presentes aspectos, passemos à abordagem dos bens segundo sua natureza pública ou privada.

Bens públicos e privados

Os romanos percebiam que os bens, a despeito de alguma variação histórica no conceito, poderiam fazer parte de um patrimônio privado ou não, devendo ser extremados entre os de direito divino e de direito humano. As de direito divino poderiam ser sagradas (quando consagradas aos deuses superiores), religiosas (quando dedicadas aos cultos dos deuses antepassados) ou santas (como as muralhas e as portas das cidades), sendo, via de regra, incomerciáveis (inalienáveis)[530]. Igualmente fora do comércio encontravam-se alguns bens de direito humano, como os bens comuns (coisas postas à disposição de todos os seres pela natureza – como o ar atmosférico e o mar), os públicos (pertencentes ao Estado Romano) e os da coletividade (que pertenciam às cidades, mas eram usados pelos cidadãos – como os teatros e os estádios)[531].

Atualmente, embora com contornos diferentes, ainda se mantém a diferença entre bens públicos e bens privados, daí advindo algumas consequências. A nossa Lei Civil trata de extremar os dois tipos de bens no seu artigo 98, a saber:

"Art. 98. São públicos os bens do domínio nacional pertencentes às pessoas jurídicas de direito público interno; todos os outros são particulares, seja qual for a pessoa a que pertencerem."

[530] García, César Rascón. Manual de Derecho Romano. 3 ed. Madri: Tecnos, 2000, p. 188.
[531] Moura, Paulo Cesar Cursino de. Manual de Direito Romano. Rio de Janeiro: Forense, 1998, p. 181/182.

Salta aos olhos o critério adotado pelo nosso legislador: a natureza jurídica da pessoa que é proprietária do bem. Assim, bens públicos seriam aqueles pertencentes a pessoas jurídicas de direito público interno. Todos os demais seriam privados.

Uma perfunctória análise da norma nos faz imaginar o sem número de problemas que a insuficiência do conceito pode acarretar. Ora, como bem sabido, o regime jurídico dos bens públicos possui certa peculiaridade em relação ao dos bens privados, pois os primeiros, ao contrário dos últimos, gozam dos seguintes atributos: inalienabilidade relativa, não oneração, impenhorabilidade e impossibilidade de aquisição por usucapião. Expliquemos, assim, esses atributos.

A questão da possibilidade de se alienar ou não os bens públicos consta dos artigos 100 e 101 do Código Civil, a saber:

> *"Art. 100. Os bens públicos de uso comum do povo e os de uso especial são inalienáveis, enquanto conservarem a sua qualificação, na forma que a lei determinar.*
>
> *Art. 101. Os bens públicos dominicais podem ser alienados, observadas as exigências da lei."*

Entendem-se por bens públicos de uso comum do povo os rios, mares, estradas, ruas e praças (art. 99, I do Código Civil), enfim, todos aqueles bens cuja utilização pode ocorrer concomitantemente por todos, sem que se tolere sua utilização exclusiva, em detrimento dos demais cidadãos, por quem quer que seja. São bens de uso especial aqueles afetados à prestação de determinados serviços públicos, tais como edifícios ou terrenos destinados a serviço ou estabelecimento da administração federal, estadual, territorial ou municipal, inclusive os de suas autarquias (art. 99, II do Código Civil). Em ambos os casos, os bens estarão, nos dizeres de José dos Santos Carvalho Filho[532], afetados, porquanto serão utilizados "para determinado fim público, seja diretamente do Estado, seja pelo uso dos indivíduos em geral".

Na hipótese, porém, do bem público não estar vinculado ao uso concomitante de todos do povo, ou à prestação específica de determinado serviço público, ele estará desafetado, sendo compreendido, pois, como um bem dominial, ou, tal qual regrado pelo Código Civil (art. 99, III), consti-

[532] Carvalho Filho, José dos Santos. Manual de Direito Administrativo. 27 ed. São Paulo: Atlas, 2014, p. 1167.

tuirá "o patrimônio das pessoas jurídicas de direito público, como objeto de direito pessoal, ou real, de cada uma dessas entidades."

Os bens públicos de uso comum do povo e de uso especial, por estarem afetados a finalidades reconhecidamente de interesse público, são inalienáveis. Caso sejam desafetados (o que, via de regra, ocorre por lei, embora existam autores que admitam a possibilidade de desafetação tácita[533]), transformando-se em bens dominiais, poderão, então, ser vendidos, alugados ou cedidos. Logo, a inalienabilidade dos bens públicos perdura enquanto ocorrer sua afetação. Desafetados, a inalienabilidade tem fim. Cabe, porém, ressaltar que, mesmo desafetados e alienáveis, os bens públicos só poderão ser transferidos a terceiros caso observadas um sem número de regras, insculpidas nos diplomas atinentes às licitações públicas.

Mas não apenas inalienáveis são os bens públicos. Além disso, são impassíveis de oneração, vale dizer de serem oferecidos em hipoteca, penhor ou anticrese. Ora, os bens públicos são impenhoráveis. Assim, de nada valeria oferece-los como garantia real se, acaso inadimplida a dívida, tais bens, vinculados ao pagamento do débito, não poderiam ser penhorados para posterior alienação judicial. As dívidas judiciais dos Entes de Direito Público, frise-se, são pagas por meio de precatórios ou de requisições de pagamentos de pequenos valores, como se deduz da leitura do artigo 100 da Constituição Federal:

> *"Art. 100. Os pagamentos devidos pelas Fazendas Públicas Federal, Estaduais, Distrital e Municipais, em virtude de sentença judiciária, far-se-ão exclusivamente na ordem cronológica de apresentação dos precatórios e à conta dos créditos respectivos, proibida a designação de casos ou de pessoas nas dotações orçamentárias e nos créditos adicionais abertos para este fim. (Redação dada pela Emenda Constitucional nº 62, de 2009). (Vide Emenda Constitucional nº 62, de 2009)*
>
> *(...)*
>
> *§ 3º O disposto no caput deste artigo relativamente à expedição de precatórios não se aplica aos pagamentos de obrigações definidas em leis como de pequeno valor que as Fazendas referidas devam fazer em virtude de sentença judicial transitada em julgado. (Redação dada pela Emenda Constitucional nº 62, de 2009)."*

[533] Carvalho Filho, José dos Santos. Manual de Direito Administrativo. 27 ed. São Paulo: Atlas, 2014, p. 1168.

Por fim, os bens públicos não podem ser usucapidos, por determinação expressa do artigo 102 do Código Civil:

> *"Art. 102. Os bens públicos não estão sujeitos a usucapião."*

Todos esses atributos aprofundam a necessidade de distinção entre os bens públicos e privados. Nessa esteira, como visto, apenas gozarão das características acima expostas os bens pertencentes a pessoas jurídicas de direito público interno.

Mas o que dizer de bens pertencentes a pessoas jurídicas de direito privado, que tenham inegável vocação para o atendimento dos serviços públicos aos quais se vinculam? Imaginemos, nesse sentido, os bens da empresa pública ECT, vinculados à prestação dos serviços postais. Seria crível que fossem usucapidos, penhorados ou alienados? E o que dizer dos bens da TERRACAP, empresa pública distrital, que administra toda a reserva de bens imóveis no Distrito Federal a serem licitados para instalação, por exemplo, de novos bairros na Capital da República? Seriam usucapíveis, comprometendo completamente a política de ocupação ordenada do solo distrital?

Em última análise, estaria ameaçado, a prevalecer a literal disposição do art. 98 do Código Civil, o princípio da continuidade da prestação dos serviços públicos (Constituição Federal, art. 175), quando eles forem executados por pessoas jurídicas de direito privado, caso parte de seu patrimônio seja, ***v.g.***, penhorado ou usucapido. Assim, a fim de se evitar tal inconveniente, ainda que intuitivamente, duas soluções seriam possíveis para o presente caso: *a)* admitir-se-á que a enumeração de bens públicos do artigo 98 não é exaustiva ou, *b)* será estendido para bens privados o regime jurídico de bens públicos.

A jurisprudência nacional, nos casos como acima apontados, parece haver sufragado a primeira corrente. Vejamos:

> *"AGRAVO REGIMENTAL EM AGRAVO DE INSTRUMENTO. AÇÃO REIVINDICATÓRIA.*
>
> *TERRACAP. NEGATIVA DE PRESTAÇÃO JURISDICIONAL. ART. 535 DO CPC. NÃO OCORRÊNCIA. CERCEAMENTO DE DEFESA. REVISÃO DO JULGADO. REEXAME DE PROVAS. INVIABILIDADE. SÚMULA Nº 7/STJ. **BENS PÚBLICOS PERTENCENTES À TERRACAP**. USUCAPIÃO. IMPOSSIBILIDADE. PRECEDENTES.*

1. Não há falar em negativa de prestação jurisdicional se o tribunal de origem motiva adequadamente sua decisão, solucionando a controvérsia com a aplicação do direito que entende cabível à hipótese, apenas não no sentido pretendido pela parte.

2. Para prevalecer a pretensão em sentido contrário à conclusão das instâncias ordinárias, que entenderam não ser preciso maior dilação probatória, seria necessária a revisão do conjunto fático-probatório dos autos, o que é inviável nesta instância especial por força da Súmula nº 7/STJ.

3. A reforma da matéria de fundo demandaria o reexame do contexto fático-probatório, procedimento vedado na estreita via do recurso especial, a teor da Súmula nº 7/STJ.

4. Os imóveis administrados pela Companhia Imobiliária de Brasília (Terracap) são públicos e, portanto, insuscetíveis de aquisição por meio de usucapião.

5. Agravo regimental não provido." (Grifo não constante do original) [534]

"EMENTA: CONSTITUCIONAL. PROCESSUAL CIVIL. EMPRESA PÚBLICA PRESTADORA DE SERVIÇO PÚBLICO: EXECUÇÃO: PRECATÓRIO. I. – Os bens da Empresa Brasileira de Correios e Telégrafos, uma empresa pública prestadora de serviço público, são impenhoráveis, porque ela integra o conceito de fazenda pública. Compatibilidade, com a Constituição vigente, do D.L. 509, de 1969. Exigência do precatório: C.F., art. 100. II. – Precedentes do Supremo Tribunal Federal: RREE 220.906-DF, 229.696-PE, 230.072-RS, 230.051-SP e 225.011-MG, Plenário, 16.11.2000. III. – R.E. conhecido e provido." [535]

Convém ressaltar, por fim, que a doutrina também se mostra dividia entre as duas correntes. Celso Antônio Bandeira de Mello[536] assim define bens públicos:

*"I — Conceito. 1. Bens públicos são todos os bens que pertencem às pessoas jurídicas de Direito Público, isto é, União, estados, Distrito Federal, municípios, respectivas autarquias e fundações de Direito Público (estas últimas, aliás, não passam de autarquias designadas pela base estrutural que possuem), **bem como os que, embora não pertencentes a tais pessoas, estejam afetados à prestação de um serviço público.**" (Grifo não constante do original)*

534 BRASIL. Superior Tribunal de Justiça. *AgRg no Ag 977.032/DF, Rel. Ministro Ricardo Villas Bôas Cueva, TERCEIRA TURMA, julgado em 26/06/2012, DJe 29/06/2012.*

535 BRASIL. Supremo Tribunal Federal. *RE 220907, Relator(a): Min. Carlos Velloso, Segunda Turma, julgado em 12/06/2001, DJ 31-08-2001 PP-00064 EMENT VOL-02041-03 PP-00633.*

536 Bandeira de Mello, Celso Antônio. Curso de Direito Administrativo. 28 ed. São Paulo: Malheiros, 2011, p. 920.

Em sentido diverso, porém, posiciona-se José Carvalho dos Santos Filho[537], ao asseverar:

"Por conseguinte, o regime jurídico dos bens das pessoas privadas da Administração será, em princípio, o aplicável às demais pessoas privadas. Pode ocorrer que, excepcionalmente, a lei instituidora da pessoa administrativa disponha de modo diverso, criando alguma regra especial de direito público. Essa norma, é claro, será derrogatória da de direito privado, mas os bens continuarão a ser considerados como privados. Como sucede, em regra, com as pessoas privadas, a alienação e a oneração de seus bens devem atender ao que dispõem os respectivos regulamentos."

Apesar da diversidade de posicionamentos, por aderir à primeira corrente, ao participarmos da IV Jornada de Direito Civil, colaboramos com a apresentação da seguinte proposta de enunciado, que foi aprovada e que apontou para a seguinte interpretação do artigo 98 do Código Civil:

287 – Art. 98. O critério da classificação de bens indicado no art. 98 do Código Civil não exaure a enumeração dos bens públicos, podendo ainda ser classificado como tal o bem pertencente a pessoa jurídica de direito privado que esteja afetado à prestação de serviços públicos.

Bem de família

Como visto alhures, a origem romana da propriedade privada estava circundada por nítido caráter religioso com o qual se protegia o lar familiar. Embora a noção de propriedade tenha se expandido para englobar não apenas a casa do agente privado, mas também outros bens móveis e imóveis, é inegável que, hodiernamente, desde a Constituição Federal, até normas infraconstitucionais, a casa tem recebido especial atenção em nosso ordenamento jurídico.

Nessa esteira, a Constituição determina como direito individual e social:

"Art. 5º. (...)

XI – a casa é asilo inviolável do indivíduo, ninguém nela podendo penetrar sem consentimento do morador, salvo em caso de flagrante delito ou desastre, ou para prestar socorro, ou, durante o dia, por determinação judicial;

(...)

537 CARVALHO FILHO, José dos Santos. Manual de Direito Administrativo. 27 ed. São Paulo: Atlas, 2014, p. 1160.

Art. 6º São direitos sociais a educação, a saúde, a alimentação, o trabalho, ***A MORADIA,*** *o lazer, a segurança, a previdência social, a proteção à maternidade e à infância, a assistência aos desamparados, na forma desta Constituição. (Redação dada pela Emenda Constitucional nº 64, de 2010 – grifo não constante do original)"*

A proteção ao lar se completa, por outro lado, com um sem número de dispositivos infraconstitucionais, entre os quais podemos destacar as menções ao chamado "bem de família", entendido, em linhas gerais, como o imóvel onde uma pessoa ou núcleo familiar habita, devendo ser ordinariamente protegido contra execuções de dívidas.

A ideia, ao contrário de tantos outros dispositivos de direito privado, não é de origem romana. Ela remonta ao dia 26 de janeiro de 1839, quando o "Homestead Act", da então República do Texas, garantiu a todos os cidadãos ou chefes de famílias, naquele território, "cinquenta hectares de terra ou de um lote da cidade, incluindo o seu domicílio e melhorias não superiores a cinco centenas de dólares em valor"[538].

O dito avanço civilizatório inspirou a legislação de diversos estados americanos, sendo, com algumas adaptações, incorporada pelo Código Civil do Brasil, em 1916. Clóvis Beviláqua, porém, asseverou que o alcance do instituto, àquela época, não foi significativo, tanto em terras brasileiras, como em americanas, embora nele reconhecesse algum amparo ao lar familiar[539].

[538] Disponível em http://www.tshaonline.org/day-by-day/30311, acesso em 16 de fevereiro de 2015, sob o seguinte texto: "On this day in 1839, the Congress of the Republic of Texas passed two important pieces of legislation: a homestead act and an act setting aside land for public schools and two universities. The homestead act, patterned somewhat after legislation of Coahuila and Texas, was designed to encourage home ownership. It guaranteed every citizen or head of family in the republic "fifty acres of land or one town lot, including his or her homestead, and improvements not exceeding five hundred dollars in value." The education act was inspired by President Mirabeau Lamar's determination to establish a system of education endowed by public lands, but failed to produce the desired results immediately because land prices were too low for this endowment to provide revenue. There was also some popular indifference on the county level to the establishment of schools, as evidenced by the fact that by 1855 thirty-eight counties had made no effort even to survey their school land. Nevertheless, Lamar's advocacy of the program earned for him the nickname "Father of Texas Education.".

[539] BEVILÁQUA, Clóvis. Código Civil dos Estados Unidos do Brasil comentado – v. I. 9 ed. Rio de Janeiro: Francisco Alves, 1951, p. 326 assim se refiriu ao instituto: "Quando apareceu a emenda do Senado, introduzindo no Código Civil o *homestead,* nenhuma voz se alçou, embargando-lhe o passo. E, bem ponderados os motivos da aceitação, e os de repulsa, podemos dizer que, se o instituto não tem as virtudes miraculosas, que enxergaram nele os entusiastas,

Feitas tais digressões, vejamos como o instituto foi, no Código Civil de 1916, pela primeira vez disciplinado em nosso ordenamento:

> *"CAPÍTULO V*
> *DO BEM DA FAMÍLIA*
> *Art. 70. É permitido aos chefes de família destinar um prédio para domicilio desta, com a clausula de ficar isento de execução por dividas, salvo as que provierem de impostos relativos ao mesmo prédio.*
> *Parágrafo único. Essa isenção durará enquanto viverem os cônjuges e até que os filhos completem sua maioridade.*
> *Art. 71. Para o exercício desse direito é necessário que os instituidores no ato da instituição não tenham dívidas, cujo pagamento possa por ele ser prejudicado.*
> *Parágrafo único. A isenção se refere a dividas posteriores ao ato, e não ás anteriores, se verificar que a solução destas se tornou inexeqüível em virtude de ato da instituição.*
> *Art. 72. O prédio, nas condições acima ditas, não poderá ter outro destino, ou ser alienado, sem o consentimento dos interessados e dos seus representantes legais.*
> *Art. 73. A instituição deverá constar de instrumento publico inscrito no registro de imóveis e publicado na imprensa e, na falta desta, na da capital do Estado."*

A simples leitura dos artigos transcritos nos faz perceber as razões da baixa eficácia do instituto tão logo incorporado pela legislação nacional. Ora, percebe-se, do texto transcrito, que a proteção oferecida pelo instituto não era automática. O interessado deveria procurar o Cartório de Registro de Imóveis, onde matriculado o bem, para providenciar-lhe a inscrição como bem de família. O imóvel, portanto, ficaria protegido das dívidas constituídas após a instituição, salvo as de natureza tributária. Atente-se, pois, que a burocracia imposta à constituição do bem de família, aliada ao fato de torna-lo inalienável, condenou o instituto à secundária importância de que gozou no ordenamento brasileiro até a última década do século passado.

Ocorre, todavia, que, no ano de 1990, passou, entre nós, a viger a Lei nº 8.009. Dispõe o mencionado Diploma:

se, no próprio país de origen, os seus resultados foram insignificantes, ou até inúteis, como diz Lher, não deixa de ser um certo amparo, que a lei ofrece à familia; e essa consideração nos deve mover em favor do instituto, ainda que lhe não possamos atribuir o grande interesse social, que, em certa época, a doutrina lhe apontou."

"Art. 1º O imóvel residencial próprio do casal, ou da entidade familiar, é impenhorável e não responderá por qualquer tipo de dívida civil, comercial, fiscal, previdenciária ou de outra natureza, contraída pelos cônjuges ou pelos pais ou filhos que sejam seus proprietários e nele residam, salvo nas hipóteses previstas nesta lei.

Parágrafo único. A impenhorabilidade compreende o imóvel sobre o qual se assentam a construção, as plantações, as benfeitorias de qualquer natureza e todos os equipamentos, inclusive os de uso profissional, ou móveis que guarnecem a casa, desde que quitados."

O primeiro grande avanço da lei é que a proteção por ela ofertada incide automaticamente, sem que se exija do proprietário qualquer conduta. O instituto, então, passou a ser chamado de bem de família legal, para diferenciá-lo do bem de família convencional, que com ele coexiste, desde o Código Civil anterior.

A primeira questão, portanto, que o leitor atento pode estar se fazendo é: quando estarei diante do bem de família legal e quando estarei diante do bem de família convencional? Conforme asseverado, a nº Lei 8.009/90 determinou, em seu artigo inaugural, que o imóvel residencial próprio do casal, ou da entidade familiar, é impenhorável e não responderá por dívidas em geral. Assim, se a família é proprietária de apenas um imóvel residencial, este será o bem de família por força de lei. Na hipótese, porém, de ser dona de mais de um imóvel residencial, o de menor valor será protegido automaticamente de dívidas em geral, na forma do artigo 5º da Lei 8.009/90, que determina[540]:

[540] BRASIL. Superior Tribunal de Justiça. REsp 961.155/RN, Rel. Ministra Eliana Calmon, SEGUNDA TURMA, julgado em 20/05/2008, DJe 11/06/2008 sufraga a dicção legal, reforçando-a: *"PROCESSUAL CIVIL – EMBARGOS DE TERCEIRO – BEM DE FAMÍLIA – IMPENHORABILIDADE – ALCANCE DO ART. 5º, PARÁGRAFO ÚNICO, DA LEI 8.009/90. 1. O art. 5º, parágrafo único, da Lei 8.009/90, dispõe que 'na hipótese de o casal, ou entidade familiar, ser possuidor de vários imóveis utilizados como residência, a impenhorabilidade recairá sobre o de menor valor, salvo se outro tiver sido registrado, para esse fim, no Registro de Imóveis e na forma do art. 70 do Código Civil'. 2. O legislador, ao utilizar a expressão 'vários imóveis utilizados como residência', pretendeu apenas diferenciar os imóveis residenciais dos comerciais, industriais ou agrícolas sem destinação residencial. 3. Tal dispositivo reflete o caráter social da lei, garantindo moradia ao devedor e sua família, ainda que no mais humilde de seus imóveis, que deverá ser considerado impenhorável, permitindo a constrição sobre os demais. 4. A jurisprudência desta Corte, nesse ponto, não consagra interpretação mais elástica à Lei 8.009/90, sinalizando a possibilidade de considerar impenhorável o imóvel residencial de menor valor. 5. Recurso especial provido."*

> *"Art. 5º Para os efeitos de impenhorabilidade, de que trata esta lei, considera-se residência um único imóvel utilizado pelo casal ou pela entidade familiar para moradia permanente.*
>
> *Parágrafo único. Na hipótese de o casal, ou entidade familiar, ser possuidor de vários imóveis utilizados como residência, a impenhorabilidade recairá sobre o de menor valor, salvo se outro tiver sido registrado, para esse fim, no Registro de Imóveis e na forma do art. 70 do Código Civil."*

Possuindo, portanto, o mesmo proprietário mais de um imóvel residencial, será, segundo a dicção da norma estudada, o bem de família legal aquele de menor valor, a menos que o proprietário institua ***o mais caro*** como bem de família. Nessa hipótese, como a instituição do bem decorre da vontade da parte e não deriva automaticamente da lei, chamamos o bem indicado pelo proprietário de ***bem de família voluntário ou convencional.***

A leitura proposta da Lei nº 8.009/90 pode sugerir que a identificação do bem de família seja questão muito simples, sem tantos debates sobre ela travados. Ocorre, contudo, que a multiplicidade de litígios levados ao Poder Judiciário fez com que a jurisprudência complementasse o alcance da norma quanto à identificação do bem de família, aclarando alguns pontos que não foram enfrentados ostensivamente pela lei de regência.

Nessa esteira, a começar do primeiro artigo da aludida Lei nº 8.009/90 podemos lançar a seguinte questão: a norma, ao tratar da impenhorabilidade do único bem familiar, parece vinculá-lo à existência de uma *família*. E o que se entende por família? O tema, por óbvio vem conhecendo alargamento nos últimos anos, decorrente da expansão do conceito tratado, que além de abranger a sua clássica concepção (homem, mulher e filhos), tem sido estendida para contemplar núcleos monoparentais (um genitor e filhos), homoafetivos e até mesmo as hipóteses em que uma pessoa solitária habitasse um único imóvel[541].

[541] BRASIL. Tribunal Regional do Trabalho da Segunda Região. TRT-2 – AP: 00015838720125020076 SP 00015838720125020076 A28, Relator: IVANI CONTINI BRAMANTE, Data de Julgamento: 19/08/2014, 4ª TURMA, Data de Publicação: 29/08/2014 sufragou tal entendimento: "*BEM DE FAMÍLIA. CARACTERIZAÇÃO. O bem de família possui previsão no Código Civil e na Lei 8.009/90 e objetiva resguardar a única morada da entidade familiar, fundamental para a manutenção de uma vida digna, evitando a sua desestruturação. Para que se considere bem de família, o imóvel deve ser o único existente da entidade familiar ou aquele em que residem, sendo certo que não impede sua caracterização seja a família monoparental, decorrente de relação homoafetiva ou mesmo de uma única pessoa que ali reside.*".

Além disso, embora a primeira leitura da norma nos informe que o imóvel a ser protegido ordinariamente deverá estar edificado, para servir como moradia, alguns julgados flexibilizam tal exigência. Imaginemos, assim, um lote residencial, onde ainda não se viva, pelo fato da família não haver, por hora, somado os valores necessários para erigir a indispensável moradia. Pareceria estranho perder sua natureza de bem de família por esse singelo fato. Assim, somente cada caso concreto indicará se um lote, ainda não construído, poderá ou não ser considerado bem de família[542].

A discussão mais enriquecedora, entretanto, a respeito da Lei nº 8.009/90 versa sobre as exceções à impenhorabilidade do bem residencial. Elas estão tratadas no seu terceiro artigo, assim vazado:

> *"Art. 3º A impenhorabilidade é oponível em qualquer processo de execução civil, fiscal, previdenciária, trabalhista ou de outra natureza, salvo se movido:*
>
> *I – (REVOGADO pela Lei Complementar 150/15 – redação original era: em razão dos créditos de trabalhadores da própria residência e das respectivas contribuições previdenciárias);*
>
> *II – pelo titular do crédito decorrente do financiamento destinado à construção ou à aquisição do imóvel, no limite dos créditos e acréscimos constituídos em função do respectivo contrato;*
>
> *III -- pelo credor da pensão alimentícia, resguardados os direitos, sobre o bem, do seu coproprietário que, com o devedor, integre união estável ou conjugal, observadas as hipóteses em que ambos responderão pela dívida; (Redação dada pela Lei nº 13.144 de 2015);*
>
> *IV – para cobrança de impostos, predial ou territorial, taxas e contribuições devidas em função do imóvel familiar;*
>
> *V – para execução de hipoteca sobre o imóvel oferecido como garantia real pelo casal ou pela entidade familiar;*
>
> *VI – por ter sido adquirido com produto de crime ou para execução de sentença penal condenatória a ressarcimento, indenização ou perdimento de bens.*
>
> *VII – por obrigação decorrente de fiança concedida em contrato de locação. (Incluído pela Lei nº 8.245, de 1991)"*

[542] BRASIL. Superior Tribunal de Justiça. REsp 1417629/SP, Rel. Ministra Nancy Andrighi, TERCEIRA TURMA, julgado em 10/12/2013, DJe 19/12/2013 elege o seguinte critério para imóveis não edificados: *"(...) 6. O fato de se tratar de terreno não edificado é circunstância que, por si só, não obsta sua qualificação como bem de família, na medida em que tal qualificação pressupõe a análise, caso a caso, da finalidade realmente atribuída ao imóvel (interpretação teleológica das impenhorabilidades)."*

O primeiro tema posto a debate diz respeito à penhorabilidade ou impenhorabilidade de imóveis residenciais milionários. Alguns magistrados, quando constatam grande dificuldade para satisfação judicial do crédito de exequentes, determinam a penhora dos únicos imóveis residenciais dos devedores. Tal medida, porém, só costuma ser autorizada por tais magistrados, se o imóvel penhorado for muito valioso, pois acaso vendido, não só permitirá a quitação da dívida, como também o dinheiro restante possibilitará a aquisição de novo lar, mais simples, é verdade.

Nos tribunais superiores, porém, decisões assim costumam (infelizmente) ser reformadas[543], sendo, pois, reforçada a impenhorabilidade do bem de família, por mais suntuoso que seja. Discordamos, contudo, desse posicionamento. Acreditamos que, quando muito valioso o bem de famí-

[543] BRASIL. Tribunal Superior do Trabalho. RO: 8910018200950400000, Rel. Ministra Guilherme Augusto Caputo Bastos, SUBSEÇÃO II ESPECIALIZADA EM DISSÍDIOS INDIVIDUAIS, julgado em 30/08/2011, Dejt 02/09/2011 não deixa dúvidas ao asseverar: *"RECURSO ORDINÁRIO. AÇÃO RESCISÓRIA. PENHORA. BEM DE FAMÍLIA. IMÓVEL DE ALTO VALOR. IMPENHORABILIDADE ABSOLUTA. MITIGAÇÃO. 1. Trata-se de ação rescisória que busca desconstituir o acórdão proferido no julgamento do agravo de petição, por meio do qual foi mantida a decisão que determinou a penhora do imóvel caracterizado como bem de família, sob o fundamento de que este era suntuoso, razão pela qual deve ser afastada a garantia da impenhorabilidade absoluta. 2. O Tribunal a quo decidiu rescindir a decisão e, em juízo rescisório, deu parcial provimento ao agravo de petição, determinando a reserva em favor dos autores de 50% do produto da alienação do imóvel, a fim de possibilitar a aquisição de nova residência. 3. A Lei nº 8.009/90 foi promulgada com o propósito de proteger a família, assegurando o bem estar dos seus integrantes, uma vez que confere efetividade ao direito social à moradia, elevado ao patamar constitucional pela Emenda nº 26/2000, ao incluí-lo no rol previsto no artigo 6º, caput, da Constituição Federal. 4. O artigo 1º, caput, da Lei nº 8.009/1990 dispõe que o – imóvel residencial próprio do casal, ou da entidade familiar, é impenhorável e não responderá por qualquer tipo de dívida civil, comercial, fiscal, previdenciária ou de outra natureza, contraída pelos cônjuges ou pelos pais ou filhos que sejam seus proprietários e nele residam, salvo nas hipóteses previstas nesta lei -. Verifica-se, assim, que é impenhorável o imóvel da entidade familiar destinada a sua moradia, não havendo qualquer ressalva quanto ao valor, tampouco quanto à sua suntuosidade. 5. As exceções à impenhorabilidade, referidas no supracitado dispositivo legal, encontram-se albergadas no artigo 3º da Lei nº 8.009/1990, no qual não há qualquer restrição ao valor do imóvel ou a sua luxuosidade, razão pela qual se o legislador não a elencou como exceção, não compete ao interprete fazê-lo, utilizando-se de critérios subjetivos para aferir o que vem a ser imóvel suntuoso ou de alto valor. 6. Registre-se, inclusive, que no projeto de Lei nº 51/2006 foi proposta a ressalva ao valor do imóvel, no qual se pretendia incluir um parágrafo ao artigo 650 do CPC dispondo acerca da penhorabilidade do – imóvel considerado bem de família, se de valor superior a 1000 (mil) salários mínimos, caso em que, apurado o valor em dinheiro a quantia até aquele limite será entregue ao executado, sob cláusula de impenhorabilidade -. Contudo, tal proposta foi vetada sob o fundamento de que estaria violando a impenhorabilidade absoluta do bem de família e o direito social à moradia. (...)"*

lia, assim se entendendo pelo imóvel capaz da permitir, por meio de sua venda, o pagamento das dívidas inadimplidas, a ponto de sobrar numerário que permita a compra de outro imóvel para acomodar a família, a penhora ***deva ser permitida***.

E como escapar da objeção, constante dos acórdãos das cortes superiores, de que, se a lei não excepcionou a impenhorabilidade segundo o valor do imóvel familiar, caberia aos magistrados fazê-lo? ***Entendemos que sim e recorremos, para respaldar o raciocínio, ao artigo 187 do Código Civil, que dispõe:***

> *"Art. 187. Também comete ato ilícito o titular de um direito que, ao exercê-lo, excede manifestamente os limites impostos pelo seu fim econômico ou social, pela boa-fé ou pelos bons costumes."*

O que se busca demonstrar é que concordamos ser ***direito do cidadão*** conservar o teto de sua família, evitando que seja penhorado para o adimplemento de dívidas. Ocorre, todavia, que passa a ser um ***abuso de direito***, porquanto exagerada a proteção e desgarrada da função social da impenhorabilidade do bem de família, quando o imóvel protegido for suficiente, caso alienado, para pagar todas as dívidas do proprietário, sobrando dinheiro ainda para se adquirir nova moradia, evidentemente mais modesta. Frise-se: o histórico fim do instituto é a defesa do direito à moradia e não a proteção à moradia luxuosa. Assim, esperamos revejam as cortes mais altas do Brasil o posicionamento que vêm adotando. Fundamento jurídico, para tanto, existe.

Outra importante discussão sobre a impenhorabilidade do bem e suas respectivas exceções versa sobre inusitada hipótese. Imaginemos um devedor que, insatisfeito em ostentar tal situação (de inadimplente), ofereça seu único bem residencial à penhora. Seu ato seria nulo, ou a penhora seria válida?

A jurisprudência tem fixado o firme entendimento de que o ato descrito no parágrafo acimo implicaria renúncia ao benefício, sendo, portanto, nulo[544]. Não obstante o entendimento cristalizado, achamos que ele não se

[544] BRASIL. Superior Tribunal de Justiça. AgRg no AREsp 537.034/MS, Rel. Ministro RAUL ARAÚJO, QUARTA TURMA, julgado em 26/08/2014, DJe 01/10/2014 sintetiza a posição dominante da Corte Superior ao sufragar o entendimento de que "(...) *1. A proteção conferida ao instituto de bem de família é princípio concernente às questões de ordem pública, não se admitindo nem mesmo a renúncia por seu titular do benefício conferido pela lei, sendo possível, inclusive, a desconstituição*

justifica. Ora, o bem de família legal não é inalienável. Assim, se o devedor almejasse, ele poderia vender sua casa para quitar suas dívidas, sem que a venda fosse declarada nula. Poderia, igualmente, vender sua casa para comprar um automóvel importado, passando a viver em imóveis locados. Nada disso, ***a priori***, representaria qualquer nulidade. Por que justamente indicar o bem para assegurar o pagamento de uma dívida seria nulo? Não parece razoável o entendimento esposado pelos tribunais brasileiros, a menos que, por uma questão de coerência lógica, fossem absurdamente declaradas nulas todas as vendas de imóveis residenciais não destinadas à aquisição de outro bem da mesma natureza.

Adentremos, porém, na análise tópica dos incisos constantes do artigo 3º da Lei nº 8.009/90. O primeiro dispositivo, hoje revogado pela Lei Complementar nº 150/2015, tornava ***penhorável*** o imóvel residencial quando a dívida cobrada fosse em razão dos créditos de trabalhadores da própria residência e das respectivas contribuições previdenciárias. Atente-se, porém, que o Superior Tribunal de Justiça já se manifestara pela limitação da exceção, quando vigente o dispositivo, aos ***empregados*** da casa, não devendo o dispositivo amparar cobranças de pessoas que, embora realizem atividade laboral na residência familiar, faziam-no por meio de trabalho autônomo ou vinculado a outro empregador, como ocorre com pedreiros, bombeiros hidráulicos, bem como com diaristas que eventualmente prestem seus serviços à família[545]. Tais discussões, porém, perdem importância porquanto revogado o dispositivo.

A segunda exceção à penhorabilidade versa sobre os créditos decorrentes do financiamento destinado à construção ou à aquisição do imóvel, no limite dos valores e acréscimos constituídos em função do respectivo contrato. Hoje, com a expansão da política de crédito para financiamento de imóveis residenciais, restam perfeitamente possíveis as suas respecti-

de penhora anteriormente feita. 2. A jurisprudência do STJ tem, de forma reiterada e inequívoca, pontuado que o benefício conferido pela Lei 8.009/90 trata-se de norma cogente, que contém princípio de ordem pública, e sua incidência somente é afastada se caracterizada alguma hipótese descrita no art. 3º da Lei 8.009/90, o que não é o caso dos autos. 3. A finalidade da Lei 8.009/90 não é proteger o devedor contra suas dívidas, mas visa à proteção da entidade familiar no seu conceito mais amplo, motivo pelo qual as hipóteses de exceção à impenhorabilidade do bem de família, em virtude do seu caráter excepcional, devem receber interpretação restritiva.".

[545] BRASIL. Superior Tribunal de Justiça. REsp 644.733/SC, Rel. Ministro Francisco Falcão, Rel. p/ Acórdão Ministro Luiz Fux, PRIMEIRA TURMA, julgado em 20/10/2005, DJ 28/11/2005, p. 197.

vas penhoras, caso as dívidas relativas aos agentes que financiaram os bens não sejam quitadas, como diuturnamente tem sido sufragado pela jurisprudência nacional[546].

A terceira exceção à impenhorabilidade trata da possibilidade de constrição, a fim de se honrarem créditos alimentícios, resguardados os direitos, sobre o bem, do seu coproprietário que, com o devedor, integre união estável ou conjugal, observadas as hipóteses em que ambos responderão pela dívida. A grande discussão travada a respeito do dispositivo é se ele abarcaria apenas os alimentos derivados de relações familiares ou se envolveria aqueles derivados de atos ilícitos, como, por exemplo, no caso de acidentes de trânsito, em que as vítimas ou suas famílias passam, por ordem judicial, a receber pensionamento civil. A jurisprudência do Superior Tribunal de Justiça caminha firmemente no sentido de decretar a penhora do bem de família em qualquer um dos dois casos (alimentos derivados de relações de parentesco ou de atos ilícitos)[547].

Atente-se, por outro lado, que o resguardo à parte que toca ao meeiro (na união estável ou casamento) inviabiliza, por completo, a penhora do bem, não se admitindo que este seja alienado e que metade do dinheiro se entregue ao coproprietário que não figure como simultâneo devedor[548]. Por fim, lembremos que, se o meeiro for também simultâneo devedor dos alimentos em relação ao mesmo credor, a penhora integral do imóvel será permitida, como ocorreria na hipótese do casal residente de apartamento próprio dever alimentos a netos comuns.

A quarta exceção à impenhorabilidade trata das dívidas tributárias e condominiais incidentes especificamente sobre o imóvel utilizado como moradia da família. A nossa jurisprudência tem enriquecido o dispositivo

[546] BRASIL. Superior Tribunal de Justiça. REsp 1227366/RS, Rel. Min. Luis Felipe Salomão, QUARTA TURMA, julgado em 21/10/2014, DJe 17/11/2014.

[547] BRASIL. Superior Tribunal de Justiça. AgRg no AREsp 516.272/SP, Rel. Ministro Luis Felipe Salomão, QUARTA TURMA, julgado em 03/06/2014, DJe 13/06/2014, trata claramente da questão ao asseverar que: *"(...) A jurisprudência deste Sodalício ao interpretar o artigo 3º, inciso III, da Lei 8.009/90, assevera a irrelevância da origem da obrigação alimentícia, não importando se decorre de relação familiar ou se é proveniente de indenização por ato ilícito."*

[548] BRASIL. Superior Tribunal de Justiça. AgRg no AREsp 516.272/SP, Rel. Ministro Luis Felipe Salomão, QUARTA TURMA, julgado em 03/06/2014, DJe 13/06/2014, trata claramente da questão ao asseverar que: *"(...) A jurisprudência deste Sodalício ao interpretar o artigo 3º, inciso III, da Lei 8.009/90, assevera a irrelevância da origem da obrigação alimentícia, não importando se decorre de relação familiar ou se é proveniente de indenização por ato ilícito."*

estabelecendo, por exemplo, que mesmo as dívidas anteriores à aquisição do bem, quando enquadradas na exceção do inciso analisado, justificam a penhora do bem de família[549]. Além disso, as dívidas relativas à ausência de contribuição aos chamados "condomínios irregulares", ou "parcelamentos irregulares", por moradores do malfadado loteamento **não** ensejam a penhora do mencionado bem, pois a dívida condominial a permitir tamanha constrição só pode ser a incidente sobre condomínios regulares[550].

Quanto ao quinto inciso do artigo, ele torna penhorável o imóvel familiar para a execução de hipoteca sobre o bem, quando oferecido como garantia real pelo casal ou pela entidade familiar. Nesses casos, busca-se perquirir se o oferecimento do bem em hipoteca garantiu dívida que fora tomada para beneficiar o grupo familiar. Na hipótese de se responder positivamente à questão, a penhora é aceitável, caso contrário, não o será[551].

A sexta exceção ocorre quando a aquisição do bem de família se deu como fruto de ato ou atividade criminosa, ou quando houver sentença penal condenatória a ressarcimento, indenização ou perdimento de bens. Na primeira hipótese ventilada, embora a lei não exija uma sentença penal, mesmo na seara cível, será necessário estabelecer o nexo de causalidade entre a compra do bem de família e a origem criminosa do numerário utilizado para tal mister.

Na segunda hipótese versada no inciso VI, não há, ao menos na literalidade do dispositivo, necessidade de estabelecimento da correlação de causa e efeito entre o crime, objeto da sentença penal, e a aquisição do bem de família. No entanto, demanda-se a existência de requisito formal: a "execução de sentença penal condenatória a ressarcimento, indenização ou perdimento de bens." [552].

549 BRASIL. Superior Tribunal de Justiça. REsp 1366894/RS, Rel. Ministra Nancy Andrighi, TERCEIRA TURMA, julgado em 22/04/2014, DJe 02/06/2014.

550 BRASIL. Superior Tribunal de Justiça. REsp 1.324.107/SP, Rel. Ministra Nancy Andrighi, TERCEIRA TURMA, julgado em 13/11/2012, DJe 21/11/2012.

551 BRASIL. Superior Tribunal de Justiça. AgRg no REsp 1449423/SP, Rel. Ministro João Otávio de Noronha, TERCEIRA TURMA, julgado em 05/03/2015, DJe 31/03/2015, no qual a posição da Corte é assim sintetizada: "(...) É penhorável o bem de família de propriedade de sócio dado em garantia de contrato celebrado por pessoa jurídica se o imóvel foi oferecido como garantia real em benefício da entidade familiar, hipótese que se subsume à exceção prevista no art. 3º, V, da Lei n. 8009/90.

552 BRASIL. Superior Tribunal de Justiça. REsp 1021440/SP, Rel. Ministro Luis Felipe Salomão, QUARTA TURMA, julgado em 02/05/2013, DJe 20/05/2013, nos permite chegar

A última exceção à impenhorabilidade, e talvez a mais frequentemente vista nos Tribunais Pátrios, ocorre na hipótese de fiança em contrato de locação. O dispositivo analisado já foi infirmado por supostamente violar o direito constitucional à moradia. Acontece, no entanto, que o Supremo Tribunal Federal afastou o embaraço à sua aplicação, sendo corrente, nos dias de hoje, a penhora do bem de família do fiador em contrato de locação[553], quando inadimplente o devedor principal. O irônico do dispositivo é que, se o devedor principal (inquilino no contrato de locação), depois de constituir a dívida conseguir comprar uma casa para si, esta será impenhorável. No entanto, mesmo resguardada a impenhorabilidade da nova casa do devedor principal, a do fiador poderá continuar a sofrer a constrição.

Acreditamos, assim, que os mais relevantes aspectos sobre o bem de família legal foram debatidos. Lancemo-nos, então, à segunda espécie de bens de família: os convencionais.

Pois bem. Como mencionado alhures, quando há mais de um imóvel residencial pertencente à unidade familiar, a proteção da Lei nº 8.009/90 incide sobre o bem mais barato. Logo, se a entidade familiar almejar proteger o mais caro deles, deverá lançar mão do instituto preconizado no artigo 1711 do Código Civil, que dispõe:

> *Art. 1.711. Podem os cônjuges, ou a entidade familiar, mediante escritura pública ou testamento, destinar parte de seu patrimônio para instituir bem de família, desde que não ultrapasse um terço do patrimônio líquido existente ao tempo da instituição, mantidas as regras sobre a impenhorabilidade do imóvel residencial estabelecida em lei especial.*

a tal conclusão ao asseverar que: "(...)3. O art. 3º, VI, da Lei n. 8.009/1990 expressamente afastou a impenhorabilidade quando o bem imóvel é adquirido com produto de crime ou para execução de sentença penal condenatória a ressarcimento, indenização ou perdimento de bens, sendo certo que, por ostentar a legislação atinente ao bem de família natureza excepcional, é insuscetível de interpretação extensiva. 4. De fato, o caráter protetivo da Lei n. 8.009/1990 impõe sejam as exceções nela previstas interpretadas estritamente. Nesse sentido, a ressalva contida no inciso VI do seu artigo 3º encarta a execução de sentença penal condenatória – ação civil ex delicto -; não alcançando a sentença cível de indenização, salvo se, verificada a coexistência dos dois tipos, for-lhes comum o fundamento de fato, exatamente o que ocorre nestes autos. Precedente."

553 BRASIL. Superior Tribunal de Justiça. AgRg no RMS 24.658/RJ, Rel. Ministro Nefi Cordeiro, SEXTA TURMA, julgado em 03/06/2014, DJe 20/06/2014, resume bem o que fora exposto: " (...) 2. O Supremo Tribunal Federal, no julgamento do RE n. 407.688, entendeu que a penhorabilidade do bem de família do fiador do contrato de locação, objeto do art. 3º, inc. VII, da Lei nº 8.009, de 23 de março de 1990, com a redação da Lei nº 8.245, de 15 de outubro de 1991, não ofende o art. 6º da Constituição da República."

Parágrafo único. O terceiro poderá igualmente instituir bem de família por testamento ou doação, dependendo a eficácia do ato da aceitação expressa de ambos os cônjuges beneficiados ou da entidade familiar beneficiada.

A opção pelo bem de família convencional vem se mostrando de modesto alcance quando comparada à amplitude da proteção conferida pelo bem de família legal. Como visto, só haverá necessidade de sua constituição quando a entidade familiar possuir mais de um imóvel com finalidade residencial e desejar proteger o mais caro deles. Ainda assim, quando uma determinada família se enquadrar nessa hipótese, ela será convidada a sopesar as vantagens e desvantagens da constituição do bem de família convencional, pois fará incidir sobre ele a necessidade de manutenção de sua destinação residencial, bem como acarretará relativa inalienabilidade, a teor do que dispõe o artigo 1.717 do Código Civil:

Art. 1.717. O prédio e os valores mobiliários, constituídos como bem da família, não podem ter destino diverso do previsto no art. 1.712 ou serem alienados sem o consentimento dos interessados e seus representantes legais, ouvido o Ministério Público.

Quanto ao primeiro aspecto, a alteração de destinação pela família da finalidade residencial do bem poderá acarretar a sua penhorabilidade, eis que a proteção só se justifica para a garantia do direito social à moradia do grupo familiar.

Quanto à inalienabilidade relativa do bem, questão pouco explorada corresponde à indagação sobre quem são os interessados a opinarem sobre a sua alienação do bem de família? Clóvis Beviláqua, a meu ver com razão, aponta-os como sendo o cônjuge (e companheiro, se houver) e filhos[554]. No caso da prole, ressalvemos apenas a necessidade de serem menores e residentes com o genitor ou os genitores interessados na alienação. Nessa hipótese, deverão ser ouvidos em juízo, acompanhados por curador especial (art. 72 do novo CPC, pelo potencial interesse conflitante entre eles e os responsáveis, interessados na alienação). Caso o bem de família pertença unicamente ao menor, por exemplo, por haver sido herdado e instituída tal impenhorabilidade por testamento, dispensável será a presença

[554] Beviláqua, Clóvis. Código Civil dos Estados Unidos do Brasil comentado – v. I. 9 ed. Rio de Janeiro: Francisco Alves, 1951, p. 330.

do curador especial, eis que, inexistindo possível conflito de interesses, poderão ser representados pelos seus genitores.

No mencionado feito, será ouvido o Ministério Público e avaliado se a extinção da natureza do imóvel como bem de família voluntário atenderá aos interesses familiares, especialmente, se o direito social à moradia restará comprometido pelo desfazimento do imóvel. Além dessa, existem outras hipóteses para a extinção do bem de família, a saber:

> *Art. 1.719. Comprovada a impossibilidade da manutenção do bem de família nas condições em que foi instituído, poderá o juiz, a requerimento dos interessados, extingui-lo ou autorizar a sub-rogação dos bens que o constituem em outros, ouvidos o instituidor e o Ministério Público.*
>
> *Art. 1.720. Salvo disposição em contrário do ato de instituição, a administração do bem de família compete a ambos os cônjuges, resolvendo o juiz em caso de divergência.*
>
> *Parágrafo único. Com o falecimento de ambos os cônjuges, a administração passará ao filho mais velho, se for maior, e, do contrário, a seu tutor.*
>
> *Art. 1.721. A dissolução da sociedade conjugal não extingue o bem de família.*
>
> *Parágrafo único. Dissolvida a sociedade conjugal pela morte de um dos cônjuges, o sobrevivente poderá pedir a extinção do bem de família, se for o único bem do casal.*
>
> *Art. 1.722. Extingue-se, igualmente, o bem de família com a morte de ambos os cônjuges e a maioridade dos filhos, desde que não sujeitos a curatela.*

A leitura dos dispositivos acima transcritos revela que, se houver impossibilidade de manutenção do bem de família, o juiz, nas mesmas condições procedimentais indicadas no artigo 1.717, poderá determinar o fim do gravame, ou que novos bens assumam essa natureza.

A morte dos cônjuges, ao seu turno, também poderá ensejar a extinção do bem de família convencional, ***desde que todos os filhos sejam maiores e que não estejam sujeitos a curatela***. O pleito para a desconstituição do bem de família, assim entendo, poderá ser dirigida ao próprio juiz do inventário, que, constatando os requisitos do artigo 1.722, aproveitando-se da própria instrumentalidade do processo, determinará o fim do gravame.

Na hipótese, porém, de nem todos os filhos serem maiores, a administração do bem de família, que antes tocava ***conjuntamente*** ao casal (artigo 1.720, ***caput***), passará ao filho mais velho do casal, se maior, ou ao tutor, se todos forem menores. É evidente, porém, que, havendo justo motivo, tal sequência de possíveis administradores poderá ser invertida e a administração do bem de família poderá tocar a algum outro dos irmãos maiores que se mostrar mais indicado para exercer tal mister por, ***v.g.***, residir no imóvel junto com os outros irmãos menores, ao passo que o mais velho reside em outro lugar.

Dissolvida, por fim, a sociedade conjugal, por morte de um dos cônjuges ou divórcio, não haverá a automática extinção do bem de família, embora esta possa vir a ser pleiteada segundo as hipóteses explanadas nos artigos 1.717 e 1.719, bem como se o bem de família convencional for o único bem do casal (artigo 1.721, parágrafo único). Nesse caso, o juízo do inventário também poderá ordenar a extinção do bem de família, que já estará suficientemente protegido por ser, como único imóvel residencial, um bem de família legal.

Apreciados tais aspectos, lembremos apenas que a impenhorabilidade conferida pelo bem de família convencional é relativa e encontra as seguintes exceções: *a)* dívidas anteriores à sua instituição (seja qual for sua natureza), *b)* dívidas condominiais e, *c)* dívidas relativas a tributos vinculados ao próprio bem de família (artigo 1.715).

Uma breve leitura do já comentado artigo 3º da Lei nº 8.009/90 indica que existem muitas hipóteses de possível penhora do bem de família legal que não se aplicam ao bem de família convencional. Nesse caso, não podemos nos valer de analogia para aplica-las ao último pelas seguintes razões: *a)* uma restrição a direitos não deve ser estendida analogicamente a outras situações, que não a originariamente estabelecida e, *b)* a instituição do bem de família convencional acarreta restrições ao imóvel não incidentes sobre o bem de família legal, logo, por importar um maior sacrifício, como contrapartida, razoável que sua proteção seja mais extensa, possibilitando menos hipóteses de penhorabilidade do dito imóvel.

Acreditamos, assim, haver abordados os principais tópicos relacionados aos bens em nosso Código Civil.

REFERÊNCIAS

ACCIOLI, Hildebrando. Manual de Direito Internacional Público. 10 ed. São Paulo: Saraiva, 1972.

AFTALIÓN, Enrique R., OLANO, Fernando Garcia e VILANOVA, Jose. Introducción al derecho. 11 ed. Buenos Aires: Cooperadora de Derecho e Ciencias Sociales, 1980.

ALEXY, Teoría de los derechos fundamentales. 2 ed. Madri: Centro de Estudios Políticos e Constitucionales. 2007.

ALVES, José Carlos Moreira. Curso de Direito Romano – v. I. 13 ed. Rio de Janeiro: Forense, 2000.

AMARAL, Francisco. Direito civil – introdução. 5 ed. Rio de Janeiro: Renovar, 2003.

ALVES, Gláucia Correa Retamozo Barcelos. Sobre a dignidade da pessoa. In: MARTINS-COSTA, Judith (org.). A reconstrução do direito privado: reflexos dos princípios, diretrizes e direitos fundamentais constitucionais no direito privado. São Paulo: Editora Revista dos Tribunais, 2002.

ARAÚJO, Edimir Netto de. Curso de Direito Administrativo. 5 ed. São Paulo: Saraiva, 2010.

ASCENSÃO, José de Oliveira. Direito Civil – Teoria Geral – v. I. 2 ed. Coimbra: Coimbra, 2000.

ASCENSÃO, José de Oliveira. O Directo. Introdução e teoria geral. 2 ed. Rio de Janeiro: Renovar, 2001.

BANDEIRA DE MELLO, Celso Antônio. Curso de Direito Administrativo. 28 ed. São Paulo: Malheiros, 2011.

BANDEIRA DE MELLO, Oswaldo Aranha. Princípios gerais de direito administrativo – v. I, introdução. Rio de Janeiro: Forense, 1969.

BARROSO, Luís Roberto. Entrevista publicada no sítio eletrônico http://www.redetv.com.br/ColunistaPosts.aspx?77,1426,false,Dignidade-humana-a-busca-de-um-conceito-para-impedir-a-banalizacao, acesso em 26 de outubro de 2011.

BERNARDES, Juliano Taveira. Novas perspectivas do controle da omissão inconstitucional no Direito brasileiro . Jus Navigandi, Teresina, ano 9, n. 539, 28 dez. 2004. Disponível em: <http://jus2.uol.com.br/doutrina/texto.asp?id=6126>. Acesso em 16 mar. 2009.

BEAUCHAMP, Tom L. e CHILDRESS, James F. Princípios de ética biomédica. São Paulo: Loyola, 2002.

BESSONE, Darcy. Direitos Reais. 2 ed. São Paulo: Saraiva, 1996.

BEVILÁQUA, Clóvis. Código Civil dos Estados Unidos do Brasil comentado – v. I. 9 ed. Rio de Janeiro: Francisco Alves, 1951.

BODIN DE MORAES, Maria Celina; BARBOSA, Heloisa Helena e TEPEDINO, Gustavo. Código Civil Interpretado – conforme a Constituição da República – v. I. Rio de Janeiro: Renovar, 2004.

BOLIO, Francisco J. Peniche. Introduccion al estudio del derecho. 3 ed. México: Porrúa, 1977.

BONAVIDES, Paulo. Curso de direito constitucional. 22 ed. São Paulo: Malheiros, 2008.

BONNECASE, Julián. Elementos de derecho civil. México: José M. Cajica, Jr., 1945.

BRANDELLI, Leonardo. A Relação de Pertencialidade no Direito Brasileiro. Disponível em http://fm.cartorios.net/plugins/filemanager/files/1jundiai/artigos/Relacao_de_Pertencialidade_no_Direito_Civil_Brasileiro.pdf, acesso em 11/07/2015.

CAPELO DE SOUZA, Rabindranath V. A. *O Direito Geral de Personalidade*. Coimbra: Coimbra. 1995.

CANDIAN, Aurélio. Instituciones de derecho privado. México: UTEHA, 1961.

CANOTILHO. J. J. Gomes, Direito constitucional e Teoria da Constituição. 7 ed. Coimbra: Almedina, 2008.

CARNACCHIONI, Daniel Eduardo. Curso de Direito Civil – Institutos Fundamentais. Rio de Janeiro:Lumen Iuris, 2010.

CARVALHO FILHO, José dos Santos. Manual de Direito Administrativo. 27 ed. São Paulo: Atlas, 2014.

COELHO, Fábio Ulhoa. Curso de Direito Civil – v. I. São Paulo: Saraiva, 2003.

COELHO, Fábio Ulhoa. Manual de Direito Comercial – Direito Empresarial. 22 ed. São Paulo: Sarairva, 2010, v. 1

COELHO, Inocêncio Mártires. Ativismo judicial ou criação judicial do direito? In FELLET, André Luiz Ferandes, PAULA, Daniel Giotti de; e NOVELINO, Marcelo. As novas faces do ativismo judicial. Salvador: Juspodium, 2011.

COLIN, A., CAPITANT, H. Curso elemental de derecho civil. Madri: Reus.

CORDEIRO, António Menezes. Tratado de direito civil português – v. I, t. I. 2 ed. Coimbra: Almedina, 2000.

CORREIA, Alexandre e SCIASCIA, Gaetano. Manual de direito romano – v. I. 2 ed. São Paulo: Saraiva, 1953.

COSTA, Alexandre Araújo. Direito e método: diálogos entre a hermenéutica filosófica e a hermenéutica jurídica. Disponível em http://repositorio.bce.unb.br/bitstream/10482/1512/1/2008_AlexandreAraujoCosta.pdf – acesso em 13 de outubro de 2010.

CRETELLA JUNIOR, José. Curso de Direito Romano . 14 ed. Rio de Janeiro: Forense, 1991.

CROCE, Delton e CROCE JÚNIOR, Delton. Manual de Medicina Legal.4 ed. São Paulo: Saraiva, 1998.

CUPIS, Adriano de Pietro. *Os Direitos de Personalidade*. Lisboa: Livraria Morais. 1961.

DEMOLOMBE, C. Cours de Code Napoleón I: Traité de la publication, des effets et de l'application des lois en general. 2 ed. Paris: Imprimerie Générale.

DIAS, Maria Berenice. Manual de Direito das Famílias.4 ed. São Paulo: RT, 2006.

DUGUIT, Leon. Traité de Droit Constitutionnel v. II. 10 ed. Paris: Anciennie Librarie Fontemoing & Cle. 1923.

ESPÍN CANOVAS, Diego. Manual de Derecho Civil Español – v. I, 2 ed. Madri: Revista de Derecho Privado, 1959.

ESPÍNOLA, Eduardo e ESPÍNOLA FILHO, Eduardo. A Lei de Introdução ao Código Civil Brasilieiro – v. I. 3 ed. Rio de Janeiro: Renovar.

FACHIN, Luís Eduardo. Questões do Direito Civil brasileiro contemporáneo. Rio de Janeiro: Renovar, 2008.

FARIA, Edimur Ferreira de. Curso de Direito Administrativo Positivo. 4 ed. Belo Horizonte: Del Rey.

FARIAS, Cristiano Chaves de, e ROSENVALD, Nelson. *Direito Civil – Teoria Geral.*9 ed. Rio de Janeiro: Lumen Juris, 2011.

FERNANDES, Luís A. Carvalho. Teoria Geral do Direito Civil – v. I. 2 ed. Lisboa: Lex, 1995.

FERRARA, Francesco. Trattato di diritto civile italiano. Roma: Athenaeum, 1921.

FERRAZ JÚNIOR, Tércio Sampaio. Introdução ao estudo do direito – técnica, decisão, dominação. São Paulo: Atlas, 1988.

FIÚZA, César. *Direito Civil – curso completo.* 8 ed. Belo Horizonte: Del Rey, 2004.

FRANÇA, Limongi. A irretroatividade das leis e o directo adquirido. 5 ed. São Paulo: Saraiva, 1998.

FRANKENBERG, Günther. A gramática da Constituição e do Direito. Belo Horizonte: Del Rey, 2007.

FUSTEL DE COULANGES, Numa-Denys. A Cidade Antiga. Disponível em http://www.ebooksbrasil.org/eLibris/cidadeantiga.html , acesso em 29/30/2013.

GABBA, C.F. Teoria della retroattività delle leggi – v. I, 3a ed, Milão: Unione Tipográfico, 1891.

GAGLIANO, Pablo Stolze e PAMPLONA FILHO, Rodolfo. Novo curso de direito civil, v. I. 9 ed. São Paulo: Saraiva, 2007.

GARCÍA, César Rascón. Manual de Derecho Romano. 3 ed. Madri: Tecnos, 2000.

GHERSI, Carlos Alberto. Derecho Civil – Parte General. 2 ed. Buenos Aires: Astrea, 1999.

GODINHO, Adriano Marteleto. *Testamento vital e o ordenamento brasileiro.* ***Jus Navigandi,*** Teresina, ano 15, n. 2545, 20 jun 2010. Disponível em http://jus.com.br/revista/texto/15066.

GOMES, Orlando. Direito de Família. 11 ed. Rio de Janeiro: Forense, 1999.

GOMES, Orlando. Introdução ao Direito Civil. 13 ed. Rio de Janeiro: Forense, 1998.

GONÇALVES, Carlos Roberto. Direito civil brasileiro. 5 ed. São Paulo: Saraiva, 2007.

GONÇALVES, Rogério Magnus Varela. Os direitos fundamentais e sua validade no âmbito das relações privadas. Disponível em http://www.estig.ipbeja.pt/~ac_direito/VarelaG.pdf, acesso em 09 de novembro de 2011.

GUSMÃO, Paulo Dourado de. Introdução ao estudo do direito. 40 ed. Rio de Janeiro: Forense, 2008.

HATTENHAUER, Hans. Conceptos Fundamentales del Derecho Civil. Barcelona: Ariel, 1987.

HESPANHA, António Manuel. Cultura jurídica européia – síntese de um milênio. Florianópolis: Fundação Boiteux, 2005

HESSE, Konrad. Elementos de Direito Constitucional da República Federal da Alemanha – trad. de Luís Afonso Heck – Sérgio Antônio Fabris Editor, 1998.

HÖRSTER, Heinrich Ewald. A parte geral do Código Civil português. Coimbra: Almedina, 2000

JÈZE, Gaston. Principios generales del derecho administrativo – v. I. Buenos Aires: Depalma, 1948.

JOSSERAND, Louis. Derecho civil – t. I, v. I. Buenos Aires: Bosch, 1952.

KAUFMANN, Arthur. Filosofia do directo. Lisboa: Fundação Calouste Gulenkian, 2004.

KANT, Immanuel. Fundamentação da metafísica dos costumes. Lisboa: Edições 70, 1992.

KELSEN, Hans. Teoria pura do direito. 5 ed. São Paulo: Martins Fontes, 1996.

LARA, Mariana Alves. *O Direito à Liberdade de Uso e (Auto)Manipulação do Corpo*. Disponível em http://www.bibliotecadigital.ufmg.br/dspace/bitstream/handle/1843/BUOS-8XTP7G/disserta__o_mariana_alves_lara.pdf?sequence=1, acesso em 20 de novembro de 2012.

LARENZ, Karl. Metodologia da ciência do direito. 3. ed. Lisboa: Fundação Calouste Gulbenkian, 1997.

LARENZ, Karl. Derecho Civil – Parte General. Madri: Revista de Derecho Privado, 1978.

LEGAZ Y LACAMBRA, Luis. Filosofia del derecho. Barcelona: BOSCH, 1953.

OLIVEIRA, J. M. Leoni Lopes de. Novo Código Civil Anotado (arts. 1º a 232). 3 ed. Rio de Janeiro: Lumen Juris, 2006.

LÔBO, Paulo. Direito Civil. 2 ed. São Paulo: Saraiva, 2010.

LONDRES DA NÓBREGA, Vandick. História e Sistema de Direito Privado Romano. Rio de Janeiro: Freitas Bastos, 1955.

LOPES DE OLIVEIRA, J. M. Leoni. Introdução ao Direito. I. Rio de Janeiro: Lumen Iuris, 2004.

LORENZETTI, Ricardo Luis. Fundamentos do directo privado. São Paulo: RT, 1998.

LOUREIRO, Lourenço Trigo de. Instituições de Direito Civil Brasileiro – t. I. Rio de Janeiro: B. L. Garnier, 1871.

LUCENA, João Paulo. Comentários ao Código de Processo Civil – v. 15.São Paulo: Revista dos Tribunais, 2000.

MACHADO DE ASSIS, Joaquim Maria. O Alienista. Disponível em http://www.virtualbooks.com.br/v2/ebooks/pdf/00142.pdf, acesso em 05/04/2012.

MARIANO, Ricardo. A reação dos evangélicos ao novo Código Civil. Disponível em http://revistaseletronicas.pucrs.br/ojs/index.php/civitas/article/viewFile/57/57, acesso em 07 de março de 2013.

MATOS PEIXOTO, José Carlos de. Curso de Direito Romano – t. I. 4 ed. Rio de Janeiro: Renovar, 1997.

MAXIMILIANO, Carlos. Direito intertemporal ou teoria da retroatividade das leis. Rio de Janeiro: Freitas Bastos, 1946.

MAZEUD ET MAZEUD. Lecciones de derecho civil – parte primera – v. I. Buenos Aires: EJEA. 1959.

MELO, Albertino Daniel de. *Sanção Civil por Abuso de Sociedade*. Belo Horizonte: Del Rey, 1997.

MENDES, Gilmar Ferreira. Direitos Fundamentais e Controle de Constitucionalidade. 2 ed. São Paulo: Celso Bastos, 1999.

MESSINEO, Francesco. Manual de derecho civil y comercial – v. I. Buenos Aires: EJEA, 1954.

MIRANDA. Jorge. Manual de Direito Constitucional – t. IV – Direitos Fundamentais. 3 ed. Coimbra: Coimbra, 2000.

MONTEIRO. Washington de Barros. Curso de direito civil, parte geral. 41 ed. São Paulo: Saraiva, 2007.

MONTORO, André Franco. Introdução à ciência do direito. 25 ed. São Paulo: RT, 1999.

MOREIRA ALVES, José Carlos. Parte geral do projeto de Código Civil brasileiro. São Paulo: Saraiva, 1986.

MOURA, Paulo Cesar Cursino de. Manual de Direito Romano. Rio de Janeiro: Forense, 1998.

NADER, Paulo. Introdução ao estudo do direito. 15 ed. Rio de Janeiro: Forense, 1997.

NADER, Paulo. Curso de direito civil – v. I. 4 ed. Rio de Janeiro: Forense, 2007.

NADER, Paulo. Curso de Direito Civil – v. III. Rio de Janeiro: Forense, 2005.

NINO, Carlo S. Los Fundamentos del Contol Judicial de Constitucionalidad, In: CENTRO DE ESTUDIOS INSTITUCIONALES DE BUENOS AIRES. Fundamentos y Alcances del Control Judicial de Constitucionalidad. Madri: Centro de Estudios Constitucionales, 1991.

NORONHA, E. Magalhães. Direito Penal – v. II. 33 ed. São Paulo: Saraiva, 2003.

PAES, José Eduardo Sabo. *Fundações, associações e entidades de interesse social.* 6ª ed. Brasília: Brasília Jurídica, 2006.

PEREIRA, Caio Mário da Silva. Instituições de Direito Civil, v. I. 20 ed. Rio de Janeiro: Forense, 2004.

PEREIRA, Caio Mário da Silva. Reconhecimento de Paternidade e seus Efeitos. 5 ed.. Rio de Janeiro: Forense, 1996.

PEREIRA, Caio Mário da Silva. *Responsabilidade Civil.* Rio de Janeiro: Forense. 1998.

PÉREZ, Pascual Marín. Manual de introducción a la ciência del derecho. 2 ed. Barcelona: Bosch, 1968.

PERLINGIERI, Pietro. *O Direito Civil na Legalidade Constitucional.* Rio de Janeiro: Renovar. 2008.

PINHEIRO, Luís de Lima. Direito internacional privado – v. I. Coimbra: Almedina, 2003.

PINTO, Carlos Alberto da Mota. Teoria geral do direito civil. 3 ed. Coimbra: Coimbra, 1999.

PONTES DE MIRANDA, . Comentários à Constituição de 1967 – tomo V. 2 ed. São Paulo: RT, 1974.

PONTES DE MIRANDA, Francisco Cavalcanti. Comentários ao Código de Processo Civil – tomo XVI. Rio de Janeiro: Forense, 1977.

PONTES DE MIRANDA, Francisco Cavalcanti. Tratado das Ações – tomo III. Campinas: Bookseller, 1998.

PONTES DE MIRANDA, Francisco Cavalcanti. Tratado de Direito de Família – v. III. Campinas: Bookseller, 2001.

PONTES DE MIRANDA, Francisco Cavalcanti. Tratado de Direito Privado – tomo I. Campinas: Bookseller, 2000.

RADBRUCH, Gustav. Filosofia do direito – v. II. Coimbra: Arénio Amado, 1961.

RÀO, Vicente. O direito e a vida dos direitos – v. I. 4 ed. São Paulo: RT, 1997.

REALE, Miguel. Lições preliminares de direito. 6 ed. São Paulo: Saraiva, 2006.

RÉCASENS SICHES, Luis.Tratado general de filosofia del derecho. 2 ed. México: Porrua.

REZEK, José Francisco. Direito Internacional Público. 5 ed. São Paulo: Saraiva.

RIBAS, Joaquim. Direito Civil Brasileiro. Rio de Janeiro: Rio, 1977.

RIPERT ET BOULANGER. Tratado de derecho civil segun el Tratado de Planiol – T. I – Parte General. Buenos Aires: La Ley.

RIZZARDO, Arnaldo. Parte Geral do Código Civil. Rio de Janeiro: Forense, 2003.

ROUBIER, Paul. Le droit transitoire (conflits des lois dans le temps). 2 ed. Paris: Dalloz et Sirey, 1960.

RODRIGUES, Sílvio – Direito Civil – Parte Geral v. 1. 32 ed. São Paulo: Saraiva, 2002.

RUGGIERO, Roberto de. Instituições de Direito Civil – v. II. Campinas: Bookseller, 1999.

SAGÜÉS, Nestor Pedro, Las sentencias constitucionales exhortativas. Disponível em http://redalyc.uaemex.mx/pdf/820/82040109.pdf, acesso em 12 de janeiro de 2012.

SANTOS, Antônio Jeová. Dano Moral Indenizável. 4 ed. São Paulo: RT, 2001.

SANTOS, Ernane Fidélis. Manual de Direito Processual Civil – v. 3.8 ed. São Paulo: Saraiva, 2002.

SANTOS JUSTO, A. Direito Romano Privado – v. I. Coimbra: Coimbra, 2000.

SANTOS NETO, José Antônio de Paula. Da Ausência. São Paulo: Juarez de Oliveira, 2001.

SAVIGNY, Friederich Carl von. Sistema do directo romano atual – v. VIII. Ijuí/RS: Unijuí, 2004.

SEDANO, Carlos D. Vieyra. Dilemas jurídicos de la reproduccíon medicamente asistida. El conceptus extracorporis y propuesta para la incorporación al Código Civil para el Distrito Federal, de la instituición de la agnación prenatal, disponível em http://www.derecho.unam.mx/DUAD/boletin/pdf/06-sep-08.doc, acesso em 11 de janeiro de 2012.

SERAFINI, Filippo. Diritto Romano. 10 ed. Roma: Athenaeum, 1920.

SERICK, Rolf. Aparencia y Realidad en las Sociedades Mercantiles, Barcelona: Ariel, 1958.

SERPA LOPES. Miguel Maria de. Curso de direito civil – introdução, parte geral e teoria dos negócios jurídicos. 8 ed. Rio de Janeiro: Freitas Bastos, 1996.

SCHAPP, Jan. Introdução ao directo civil. Porto Alegre: Sérgio Antônio Fabris, 2006.

SILVA, Roberto Luiz. Direito Internacional Público. 2 ed. Belo Horizonte: Del Rey, 2002.

SOMBRA, Thiago Luís Santos. A Eficácia dos Direitos Fundamentais nas Relações Jurídico-Privadas. Porto Alegre: Sérgio Antonio Fabris, 2004.

SOUTO, Cláudio. Introdução crítica ao direito internacional privado. 2 ed. Porto Alegre: Sérgio Antônio Fabris, 2000.

OLIVEIRA TORO, Jorge. Manual de Derecho Administrativo. 3. ed, Porrúa, 1972.

TOMAZETTE, Marlon. Curso de direito empresarial: teoria geral e sociedades. São Paulo: Atlas, 2008, v. 1.

TRABUCCHI. Alberto. Istituzioni di diritto civile. 37 ed. Milão: CEDAM, 1997.

TRAMONTANO, Luigi. Codice Civile Spiegato. Piacenza: CELT, 2005.

VALE, André Rufino do. Eficácia dos direitos fundamentais nas relações privadas. Porto Alegre: Sérgio Antônio Fabris, 2004.

VANRELL, Jorge Paulete. Medicina Legal – tanatologia. São Paulo: LED, 1996.

VECCHIO, Giorgio del. Filosofia del derecho – t. I. 3 ed. México: UTEHA.

VENOSA, Sílvio de Salvo. Direito Civil – Parte Geral. São Paulo: Atlas, 2001.

VILLAS-BÔAS. Maria Elisa. "Da eutanásia ao prolongamento artificial da vida". Rio de Janeiro: Forense, 2005.

VON THUR, Andreas. Derecho civil – teoria general del derecho civil aleman – v. I. Buenos Aires: Depalma, 1946.

WIEACKER, Franz. História do direito privado moderno. 2. ed. Lisboa: Fundação Calouste Gulbenkian, 1993.

XAVIER, Alberto. Os princípios da legalidade e da tipicidade da tributação. São Paulo: Saraiva, 1978.

ÍNDICE